Maciej Małyga

FREIHEIT ALS
HINGABE AN GOTT

Herausgegeben von
Karl-Heinz Menke
Julia Knop
Magnus Lerch

Bonner
Dogmatische
Studien
Band 54

Maciej Małyga

FREIHEIT ALS HINGABE AN GOTT

Eine Studie zum
Freiheitsverständnis
Alfred Delps

echter

Bibliografische Information der Deutschen Nationalbibliothek

Die Deutsche Nationalbibliothek verzeichnet diese Publikation
in der Deutschen Nationalbibliografie; detaillierte bibliografische
Daten sind im Internet über <http://dnb.d-nb.de> abrufbar.

© 2013 Echter Verlag GmbH
www.echter-verlag.de

Umschlaggestaltung: Peter Hellmund
Druck und Bindung: fgb · freiburger graphische betriebe

ISBN 978-3-429-03597-6 (Print)
ISBN 978-3-429-04697-2 (PDF)
ISBN 978-3-429-06096-1 (ePub)

Inhalt

Vorwort

Die vorliegende Studie wurde im Wintersemester 2011 von der Theologischen Fakultät der Albert-Ludwigs-Universität Freiburg i. Br. als Dissertation im Fach Fundamentaltheologie angenommen. Für die Veröffentlichung wurden einige Präzisierungen und stilistische Glättungen vorgenommen und das Namensregister angefügt.

Es ist mir eine große Freude, im Rückblick auf die vergangenen Jahre allen Menschen danken zu können, die mich auf dem Weg des theologischen Suchens und Fragens begleitet haben.

Ich danke Herrn Erzbischof Dr. Robert Zollitsch und der Erzdiözese Freiburg für die Bereitstellung eines Stipendiums, das mir das Studium in Deutschland über all die Jahre hinweg ermöglicht hat. Meinem Doktorvater, Herrn Prof. Dr. Magnus Striet, danke ich herzlich für die Übernahme des Erstgutachtens. Herr Prof. Dr. Joseph Schumacher hat mich mit großem Engagement unterstützt, wofür ich mich ihm zu großem Dank verpflichtet weiß. Herr Prof. Dr. Eberhard Schockenhoff hat bereitwillig die Mühe des Zweitgutachtens auf sich genommen, wofür ich ihm herzlich danke. Den Herren Dr. Oliver Wintzek und Andreas Kirchner danke ich für ihre Hilfe bei den mühsamen Korrekturen. Ein herzliches Wort des Dankes sage ich sodann meinen Mitstudenten Christoph Bruns und Philipp Höfele, mit denen ich zahlreiche Sachprobleme meiner Dissertation diskutieren konnte. Den Herausgebern der „Bonner Dogmatischen Studien" danke ich für die Aufnahme meiner Arbeit in diese Reihe.

Ich erinnere mich dankbar an die vielen Menschen in den Gemeinschaften, in denen ich meine Studienzeit in Freiburg verbracht habe: die Polnische Katholische Mission mit ihrem Pfarrer Stanisław Stec, das Studentenwohnheim Albertus-Burse, die Pfarrei Sankt Martin. Nicht zuletzt richtet sich mein Dank an meine Heimatdiözese Wrocław und die dortige Theologische Fakultät.

Besonders danke ich meinen Eltern und Geschwistern, denen ich diese Arbeit widme. Und nun vor allem: *Deo gratias.*

Wrocław, am Fest des hl. Thomas von Aquin 2013,
Maciej Małyga

Einleitung

Dass dem Menschen Freiheit zukommt und zukommen soll, ist ein elementarer Bestandteil des abendländischen Denkens unserer Zeit. Jedoch bereitet dieses in Jahrhunderten anstrengender Kulturprozesse und stürmischer Wandlungen gewonnene Freiheitsbewusstsein dem Menschen ernste Schwierigkeiten, insofern die dynamische und vielfältige Wirklichkeit der Freiheit sich letztendlich einem eindeutigen und geschlossenen Begriff entzieht. Weitere Schwierigkeiten ergeben sich auch aus der Praxis, in welcher der Mensch gerade durch den Vollzug der Freiheit dieselbe immer neu erkämpfen muss und sich dabei unentwegt als fremden Mächten ausgeliefert erfährt. So entscheidet sich der Mensch oft auch gegen die Freiheit, beispielsweise wenn ihr Preis zu hoch ist oder er nicht weiß, wie er die schon vorhandene Freiheit leben soll.

Diese Ambivalenz im Denken und Vollziehen der Freiheit war in bestimmten Epochen noch stärker, als der Lauf der Geschichte einer unüberwindbaren Macht glich und den Menschen gegen seinen Willen mitriss. Eindrücklich zeigte sich dies in den letzten einhundert Jahren, als die Totalitarismen den Anspruch erhoben, sich des ganzen Menschen bemächtigen zu dürfen. Infolgedessen erwies sich damals – und erweist sich auch heute – die Freiheit keineswegs als selbstverständlich.

Diese Situation provoziert Fragen. Geht man einmal grundsätzlich davon aus, dass Freiheit möglich ist: Wie muss dann diese Freiheit innerhalb der leiblichen, geschichtlichen und sozialen Beschränkungen, in denen sie sich findet, gedacht werden, damit aus dieser Denkmöglichkeit wirklicher Vollzug werden kann? Birgt diese Freiheit, wenn sie vor dem Hintergrund der Philosophie der Moderne als formale Selbstbestimmung des Menschen verstanden wird, genügend Sinnpotenzial in sich, um sich auch geschichtlich in immer schon vorgegebenen Kontexten verwirklichen zu können?

Diese Frage nach der Freiheit versuchte der Mensch immer wieder in den Religionen zu beantworten. Der Gottesbezug jedoch variiert die Problemstellung: Lassen sich Gott und die Freiheit zusammen denken? Ist Gott ein Hindernis für den Vollzug der Freiheit, welches es zu beseitigen gilt? Spielt er zuletzt keine Rolle für das Nachdenken *über* und den Vollzug *der* Freiheit? Oder ist es vielmehr so, dass Gott als Bedingung der Möglichkeit für jegliches Denken von Freiheit und ihre volle Verwirklichung notwendig ist?

Im Christentum sind die Gottesfrage und die Freiheitsfrage von Anfang an miteinander verbunden. Das Bild des sich als geschichtsmächtiger Befreier offenbarenden Gottes entwirft schon das Alte Testament. Der Mensch wird dabei als sein Ebenbild begriffen. Das Neue Testament verkündet in der Person Jesu Christi die Gottesherrschaft der Wahrheit, die frei macht; in den paulinischen Briefen wird bereits eine erste Theologie der Freiheit von der Sünde, vom Tod und vom Gesetz, zu der Christus den Menschen befreit, entwickelt.[1]

Aufgrund dieses dem Wesen des Christentums eingeschriebenen Freiheitspotenzials unternahm die Patristik in der Spätantike die Verteidigung der menschlichen Willensfreiheit.[2] Im Mittelalter griff das christliche Denken die antike Freiheitsreflexion auf. Der Thomismus führt sie vor allem in seiner ‚Metaphysik der Freiheit' weiter, die die Theologie sowie die Philosophie bis zur Neuscholastik und über sie hinaus prägte. In der Tradition dieses Denkens wird die Freiheit theonom konzipiert. Gott ist der Schöpfer der Freiheit, die er immer schon auf sich selbst als *ultimus finis* des Menschen hingeordnet hat.[3] Dieses *theo*nome Freiheitsverständnis ist jedoch nicht als Gegensatz zur *Auto*nomie zu sehen, sondern verhält sich vielmehr korrelativ zu ihr.[4] Zwar wurde die Begrenztheit der Freiheit deutlich herausgestellt, doch versuchte man zugleich, den Menschen als freien Partner Gottes zu verstehen. Das Freiheitspotenzial des Evangeliums musste insofern immer neu entdeckt werden.

Nachdem der mittelalterliche *ordo* mit seinen festen Bezugspunkten auseinanderfiel, trat an die Stelle des *bonum* und des *verum* als objektiver Normen, an denen sich auch die Freiheit zu orientieren hatte, das neuzeitliche Prinzip der Subjektivität. Die Freiheit wird mehr und mehr als Autonomie verstanden, d.h. als die Eigenschaft des vernünftigen Menschen, sich selbst das Gesetz zu geben, dem er sich in seiner Freiheit unterstellt. Sie bildet jedoch keine völlig willkürliche Selbstbestimmung, vielmehr Selbstgesetzgebung der Vernunft. Nach Kant handelt es sich dabei nicht um Subjektivismus, sondern um den Ausdruck einer objektiven Vernunftwirklichkeit, an der jeder Mensch als Vernunftwesen partizipiert und die zugleich verstan-

---

[1] Vgl. ECKERT, *Freiheit*: 99–100. Siehe auch SCHLIER, *Zur Freiheit berufen*: 216–233.

[2] Vgl. WARNACH, *Freiheit*: 1064–1083.

[3] Vgl. OEING-HANHOFF, *Zur thomistischen Freiheitslehre*: 274–276. Vgl. auch PESCH, *Freiheit*: 1083–1088.

[4] Vgl. KASPER, *Autonomie und Theonomie*: 22f.

den werden kann als praktisches Postulat, dessen Geltung als Einheit von Sittlichkeit und Glückseligkeit göttlich verbürgt ist.[5] Autonomie und Theonomie gelten mithin auch hier nicht als gegensätzlich, der Widerspruch zur Autonomie besteht vielmehr in der Heteronomie; die Theonomie muss nicht als eine solche verstanden werden.[6]

Im Laufe der Neuzeit setzte sich dann ein antithetisches Verständnis des Zusammenhanges von Theonomie und Autonomie durch.[7] Die Ansicht, dass die Freiheit nur als eine Emanzipation aus dem Gottesverhältnis vollzogen werden könne, verbreitete sich im 19. Jahrhundert vor allem durch atheistische Denker wie Feuerbach, Marx und Nietzsche.[8]

Seit Nietzsches Rede vom Tod Gottes schien die Frage nach Gott und der Freiheit erledigt zu sein. Das Emanzipationsstreben der Neuzeit verlor seine Dynamik und der Mensch der Moderne befand sich nun in der scheinbar „stabilen" Lage des nihilistischen, ziel- und orientierungslosen Denkens,[9] in der sich der Mensch, wie Sartre überzeugt gewesen ist, zur Freiheit verdammt erfährt, weil ihm seine Freiheitsbegabung längst zur fragwürdigen Last geworden ist.[10] Diese hier in groben Zügen skizzierte geistesgeschichtliche Lage bildet den Kontext unserer Untersuchung.

Die Theologie wird durch diese Entwicklung stark herausgefordert.[11] Die Überzeugung von der Unversöhnbarkeit des neuzeitlichen Freiheitsverständnisses mit dem Gottesglauben bzw. die Überzeugung von der Entbehrlichkeit des Gottesverhältnisses für das moderne Freiheitsverständnis bleibt eines der größten Hindernisse, die zwischen dem Menschen und dem christlichen Gott stehen. Nicht nur diese theoretischen Probleme wie etwa der Existenz Gottes, der Offenbarung und der Vernünftigkeit des Glaubens, sondern auch deren existenzielle Komponenten – lässt die Hingabe an Gott Raum für Freiheit? –, hinterfragen den Gottesglauben. Darum muss der Theologie gerade die Freiheit immer ein wesentliches Anliegen bleiben.[12]

---

5 Vgl. KANT, *Kritik der praktischen Vernunft*: 30–33,124–132.

6 Vgl. AUER, *Autonome Moral und christlicher Glaube*: 205–236.

7 Vgl. KASPER, *Autonomie und Theonomie*: 23–31.

8 Vgl. SPAEMANN, *Freiheit*: 1088–1098.

9 Vgl. HEIDEGGER, *Beiträge zur Philosophie*: 138–141.

10 Vgl. SARTRE, *Das Sein und das Nichts*: 764.

11 Vgl. PRÖPPER, *Freiheit*: 100–105.

12 Vgl. PRÖPPER, *Freiheit als philosophisches Prinzip der theologischen Hermeneutik*: 15.

Die Fundamentaltheologie weiß sich dieser Aufgabe in besonderer Weise verpflichtet, da sie sich im Dialog mit dem zeitgenössischen, philosophischen Denken um die vernunftgemäße Rechenschaft des Glaubens bemüht.[13]

Die oben gezeichnete Problematik der Möglichkeit der Freiheit in der Welt sowie des Verständnisses der Freiheit an sich und der Bedeutung des Gottesverhältnisses im Kontext der modernen Zeit spiegelt sich im Denken des deutschen Jesuiten Alfred Delp (1907–1945) wider. Sein Ansatz bringt zwar keine wesentliche Neuerung in die Freiheitsproblematik ein, exemplifiziert diese jedoch in hervorragender Weise. Verwurzelt in der christlich geprägten Philosophie und zugleich im ständigen Dialog mit der Gegenwart, einer der ersten Interpreten und Opponenten Martin Heideggers innerhalb der katholischen Theologie, thematisiert er die Vielschichtigkeit der Freiheitsfrage in ihren philosophischen und theologischen Perspektiven. Als er aufgrund seines Widerstands innerhalb des Kreisauer Kreises gegen die nationalsozialistische Diktatur verhaftet und zum Tode verurteilt wird, gehört er gerade in diesem Zustand größter Unfreiheit zu denen, die die Freiheit nicht bloß denken, sondern sie mühsam erkämpfen und leben. Gefangen und auf seine Hinrichtung wartend erreicht er, wie Roman Bleistein es formuliert, „eine einsame Höhe christlicher Souveränität"[14].

Delp versteht seine Epoche als eine Schwelle, er erkennt, dass in seiner Zeit etwas Neues in die Geschichte eingetreten ist, das aber eine negative Größe bildet. Im Denken Heideggers und in der Existenz der von ihm geprägten „versunkene[n] Generation" habe sich die Neuzeit vollendet;[15] die Geschichte sei damit zusammengebrochen.[16] Zwar spricht er nicht explizit

---

[13] Vgl. SECKLER, *Fundamentaltheologie*: 351–357.

[14] BLEISTEIN, *Lebensbild Delps*: 41. Die Werke Delps werden wir im Folgenden nach den 1982–1988 in fünf Bänden erschienenen, von Roman Bleistein herausgegebenen *Gesammelten Schriften* unter Angabe des Titels, des Veröffentlichungsdatums und des jeweiligen Bandes mit der entsprechenden Seitenzahl angeben.

[15] Vgl. DELP, *Tragische Existenz*: II,126, ebd.: 131f. Siehe auch ders., *Der kranke Held* (in: *Stimmen der Zeit*, 1939): II,205.

[16] Vgl. ders., *Das gegenwärtige Weltverständnis* (Vortrag, 21. November 1942): I, 289. An der Schwelle einer neuen Epoche wird das Denken Delps auch von Thomas Merton erörtert, der im Oktober 1962 in der Einleitung zur englischsprächigen Ausgabe der Gefängnisschriften schreibt: „Fr. Delp reminds us that somewhere in the last fifty years we have crossed a mysterious limit set by Providence and have entered a new era … there has been a violent disruption of society and a radical overthrow of that modern world which goes back to Charlemagne", siehe MERTON, *Introduction*: xxi–xxii.

von der Moderne, doch ist diese der Gegenstand seiner – und mithin auch unserer – Auseinandersetzung.[17]

Ursprünglich war die Freiheit kein Schwerpunkt von Delps philosophisch-theologischen Bemühungen, obgleich er sie auch immer wieder thematisierte, vor allem im Zusammenhang mit seinem Interesse an den Fragen nach dem Menschen und der Geschichte.[18] Zunächst galt sein Interesse der Kritik an bestimmten neuzeitlichen Freiheitsphänomenen, in denen er Fehlformen der Freiheit erkannte. Sein eigenes Freiheitsverständnis entwickelte sich dann erst später ausführlicher und am Ende seines Lebens, in den Monaten seiner Gefangenschaft, stellt er seine theologischen und philosophischen Betrachtungen endgültig in den Horizont der Freiheit. So wird die Freiheit wird zum Schlüssel- und Schlussbegriff seines Denkens. In der Lage äußerster Unfreiheit bringt er die Notwendigkeit sowie die Bedeutung der Freiheit unmittelbar zum Ausdruck und bindet sie eng an das Menschsein: „Der Mensch muß frei sein. Als Sklave, in Kette und Fessel, in Kerker und Haft verkümmert er."[19] Mit Bitterkeit konstatiert er, dass der Mensch auf seine Freiheit ungezwungen verzichtet:

> Das Schlimme ist, daß der Mensch sich an die Unfreiheit gewöhnt und selbst die ödeste und tödlichste Sklaverei sich als Freiheit aufreden läßt.[20]

Alles, auch seine eigene Freiheit, will Delp von Gott her verstehen. In den teils gar mystischen Meditationen,[21] die er zum Ende seines Lebens verfasst, ist es sein Anliegen, den christlichen Glauben als einen wirklichen Weg zur Gestaltung des Lebens vorzustellen. Daher rührt sein Ruf zur entschiedenen

---

[17] Vgl. PIEPMEIER, *Die Moderne*: 54–62.

[18] Bleistein erwähnt als die vier Hauptthemen Delps: der zwischen Transzendenz und Immanenz lebende Mensch; die Welt der sozialen Gerechtigkeit, in der der Mensch als Person leben könne; der Mensch gewordene Gott Jesus Christus; die Kirche als Sakrament. Siehe BLEISTEIN, *Geschichte eines Zeugen*: 430–433.

[19] Vgl. DELP, *Epiphanie* (Gefängnismeditation, Januar 1945): IV,216.

[20] Vgl. ebd.: 217.

[21] Thomas Merton bezeichnet die Gefängnisreflexionen Delps als mystisch und betont zugleich ihre Verbundenheit mit der alltäglichen Existenz des Menschen: „Fr. Delp was at the same time profoundly mystical and wide open to the broadest ideals of Christian humanism. It was by the gift of mystical intuition that he not only found himself in God but also situated himself perfectly in God's order and man's society", siehe MERTON, *Introduction*: xxxviii, vgl. auch xli.

und tatkräftigen Freiheit; daher rührt auch sein kritisches Urteil gegenüber der Fundamentaltheologie, deren klare Schlüsse die heutigen Menschen überdrüssig seien, insofern sie sich in ihrer Abstraktheit für die je konkrete Existenz als belanglos erweisen.[22]

Delp hat sein Denken niemals in einem systematischen Gesamtzusammenhang entfaltet. Es ist „mehr ein Denken im Vollzug als fertiger Gedanke"[23]. Daher sind seine Aussagen nicht selten unscharf geblieben. Im Mittelpunkt seines philosophischen Interesses steht zunächst die faktische philosophische Vorgeschichte in der Neuzeit, das tatsächliche Humanum und dessen Katastrophe. Wenn er über Kant oder Kierkegaard, teilsweise auch Heidegger spricht, betont er, dass er auf die Rezeption, nicht aber auf die ursprüngliche Intention des philosophischen Ansatzes achtet. In seinen Schriften zeigt sich die Überzeugung, dass er die Behandlung der Vorgeschichte für notwendig erachtet. In seinen systematischen Betrachtungen – als solche kann lediglich die Auseinandersetzung mit Heidegger gelten – kommt eine prinzipielle Kritik am neuzeitlichen Subjekt- und Freiheitsdenken zur Sprache. Noch nicht ganz scharf zeigen sich auch die theologischen Aussagen Delps. Beim Gottesbegriff und dessen Erkenntnis geht er von den philosophischen Voraussetzungen der Neuscholastik aus, die er nicht hinterfragt; zugleich findet er wachsenden Gefallen im personalistischen Sprechen von Gott und betont die aus der Christus-Offenbarung erschlossene Gotteserkenntnis.

Schwierigkeiten verschafft auch die Tatsache, dass manche Texte Delps in den Kriegswirren verlorengegangen sind, darunter auch das Manuskript *Dritte Idee*, welches sich soziologischen Fragen widmete. Andere wurden unter den Bedingungen der staatlichen Zensur geschrieben. Einige dieser letztgenannten Schriften lassen Delps Sympathie für wenige Gedanken der nationalsozialistischen Ideologie erkennen – so etwa sein Text *Der Krieg als eine geistige Leistung* aus dem Jahr 1940.[24] Außerdem wurden manche Reden oder Predigten nicht auf Papier festgehalten. Einige der uns erhaltenen Schriften sind überdies von ihm nur wenig gründlich bearbeitet worden. Neben originellen Ideen gibt es deswegen auch vielerlei unfertige Gedanken.[25] Der

---

[22] Vgl. ders., *Das Schicksal der Kirchen* (Gefängnisreflexion, 1944/45): IV,318.

[23] Vgl. NEUFELD, *Einleitung zu den Texten*: 15.

[24] DELP, *Der Krieg als geistige Leistung* (in: *Stimmen der Zeit*, 1940): II,239–248.

[25] Vgl. NEUFELD, *Einleitung zu den Texten*: 11,20,33.

Grund dafür zeigt sich in den Worten seiner Meditation von Weihnachten 1944. In der Gefängniszelle schreibt er: „Es fehlt mir die Zeit. Der Mann mit den Eisen klirrt schon auf dem Gang. Außerdem habe ich kein Papier mehr."[26]

Delps erste Veröffentlichung stellt die Auseinandersetzung mit Martin Heideggers Hauptwerk *Sein und Zeit* dar,[27] die er unter dem Titel *Tragische Existenz* im Jahr 1935 veröffentlichte.[28] Als weiteres ist – neben einigen Aufsätzen – zu seinen Lebzeiten nur noch *Der Mensch und die Geschichte*[29] im Jahr 1943 in Colmar erschienen. Ein Teil seines Nachlasses wurde schon kurz nach dem Krieg publiziert, als Paul Bolkovac 1947 eine Trilogie der Schriften herauszugeben begann.[30]

In den Jahren 1982–1988 wurde Delps erhaltenes Werk als *Gesammelte Schriften* in fünf Bänden von Roman Bleistein herausgegeben. Diese Publikation liegt unserer Untersuchung zugrunde. Sie umfassen zuerst die geistlichen Schriften, darunter Delps Auseinandersetzung mit der pseudoreligiösen Ideologie der Deutschen Glaubensbewegung sowie seine Meditationen über das christliche Menschen- und Weltverständnis und die Betrachtungen des jesuitischen Charismas. Von entscheidender Bedeutung für unsere Arbeit ist der zweite Band der Schriften Delps, nämlich dessen philosophische Texte, vor allem *Tragische Existenz* und die die Problematik des Menschen in der Geschichte ansprechenden Texte. Nachdem Delp auf Grund der Entscheidung des nationalsozialistischen Regimes jegliche Veröffentlichungsmöglichkeit verlor, gewann sein gesprochenes Wort an Bedeutung. Diese Predigten und Ansprachen finden sich im nächsten Band der *Gesammelten Schriften*, in welchem der für die Entwicklung seines Freiheitsverständnisses bedeutsame Briefwechsel mit Karl Thieme ebenfalls publiziert wurde. Nach den philosophischen Schriften haben zunächst die im vierten Band publizierten Gefängnisschriften, d. i. Briefe, Notizen, Meditationen, Reflexionen über die Zukunft und zuletzt Texte zum Prozess vor dem Volksgerichtshof, einige Relevanz für sein Freiheitsdenken. Der letzte Band beinhaltet seine

---

[26] Vgl. DELP, *Gestalten der Weihnacht* (Gefängnismeditation, Dezember 1944): IV,213.

[27] Im Folgenden SZ mit Angabe der Seitenzahl.

[28] DELP, *Tragische Existenz*: II,39–147.

[29] Ders., *Der Mensch und die Geschichte* (1943): II,349–429.

[30] Ders., *Im Angesicht des Todes* (1947), *Zur Erde entschlossen* (1949), *Der mächtige Gott* (1949).

Briefe und Buchrezensionen, in denen sich Delps theologische und philosophische Präferenzen widerspiegeln.

Die sich aus seinen Schriften ergebenden Ideen müssen – in Ermangelung eines vollständigen Systementwurfs – genügen, um sein Denken zu begreifen. Dies betrifft notwendigerweise auch sein Freiheitsverständnis. Zwar gibt es Texte wie der gerade erwähnte *Der Mensch und die Geschichte*, wo die Frage nach der Freiheit große Beachtung findet, oder die im Gefängnis geschriebene Meditation zum dritten Adventssonntag, die eigentlich sein ganzes Freiheitsverständnis zusammenfasst,[31] aber letztlich bleiben seine Freiheitsaussagen fragmentarisch und verstreut über eine Vielzahl von Schriften.

Einige wenige Werke über Alfred Delp liegen bereits vor. Unter den uns interessierenden Arbeiten zu Delps philosophischem Werk erwähnen wir an erster Stelle das Buch von Richard Schaeffler. Dessen 1978 veröffentlichte *Frömmigkeit des Denkens? Martin Heidegger und die katholische Theologie* bezieht sich nicht allein und vornehmlich auf Delp, sondern betrachtet das Verhältnis der katholischen Theologie zum Denken Heideggers überhaupt. Die dem Verfasser von *Tragische Existenz* gewidmeten Passagen spielen aber für uns eine wichtige Rolle. Sie würdigen nämlich Delp entgegen der ,Katholischen Heideggerschule' als philosophisch ernst zu nehmenden Interpreten.[32]

Die erste Monographie, die ausschließlich dem Denken Delps gewidmet ist, wurde von Karl H. Neufeld 1983 vorgelegt. In *Geschichte und Mensch. A. Delps Idee der Geschichte. Ihr Werden und ihre Grundzüge* zeichnet Neufeld ein breites Panorama des Curriculums, welches Delp durchlief, berichtet ausführlich von dessen Lehrern und Einflüssen. Im Kontext der Erörterung von Delps Standpunkt hinsichtlich der Probleme der Geschichte und des Menschen kommt auch das Thema der Freiheit zur Sprache. Als eine theologische Auseinandersetzung mit Delp und dem Freiheitsbegriff ist die Arbeit von Andreas Schaller, *Lass dich los zu deinem Gott. Eine theologische Studie zur Anthropologie von Alfred Delp SJ* (2012) zu erwähnen. Ein noch stärkeres Echo fand Delps soziologisches Denken in den Studien von Michael Pope, *P. Alfred Delp SJ im Kreisauer Kreis. Die Rechts- und sozialphilosophischen Grundlagen in seinen Konzeptionen für eine Neuordnung Deutschlands* (1994) und Petro Müller, *Sozialethik für ein neues Deutschland. Die „Dritte Idee" Alfred*

---

[31] Vgl. ders., *Dritter Adventssonntag* (Gefängnismeditation, Dezember 1944): IV,161–176.

[32] Vgl. SCHAEFFLER, *Heidegger und die katholische Theologie*: besonders 48–54.

Delps – ethische Impulse zur Reform der Gesellschaft (1994). Gut dokumentiert ist das Leben Delps besonders in der Biographie von Roman Bleistein, *Alfred Delp. Geschichte eines Zeugen* (1989).[33] Größere Beachtung fand Delps Engagement gegen den Nationalsozialismus innerhalb des Kreisauer Kreises.[34] Außerdem liegen viele populärwissenschaftliche Schriften vor,[35] die sein Denken und Leben einem breiteren Leserkreis nahebringen wollen.

Insbesondere zu Delps Freiheitsverständnis findet sich allerdings noch keine Untersuchung. Vieles ist bezüglich seiner Auseinandersetzung mit Heideggers *Sein und Zeit* nach wie vor unaufgearbeitet.[36] Mit unserer Studie zur Frage nach Delps Freiheitsverständnis versuchen wir, dieses Desiderat zu erfüllen.

Die vorliegende Arbeit bietet also eine Rekonstruktion des Delp'schen Freiheitsverständnisses und ist demgemäß zuallererst als historische Studie zu verstehen. Freilich muss sie dazu auch systematische Züge annehmen, weshalb sie die teils von Delp selbst nicht mehr vollendeten Entwürfe und Gedanken ergänzen und weiterführen muss.

Vorab jedoch sind die für unser Thema wichtigsten Entwicklungen im Leben Delps biographisch zu skizzieren, insofern sie für dessen Werk einen wichtigen hermeneutischen Hintergrund darstellen. Wir fragen nach dem Denken, das ihn während des Studiums prägte, und suchen nach den Ereignissen, die sein Freiheitsverständnis gestalteten. Die folgenden drei Bezugspunkte werden für das Verständnis der Delp'schen Freiheitshermeneutik bestimmend sein: Zunächst (1.) untersuchen wir die sich um die Gottesfrage

---

[33] Vgl. BLEISTEIN, *Begegnung mit Delp*. Siehe auch die persönlichen Erinnerungen von Delps Freund, MATZKER, *Begegnung und Erfahrung mit Alfred Delp*.

[34] Siehe BLEISTEIN (Hg.), *Dossier Kreisauer Kreis* (1987), ders., *Die Jesuiten im Kreisauer Kreis. Ihre Bedeutung für den Gesamtwiderstand gegen den Nationalsozialismus* (1990), FUCHS (Hg.), *Glaube als Widerstandskraft* (1986), NEUFELD, *Katholik und Widerstand* (1985). Siehe auch MERTON, *Introduction*: xxi–xlii.

[35] Vgl. LÜCK, *Alfred Delp* (1984), SALTIN, *Durchkreuztes Leben* (2004), HAUB/SCHREIBER, *Held gegen Hitler* (2005), FELDMANN, *Leben gegen den Strom* (2006), ENDRAß, *Gemeinsam gegen Hitler* (2007), SCHULTE (Hg.), *Delp. Programm und Leitbild für heute* (2007), HAUB, *Beten und Glauben* (2007), LEHMANN/KISSENER, *Das letzte Wort haben die Zeugen* (2007). Im Auftrag der Alfred-Delp-Gesellschaft von Mannheim wird seit 2007 von R. ALBERT, R. HARTUNG und G. SALTIN ein *Alfred-Delp-Jahrbuch* herausgegeben, das die Erforschung des Lebens und des Denkens des Jesuiten zu fördern und sein Werk in dessen aktueller Relevanz zu erschließen versucht.

[36] Vgl. SALTIN, *Biographische Ergänzungen und Forschungsdesiderata*: 114.

konzentrierenden Auseinandersetzungen mit *Heidegger* und der nationalistisch geprägten *Deutschen Glaubensbewegung*, dann (2.) fragen wir nach Delps Verhältnis zur Ideologie des *Nationalsozialismus*. Schließlich (3.) richten wir unseren Blick auf die *letzten Monate* von der Verurteilung bis zur Hinrichtung Delps, jene so kurze und dabei dem Denken überaus fruchtbare Zeit.

Die weitere Struktur der vorliegenden Untersuchung drängt sich nach der Lektüre von Delps Schriften geradezu auf. Delp sieht die zwei möglichen Wege der Entwicklung der Freiheit: (1.) in der *Immanenz* oder (2.) im Verhältnis zu einem *transzendenten Du*, das der absolute Gott ist. Wir werden uns daher im zweiten Kapitel mit der rein immanent gedeuteten Freiheit auseinandersetzen, um im Anschluss daran im dritten Kapitel seine Sicht auf die Freiheit innerhalb des Gottesglaubens zu thematisieren.

In diesem zweiten Hauptteil der Arbeit werden wir außerdem Delps Kritik am Freiheitsdenken der Neuzeit rekonstruieren. Die Auseinandersetzung mit Heideggers *Sein und Zeit* spielt hierfür eine wesentliche Rolle, weshalb dieses Werk Heideggers in den thematisch relevanten Grundzügen zunächst dargestellt werden muss. Eine wichtige Aufgabe wird dann sein, Delps von der primären Intention von *Sein und Zeit* abweichende Sicht herauszuarbeiten und auf seinem damaligen *Hintergrund* nachvollziehbar zu machen. Vor dem Hintergrund der neuzeitlichen Philosophie, vor allem in Bezug auf Heidegger und eine sich von seinem Denken ableitende Weltanschauung des *tragischen Heroismus*, fragen wir nach den Wesenszügen der von Delp kritisierten Art der Autonomie. Die Frage, wie eine so verstandene Freiheit sich in der Geschichte vollziehen kann, werden wir mit Delps eigenen Beobachtungen beantworten. Der Jesuit konstatiert nämlich ein Phänomen der *Selbstverneinung* der Freiheit und legt es philosophisch aus. Diese Feststellung bildet zugleich den Schwerpunkt seiner Kritik an der nationalsozialistisch orientierten Gesellschaft.

Im dritten Hauptteil rekonstruieren wir zuletzt Delps eigenes Freiheitsdenken. Dieses wird von ihm einerseits als eine Reaktion auf die Krise des sich an seinem Ende befindenden neuzeitlichen Autonomieverständnisses begriffen, anderseits versteht er seinen Freiheitsentwurf als ein Vermächtnis christlicher Tradition. Wir werden mit Delp (1.) ein Fundament der Freiheit im *Sich-selbst-transzendieren-Können* des menschlichen Geistes ausfindig machen, (2.) werden die Welt im Sinne einer *vorgegebenen Ordnung*, die eine absolute Freiheit ausschließt, eine bedingte Freiheit hingegen zulässt, als den eigentlichen Ort des Freiheitsereignisses darstellen. *Im Kern der Arbeit steht die Frage, warum Delp die Selbstverwirklichung des menschlichen Wesens, welche für ihn allein in Gott in umfassender Weise gelingen kann, als das Ziel der Freiheit begreift.* Dies bedingt, dass weniger die menschliche Freiheit sowie das freie Wirken Gottes in der Geschichte an sich angefragt sind, sondern vor allem und zuletzt das *Zusammenspiel* beider Größen betrachtet wird. Letztendlich versuchen wir mit Delp zu zeigen, wie diese Freiheit in der konkreten Existenz gelebt werden kann. Diese Explikation der Kernfrage wird wesentlich auf zwei Begriffen des Delp'schen Denkens ruhen, die in ihrer Einfachheit eine ihnen eigene Tiefe haben: *Anbetung* und *Hingabe*.

I. Die „Zwangsjacke" der Geschichte und das Kreuz der Freiheit – der Lebenslauf Alfred Delps

Das Freiheitsverständnis Alfred Delps wurde so stark durch die Erfahrungen seines Lebens geprägt, dass es gerechtfertigt und sogar notwendig ist, seine Biographie in den für sein Denken entscheidenden Zusammenhängen darzustellen.[1] Wenn er über die Geschichte schreibt, dass sie gleichsam zu einer „Zwangsjacke" werde, so dass der Mensch sich um der eigenen Freiheit willen an das Kreuz nageln lassen müsse,[2] dann spiegelt sich darin vor allem auch der Weg seines eigenen Lebens wider. Diese über das bloße biografische Nacherzählen weit hinausgehende Perspektive wird dadurch möglich, dass Alfred Delps Lebenslauf – etwa in der bereits erwähnten, von Roman Bleistein verfassten Biographie – gründlich dokumentiert ist.

Die folgende Skizze des Delp'schen Lebenslaufes konzentriert sich deshalb, ohne auf die Darstellung der wichtigsten biografischen Fakten zu verzichten, auf seinen Denkweg durch die Philosophie, die Theologie und die im Allgemeinen für unser Verständnis des Jesuiten relevanten Entwürfe. Sie zeigt bestimmte Lebensereignisse als Anhaltspunkte für seine Freiheitsreflexion und versucht vor allem seinen Denkprozess nachzuzeichnen. Aus diesem Grund lassen sich die einzelnen Etappen nicht immer scharf voneinander abgrenzen. Die Quelle der Darstellung ist uns vor allem Delp selbst. Wir erkennen dabei eine gewisse Steigerung in der „Denkbiographie" Delps: Der Takt seines Werkes schlägt anfänglich langsamer, er steigert sich allmählich, bis er in den letzten Tagen seines kurzen Lebens das rechte Tempo gefunden zu haben scheint.

---

[1]　Karl Rahner bemerkt eine fundamentale Verknüpfung des Lebens mit dem Denken: „Was jemand schreibt, erhält seinen letzten Sinn und sein wahres Gewicht durch das, was er lebt", RAHNER, *Erneuerung des Ordenslebens*: 180. Vgl. SCHALLER, *Anthropologie von Delp*: 22.

[2]　Vgl. DELP, *Das Rätsel der Geschichte* (Nachlass, o.J.): II,450, *Der Mensch und die Geschichte* (1943): II,380f.

1. Herkunft und Ausbildung (1907-1938)

Alfred Delp wurde am 15. September 1907 in Mannheim geboren. Am 11.
März desselben Jahres wurde Helmuth James von Moltke geboren, der später sowohl innerhalb des Kreisauer Kreises als auch vor Gericht Delps
Schicksalsgefährte sein wird.[3] Der spätere Präsident des höchsten Gerichts-
hofes des Dritten Reiches und zukünftige Scharfrichter der beiden Genannten, Roland Freisler, besuchte damals als 14-jähriger Schüler das Kaiser-
Wilhelm-Gymnasium in Aachen.[4] Der 18-jährige Freiburger Gymnasiast
Martin Heidegger, der spätere Gesprächspartner und Bezugspunkt Delps,
bekam in diesem Jahr von einem befreundeten Priester, dem späteren Freiburger Erzbischof Conrad Gröber, Franz Brentanos Dissertation *Von der
mannigfachen Bedeutung des Seienden nach Aristoteles*, deren Frage nach dem
Sein zum Anlass für das zwei Jahrzehnte später verfasste Werk *Sein und Zeit*
wurde.[5] Die Wege dieser Menschen haben sich später verflochten. Sie alle
haben somit irgendeinen Anteil an der Entstehung der Delp'schen Freiheitsreflexion.

Die Mutter von Alfred Delp, Maria Bernauer, Köchin von Beruf, war katholisch; sein Vater, Johann Adam Friedrich Delp, von Beruf Kaufmann, war
dagegen protestantisch. Diese konfessionelle Familiensituation spiegelt sich
in Alfred Delps Leben wider, insofern er zwar katholisch getauft wurde, ab
1915 aber eine evangelische Volksschule in Lampertheim besuchte – dahin
war seine Familie ein Jahr vorher umgezogen. Zur Kommunion und zur
Firmung ging er 1921 wiederum in der Katholischen Kirche. In der Zeit seiner Gymnasialausbildung in Dieburg engagierte er sich innerhalb der christlichen Jugendbewegung „Neudeutschland".

Einen entscheidenden Schritt seines Lebens bildete im April 1926 der Ein-
tritt in das Noviziat der Gesellschaft Jesu im österreichischen Tisis bei Feld-
kirch/Vorarlberg. Nach den ersten Gelübden im Jahre 1928 begann er in Pullach bei München sein Philosophiestudium, das er 1931 mit dem Examen
„de universa philosophia" beendete. Aufgrund jenes Examens wurde ihm
1939 der kirchliche Titel eines Doktors der Philosophie verliehen. In jene Pe-
riode fällt nun auch seine Auseinandersetzung mit Martin Heideggers *Sein*

---

[3]   Siehe BRAKELMANN, *Moltke*: 39, siehe auch ders., *Moltke und Delp*.

[4]   Vgl. BUCHHEIT, *Freisler, Präsident des Volksgerichtshofes*: 13.

[5]   Vgl. OTT, *Heidegger*: 54.

und Zeit, die letztendlich 1935 in die Schrift *Tragische Existenz* einging. 1934-1936 studierte er Theologie zunächst im holländischen Valkenburg, dann in Frankfurt/Sankt Georgen. Am 24. Juni 1937 empfing er durch den Münchner Kardinal Michael von Faulhaber die Priesterweihe. Seine lange Ausbildung endete mit den Examina „de universa philosophia et theologia" (Theologisches Lizenziat), die er am 8. Juli 1938 ablegte. Eine weitere Ausbildung, die Delp 1939 an der Universität München beginnen wollte, verweigerten ihm die Nationalsozialisten.

2. Philosophische Prägungen

Der Name Alfred Delps wird meist zunächst einmal nicht mit einem bestimmten philosophischen Denken assoziiert.[6] Dieses Bild wird es zu korrigieren gelten. Aufgrund seines Engagements für den Kreisauer Kreis, das letztendlich zu seiner Hinrichtung führte, gilt er im Allgemeinen vor allem als eine Widerstandsgestalt innerhalb des Nationalsozialismus. Zu diesem Bild trugen auch seine kurz nach dem Krieg unter dem Titel *Im Angesicht des Todes* veröffentlichten Gefängnisaufzeichnungen wesentlich bei. Delp ist darüber hinaus als Soziologe bekannt, was gleichermaßen in Relation zu seinem Engagement für den Kreisauer Kreis steht. Die soziale Frage muss wohl als eines der wichtigsten Anliegen Delps gelten. Erkennbar ist dies schon in seinem Theaterstück *Der ewige Advent* aus dem Jahr 1933 sowie in seinen zahlreichen Rezensionen zu sich mit sozialen Fragen beschäftigenden Büchern. 1939 übernahm Delp die Verantwortung für die Abteilung für soziale Fragen in der Redaktion der *Stimmen der Zeit,* der Monatsschrift der deutschen Jesuiten. Als Helmuth James von Moltke, Gründer und Leiter des Kreisauer Kreises, nach einem im Bereich der Arbeitsfrage kompetenten, christlich denkenden Gesprächspartner suchte, wurde Delp in den Kreis gerufen.[7] Wir könnten noch wesentlich mehr über jene Seite von Delps Denken sagen, wenn nicht sein soziologisches Hauptwerk *Die dritte Idee* in der Kriegszeit verloren gegangen wäre.[8]

---

[6]   Vgl. BLEISTEIN, *Vorwort:* 8.

[7]   Vgl. ders., *Jesuiten im Kreisauer Kreis:* 596f.

[8]   Vgl. ders., *Geschichte eines Zeugen:* 241–251. Eine Rekonstruktion des soziologischen Denkens Delps versuchte schon 1947 sein Freund Ernst KEßLER, *Jenseits von Kapitalismus*

Die Interessen Delps gehen aber über die Soziologie weit hinaus. Er selbst sieht seine Aufgabe in der Verteidigung des Menschen als Menschen und erklärt:

> [D]as war der Sinn, den ich meinem Leben setzte, besser, der ihm gesetzt wurde: … helfen, dass die Menschen nach Gottes Ordnung und in Gottes Freiheit leben und Mensch sein können[9].

Der uns heute zugängliche Befund spricht dafür, dass Delp nichtsdestotrotz mehr ein Philosoph und Theologe als ein Soziologe war.[10]

a) Neuscholastik

Das Denken Delps erwächst aus einem bestimmten Kontext „zwischen Neuscholastik und Moderne"[11]. Seine Ausbildungszeit sowie seine wissenschaftliche Tätigkeit fallen in die Zeit der neuscholastischen Strömung in der katholischen Theologie und diese Art des Philosophierens gestaltete Delps

und Marxismus (der Text ist auch bei Bleistein abgedruckt, siehe BLEISTEIN, *Geschichte eines Zeugen*: 463–504). P. MÜLLER meint, dass die vorhandenen Texte stärker auf eine philosophische und theologische Tätigkeit Delps hinweisen, als dass sie sein soziologisches Engagement offenlegen. Dies erklärt er teilweise mit den Einschränkungen in der Freiheit des Wortes durch das nationalsozialistische Regime, welche auch die *Stimmen der Zeit* betrafen, vgl. P. MÜLLER, *Sozialethik*: 29.

[9] Vgl. DELP, *Gefängnisbrief an A. S. Keßler* (23. Januar 1945): IV,140. Siehe auch BERTSCH, *Alfred Delp*: 93.

[10] MAIER schreibt: „Die Philosophie war seine Leidenschaft und wurde sein Beruf", siehe *Delps Vermächtnis*: 796. Vgl. NEUFELD, *Geschichte und Mensch*: 16f. Vgl. auch DIRKS, der in Delp vor allem einen Theologen sieht und sein Denken zwischen den Entwürfen von Theodor Haecker und Dietrich Bonhoeffer verortet, DIRKS, *Alfred Delp*: 201f. Berührungspunkte und Resonanzen zwischen Delp und Bonhoeffer stellt Fuchs dar, siehe FUCHS, *Bonhoeffer und Delp*. Auf die Ähnlichkeiten zwischen Delp und Haecker bzw. Bonhoeffer werden wir in der vorliegenden Studie hinweisen. Zum Vergleich der Zeitdiagnosen Delps und Bonhoeffers siehe SCHALLER, *Anthropologie von Delp*: 56–61.

[11] NEUFELD, *Geschichte und Mensch*: 21–55. Dagegen beruft sich Neufeld auf Karl Rahner, der – nur 3 Jahre älter als Delp – die gleiche Ausbildung wie dieser erhielt, siehe RAHNER, *Tradition im Wandel*: 3–10. Im Vorwort zu den theologischen Schriften Delps macht Rahner darauf aufmerksam, dass Delps Theologie im neuscholastischen Kontext verstanden werden müsse; so etwa das Schema Natur – Übernatur, die gänzlich traditionelle Deszendenzchristologie sowie seine unvollständig entwickelte Lehre von der Erbsünde usw., siehe RAHNER, *Einleitung zu den Texten*: 45f.

Denken am stärksten. Er war ihr gerade auch durch seine Ausbildung intellektuell verbunden.[12] Ein Beispiel für dieses neuscholastische Philosophieideal Delps ist in seiner höchst positiven Äußerung zur von J. B. Lotz und J. de Vries verfassten Einführung in die Philosophie mit dem Titel *Die Welt des Menschen. Eine Vorschule des Glaubens* zu finden. Aufgrund der im Buch dargestellten philosophischen Prinzipien – die natürliche Erkenntnis, der menschliche Drang nach Sinn, „Gesamtschau des Wirklichen" – sah Delp in jenem Buch eines der gelungensten zu diesem Thema überhaupt.[13]

b) Moderne

Bereits mit den Werken von Joseph Maréchal (1878-1944) und Erich Przywara (1889-1972) wurde Immanuel Kant für die Jesuiten in Deutschland und in Österreich zum wichtigsten Gesprächspartner.[14] Delp, bei dem anfangs der neuscholastische „Schulkontext" die entscheidende Rolle spielte, setzte sich dennoch gern mit der gegenwärtigen Philosophie auseinander. Ein Beispiel hierfür ist vor allem sein Werk *Tragische Existenz. Zur Philosophie Martin Heideggers*, welches 1935 in Freiburg erschien. In der christlich geprägten Philosophie der ersten Hälfte des 20. Jahrhunderts schreibt sich Delp damit in die Reihe derjenigen scholastischen Denker ein, die sich mit der Existenzphilosophie systematisch beschäftigen.[15]

Im Laufe der Zeit wurde sein Denken immer unabhängiger von dem anderer Denker und seine letzten, der Geschichte und dem Menschen gewidmeten philosophischen Schriften können wohl Originalität beanspruchen.[16] Dabei fällt die Sicherheit und Schärfe auf, mit der der junge Jesuit – zuerst in der Zeit der zerbrochenen Sicherheit und des Nihilismus, danach in der

---

[12] Vgl. NEUFELD, *Geschichte und Mensch*: 50–54, siehe auch ders., *Einleitung zu den Texten*: 14–16. Delp nimmt jedoch selten unmittelbaren Bezug auf Thomas von Aquin, vgl. z.B. *Dritter Sonntag im Advent* (Predigt, 13. Dezember 1942): III,61 und *Veni Sancte Spiritus* (Gefängnismeditation, Januar 1945): IV,294.

[13] Vgl. DELP, *Der Laie und die Philosophie* (für *Stimmen der Zeit*, 1941): V,203, Anm. 13.

[14] Vgl. NEUFELD, *Geschichte und Mensch*: 40–45.

[15] Vgl. BRUGGER, *Philosophisches Wörterbuch*: 465.

[16] Vgl. NEUFELD, *Einleitung zu den Texten*: 17.

Epoche der blinden Ideologie – seine Gedanken mitteilt und sich mit den Großen der intellektuellen Welt auseinandersetzt.[17]

3. Auseinandersetzungen

Im Zentrum seines Lebens steht die Auseinandersetzung mit den Herausforderungen des Zeitgeistes, wobei die Freiheitsfrage immer mehr in den Mittelpunkt des Interesses rückt. Zuerst bot Delp dem Denken Heideggers und der pseudoreligiösen Ideologie der Deutschen Glaubensbewegung die Stirn.[18] Dann suchte er nach einer Begegnung mit der sich noch nicht in seiner ganzen Bosheit enthüllenden Ideologie des Nationalsozialismus, zu deren Kritiker er später wurde, als er immer entschiedener sich dem die Freiheit unterdrückenden Kollektivismus entgegenstellte. Letztendlich musste er sich mit der Erfahrung eigener Unfreiheit auseinandersetzen.

a) ... mit der Gottesfrage (1931-1936)

Im Jahr 1935 machte Delp in der Schrift *Tragische Existenz* seine Auseinandersetzung mit Heidegger der Öffentlichkeit zugänglich. Im gleichen Jahr nahm er den Kampf gegen die Ideologie der Deutschen Glaubensbewegung auf. Beide Auseinandersetzungen spielen sich in seiner Studienzeit ab und gehören zeitlich einer einzigen Epoche an. Ihre Gemeinsamkeiten gründen aber nicht nur in der Entstehungszeit, sondern auch in der Perspektive, aus welcher Delp sie bedenkt. Er tut es nämlich vor dem Horizont der Gottesfrage. Diese Auseinandersetzungen gehören insgesamt zu den Dingen, die Delps Denken zutiefst bestimmen, biografisch sind sie jedoch kaum bemerkbar. In den folgenden biografischen Skizzen machen wir sie eher als den Rahmen für Delps Denken kenntlich, dessen Inhalt im weiteren Teil der Arbeit rekonstruiert werden soll.

Delps *Tragische Existenz*, eine der ersten Stellungnahmen von katholischer Seite zur Philosophie Heideggers, reifte ein paar Jahre, bevor sie 1935 in Druck ging. Delp setzte sich mit *Sein und Zeit* schon 1931 während seiner

---

[17] Vgl. ebd.: 23–25.
[18] Vgl. BLEISTEIN, *Geschichte eines Zeugen*: 96–115.

philosophischen Ausbildung, die unter dem Einfluss seines von Maréchal bestimmten Lehrers Alois Maier verlief, auseinander.[19] Delp erarbeitete damals ein Referat mit dem Titel *Darlegung und Würdigung der Philosophie Heideggers*, dessen Kern in der „Ablehnung der als strikt immanent und innerweltlich aufgefassten Existenzialphilosophie Heideggers"[20] besteht. In den intellektuellen Treffen mit Bernhard Jansen ergänzte er seine Auseinandersetzung mit dem Freiburger Philosophen durch ein Panorama der Entwicklung philosophischer Ideen von Luther über Kant zu Nietzsche.[21] Als Ergebnis der Zusammenarbeit mit Jansen erschien schon 1933 die zweite Version der Auseinandersetzung mit *Sein und Zeit*, nämlich das Heideggerkapitel *Sein als Existenz? Die Metaphysik von heute* in dem von Jansen herausgegebenen Buch *Aufstiege zur Metaphysik heute und ehedem*.[22]

Tragische Existenz war also die dritte, zwar neu bearbeitete, aber dennoch in der Linie der zwei früheren Stellungnahmen stehende Konfrontation mit dem philosophischen Werk Heideggers. Der neue Titel signalisierte das klare Urteil über die nichtige Existenz.[23] Der Inhalt bezog sich jedoch nicht nur auf *Sein und Zeit*, sondern auch auf die Erläuterungen Heideggers zu seinem eigenen Werk, nämlich die in Marburg im Wintersemester 1927/1928 gehaltene Vorlesung, die 1929 unter dem Titel *Kant und das Problem der Metaphysik* erschien sowie die Freiburger Antrittsvorlesung *Was ist Metaphysik?* aus dem Jahr 1929 und die im gleichen Jahr entstandene Abhandlung *Vom Wesen des Grundes*.

Im Jahr 1935/1936 schrieb Delp als Redakteur der kirchlichen Zeitschrift *Chrysologus* einige Predigten in der Reihe der Auseinandersetzung mit der Deutschen Glaubensbewegung. Die Texte bildete eine theologische Antwort

---

[19] Vgl. NEUFELD, *Geschichte und Mensch*: 68f.

[20] Ebd.: 83.

[21] Ebd.: 71,84f. Die Rolle von Maier und Jansen für die Entstehung von *Tragische Existenz* betont Delp im Vorwort seines Buches: „Wenn bei so bescheidenem Versuch ein persönliches Wort gesagt werden darf, dann sei es ein Wort des Dankes an meine Lehrer am Berchmanskolleg Pullach-München, besonders an P. Bernhard Jansen und P. Alois Maier", siehe DELP, *Tragische Existenz*: II,40.

[22] Das Buch erschien 1933 in Freiburg, auf die Mitarbeit Delps wurde – außer dem folgendem Satz in der Einführung – kaum hingewiesen: Das Kapitel *Sein als Existenz? Die Metaphysik von heute* „hat Alfred Delp SJ bearbeitet". Zur Geschichte der Entstehung des Textes: NEUFELD, *Geschichte und Mensch*: 84. *Sein als Existenz* ist auch in Delps Gesammelten Schriften im zweiten Band enthalten, 557–590.

[23] NEUFELD, *Geschichte und Mensch*: 89f.

auf die antichristlich und rassistisch geprägte religiöse Vision der Bewegung, gemäß der Gott mit dem Willen des deutschen Volks zu identifizieren sei. Mit ihrer Ambition, als die einzige Religionsgemeinschaft des Dritten Reiches zu fungieren, fand die Bewegung anfänglich Unterstützung bei der NSDAP.[24] Indem Delp sie entschieden ablehnte, erwies er sich implizit schon als ein Gegner des Nationalsozialismus. Doch um zu einem ähnlichen Urteil auch hinsichtlich der politischen Dimension der nationalsozialistischen Ideologie zu gelangen, brauchte er noch viel Zeit. In politischer Hinsicht entzog er dem Deutschland Hitlers recht lange sein Vertrauen nicht.[25]

b) ...mit der Ideologie des Kollektivismus (1935-1945)

Die meiste Zeit seines Lebens, seine Kindheit ausgenommen, verbrachte Delp unter dem Nationalsozialismus. Seine Stellung zu diesem war nicht immer die einer Gegnerschaft, vielmehr ging er anfangs einen von Sympathie zur Politik Adolf Hitlers getragenen Weg. Er hoffte zuerst auf eine Umgestaltung durch den Nationalsozialismus, entwickelte dann jedoch ein „teilweise abweichendes Verhalten"[26] und realisierte zuletzt den gescheiterten Versuch, das Elementare seiner eigenen Position unter den Bedingungen der totalitären Ideologie zu bewahren. Delps entschiedene Gegnerschaft entwickelte sich also erst nach einem verhaltenen Mitläufertum, obwohl das ergreifende Finale seiner Biographie dazu zu ermuntern scheint, Grundzüge eines Widerstands schon möglichst früh zu sehen; dies auch aufgrund der Tatsache, dass man jede frei erhobene Stimme dieser Zeit des kollektiven

---

[24] Vgl. die kurze Information über die 1933 gegründete „Arbeitsgemeinschaft der Deutschen Glaubensbewegung" von BLEISTEIN in Delps Schriften, II,111.

[25] Vgl. P. MÜLLER, Sozialethik: 19. Zum Thema des Verhältnisses von katholischer Kirche und Nationalsozialismus, siehe KÖSTERS/RUFT (Hg.), Die katholische Kirche im Dritten Reich, mit angegebener Literatur.

[26] So DENZLER in Bezug auf das Verhalten der Mehrheit von Kirchenmitgliedern in dieser Zeit, siehe Widerstand ist nicht das richtige Wort: 9. Wie schwierig der Weg in den Widerstand war, stellt V. KLEMPERER fest; dies kann die Geschichte Delps auch gut illustrieren: Dieser Weg war „ungeebnet und hängt nur in den seltensten Fällen von einem bewussten Entschluss ab ... Wenn auch im allgemeinen die ethischen Vorbedingungen zum Widerstand fraglos gegeben waren, so war das eigentliche Mitmachen, das eigene Handeln, meistens ein Ergebnis eines ‚Hineinstolperns'", in: Deutscher Widerstand gegen Hitler: 10.

Schweigens unterstreichen will.[27] Delps erst allmählich wachsender Widerstand muss jeglichen Versuch einer vorschnellen Glorifizierung relativieren. Er war eben nicht einfach ein unerschütterlicher Held, sondern brauchte lange bis er zu einem angemessenen Urteil über die damalige Wirklichkeit fand. Auch seine letztendlich gewonnene Einsicht musste er immer wieder von Neuem erkämpfen – dies bezeugen seine Gefängnisschriften eindrucksvoll.

(1) Der Weg in den Widerstand gegen den Nationalsozialismus

Wie viele andere Menschen, vor allem die Jugend, verband Delp mit den Ereignissen von 1933 eine große Hoffnung auf die Erneuerung des Landes in allen Bereichen, woran sich – gemäß seiner ursprünglichen Meinung – auch die Christenheit hätte beteiligen sollen.[28] Er gehörte nicht zu denen, die schon am Beginn der Machtergreifung Hitlers, dessen Ansichten seit Jahren bekannt waren, Gründe zur Beunruhigung sahen.[29] Was Delp hingegen auf-

---

[27] So etwa V. VOSS, der in Delp den Protagonisten „des Aufstandes des christlichen Gewissens" sieht, der „sich von Anbeginn an gegen die Diktatur" auflehnt und bereit war, „den Weg des Martyriums auf sich zu nehmen", siehe *Bilanz des Staatsstreiches*: 23.

[28] MISSALLA, *Christsein und Widerstand*: 145. Dazu, dass jene Hoffnung auch viele Christen damals teilten, siehe ALTHAUS, *Die deutsche Stunde der Kirche*: 7: „Wir erfahren, wie dem Staat neue Würde zurückgegeben wird ... Der neue Staat wagt es wieder, das Richtschwert zu tragen. Er hat die schauerliche Verantwortungslosigkeit der Parlamente zerschlagen und lässt wieder sehen, was Verantwortung heißt."

[29] Hellsichtig war aber Edith Stein, die am 12. April 1933 einen Brief an Papst Pius XI. schrieb und das Grauen des nationalsozialistischen Regimes voraussah, siehe GODMAN, *Der Vatikan und Hitler*: 60f. Ähnlich äußerte sich der nach Holland geflohene deutsche Jesuit Friedrich Muckermann, der am 12. Dezember 1934 in der Zeitschrift *Der deutsche Weg* den Nationalsozialismus heftig angriff. Ein Rapport der vatikanischen Diplomaten aus Warschau über die Situation in Deutschland vom 6. Februar 1935 liefert teilweise eine Erklärung dafür: „Überaus selten trifft man jemanden, der das Regime aus grundsätzlichen Überzeugungen ablehnt, und niemanden habe ich getroffen, der zur aktiven Opposition bereit wäre ... Das tägliche Gift der Verlogenheit und der monotone Optimismus ... wirkt (sic!) wie Opium auf die Geister, auch auf die, die der Meinung sind, die Dinge zu durchschauen und nichts von dem zu glauben, was täglich aus der Goebbelschen Lügenküche vorgesetzt wird. Niemand, der täglich der Einwirkung dieses Giftes ausgesetzt ist, kann sich auf Dauer seiner den Geist lähmenden Wirkung entziehen", zitiert nach GODMAN, *Der Vatikan und Hitler*: 135.

fiel, war die Verbesserung der wirtschaftlichen Situation, wie er im Brief an seine Mutter vom 16. November 1933 schreibt.[30]

Die anfängliche Aufbruchsstimmung sollte Delp zum Mitmachen verleiten. Als Erzieher im Jesuitenkolleg in St. Blasien begrüßte er 1934 die Einführung der Hitlerjugend im Gymnasium, welche für ihn mit der Hoffnung verbunden war, die dem Führer anvertraute Jugend christlich prägen zu können.[31] Gern widmete er sich paramilitärischen Übungen – ebenso wie sein philosophischer Opponent, der vom Soldatenethos begeisterte Rektor Heidegger, der im Oktober desselben Jahres ein „Wissenschaftslager" in Todtnauberg für die Universitätsdozenten organisierte.[32] Wären die Wissenschaftler, die das Lager von Freiburg aus mittels eines Fußmarsches erreichten, noch einen Tag in Süd-Richtung weitermarschiert, hätten sie sich mit den Hitlerjugendeinheiten von St. Blasien in gemeinsamen Manövern verbinden können.

Im Jahr 1935 plante Delp, ein Buch mit dem Titel *Der Aufbau* herauszugeben, das noch einige positive Entwicklungen des Aufbruchs von 1933 unterstreichen wollte.[33] Totalitäre Akzente der neuen Macht sollte *Der Aufbau* zwar durchaus verurteilen, wertvolle Elementen des Nationalsozialismus aber aufnehmen und ausbauen; das Projekt wurde jedoch schnell aufgegeben.[34] Aus heutiger Perspektive heraus ist die Beurteilung dieser Unterneh-

---

[30] Vgl. DELP, *Brief an M. Delp* (16. November 1933): V,44.

[31] Pater A. Rösch bestätigt in seinen Bemerkungen vom 22. April 1956, dass gerade auch dank Delps Engagement die Mehrheit der Schüler in die Hitlerjugend willig eingetreten sei, siehe dazu RÖSCH, *Bemerkungen*: 309f, vgl. BLEISTEIN, *Geschichte eines Zeugen*: 77f. Vgl. auch *P. Bolkovac SJ an R. Bleistein*, 13. März 1979, in: BLEISTEIN, *Geschichte eines Zeugen*: 449f. Der Reichsjugendführer Baldur von Schirach schrieb in einem Telegramm, dass „religiöse Überzeugung und Hitlerjugenddienst sehr wohl vereinbar sind", siehe ebd.: 446. KLEIN weist auf eine damals innere Nähe des Kollegiums zu nationalen Einstellungen hin, vgl. KLEIN, *Kolleg St. Blasien 1933–1939*: 91f. Der Weihbischof Matthias Defregger bestreitet in seinem Brief an Bleistein vom 28. Februar 1980 eine HJ-Orientierung in dem Kollegium und spricht von „einigen Nationalbegeisterten", vgl. BLEISTEIN, *Geschichte eines Zeugen*: 450.

[32] Vgl. OTT, *Heidegger*: 218, siehe auch 146–158.

[33] Vgl. BLEISTEIN, *Lebensbild Delps*: 42. Siehe Delps Entwurf des Buches: I,195–202, vgl. auch sein Kommentar im *Brief an A. Lutterbeck* (6. Dezember 1935): V,60–61.

[34] Vgl. BLEISTEIN, *Geschichte eines Zeugen*: 91–95. Ein Buch mit der oben genannten Absicht schrieb letztendlich Alois Hudal, der über die Bewegung des Nationalsozialismus das Folgende formuliert: „Niemand im katholischen Lager leugnet das Positive, Große und Bleibende, das in dieser Bewegung gelegen ist, die neuen Probleme berührt und Fra-

mung eindeutig, und Karl Rahner, ein Vertreter derselben Generation, schrieb mit Recht, Delp möge 1935 die „Bedeutsamkeit und Kraft des ‚Neuaufbruchs', den die damalige Zeit proklamiert hat", überschätzt haben, aber endlich sei seine Positionierung gegenüber dem System unbeirrter und deutlicher als bei manchen katholischen Theologen ausgefallen, „die in der Anfangszeit des Nazismus in seiner Ideologie noch möglichst viel Annehmbares zu entdecken versuchten"[35].

Es gab in Delps Einstellung dem Nationalsozialismus gegenüber eine Übergangsphase zwischen Mitläufertum und Gegnerschaft, die sich aber mit einer einfachen Distanzierung nicht angemessen beschreiben lässt. Delp konstatierte zwar die Möglichkeit einer Gefahr, als er 1936 schrieb:

> Einmal werden wir darauf achten müssen, daß diese neu entdeckte Kraftquelle nicht auch wieder übersteigert und absolut gesetzt wird[36],

er war aber nicht imstande, diese näher zu bestimmen. Angesichts der Verhaftungen mancher Jesuiten durch die Nationalsozialisten wurde ihm aber klar, wie gefährlich auch seine eigene Situation war.[37] Im Juni 1939 unternahm er einen Versuch, ein weiteres Studium an der Universität München zu beginnen. Im Brief an den Universitätsdekan, in dem er um die Immatrikulations- und Promotionserlaubnis bat, bediente er sich der obligatorischen Ausdrucksweise mit Redewendungen wie „ich bin arischer Abstammung" und dem Gruß „Heil Hitler", unterstrich aber zugleich sein Distanz zur Politik.[38]

---

gen aufgeworfen hat, mit denen das Christentum sich auseinandersetzen muss, um eine moderne Synthese von Deutschtum und Glaube zu finden", siehe HUDAL, *Die Grundlagen des Nationalsozialismus*: 246. Die Jesuiten verfassten damals auf die Empfehlung des Vatikans hin ein ganz anderes Werk. Franz Hürth und Johannes Baptist Rabenbeck, zwei Professoren aus dem holländischen Valkenburg, schrieben 1934 Rapporte an den Vatikan, die den Nationalsozialismus deutlich ablehnen. 1936 erstellte Hürth mit dem kanadischen Jesuiten Louis Chagnon eine Liste von 47 zu verurteilenden Thesen der nationalsozialistischen Lehre, vgl. GODMAN, *Vatikan und Hitler*: 93–108,139–158,252–275.

[35] RAHNER, *Einleitung zu den Texten*: 48.

[36] DELP, *Volkskunde und Seelsorge* (in: *Chrysologus*, 1936): V,300.

[37] Ders., *Brief an M. Delp* (4. März 1936): V,70.

[38] Vgl. ders., *Brief an Dekan Wüst* (24. Juni 1939): V,103–104, *Brief an die Reichsschrifttumskammer* (11. Februar 1941): V,117–118 .

Ein paar Monate später, im September 1939, wurde ihm die Einsetzung an der Front als Wehrmachtsseelsorger verweigert.[39] Die Teilnahme am Krieg, der mit dem Angriff auf Polen am 1. September 1939 begann, verstand Delp als seine Bürgerpflicht: „[D]ie Anliegen und Sorgen meines Volkes [sind mir] immer eine ernste Pflicht."[40] Letztendlich sind sie ihm gar mehr als eine Pflicht, sind vielmehr eine Leidenschaft: Delp träumte von einem Einsatz im Krieg. Angesicht des in Polen begonnenen totalen Kriegs Hitlers klingen seine pathetischen Worte abstoßend, wenn er zu einem Freund an der Front schreibt:

Eigentlich beneide ich Dich; denn bei Euch an der Front wächst doch die kommende Generation, die das Schicksal meistern und wenden wird. Die den Krieg, auch diesen Krieg in seiner eigenartigen Gestalt, meistern und physisch und psychisch überdauern, vor denen wollen wir uns neigen und ihr Wort erst nehmen, weil es aus einem bewährten Leben gesprochen wird[41].

Delp, der übrigens in diesem Jahr über „die Friedenskomödie von Versailles"[42] schreibt, scheint den Krieg dadurch zu legitimieren und versteht sich zunächst als Deutschen und erst dann als Christ. Sein Kampfeswille gegen das ja überwiegend katholische Polen zeigt eine Übernahme der herrschenden Überzeugung; die allgemeine Meinung der deutschen Bischöfe lautete, dass „in dieser entscheidungsvollen Stunde" die katholischen Soldaten „in Gehorsam gegen den Führer, opferwillig, unter Hingabe ihrer ganzen Persönlichkeit ihre Pflicht" tun sollten.[43] Sie interpretierten den Krieg durchaus nicht unähnlich der Erklärung Hitlers, und zwar durch die Kategorie religiöser Hingabe. Eine Teilnahme am Krieg wurde fast in den Rang des christlichen Martyriums erhoben.[44]

[39] Vgl. ders., *Brief an den Feldbischof F. J. Rarkowski* (12. September 1939): V,104–105, *Brief an Generalvikar G. Werthmann* (28. September 1939): V,106, *Brief an den Assistenten F. Kopp* (Ende September 1939): V,107–108.

[40] Ders., *Brief an Generalvikar G. Werthmann* (28. September 1939): V,106.

[41] Ders., *Brief an E. Mühlbauer* (17. Dezember 1939): V,110.

[42] Ders., *Der kranke Held* (in: *Stimmen der Zeit*, 1939): II,218.

[43] Siehe *Gemeinsames Hirtenwort der deutschen Bischöfe zum Kriegsaufbruch*, das auf der Konferenz vom 22.-24. August 1939 verfasst und als „Leitlinie" galt, siehe GRUBER, *Katholische Kirche und Nationalsozialismus*: Nr. 201, vgl. Nr.199 und 200.

[44] Im Krieg, so Adolf Hitler, verwirklicht sich das von dem allmächtigen Gott den Deutschen gegebene Gesetz des Daseinskampfes, siehe dazu DOMARUS, *Hitler, Reden und Pro-*

Der äußerst fragwürdige, 1940 in den *Stimmen der Zeit* geschriebene Artikel *Der Krieg als geistige Leistung*[45], weist darauf hin, dass Delp – das zukünftige Opfer der Nationalsozialisten – die Situation noch mit den verkehrten „theologischen" Kategorien dachte. *Der Krieg als geistige Leistung* war ein unkritischer Versuch der Versöhnung von Tatsachen, die nicht versöhnt werden konnten. Mit zwar guten Absichten manövrierte Delp zwischen den Problemen – der Pflicht zu Gott, zum Vaterland und zum Menschen selbst – und versuchte noch den alten Bund der Kirche mit dem Staat zu retten. Aus der Lektüre des Artikels konnte der Leser nur den praktischen Schluss ziehen, er müsse der Macht des kriegführenden Staates gegenüber gehorsam

klamationen II/2: 2212 (11. März 1945), des Weiteren auch HESEMANN, der konstatiert: „Hitler und die Männer seines engsten Kreises haben tatsächlich an das geglaubt, was sie taten. Sie waren überzeugt im Auftrag Gottes oder der Vorsehung zu handeln", *Hitlers Religion*: 17. Eine „ontologische Pflicht" für die Kriegsführung sieht auch Martin Heidegger, der gegen Ende des Russlandfeldzuges im Brief an Karl Ulmer schreibt, das einzig würdige Dasein eines Deutschen sei heute an der Front, siehe OTT, *Heidegger*: 154. Ott zitiert hier: R. BERLINGER, *Ansprache zur Bestattung Karl Ulmers 29. Mai 1981* (Privatdruck). Ähnliches konstatierte der Bischof v. Galen, der im Krieg gegen die Sowjetunion eine Verteidigung der Christenheit zu sehen glaubte und damit den Krieg als „Daseinskampf unseres Volkes" deutete, siehe V. GALEN, *Akten*: 946, Nr. 367 (15. März 1942). Noch klarer sind die Aussagen, die den Soldatentod theologisch deuten. Als Delp seine Bitte dem Feldbischof der Wehrmacht schickte, schrieb der Breslauer Kardinal Adolf Bertram von seinen Diözesanen, die Soldaten bringen „ihr Leben für uns im Kriege als Opfer Gott" dar, siehe Adolf BERTRAM, *Hirtenbriefe*: 736, Nr. 201 (14. September 1939). Im Oktober 1944 stellte Bertram fest, der Soldatentod sei eine Verwirklichung der Worte Christi: „Nimm dein Kreuz auf dich und folge mir nach", ebd.: 911, Nr. 247 (Anfang Oktober 1944). Im gleichen Sinn klingen die Worte des Münsteraner Bischofs v. Galen: „Wir werden weiter treu unsere Pflicht tun, im Gehorsam gegen Gott, aus Liebe zu unserem deutschen Volk und Vaterland", siehe V. GALEN, *Akten*: 859, Nr. 336 (20. Juli 1941). Weiter schreibt er: „Soldatentod in treuer Pflichterfüllung" stehe „in Wert und Würde ganz nahe dem Martertod für den Glauben", V. GALEN, *Akten*: 970, Nr. 377 (25. Februar 1943), vgl. auch 1042, Nr. 407 (1. Februar 1944). Der Münchner Kardinal v. FAULHABER, seit Juni 1941 auch Delps Diözesanbischof, verstand den Krieg als eine Pflichterfüllung gegenüber Gott und Vaterland: „in christlichem Glauben und katholischer Liebe und in deutscher Treue Gott gegeben … was Gottes ist, und dem Vaterland, was Liebe und Gehorsamspflicht fordern", siehe *Akten Faulhabers*: 781, Nr. 823 (12. August 1941). Im Angesicht jenes Einverstandenseins hat der gesamtdeutsche Episkopat nun keine Probleme, im Hirtenwort eine gemeinsame Position zu formulieren: „Wir bleiben unserem Vaterlande unverbrüchlich treu, gerade weil wir unserem Heiland und unserer Kirche um jeden Preis die Treue halten", siehe *Akten Faulhabers*: 888, Nr. 869 (22. März 1942).

[45] DELP, *Der Krieg als geistige Leistung* (in: *Stimmen der Zeit*, 1940): II,239–248.

bleiben.[46] Im Vergleich mit der wahnsinnigen, ja tierischen Ekstase, mit welcher Ernst Jünger in seinem erfolgreichen Buch *Der Kampf als inneres Erlebnis* den Krieg beschrieb,[47] war Delp zwar weitaus zurückhaltender und vorsichtiger; er missbilligt den „sinnlosen Waffenlärm und [die] brutalen Toten"[48]; Distanz zeigt er aber auch dem Evangelium gegenüber, das die von ihm vorgeschlagene Idee eines geistigen Meisterns des Krieges nirgendwo erwähnt.[49] Um auch dem Krieg „keinen falschen Glanz und keine falsche

---

[46] Anders stellt es FELDMANN in seiner Delp-Biographie, *Leben gegen den Strom*: 27–28, dar: Delp lässt „beim denkfähigen Leser nur den einen Schluss zu: Nein, so ein Krieg kann geistig oder sittlich gar nicht ‚gemeistert' werden, er ist durch und durch schlecht".

[47] Vgl. JÜNGER, *Der Kampf als inneres Erlebnis*: 36: „O Leben du! Noch einmal, einmal noch, vielleicht das letzte. Raubbau treiben, prasse, vergeuden, das ganze Feuerwerk in tausend Sonnen und kreisenden Flammenrädern verspritzen, die gespeicherte Kraft verbrennen vorm Gang in die eisige Wüste. Hinein in die Brandung des Fleisches, tausend Gurgeln haben, dem Phallus schimmernde Tempel errichten". Ähnlich konstatiert Carl SCHMITT: „Der Krieg, die Todesbereitschaft kämpfender Menschen, die physische Tötung von anderen Menschen, die auf der Seite des Feindes stehen, alles hat keinen normativen, sondern nur existenziellen Sinn". Es geht um den Krieg gegen den Feind – damit haben Ideale, Programme und Normen nichts zu tun, siehe *Der Begriff des Politischen*: 7.

[48] DELP, *Der Krieg als geistige Leistung* (in: *Stimmen der Zeit*, 1940): II,240.

[49] Delp schreibt: „Es ist nicht unsere Art, den Krieg zu verherrlichen als den Idealzustand männlichen Lebens, aber da er existente Wirklichkeit ist, muß und wird er uns willig finden, mit ihm fertig zu werden und ihn zu meistern, auch aus einer letzten geistigen Haltung und Verantwortung heraus", *Der Krieg als geistige Leistung* (in: *Stimmen der Zeit*, 1940): II,247f. Ebenso scheinen Delps Soldatenbriefe – der *Kriegsweihnachtsbrief* vom Jahr 1942 (V,226–228) sowie der Brief *Weltverantwortung der jungen Generation* aus dem Jahr 1943 (V,229–233) – von den wirklichen Fragen des Kriegsgeschehens weit entfernt zu sein. Indem sie einen nächsten Versuch des „Meisterns" des Krieges bilden, dürfen sie als eine Zustimmung zum Krieg gelesen werden. Dass Delp den damaligen Krieg aufgrund der nationalsozialistischen Propaganda wegen nicht richtig verstanden habe, stellt van Roon in Bezug auf diesen Artikel fest. Der Jesuit heroisiere den Krieg nicht, aber will ihn doch meistern, siehe V. ROON, *Widerstand und Krieg*: 50–69. Bleistein verurteilt dagegen den Text nicht. Er sei notwendig, um *Stimmen der Zeit* als Publikationsorgan zu erhalten. Van Roon habe in diesem Fall die Repression der damaligen Zeit nicht richtig eingeschätzt, BLEISTEIN, *Geschichte eines Zeugen*: 161. Bleistein muss aber zugeben, Delps Stellung gegenüber dem Nationalsozialismus sei damals nicht eindeutig gewesen. In Bezug auf Delps Verhandlungen mit der Reichskulturkammer 1940/41, ohne dessen Erlaubnis keine Publikation möglich war, fragt Bleistein: „[O]b er damit nur spielerisch die Toleranz der nationalsozialistischen Behörden erproben wollte, ob er sich noch immer über die Ziele der nationalsozialistischen Kulturpolitik täuschte oder ob er ohne ernsteres Bedenken seiner eigenen Lebenssituation – vor knapp einem Jahr erst wurde ihm von den nationalso-

Würde"[50] zu geben, musste Delp ihn erst in seiner Realität erfahren, musste Todesanzeigen lesen, Wunden sehen[51] und durch Trümmer gehen[52].

Neben „Krieg" wollte Delp auch andere Begriffe, die schon fest zum Vokabular der Nationalsozialisten gehörten, wie etwa „Volk" oder „Heimat", mit christlichem Inhalt prägen. Mit dieser Absicht verfasste er zwei andere Texte: *Heimat* und *Das Volk als Ordnungswirklichkeit*. In diesen wird seine Distanzierung von der nationalsozialistischen Ideologie schon etwas deutlicher.[53] Den Begriff der Heimat bezieht er letztendlich auf Gott[54] und er betont eindeutig die Freiheit jedes Volkes, die von keiner staatlichen Ordnung und von keinem anderen Volk verletzt werden darf.[55]

Dass sich der Jesuit nun zwischen Mitläufertum und Gegnerschaft befand, konstatierte auch der Chef der Gestapo in München:

> Eine offene gegnerische Haltung dem Nationalsozialismus gegenüber konnte bisher nicht festgestellt werden ... Ein positiver Einsatz Delps für den Nationalsozialismus kann nie erwartet werden.[56]

Eine wichtige Rolle spielte dabei Delps Überzeugung,

---

zialistischen Behörden die Immatrikulation an der Universität München verweigert (V,104) – stürmisch auf sein Ziel: publizieren zu können, zustrebte, ist ungewiß", ebd.: 76. Vgl. auch ders., *Delp als zeitkritischer Autor*.

[50] DELP, *Dritter Adventssonntag* (Gefängnismeditation, Dezember 1944): IV,173.

[51] Vgl. ders., *Weihnachtsbrief* (1943): V,266.

[52] Vgl. ders., *17. Sonntag nach Pfingsten* (Predigt, 9. November 1943): III,258, *Brief an G. Kern* (8. Mai 1942): V,169.

[53] Ders., *Heimat* (in: *Stimmen der Zeit*, 1940): II,249–269, *Das Volk als Ordnungswirklichkeit* (in: *Stimmen der Zeit*, 1940): II,271–299. Hinsichtlich dieser Artikel Delps stellt v. Roon fest, dass die Begriffe des „Volkes", der „Heimat" oder der „Nation" „einen religiösen, mythisch-nationalistischen Glanz" erhalten, wobei unpersönliche Ordnungen überbetont werden, der Mensch als Person und seine Freiheit aber hinter ihnen zurücktreten, siehe v. ROON, *Neuordnung im Widerstand*: 180. Bleistein konstatiert dagegen, der Aufsatz *Heimat* sei ein Versuch einer nicht nationalsozialistischen Betrachtung des Themas, siehe BLEISTEIN, *Geschichte eines Zeugen*: 161. Ähnlich kommentiert P. Müller den Text *Das Volk als Ordnungswirklichkeit*: das Anliegen Delps in der Redaktion war eine „Korrektur des zeitgenössischen, nationalsozialistischen Menschenbilds", siehe P. MÜLLER, *Sozialethik*: 27.

[54] Vgl. DELP, *Heimat* (in: *Stimmen der Zeit*, 1940): II,269.

[55] Vgl. ders., *Das Volk als Ordnungswirklichkeit* (in: *Stimmen der Zeit*, 1940): II,298f.

[56] So das Schreiben des Chefs der Sicherheitspolizei und des Sicherheitsdiensts vom 6. November 1941, siehe BLEISTEIN, *Geschichte eines Zeugen*: 177.

die gleichzeitige Bindung in die Ordnung von Staat und Kirche [sei] für den Christen eine naturhafte Notwendigkeit.[57]

Es musste einige Zeit vergehen, damit Delp darüber Klarheit erlangen konnte, dass die Stellung gegenüber dem Nationalsozialismus eine Entweder-oder-Wahl war. Im April 1941 beschlagnahmte die Gestapo das Redaktionsgebäude von *Stimmen der Zeit*,[58] zwei Monate später wurde Delps Antrag auf Aufnahme in die Reichsschrifttumskammer abgelehnt. Das bedeutete das Aus für seine Tätigkeit als Schriftsteller im Dritten Reich. Der Jesuit war aber noch in der Lage, seinen Text *Der Mensch und die Geschichte*, in dem es keinen Raum mehr für irgendein „Meistern" der nationalsozialistischen Wirklichkeit gibt, 1943 in Colmar zu veröffentlichen.[59] Andere Texte, etwa *Das Rätsel der Geschichte, Die Welt als Lebensraum des Menschen* und *Der Mensch vor sich selbst*, wurden erst nach dem Krieg aus seinem Nachlass veröffentlicht.[60]

Nach dem Verlust der legalen Publikationsmöglichkeiten lenkte Delp seine ganze Energie auf das gesprochene Wort, das für den totalitären Staat nicht so angreifbar war wie das geschriebene. Im Predigen und Vortragen fand er einen Tätigkeitsraum, in dem er sich relativ frei aussprechen konnte.[61] Auffällig ist die philosophische Intensität seiner Reden, die einen parallelen Inhalt zu Büchern aufweisen, die er damals las, schrieb und noch schreiben wollte.[62] Als Prediger hatte Delp schon einige Erfahrungen gesammelt. Während des Theologiestudiums hatte er 1935 in der Zeitschrift *Chry-*

[57] DELP, *Das Volk als Ordnungswirklichkeit* (in: *Stimmen der Zeit*, 1940): II,274. Schon 1936 schreibt Delp über die Christen: „Vielleicht [haben sie ihre] hellen Fahnen verwechselt mit den Bannern, die auf den Wällen der irdischen Burgen wehen", siehe *Christus, Herr der neuen Zeit* (in: *Chrysologus*, 1936): I,188. Vgl. BLEISTEIN, *Lebensbild Delps*: 14. Hinsichtlich der Tätigkeit Delps für die Zeitschrift soll hier noch einmal auf die Maßnahmen hingewiesen werden, auf welche die Nationalsozialisten zurückgriffen, wenn es um die Kontrolle der Presse ging, vgl. BOBERACH, *Propaganda – Überwachung – Unterdrückung*: 45–69.

[58] Vgl. DELP, *Brief an J. Eichinger* (8. Mai 1941): V,120.

[59] Ders., *Der Mensch und die Geschichte* (1943): II,349–429.

[60] Ders., *Das Rätsel der Geschichte* (Nachlass, o.J.): II,431–453 und *Die Welt als Lebensraum des Menschen* (Nachlass, o.J.): II,455–474, veröffentlicht BOLKOVAC, *Zur Erde*, 95–115 bzw. 31–69. *Der Mensch vor sich selbst* (Nachlass, o.J.): II,475–556, wahrscheinlich aus Delps Vortragsunterlagen bearbeitet, erschien im Druck 1955 in Colmar.

[61] Vgl. BLEISTEIN, *Geschichte eines Zeugen*: 427.

[62] Vgl. ebd.: 206f.

sologus eine Reihe von Predigten für die „Katholische Aktion des Mannes" publiziert, in welchen er sich mit dem modernen Weltverständnis auseinandersetzte.[63] Ein Jahr später veröffentlichte er die schon erwähnte Auseinandersetzung mit der Ideologie der Deutschen Glaubensbewegung.

Im Frühjahr 1941 begann Delp eine Tätigkeit in der überdiözesanen Hauptarbeitsstelle für „Männerarbeit und Männerseelsorge" in Fulda, die ihm Gelegenheit zu zahlreichen Vorträgen gab.[64] Seit Juni 1941 übte er die Funktion des Kirchenrektors in St. Georgen in München-Bogenhausen aus. Seine Beurteilung der gesellschaftlich-politischen Wirklichkeit wurde immer eindeutiger – er sprach über die Zerstörung des abendländischen Menschen,[65] über die Nacht, in die das ganze Volk und mit ihm der ganze Kontinent ging[66] sowie über eine allgemeine Grausamkeit des Lebens[67]. Die Verantwortung für jene Heimsuchung lastete Delp nicht Gott an; vielmehr wurde ihm immer klarer, dass

die Grausamkeit, die heute die Erde schlägt, zunächst in [den menschlichen] Herzen zu Hause war und von da her den ganzen Kosmos ergriff[68].

Seine philosophischen Überzeugungen ließen ihn nicht in der reinen Immanenz der Welt untergehen: Er fragte über den Mensch und das Materielle hinaus und suchte nach dem Transzendenten. Aus seiner theologischen Perspektive heraus gab es keinen Platz für einen anderen Herrn als den Gott der Offenbarung. Als das schlechthinnige Symbol des nationalsozialistischen Deutschlands konnten für Delp die marschierenden Kolonnen der Menschen gelten, die auf ihre Freiheit zugunsten des Kollektivs verzichte-

---

[63] DELP, *Männerapostolat: die Katholische Aktion des Mannes*: I,69–109.

[64] Im Oktober 1941 hielt Delp den Vortrag *Vertrauen zur Kirche* (I,263–283), im April 1942 *Der moderne Begriff der Weltlichkeit in seiner theologischen und pastoralen Bedeutung* (I,284–288), im Oktober 1942 *Das gegenwärtige Weltverständnis und die christliche Haltung gegenüber der Welt* (I,289–292) und *Die Lehre von der Schöpfung und die recapitulatio als christliche Antwort an das Welterlebnis* (I,293–296), im Februar 1943 hielt er ein Referat mit dem Titel *Dritte Lösung*, im August *Dritte Idee*. Ein Manuskript des Buches unter diesem Titel ging 1944 verloren.

[65] Vgl. DELP, *Geistige Lage* (Vortragsskizze, 1943): V,263. Vgl. P. MÜLLER, *Sozialethik*: 144f.

[66] Vgl. DELP, *Dritter Sonntag im Advent* (Predigt, 13. Dezember 1942): III,62.

[67] Vgl. ders., *Weihnachtsbrief* (1943): V,266–269.

[68] Ebd.: 268.

ten. Dem Befehl „Im Gleichschritt, marsch!" wird sich Delp aber nie unterordnen.

(2) Mitgliedschaft im Kreisauer Kreis (1942-1944)

Ein herausragendes Kapitel in Delps Leben stellt die 1942 begonnene Beteiligung im Kreisauer Kreis dar.[69] Diese Widerstandsgruppe wurde von Helmuth James von Moltke (1907-1945) und Peter Graf Yorck von Wartenburg (1904-1944) gegründet. Die auf Moltkes niederschlesischem Gut Kreisau stattfindenden Tagungen bearbeiteten ein Programm zur „Neuordnung Deutschlands", das nach dem Fall Hitlers verwirklicht werden sollte. Als Wertbasis für die Erneuerung der Gesellschaft war das Christentum bestimmt worden. In der Mitte des Kreisauer Kreises entstand das Bedürfnis nach Freiheit, nach der „Brechung des totalitären Zugriffs auf die freie Gewissensentscheidung".[70]

Obwohl die eigentliche Wirkung der Gruppe im Widerstand gegen Hitler ganz gering war, wie Moltke selbst zugab,[71] erwies sich der Geist, dem das Denken der Mitglieder des Kreisauer Kreises entspringt, als für das Dritte Reich durchaus gefährlich. Darüber schrieb Moltke während des Prozesses vor dem Volksgericht, was zugleich auf die Person Delps und seine Rolle im Kreisauer Kreis ein Licht wirft:

Durch diese Personalzusammenstellung ist dokumentiert, daß nicht Pläne, nicht Vorbereitungen, sondern der Geist als solcher verfolgt werden soll.[72]

Die Ebene des Geistes war denn auch das Schlachtfeld, auf das sich Delp bewusst begab – die Erziehung des freien Geistes, so Moltke, als Antwort auf

den Geist der Enge und Gewalt gegen den Geist der Überheblichkeit, der Intoleranz und des Absoluten, erbarmungslos Konsequenten ... der in den Deutschen

---

[69] Vgl. BLEISTEIN, *Geschichte eines Zeugen*: 255–282,418f, siehe auch ders., *Kreisauer Kreis*, 596f. Mehr dazu etwa bei BRAKELMANN, *Der Kreisauer Kreis*.

[70] V. ROON, *Neuordnung im Widerstand*: 354.

[71] V. MOLTKE stellt fest: „Wir haben nur gedacht", siehe *Briefe an Freya*: 616.

[72] Ebd.

steckt, und der seinen Ausdruck in dem nationalsozialistischen Staat gefunden hat[73].

In der Widerstandsbewegung war Delp für die soziale Frage mit zuständig. Von drei Gesprächen in Kreisau nahm er an dem zweiten (im Oktober 1942) und dritten (im Juni 1943) teil. Seine Bedeutung für die Gruppe bezeugte Moltke selbst im schon zitierten, letzten Brief an seine Frau Freya: „Wir haben nur gedacht, und zwar eigentlich nur Delp, Gerstenmaier & ich, die anderen galten als Mitläufer."[74] Delps Grundhaltung im Kreisauer Kreis bestand in einem entschiedenen „Nein" zum Nationalsozialismus, das er nach einem langen Weg der Absetzung nun endlich aussprach. Es war sein „Ja" für die Option der Freiheit in all ihren Dimensionen, nicht nur in einer spirituellen, sondern auch in politischer Hinsicht. Doch war es umso schwerer auszusprechen, da es ein Widerstand ohne – wenn nicht sogar gegen – das Volk war.[75] Damals stand Delp aber noch nicht am Ende seines Wegs zur Freiheit; paradoxerweise wird dieses Ende erst in der persönlichen Erfahrung der Gefangenschaft von ihm erreicht.

---

[73] Ders., *Letzte Briefe*: 9.

[74] Ders., *Briefe an Freya*: 616. Wegen des Mangels an Quellen ist es heute unmöglich, die Rolle Delps im Kreisauer Kreis im Detail zu bestimmen. Sowohl die Frau von Moltke, Freya, als auch Eugen Gerstenmaier, selber ein Mitglied des Kreises, bezeichnen Delp als eine „gedankenreiche" Person, vgl. F. V. MOLTKE, *Erinnerungen an Kreisau*: 61f, bzw. GERSTENMAIER, *Ein Lebensbericht*: 159. Laut v. Roon sei Delp der „geistig führende Kopf", siehe V. ROON, *Neuordnung im Widerstand*: 177. Ähnlich Bleistein, der die Rolle Delps im Kreis als „schöpferischen Impuls" bezeichnet, siehe BLEISTEIN, *Delp und der 20. Juli 1944*: 77, vgl. auch ders., *Geschichte eines Zeugen*: 273. Vgl. auch POPE, *Der Beitrag Delps für den Kreisauer Kreis*, sowie MAIER, *Delps Vermächtnis*: 803–804. Dirks würdigt dagegen Delp als einen nüchternen Theologen, hinsichtlich seines Engagements im Kreisauer Kreis formuliert er aber den Eindruck, dass Delp „nichts von [einem] Soziologe[n], schon gar nichts von der katholischen Sozialtradition" in sich habe, ein Urteil, dass er auf Delps Gefängnisschriften gründet, siehe DIRKS, *Alfred Delp*: 202. Einen Überblick über das Thema gibt SCHALLER, *Anthropologie von Delp*: 107–114, an.

[75] Vgl. FEST, *Das tragische Vermächtnis*: 12.

c) ... mit dem Schicksal der Gefangenschaft und des bevorstehenden Todes (1944-1945)

Nach dem erfolglosen Attentat Stauffenbergs auf Hitler am 20. Juli 1944 wurde auch Delp am 28. Juli durch die Gestapo verhaftet, da sein Name in den Notizen des durch den Staatsstreich kompromittierten Grafen Yorck entdeckt wurde.[76] Im August 1944 wurde Delp nach Berlin gebracht, dort zuerst im Gestapo-Gefängnis Berlin-Moabit inhaftiert und anschließend im September in die Haftanstalt Berlin-Tegel eingesperrt. Dem Angebot, aus dem Jesuitenorden auszutreten und dadurch freizukommen, erteilte Delp eine Absage; am 8. Dezember legte er in der Zelle das Ordensgelübde ab.[77] Nach einem zweitägigen „Prozess" vor dem Volksgerichtshof wurde er am 11. Januar 1945 wegen „Hoch- und Landesverrates" zum Tod verurteilt. Am 2. Februar 1945 wurde er im Gefängnis Berlin-Plötzensee hingerichtet.[78]

Hinter diesen wenigen Daten stehen intensive Erfahrungen eines sich des eigenen nahenden Endes immer bewusster werdenden Menschen. Die Phasen der Ruhe und der Angst, der Sicherheit und des Zweifels, durch die Delp ging, fanden ein Echo in seinen Gefängnisschriften. Die Texte enthalten zwar keine radikalen Neuheiten – Delp selbst betonte, er bleibe bei den alten Thesen[79] –, sie stellen aber das ganze bisherige Denkwerk Delps in den Horizont eines Freiheitsdenkens. Die Grundbegriffe seines Denkens, wie etwa Gottesunfähigkeit, Blick auf das Ganze, Rückkehr zur Mitte, Bewegung „über sich selbst hinaus" und Hingabe, wurden von dem gefangenen Jesuiten auf das Freiheitsereignis hin bezogen. Der existenzielle Kontext jener Reflexion ist evident, Delp schrieb über sich selbst, zu sich selbst und nicht nur für Andere.[80] Sichtbar ist eine Verschiebung des Schwerpunktes seines Freiheitsverständnisses: weg von einem akademisch verfassten und eng an die philosophische Reflexion geknüpften Begriff von Freiheit, hin zu einem beinahe mystischen Freiheitsdenken. Sein an außergewöhnliche Bedingungen geknüpftes Freiheitsverständnis hält Delp zugleich für unbedingt realistisch

---

[76] Vgl. BLEISTEIN, *Geschichte eines Zeugen*: 293–301, siehe auch die detaillierte Darstellung in SCHALLER, *Anthropologie von Delp*: 160–165.

[77] Vgl. DELP, *Gefängnisbrief an F. v. Tattenbach* (9. Dezember 1944): IV,41.

[78] Vgl. BLEISTEIN, *Geschichte eines Zeugen*: 302–411.

[79] Vgl. DELP, *Die Erziehung des Menschen zu Gott* (Gefängnisreflexion, 1944/45): IV,312.

[80] Vgl. ders., *Epiphanie* (Gefängnismeditation, Januar 1945): IV,215f, *Veni Sancte Spiritus* (Gefängnismeditation, Januar 1945): IV,296.

und für die Alltäglichkeit geeignet. Die ganze den Menschen ergreifende, oft als Fessel erlebte Wirklichkeit könne zu einem Raum der Freiheit werden – in diesem Sinn versteht Delp die Wirklichkeit als ein „Sakrament der Freiheit".[81]

(1) Inneres Reifen

Die Gefangenschaft erlebte Delp als eine Zeit des inneren Wachsens, was vor allem in einer Verbindung mit der Ablegung der Profess zu sehen ist.[82] Auf die Tatsache eigenen Reifens macht er in Briefen aufmerksam, indem er etwa erklärt: „Ich habe in diesen Wochen für Jahre gelernt und nachgelernt."[83] Die Welt erschien ihm nunmehr ohne Vortäuschungen: „Die Kulissen sind weg, und der Mensch steht heute unmittelbar vor den letzten Wirklichkeiten"[84]. Die Gefängnisschriften zeugen nicht so sehr von einer Weiterentwicklung der inzwischen ausgearbeiteten Theorien, sondern vielmehr von dem Weg, der einmal von Theorien ausgegangen war und nunmehr in die Praxis mündete – dies gerade auch in Hinsicht auf die Freiheit:

> Vieles, was früher Fläche war, erhebt sich in die dritte Dimension. Die Dinge zeigen sich einfacher und doch figürlicher, kantiger. Vor allem aber ist der Herrgott so viel wirklicher geworden. Vieles, was ich früher gemeint habe zu wissen und zu glauben, das glaube und lebe ich jetzt.[85]

Delp schärfte seinen Blick auf die Wirklichkeit einerseits durch den Bezug auf den Glauben,[86] andererseits durch die Auseinandersetzung mit dem System des Nationalsozialismus. Nach der Prozessfarce stellte er fest, dass der Nationalsozialismus sich als von sich selbst berauschte Macht und Herrlich-

---

[81] Vgl. ders., *Vierter Adventssonntag* (Gefängnismeditation, Dezember 1944): IV,185.

[82] Vgl. BLEISTEIN, *Geschichte eines Zeugen*: 335f.

[83] DELP, *Gefängnisbrief an L. Oestreicher* (16. Dezember 1944): IV,50, vgl. ebenfalls *Gefängnisbrief an Familie Kreuser* (Mitte November 1944): IV,23, *Adventsgestalten* (Gefängnismeditation, Dezember 1944): IV,151.

[84] Ders., *Gefängnisbrief an M. Hapig/M. Pünder* (22. Dezember): IV,65.

[85] Ders., *Gefängnisbrief an M.* (28. Dezember 1944): IV,71.

[86] Vgl. ders., *Gefängnisbrief an L. Oestreicher* (Ende Oktober 1944): IV,22, *Gefängnisbrief an M. Hapig/M. Pünder* (22. November 1944): IV, 29, *Gefängnisbrief an F. v. Tattenbach* (1. Dezember 1944): IV,34, *Epiphanie* (Gefängnismeditation, Januar 1945): IV,223, *Veni Sancte Spiritus* (Gefängnismeditation, Januar 1945): IV,264.

keit nun voll offenbare.[87] Eine Beschreibung der nationalsozialistischen Epoche nahm er jetzt ganz ungeschminkt vor:

> Die Zeit ohne Erbarmen. Die Zeit der unerbittlichen Schicksale. Die Zeit der Grausamkeit und Willkür. Die Zeit der sinnlosen Tode und der wertlosen Leben … Nie wieder sollen die Menschen sich so über ihre Möglichkeiten täuschen und sich solches tun.[88]

Der am 9. und 10. Januar 1945 vor dem Volksgerichtshof stattfindende „Prozess" war für Delp der letzte und zugleich größte Zusammenstoß jener zwei so verschiedenen Kräfte, die jedoch eine gemeinsame Eigenschaft haben, wie Moltke in Abwandlung eines Wortes des Präsidenten des Volksgerichtshofs Freisler sagt: sowohl das Christentum als auch der Nationalsozialismus, „fordern den ganzen Menschen"[89]. Der sorgfältig auf seine Verteidigung vorbereitete Jesuit musste konstatieren, dass jede objektive Diskussion ausgeschlossen war:

> Der Prozeß war eine große Farce. Sachlich wurden die Hauptanklagen: Beziehung zum 20. 7. und Stauffenberg gar nicht erhoben … Es war eine große Beschimpfung der Kirche und des Ordens. Ein Jesuit ist und bleibt eben ein Schuft. Das alles war Rache für den abwesenden Rösch und den Nicht-Austritt.[90]

Diese Tage erlebte Delp in der inneren Ruhe, obwohl er keinen Ausweg aus seiner Situation sah. Er notierte: Gott will „den absoluten Sprung von mir weg in ihn hinein"[91]. Er akzeptierte und verstand es als eine neue Etappe seines Wachsens:

---

[87] Vgl. ders., *Vater unser* (Gefängnismeditation, Januar 1945): IV,225.

[88] Ders., *Veni Sancte Spiritus* (Gefängnismeditation, Januar 1945): IV,281.

[89] V. MOLTKE, *Briefe an Freya*: 622.

[90] DELP, *Gefängnisbrief an F. v. Tattenbach* (10. Januar 1945): IV,98. Pater Augustin Rösch SJ, stark engagiert im Widerstand, auch im Kreisauer Kreis, war damals untergetaucht und wurde von den Nationalsozialisten gesucht. Dass auch Moltke irgendwie als „Märtyrer für den heiligen Ignatius" stirbt, bemerkt er selber in den Briefen an seine Frau, siehe V. MOLTKE, *Briefe an Freya*: 616.

[91] DELP, *Epiphanie* (Gefängnismeditation, Januar 1945): IV,215.

Denn jetzt bin ich ja erst Mensch geworden, innerlich frei und viel echter und wahrhafter, wirklicher als früher. Jetzt erst hat das Auge den plastischen Blick für alle Dimensionen und die Gesundheit für alle Perspektiven.[92]

Vielmals wiederholte er, das Leben habe ein gutes Thema bekommen.[93] Er fühlte sich zur inneren Freiheit erzogen, deshalb antwortete er dem nach seiner Tätigkeit fragenden Freisler: „Ich kann predigen, so viel ich will, und Menschen geschickt oder ungeschickt behandeln und wiederaufrichten, solange ich will."[94]

(2) Zweifel

Die Texte der Verteidigung Delps vor dem Tribunal und ein Entwurf seines Gnadengesuchs liegen vor. Der Jesuit wollte sich dabei keinesfalls als ein entschiedener Widerstandskämpfer darstellen. Nach der Lektüre seiner Verteidigungsschriften drängt sich die Meinung auf, dass er – entgegen dem eigenen Willen – in die große Geschichte verwickelt wurde.[95] Ein noch trüberes Bild findet sich im Gnadengesuchsentwurf, bei welchem aber ungewiss ist, ob es überhaupt abgeschickt wurde.[96] Dass Delp jene Worte mit einer großen inneren Distanz schrieb, bezeugen sein Briefe: Diese Texte waren eine strategische Positionierung eines 37-jährigen Mannes, der in „die äußerste Situation gekommen [ist], in die Menschen kommen können"[97], und der nicht sterben wollte: „Ich würde gern noch weiterleben."[98] Nicht die Verteidigung und das Gnadengesuch, sondern eine kurze, wenige Tage vor

---

[92] Ders., *Gefängnisbrief an M.* (nach dem 11. Januar 1945): IV,107.

[93] Vgl. ders., *Gefängnisbrief an M. Hapig/M. Pünder* (11. Januar 1945): IV,101, *Gefängnisbrief an M.* (nach dem 11. Januar 1945): IV,104.

[94] Gedächtnisprotokoll von Pfarrer Harald Poelchau, zitiert bei KEMPNER, *Priester vor Hitlers Tribunalen*: 67. Vgl. BLEISTEIN, *Geschichte eines Zeugen*: 364–401. Siehe auch DELP, *Gefängnisbrief an F. v. Tattenbach* (10. Januar 1945): IV,97, *Gefängnisbrief an M.* (nach dem 11. Januar 1945): IV,105–112.

[95] Vgl. DELP, *Warum ich vor Gericht komme*: IV,332–335, *Der Sachverhalt*: IV,336–337, *Verteidigung: Z. Zt. Strafgefängnis Tegel*: IV,338–356. Vgl. die knappe aber wichtige Einführung zu den Texten von BLEISTEIN, IV,331f.

[96] Vgl. DELP, *Gnadengesuch* (Entwurf, Januar 1945): IV,361–364.

[97] Ders., *Gefängnisbrief an M. Hapig/M. Pünder* (21. Januar 1945): IV,134.

[98] Ders., *Gefängnisbrief an M.* (nach dem 11. Januar 1945): IV,111.

dem „Prozess" verfasste Notiz drückt die tatsächliche Meinung Delps aus: „Die Gestalt des Leonardo da Vinci hat mich gestern mehr interessiert als meine Anklage."[99] Den bestimmenden Horizont für die Lektüre aller seiner Worte liefert letztendlich seine Entscheidung, dass er bewusst auf die Zugehörigkeit zu dem Orden nicht verzichtet, sondern vielmehr um den Preis des Lebens für sie einsteht.[100]

Delp wollte unbedingt den gesunden, freien Blick auf die Wirklichkeit behalten und Realist bleiben.[101] Extrem niedergedrückt durch das Bewusstsein des kommenden Todes kämpfte er um eine realistische Perspektive auf das Leben. Er erklärt:

> Ich habe in diesen letzten Tagen gezweifelt und überlegt, ob ich Selbsttäuschungen zum Opfer gefallen bin, ob sich mein Lebenswille in religiöse Einbildungen sublimiert hat oder was das war. Aber diese vielen spürbaren Erhebungen in mitten im Unglück; diese Sicherheit und Unberührtheit in allen Schlägen; dieser gewisse „Trotz", der mich immer wissen ließ, es wird ihnen die Vernichtung nicht gelingen; diese Tröstungen beim Gebet und beim Opfer; diese Gnadenstunden vor dem Tabernakel; diese erbetenen und immer wieder gegebenen und gewährten Zeichen: ich weiß es nicht, ob ich das alles jetzt wegtun darf. Soll ich weiter hoffen? Will der Herrgott das Opfer, das ich ihm nicht versagen will oder will er die Bewährung des Glaubens und Vertrauens bis zum äußersten Punkt der Möglichkeit? ... Was will der Herrgott mit alledem? Ist es Erziehung zur ganzen Freiheit und vollen Hingabe? ... Was soll ich jetzt tun, ohne untreu zu werden? ... Soll ich einfach in der Freiheit zur Verfügung bleiben und in der Bereitschaft? ... Es ist Zeit der Aussaat, nicht der Ernte.[102]

Doch die Erfahrung der Unfreiheit erwies sich als besonders mächtig – so schrieb Delp von seinen „gefesselten Händen des Körpers und des Geistes"[103].

---

[99] Ders., *Gefängnisbrief an M.* (7. Januar 1945): IV,95. Dirks erkennt hier eine „subtile Form des christlichen Gleichmutes", siehe DIRKS, *Alfred Delp*: 201.

[100] Vgl. DELP, *Gefängnisbrief an F. v. Tattenbach* (9. Dezember 1944): IV,41.

[101] Vgl. ders., *Gefängnisbrief an M.* (31. Dezember 1945): IV,77.

[102] Ders., *Gefängnisbrief an M.* (nach dem 11. Januar 1945): IV,108–110.

[103] Ebd.: 111.

(3) Sicherheit

Das letzte Wort gehörte der Freiheit. Nach den Tagen der Fragen kam die Überzeugung bezüglich der erziehenden Rolle der Geschichte zurück[104] und damit die Gewissheit eines Wertes des eigenen Lebens und Sterbens.[105] Delp verstand seine Existenz in Bezug auf die Freiheit Gottes[106] und deshalb als eine freie Existenz:

> Trotz der Wehmut, die einen manchmal überkommt, herrscht doch ein gewisses Bewusstsein der Entscheidung und der Freiheit vor[107]

Die Hingabe und die Anbetung gestalteten sowohl sein Leben als auch sein Freiheitsverständnis.[108] Er lebte „auf einem sehr hohen Berg"[109], auf der „ab-

---

[104] Vgl. ders., *Gefängnisbrief an A.* (nach dem 11. Januar 1945): IV,116, *Gefängnisbrief an M. Blumschein* (nach dem 11. Januar 1945): IV,119, *Gefängnisbrief an F. v. Tattenbach* (14. Januar 1945): IV,121.

[105] Vgl. Delps Worte über den Wert, den sein Leben durch alle jene Ereignisse bekommen habe: *Gefängnisbrief an L. Oestreicher* (nach dem 11. Januar 1945): IV,114, *Gefängnisbrief an M. Hapig/M. Pünder* (nach dem 11. Januar 1945): IV,117, *Gefängnisbrief an L. Oestreicher* (18 Januar 1945): IV,128, *Gefängnisbrief an M. Hapig/M. Pünder* (21. Januar 1945): IV,132, *Gefängnisbrief an F. v. Tattenbach* (21. Januar 1945): IV,135. Vgl. auch Delps Verstehen des eigenen Todes in Bezug auf die Worte Christi als einen Samen, der sterben müsse, um Früchte zu bringen: *Gefängnisbrief an L. Oestreicher* (14. Januar 1945): IV, 123, *Gefängnisbrief an M. Hapig/M. Pünder* (14. Januar 1945): IV,126, *Gefängnisbrief an L. Oestreicher* (18. Januar 1945): IV,128.

[106] Vgl. ders., *Gefängnisbrief an F. v. Tattenbach* (14. Januar 1945): IV,121, *Gefängnisbrief an M. Hapig/M. Pünder* (14. Januar 1945): IV,126, *Gefängnisbrief an M. Hapig/M. Pünder* (21. Januar 1945): IV,132.

[107] Ders., *Gefängnisbrief an M. Hapig/M. Pünder* (14. Januar 1945): IV,125. Vgl. ders., *Gefängnisbrief an L. Oestreicher* (14. Januar 1945): IV,124, *Gefängnisbrief an F. v. Tattenbach* (18. Januar 1945): IV,129, *Gefängnisbrief an M. Hapig/M. Pünder* (18. Januar 1945): IV,131, *Gefängnisbrief an M. Hapig/M. Pünder* (21. Januar 1945): IV,134. Siehe auch SCHALLER, *Anthropologie von Delp*: 298–308,399–407. Ähnlich schrieb Bonhoeffer im Gefängnis Berlin-Tegel, und zwar am 28. Juli 1944, als Delp verhaftet wurde. Bonhoeffers Worte werden damit zu dem Motto der Gefangenschaft Delps: „nicht nur die Tat, sondern auch das Leiden ist ein Weg zur Freiheit. Die Befreiung liegt im Leiden darin, daß man seine Sache ganz aus den eigenen Händen geben und in die Hände Gottes legen darf. In diesem Sinne ist der Tod die Krönung der menschlichen Freiheit", siehe BONHOEFFER, *Widerstand und Ergebung*: 200.

[108] Vgl. DELP, *Gefängnisbrief an F. v. Tattenbach* (14. Januar 1945): IV,122, *Epiphanie* (Gefängnismeditation, Januar 1945): IV,224.

[109] Ders., *Gefängnisbrief an A. S. Keßler* (23. Januar 1945): IV,141.

soluten Höhe des Daseins"[110], wo alle Begriffe der gottlosen Ideologie – etwa die Rede vom Schicksal und Verhängnis sowie das Verständnis der Welt als endgültigen Raum – wie unmenschliches, ja tierisches und unartikuliertes Gewimmer klangen.[111] Es gibt die Freiheit, es gibt sie immer – das war die Überzeugung Delps.

Am 2. Februar 1945 wurde Alfred Delp in Berlin-Plötzensee stranguliert. Seine Asche wurde über die Rieselfelder verstreut.

[110] Ders., *Vater unser* (Gefängnismeditation, Januar 1945): IV,225. Vgl. ders., *Gefängnisbrief an A.* (nach dem 11. Januar 1945): IV,117.

[111] Vgl. ders., *Vater unser* (Gefängnismeditation, Januar 1945): IV,226.

II. Delps Kritik
am Freiheitsverständnis der Moderne

A. Der Bezugspunkt von Delps Kritik –
Martin Heideggers *Sein und Zeit*

1. *„Sein und Zeit" an sich vor den Fragen Delps*

Der tief in der theologischen Tradition verwurzelte Delp denkt die Freiheit im Anschluss an die Gegenwart und gestaltet ihr Verständnis vor allem in der Auseinandersetzung mit Heideggers *Sein und Zeit*, das er kritisch zu rezipieren versucht.[1] Aus diesem Grund ist es für ein angemessenes Begreifen von Delps Vision notwendig, zuerst einen Blick auf den Inhalt des Werkes des Freiburger Philosophen zu werfen. Es handelt sich dabei jedoch um eine Lektüre von *Sein und Zeit* allein aus sich selbst heraus, d.h. ohne den ständigen Blick auf die Delp'sche Kritik an ihm, wohl aber vor dem Hintergrund der durch *Tragische Existenz* gestellten Fragen. In seiner Schrift zielt Delp auf das ganze Unternehmen Heideggers, das die Frage nach dem Sein überhaupt thematisiert. Das uns interessierende Problem der Freiheit kommt in der Auseinandersetzung zwar zur Sprache, bleibt aber eher zweitrangig.[2]

---

[1] In *Tragische Existenz* bezieht sich Delp gelegentlich auf drei andere, ihm zugängliche Heideggersche Erläuterungen zu *Sein und Zeit*: die in Marburg im Wintersemester 1927/1928 gehaltenen Vorlesungen, die unter dem Titel *Kant und das Problem der Metaphysik* erschienen sind (Bonn 1929, bei Delp: II,43,74,77–79,97–101,106,109,115,122,140,141), die Freiburger Antrittsvorlesung *Was ist Metaphysik?* (Bonn 1929, bei Delp: II,91,96) sowie die Abhandlung *Vom Wesen des Grundes* (Halle 1929, bei Delp: II,77,97,101,142,146). Falls ein Sachverhalt, der für die in dieser Arbeit gestellten Fragen wichtig ist, in *Sein und Zeit* nicht zu finden ist, aber in den genannten Texten zur Sprache kommt, greifen wir an entsprechender Stelle auf diese zurück. Ansonsten folgen wir dem Vorgehen Delps, der *Sein und Zeit* zum Mittelpunkt seiner Auseinandersetzung macht.

[2] Deshalb geht Delp nicht auf die der Freiheit explizit gewidmeten Passagen in *Vom Wesen des Grundes* ein, vgl. HEIDEGGER, *Vom Wesen des Grundes*: 163–175. Dass *Sein und Zeit*

Vielmehr kritisiert Delp unter Bezugnahme auf das Denken Heideggers einige Prämissen des Freiheitsverständnisses der Moderne; er beabsichtigt dabei weniger eine Auseinandersetzung mit dem Freiheitsverständnis des Freiburger Philosophen. Dadurch ergibt sich die Notwendigkeit einer präzisen Reformulierung von Delps Fragen an die Heideggersche Philosophie.

Mit Delp kann man in *Sein und Zeit* die Grundlage eines modernen Freiheitsverständnisses entdecken und unter diesem Blickwinkel wollen wir jetzt das Werk Heideggers lesen – und damit Delps Deutung nachvollziehen. Die Auseinandersetzung mit *Sein und Zeit* wird darum unter drei Fragen geführt, die, so Delp, den Prämissen des Freiheitsverständnisses, das heißt dem Menschenbild, der Gottesfrage sowie dem Autonomiebegriff entsprechen:

1.) Entwickelt *Sein und Zeit* eine bestimmte Anthropologie?
2.) Welchen Platz hat der Gottesbegriff in *Sein und Zeit*?
3.) Was bedeutet der Heidegger'sche Begriff der Entschlossenheit?

Das Ergebnis lässt uns den Grund von Delps Kritik am modernen Freiheitsverständnis und infolgedessen auch den Grund seines Versuchs, ein eigenes Freiheitsdenken zu konzipieren, verstehen.

Die Problematik der Delp'schen Auseinandersetzung mit *Sein und Zeit* ist kompliziert. Man muss Delp mindestens zugestehen, dass er sich auf das von Heidegger Verfasste im aufrichtigen Suche nach einem Verstehen bezieht. Um seine Kritik selbst wiederum richtig zu verstehen, gilt es aber zu berücksichtigen, dass Delp dieses Werk auf der Grundlage einer bestimmten Hermeneutik liest: Er sieht darin das Selbstverständnis des Menschen seiner Zeit denkerisch zum Ausdruck gebracht, so dass sich seine Kritik an *Sein und Zeit* im Wesentlichen auch als kritische Auseinandersetzung mit dem Zeitgeist verstehen lässt. Um der Sache gerecht zu werden, müssen wir deshalb nach der Lektüre von *Sein und Zeit* in einem nächsten Schritt die geistesgeschichtliche Situation in Deutschland in den Jahren 1931-1935 betrachten. Es handelt sich dabei um das, was Delp als Mensch der Epoche wahrnimmt, was ihn in seiner Auseinandersetzung lenkt oder abstößt, was er einbezieht und wogegen er sich wendet. Erst dadurch gewinnen wir einen Blick auf die Grundlagen von Delps Freiheitsverständnis.

Die Schwierigkeiten, auf die Delp stößt, die jene gerade angeklungenen Komplikationen seiner Auseinandersetzung ausmachen, gründen darin,

als eine „Phänomenologie der Freiheit" zu lesen ist, zeigt FIGAL, *Phänomenologie der Freiheit*: 23.

dass das Werk Heideggers fragmentarisch bleibt. Einerseits verlangt es einen zweiten Teil, andererseits distanziert sich der spätere Heidegger selbst von seinem Werk. Der Philosoph gibt zu, er habe sich an *Sein und Zeit* vielleicht „zu früh" gewagt[3] und es

> wäre … gut, man ließe endlich *Sein und Zeit*, das Buch und die Sache, für eine unbestimmte Zukunft auf sich beruhen[4].

Die Frage der letzten Seite von *Sein und Zeit*: „Hierzu allein ist die vorliegende Untersuchung *unterwegs*. Wo steht sie?"[5] wird von Delp aufgenommen und kritisch beantwortet. Bald nach der Veröffentlichung von *Sein und Zeit* bezeichnet Heidegger seinen Denkweg als einen „Holzweg", „der [ihn] irgendwohin führte, dieser Weg [ist] aber jetzt nicht mehr begangen u. schon verwachsen"[6]. Er zieht sich langsam von den Begriffen der Fundamentalontologie des Daseins, der Entschlossenheit und der Welt zurück, so dass man seinen Anspruch, seine späteren Deutungen hätten gleichermaßen dem Anliegen von *Sein und Zeit* entsprochen, als unhaltbar ansehen muss.[7]
Dieser Umstand der durchaus selbstkritischen Entwicklung der Heidegger'schen Gedanken ist für die Beurteilung der Auseinandersetzung Delps mit dem Werk durchaus relevant, doch muss zunächst beachtet werden, dass wir uns ausschließlich auf die für den Jesuiten zugänglichen Quellen beschränken. In Anbetracht des Problems, dass *Sein und Zeit* an sich kein Werk ist, das von sich aus über sich selbst *ganz* sprechen kann, dass es kein fertiges System, sondern ein Denken „unterwegs" ist, ergibt sich für Delp die Notwendigkeit, ein Interpretament zu finden, mit dessen Hilfe das relevante Nicht-zu-Ende-Gesagte des Buches durchleuchtet werden kann. Während das Werk den heutigen Lesern in den schon veröffentlichten Vorlesungen und weiteren Aussagen sowie Auslegungen Heideggers zugänglich ist,

---

[3]   HEIDEGGER, *Unterwegs zur Sprache*: 89.

[4]   Ders., *Die Metaphysik des Deutschen Idealismus*: 34.

[5]   SZ 437.

[6]   Heideggers Brief vom 18. September 1932 an Elisabeth Blochmann, siehe HEIDEGGER/ BLOCHMANN, *Briefwechsel 1918–1969*: Nr. 38, 54, vgl. HEIDEGGER, *Die Metaphysik des Deutschen Idealismus*: 27. In der Schrift *Über den Humanismus* erklärt Heidegger, dass er auf seinem Weg „über ‚Sein und Zeit' … nicht hinausgekommen, vielleicht … aber inzwischen um einiges eher in seine Sache hineingekommen" sei, siehe HEIDEGGER, *Über den Humanismus*: 343.Vgl. KISIEL, *Das Versagen von ‚Sein und Zeit'*: 272f,276.

[7]   Vgl. THOMÄ, *Heideggers Selbstkritik*: 291–294.

verfügte Delp nur über wenige weitere Möglichkeiten zur Erschließung des Inhalts von *Sein und Zeit*, nämlich die öffentliche Tätigkeit Heideggers in den Jahren 1931-1935 einerseits und die faktische Wirkung seines Denkens in der Gesellschaft andererseits. Die aus diesen „Quellen" resultierende Hermeneutik Delps ist zum einen nachteilig, insofern sie dem ureigenen Anliegen Heideggers nicht ganz gerecht werden kann; zum anderen aber spiegelt sie in ihrer Nähe eine „faktischere" Auseinandersetzung mit dem Zuerst-Gesagten (*Sein und Zeit*) ziemlich unmittelbar wider, was übrigens das Interessante am Delp'schen Denken ausmacht.

a) Die Ontologie aus der Perspektive der Daseinsanalytik

Die von Delp geübte Kritik an *Sein und Zeit* und auch die Beurteilung seines eigenen Werkes *Tragische Existenz* durch spätere katholische Denker hängen davon ab, inwiefern der Interpret *Sein und Zeit* anthropologische Züge zuspricht – oder auch nicht. Ist das Werk Heideggers „bloß" eine Ontologie oder durchbricht es (auch) diese Grenze und entwickelt gleichermaßen eine Anthropologie? Diese Frage ist für das gesamte Werk sowohl Heideggers als auch Delps entscheidend, denn nicht nur seine Gottesfrage sondern auch der Begriff der Entschlossenheit müssen je nach der Antwort auf diese Frage anders und neu verstanden werden.

Dass Heidegger in *Sein und Zeit* nicht auf die Erklärung eines Menschenbildes hin abzielt, sondern zunächst eine Ontologie entwickeln will, formuliert er eindeutig schon auf den ersten Seiten des Werkes. Die Aufgabe seines Denkens bestehe darin, so Heidegger, die vergessene Frage nach dem Sein überhaupt wieder zu stellen.[8] Insofern ist der Anspruch auf eine Anthropologie nicht vorhanden. Doch den Zugang zum Sein findet der Philosoph nur dann, wenn er den Menschen, also das Dasein befragt, weil das menschliche Dasein das einzige Seiende sei, dem es „in seinem Sein *um* dieses Sein selbst geht", das also „zu diesem Sein ein Seinsverhältnis hat"[9]. Heidegger betrachtet das Sein aus der Perspektive des Daseins und mithilfe der Daseinsanalytik will er die Seinsfrage beantworten: „Daher muß die *Fundamen-*

---

[8] Vgl. SZ 11–15,38,372.

[9] Ebd.: 12.

talontologie, aus der alle anderen [Ontologien] erst entspringen können, in der *existenzialen Analytik des Daseins* gesucht werden."[10]

Mit dieser Methode ist es nun notwendig, eine klare Distinktion zu bewahren, worauf Heidegger selbst immer wieder aufmerksam macht:

> Die Herausstellung der Seinsverfassung des Daseins bleibt aber gleichwohl nur *ein Weg*. Das *Ziel* ist die Ausarbeitung der Seinsfrage überhaupt.[11]

Die Frage nach dem Sein überhaupt, obwohl nur aus der Analyse des Daseins zu erreichen, geht jedem Fragen nach dem Seienden – mithin auch nach dem Menschen – voraus: „Die existenziale Analytik des Dasein liegt *vor* jeder Psychologie, Anthropologie und erst recht Biologie."[12] Das Sein ist ein Gefragtes, das Seiende des Daseins ein Befragtes, ein Erfragtes wiederum der Sinn des Seins, wobei ansatzweise bereits die in der – auch Delp bekannten – Abhandlung *Vom Wesen des Grundes* explizit ausgesprochene ontologische Differenz sichtbar wird.[13]

Sein und Zeit ist eine Ontologie, aber auch eine im Heidegger'schen und nicht im Husserl'schen Sinne geführte Phänomenologie, die ihr Ziel in dem findet, was noch offenbart werden soll, das heißt in dem Sein selbst, und nicht in dem sich schon Offenbarenden, d. i. im Seienden. Die Phänomenologie geht von der Hermeneutik des Daseins, der Analytik der Existenz aus.[14] Die von Heidegger gestellte Frage bezieht sich nicht auf das metaphysische „Was" des Menschen, sondern auf das phänomenologische „Wie": auf die Frage, wie es ist, ein Mensch zu sein.[15] Nicht zu übersehen ist dabei

---

[10] Ebd.: 13.

[11] Ebd.: 436.

[12] Ebd.: 45. Eine klare Unterscheidung zwischen einer philosophischen Anthropologie und der Metaphysik des Daseins führt der Freiburger Philosoph in seinem Buch *Kant und das Problem der Metaphysik* ein, das Delp bekannt war und das im Zusammenhang mit einer ersten Ausarbeitung des zweiten Teils von *Sein und Zeit* entstanden ist: „Keine Anthropologie, die ihr eigenes Fragen und dessen Voraussetzungen noch versteht, kann beanspruchen, auch nur das Problem der Grundlegung der Metaphysik zu entwickeln, geschweige denn, sie durchzuführen. Die für eine Grundlegung der Metaphysik notwendige Frage, was der Mensch sei, übernimmt die Metaphysik des Daseins", siehe HEIDEGGER, *Kant und das Problem der Metaphysik*: 231.

[13] Vgl. SZ 5f. Siehe ders., *Vom Wesen des Grundes*: 134f.

[14] Vgl. SZ 38.

[15] Vgl. LUCKNER, *Zum Begriff der Eigentlichkeit*: 149.

die Grundüberzeugung von *Sein und Zeit*, dass das primäre Verhältnis des Menschen zur Welt kein theoretischer, sondern ein praktischer Umgang mit ihr sei. Deshalb stehe die hermeneutisch geführte, die alltäglichen Existenzvollzüge auslegende Philosophie, der Biologie oder der Anthropologie näher als der traditionellen Philosophie.[16] Daraus ergibt sich der Heidegger'sche Begriff der Philosophie als einer „universale[n] phänomenologische[n] Ontologie, [die] von der Hermeneutik des Daseins"[17] ausgeht.

Auf Grund seiner Methode muss Heidegger in *Sein und Zeit* zwischen zwei Ebenen unterscheiden: Einerseits ist da die *„ontisch-existenzielle, paradigmatische Explikationsebene* der phänomenologischen Einzelanalyse", zu welcher beispielsweise Furcht oder Angst gehören. Andererseits ist die *„ontologisch-existenziale, begriffliche Rekonstruktionsebene* der paradigmatischen Explikationsebene"[18] davon zu trennen, zu welcher z.B. Geworfenheit, Erschlossenheit, Verfallenheit oder Entschlossenheit gehören. Doch die Differenz zwischen den beiden Ebenen, der – so könnte man sie mit einer Terminologie fassen, die Delp näher liegt – ontologischen, die die allgemeine Struktur jedes Menschen betrifft und der anthropologischen, die sich dagegen auf ein einzelnes, bestimmtes Dasein bezieht, betont Heidegger nicht stark genug[19] und auch Delp reflektiert über diese Differenzierung zu wenig. Nun sollen die Schwierigkeiten zur Sprache kommen, die sich ergeben, will man nach der gewählten Methode konsequent verfahren. Das bedingt, dass sich dem Leser des Buches tatsächlich eine Vielfalt von Interpretationen ergeben.[20] In Delps *Tragische Existenz* wird dies später zu erkennen sein – und zwar besonders in Bezug auf den für sein Freiheitsverständnis relevanten Begriff der Entschlossenheit, in welchem die Differenz zwischen der existenzialen und existenziellen Ebene verschwimmt, doch darauf wird später genauer eingegangen werden.

Einer anthropologischen Lesung bieten sich Abschnitte wie etwa der vom Man handelnde in *Sein und Zeit* besonders an. Zwar betont Heidegger, das Man sei eine *„positive Verfassung des Daseins"*[21] und er wolle keine „Her-

16 Vgl. DEMMERLING, *Hermeneutik der Alltäglichkeit*: 91.
17 SZ 436.
18 RENTSCH, *Zeitlichkeit und Alltäglichkeit*: 205.
19 Vgl. ebd.
20 Vgl. GRONDIN, *Die Wiedererweckung der Seinsfrage*: 12f.
21 SZ 129.

abminderung der Faktizität des Daseins"[22] treiben, aber dennoch suggeriert der Text an sich, dass das Man eine normativ niedrigere Art der Existenz sei.[23] Denn nicht zufällig wird heftig diskutiert, ob die Analyse des Verfallens des Menschen in das Man tatsächlich rein deskriptiv oder nicht doch auch normativ sei. In Anbetracht der Tatsache, dass die Sprache von *Sein und Zeit* nicht arm an wertenden Termini ist (z.B. „Gerede" oder „Verfallenheit"), ist es nachvollziehbar, dass viele, unter anderen auch Delp, Heideggers Anspruch, diese Begriffe seien keinesfalls pejorativ zu verstehen, nicht ernst nehmen können.[24] Ein weiteres Problem bilden auch die Begriffe „Eigentlichkeit" und „Uneigentlichkeit", welche nicht selten existenzialistisch missverstanden wurden. Noch mehr legt sich dann eine existenzialistische Lesart von *Sein und Zeit* nahe, wenn sprachlich suggestive Konstatierungen – wie etwa die „Unheimlichkeit" des nackten Daß des Daseins in der „leeren Erbarmungslosigkeit" des „Nichts der Welt"[25] – existenziell-ontisch und isoliert gelesen werden; doch dies wäre gleichfalls als ein Missverständnis zu bewerten. Derartige Formulierungen bilden nämlich lediglich eine Beispielebene mit Erläuterungsfunktion; mithin lässt sich festhalten, dass eine existenzialistische Auslegung *nicht* der Intention von *Sein und Zeit* entspricht.[26]

Heidegger, dem die Gefahr der anthropologisierenden Interpretation bestimmter Passagen von *Sein und Zeit* nicht unbekannt war, wehrt sich dagegen und spricht von der Notwendigkeit der „Abgrenzung gegen jede Art

[22] Ebd.: 128.

[23] Vgl. DEMMERLING, *Hermeneutik der Alltäglichkeit*: 95. Demmerling stellt fest, dass die Selbstauskünfte Heideggers hier im Widerspruch zu seiner Rhetorik stehen. Auf diesem Grund bilde die mit dem Vokabular des Verfallens verbundene Analyse des Mitdaseins einen Anknüpfungspunkt einer existenzialistischen Interpretation. So verfahre etwa Sartre, obwohl Heidegger selbst diese Art der Deutung seines Denkens ablehne, ebd.: 95f.

[24] Vgl. LUCKNER, *Zum Begriff der Eigentlichkeit*: 151. Luckner zeigt aber dagegen eine Unterschied zwischen „*werten*" und dem zur phänomenologischen Methode gehörenden „mit Wertprädikaten *beschreiben*". Heidegger wolle das zweite tun – so Luckner –, deshalb zähle z.B. die Öffentlichkeit des Man zu den Existenzialen, die neutral seien, und nicht zu den existenziellen Handlungen, die zu bewerten seien, siehe ebd.

[25] SZ 342f.

[26] Vgl. RENTSCH, *Zeitlichkeit und Alltäglichkeit*: 205. Dem Missverständnis einer existenziellen Interpretation erliegen u.a. Sartre und Camus sowie Adorno und Jaspers, siehe LUCKNER, *Zum Begriff der Eigentlichkeit*: 155.

von philosophischer Anthropologie"[27], aber damit antizipiert er bereits einen der Hauptgründe für das kritische Urteil, welches von verschiedenen Seiten über sein Werk gefällt werden wird. Er schreibt:

> Außerdem wird das Verständnis des in „Sein und Zeit" gebrauchten „Existenz-begriffes" dadurch erschwert, daß der „Sein und Zeit" gemäße existenziale Exis-tenzbegriff erst voll entwickelt war in dem Abschnitt, der infolge des Abbruchs der Veröffentlichung nicht mitgeteilt wurde ... Allerdings war ich damals der Meinung, übers Jahr schon alles deutlicher sagen zu können. Das war eine Täu-schung. So kam es in den folgenden Jahren zu einigen Veröffentlichungen, die auf Umwegen zu der eigentlichen Frage hinführen sollten.[28]

In diesen Kontext gehören auch seine Einwände, die er gegen jene äußert, die ihn zu den Existenzphilosophen zählen wollen – d.h. auch gegen Delp.[29]

Es besteht nun also eine Kluft zwischen der anfänglichen Intention und der letztendlichen Gestalt des Werkes. Heidegger, der einen noch nie be-schrittenen Weg des Philosophierens einschlägt, weicht von einer existenzi-alen Lesart ab; er gibt dem Leser immer wieder zu verstehen, dass das Ziel dieses Weges die Ausarbeitung der Seinsfrage überhaupt ist, um so den eventuellen Eindruck, sein Anliegen sei anthropologisch zu begreifen, zu korrigieren. Jener durch eine suggestive Rhetorik in *Sein und Zeit* gesteigerte Eindruck ist sehr stark, weshalb man gelegentlich sogar den Eindruck haben kann, Heidegger proklamiere einen existenzialistischen Dezisionismus.[30] Da noch im Jahre 1922 der Seinscharakter des Daseins – nicht das Sein an sich – Schwerpunkt des Heidegger'schen Denkens war, nun aber, nach dem Werk von 1927, das Sein an sich und gerade nicht der Seinscharakter des Daseins in den Mittelpunkt rückt, gilt *Sein und Zeit* als Kehrtwende. Dies war durch-aus auch für Heideggers Zeitgenossen evident.[31] Heidegger wird später in Bezug auf das Problem der Sprache erklären, dass er einerseits in *Sein und*

---

[27] HEIDEGGER, *Die Metaphysik des Deutschen Idealismus*: 33.

[28] Ebd.: 40.

[29] Vgl. DELP, *Tragische Existenz*: II,39: „Die Absicht dieser kleinen Schrift geht dahin, eine kurze Darstellung und Würdigung der Existentialphilosophie Martin Heideggers zu ge-ben".

[30] Vgl. RENTSCH, *Zeitlichkeit und Alltäglichkeit*: 210. Als ein Beispiel für die Interpretation von Heideggers Philosophie als einen existenzialistischen Dezisionismus führt Rentsch hier Hans Jonas an, siehe: JONAS, *Gnosis, Existentialismus und Nihilismus*: 21f.

[31] Vgl. GRONDIN, *Die Wiedererweckung der Seinsfrage*: 2.

Zeit seine Fragen zwar „metaphysisch gesprochen und dargestellt" habe, dass er aber andererseits „doch *anders gedacht*"[32] habe. Sogar der Begriff „Fundamentalontologie" erweist sich später als etwas „Übergängliche[s]"[33].

In diesem Moment, da Heidegger gerade die genannte Wende vollzieht, tritt Delp in die beginnende philosophische Auseinandersetzung ein. Das Urteil Delps ist nachvollziehbar und kann nicht als unsachlich gelten. Vielmehr zeigt sich damit, wie viele Interpretationsmöglichkeiten eine Lektüre von *Sein und Zeit* erlaubt.

b) Der methodische Atheismus

Ein zweites Problem, welches Delps Auseinandersetzung mit *Sein und Zeit* bestimmt und das in der Folge ein Grundelement seines Freiheitsverständnisses bildet, stellt die Gottesfrage dar. Es ist zu prüfen, welche Rolle Gott im Denken Heideggers – konkret: in *Sein und Zeit* – spielt. Lässt jene Philosophie überhaupt eine Möglichkeit des Gottesbezuges?

Die Rolle der Gottesfrage in *Sein und Zeit* kann zunächst mit einem Satz wiedergegeben werden: Sie ist nicht präsent, denn in jenem Werk ist keinerlei Gottesbezug beschrieben. Heidegger schweigt über Gott; selbst hinsichtlich der traditionellen Ankerpunkte für einen Gottesbezug – das Problem des Todes oder des Gewissens – findet sich keinerlei Erwähnung einer Gottesinstanz:

> Wenn der Tod als „Ende" des Daseins, das heißt des In-der-Welt-seins bestimmt wird, dann fällt damit keine ontische Entscheidung darüber, ob „nach dem Tode" noch ein anderes, höheres oder niedrigeres Sein möglich ist … Die diesseitige ontologische Interpretation des Todes liegt vor jeder ontisch-jenseitigen Spekulation.[34]

Gott ist mithin in einen Bereich verwiesen, der außerhalb dessen liegt, was Heidegger als Philosophie fasst.

Es kommt damit abermals das bereits ausgeführte, entscheidende Problem der Methode von *Sein und Zeit* zur Sprache. Diese Methode nämlich war, wie wir sahen, Delp nicht wirklich klar. Die Frage, die Heidegger nun

---

[32]   HEIDEGGER, *Besinnung*: 321.
[33]   Ders., *Beiträge zur Philosophie*: 305. Vgl. THOMÄ, *Heideggers Selbstkritik*: 283f.
[34]   SZ 247f.

selbst stellt: „*Hat das In-der-Welt-sein eine höhere Instanz seines Seinkönnens als seinen Tod?*"[35], verneint er. Der Sinn des Daseins sei schließlich die Zeit.[36] „Alles Verhalten des Daseins soll aus dessen Sein, das heißt aus der Zeitlichkeit interpretiert werden"[37]; die Zeit aber ist endlich.[38] Mit dieser Feststellung schließt Heidegger seine Philosophie der Gottesfrage. Dem in sein Da geworfenen Seienden bleibe sein Woher und Wohin verdeckt.[39] An diesem Gedanken wird Delp scharfe Kritik üben. Traditionell theologisch gedachte Begriffe – etwa „Transzendenz" oder „Gewissen" – versteht Heidegger in einem neuen, nunmehr gott-losen Sinne. Die Heidegger'sche Transzendenz hat mit dem Delp'schen Über-sich-selbst-hinaus des Menschen nichts zu tun, sie ist horizontal, zeitlich, endlich fundiert und besteht in dem Hingehen in die Möglichkeit der Welt.[40] Gott hat in diesem Begriff von Transzendenz keinen Raum mehr, und gleichermaßen steht es um ihn in der Folge der Analyse des Gewissens.[41] Der Rufer und der Angerufene, so Heidegger, sind nicht zwei verschiedene Wesen, sondern beides ist zugleich das Dasein selbst. Einen Gott oder irgendwelche anders begriffenen „nicht-daseinsmäßigen", „fremden Mächte" braucht es dann nicht länger.[42]

Trotz des Schweigens Heideggers zur Gottesfrage kann der aufmerksame Leser in *Sein und Zeit* durchaus kritische Bemerkungen, welche theologische Inhalte betreffen, finden. Diese nun beziehen sich aber nicht unmittelbar auf die Theologie, sondern eher auf ihr Verhältnis zur Philosophie. Heidegger erklärt:

> Die Behauptung „ewiger Wahrheiten", ebenso wie die Vermengung der phänomenal gegründeten „Idealität" des Daseins mit einem idealisierten absoluten Subjekt gehören zu den längst noch nicht radikal ausgetriebenen Resten von christlicher Theologie innerhalb der philosophischen Problematik.[43]

---

[35]   Ebd.: 313.

[36]   Vgl. ebd.: 17.

[37]   Ebd.: 404f.

[38]   Vgl. ebd.: 386.

[39]   Vgl. ebd.: 134f.

[40]   Vgl. ebd.: 389.

[41]   Vgl. ebd.: 269.

[42]   Vgl. ebd.: 277f.

[43]   Ebd.: SZ 229, vgl. 10,49.

Hier zeigt sich der Charakter der Heidegger'schen Unterscheidung zwischen der Philosophie und der Theologie.

Diese in *Sein und Zeit* jedoch nicht weiter thematisierte Voraussetzung konnte Delp so nicht klar sein. Dass nämlich Heidegger Gott sowie die Gottesfrage zwar nicht negiert, sie jedoch methodologisch außerhalb der Philosophie – das heißt der „universal[en] phänomenologische[n] Ontologie, ausgehend von der Hermeneutik des Daseins"[44] – ansiedelt, kann man aus seinem Werk zunächst kaum erschließen. Das Sein, das Dasein, die Welt, die Zeit werden von dem Freiburger Philosophen ohne Bezug auf irgendeine Gottesfrage nicht nur einfach analysiert, sondern *bis zum Ende* verstanden, erklärt und dann gelebt. Der einzige Bezug des Daseins in der Welt ist das Dasein selbst und die Welt. Dieses Konzept kann zweifelsohne als ein „Atheismus" bezeichnet werden.

Die Bestimmung des Heidegger'schen Denkens in *Sein und Zeit* als „Atheismus" bedingt jedoch eine Präzisierung und auch diese gründet wieder im methodischen Umgang Heideggers mit der Philosophie im Allgemeinen. Nicht mehr von dem „System des Katholizismus", das heißt vor allem auch nicht von der Neuscholastik überzeugt, zugleich aber immer noch der Christenheit und der Metaphysik verbunden,[45] geht Heidegger in *Sein und Zeit* einen anderen Weg des Philosophierens.

Über den Ort, welchen Heidegger in seiner Zeit der Gottesfrage in seinem Denken zuwies, erklärte er sich lediglich in einer Vorlesung ausführlich. Unter dem Titel *Phänomenologie und Theologie* sprach er im Erscheinungsjahr von *Sein und Zeit* in Tübingen; ohne jenen – Delp unbekannten – Text bliebe das Schweigen Heideggers zur Gottesfrage in *Sein und Zeit* unverständlich. Im Hintergrund des Heidegger'schen Textes steht eine weitere Vorlesung vom Wintersemester 1921/22 mit dem Titel *Phänomenologische Interpretationen zu Aristoteles. Einführung in die phänomenologische Forschung*. In dieser grenzt Heidegger die Philosophie, welche als eine hermeneutische Phänomenologie des faktischen Lebens definiert wird, von der Gottesfrage ab. Seine Urteilsenthaltung bezüglich der Existenz Gottes bezeichnet Hei-

---

44 Ebd.: 38. Vgl. 35.

45 Vgl. den Brief Heideggers an den Theologen Engelbert Krebs vom 9. Januar 1919. Siehe CASPER, *Heidegger und die theologische Fakultät Freiburg*: 541.

degger als „prinzipiellen Atheismus"[46], doch erweist sich diese Beschreibung als höchst missverständlich. Der Begriff wird

> zwar nicht im Sinne eines dogmatischen, wohl aber eines methodischen Atheismus [verstanden], was [Heidegger] gelegentlich auch durch die Getrenntschreibung des Wortes „A-theimus" verdeutlicht. Diesen methodischen A-theismus können wir unsererseits mit dem phänomenologischen Terminus „theologische Epoché" bezeichnen[47].

Heidegger differenziert demnach zwischen der Philosophie, die die Wissenschaft vom Sein ist, und der Theologie, die als eine positive Wissenschaft sich mit dem Seienden, konkret mit dem Positum der „Christlichkeit" beschäftigt.[48] Demgemäß ist die Philosophie „grundsätzlich atheistisch, d.h. nicht dem Inhalt, sondern der Haltung nach"[49].

Als noch wichtiger erweist sich der Unterschied zwischen Gott und dem Sein, den Heidegger im dritten – letztlich nie verfassten – Abschnitt von *Sein und Zeit* unter dem Begriff einer „theologische[n] (transzendente[n]) Differenz" einzuführen plante, auf welchen er aber lediglich in seinem Brief an Max Müller aus dem Jahr 1947 hinweist.[50] Auf Grund eben jener Unterscheidung wird Heideggers Intention offensichtlich, in *Sein und Zeit* der Gottesfrage keinen Raum zu geben, denn das Werk ziele auf die Seinsfrage überhaupt.[51] Für Delp hingegen ist die Frage nach dem Sein zuinnerst mit der Frage nach Gott verbunden; er begreift Gott durch die philosophische Kategorie des *ens primum* oder, ginge er tiefer auf das Denken des Thomas von Aquin ein, als *das* Sein, als *ipsum esse per se subsistens*.[52]

---

[46] Vgl. HEIDEGGER, *Einführung in die phänomenologische Forschung*: 196. Heidegger wiederholt diesen Gedanken in seiner Vorlesung im Sommersemester 1925 in Marburg: „Philosophische Forschung ist und bleibt Atheismus", siehe HEIDEGGER, *Prolegomena zur Geschichte des Zeitbegriffs*: 109f.

[47] V. HERRMANN, *Phänomenologie des Daseins und christliche Theologie*: 299. Vgl. ders., *Gottesfrage im Denken Heideggers*. Mehr zu diesem Thema bei FEHÉR, *Heidegger's Understanding of the Atheism of Philosophy.*.

[48] Vgl. HEIDEGGER, *Phänomenologie und Theologie*: 48–55.

[49] FEHÉR, *Der göttliche Gott*: 186.

[50] Vgl. HEIDEGGER, *Briefe an Max Müller*: 15.

[51] Vgl. V. HERRMANN, *Phänomenologie des Daseins und christliche Theologie*: 300.

[52] Delp, der sein neuscholastisches Denken nicht direkt an Thomas knüpft, sondern vermittelt über Christian Wolff und Francisco de Suárez auf die Lehre des Aquinaten zurückgreift, versteht Gott eher in der von Heidegger abgelehnten Kategorie des *ens*, des Seien-

Für Delp bedeutet die von Heidegger vorausgesetzte methodologische Unterscheidung zwischen Gott und dem Sein eine neue Schwierigkeit. Zum Problem der wohl von dem Philosophen selbst nicht immer eindeutig geführten Unterscheidung zwischen den existenzialen, phänomenologischen und den existenziellen Ebenen des Daseins kommt somit eine schweigend vorausgesetzte, nicht erklärte „theologische Differenz" hinzu. Vor diesem Hintergrund verfällt Delp dem Missverständnis, Heideggers methodischen Atheismus als inhaltlichen, „dogmatischen" Atheismus aufzufassen.

Sein und Zeit enthält auch einen Hinweis darauf, weshalb Heidegger den „methodischen Atheismus" für notwendig hielt: Auf der letzten Seite schreibt der Philosoph, dass

> die antike Ontologie mit „Dingbegriffen" arbeitet und daß die Gefahr besteht, das „Bewusstsein zu verdinglichen"[53],

und dies auch heute. Demgemäß ist der Begriff Gottes ebenso in der Gefahr, einfach unter die Herrschaft der Verdinglichung zu fallen. Der spätere Heidegger artikuliert dies, indem er feststellt: zu Gott als *causa sui*

> kann der Mensch weder beten, noch kann er ihm opfern. Vor der Causa sui kann der Mensch weder aus Scheu ins Knie fallen, noch kann er vor diesem Gott musizieren und tanzen. – Demgemäß ist das gott-lose Denken, das den Gott der Philosophie, den Gott als Causa sui preisgeben muß, dem göttlichen Gott vielleicht näher[54].

---

den. Doch ein Gesamtblick auf die Theologie des Thomas lässt eine wichtige Intention in Bezug auf die Gottesfrage entdecken, die dem Heidegger'schen Vorwurf der Verdinglichung Gottes in der abendländischen Metaphysik entgegensteht, wie L. B. Puntel feststellt. Thomas „Standardformulierung" in Bezug auf Gott ist nicht *ens primum* oder *ens supremum*, sondern *ipsum esse per se subsistens*. Es ist also falsch, den thomanischen Gott zwischen den anderen Seienden zu erörtern, weil nur ihm die Bezeichnung des Seins zusteht. Im Angesicht der begrifflichen Instrumentarien des mittelalterlichen Denkers, dem die neuzeitlichen Probleme der Subjektivität oder der Sprache fremd waren, bleibt dieser Gedanke eher eine wichtige, doch unentfaltete Idee. Diese wird dann erst am Ende der 30er Jahre des 20. Jahrhunderts in der Auseinandersetzung mit dem Heidegger'schen Vorwurf der „Onto-theo-logie" aufgenommen und entwickelt. Die entsprechenden Werke von L. B. GEIGER, C. FABRO, L. DE RAEYMAEKER, É. GILSON oder B. WELTE sind jedoch erst nach Delps Auseinandersetzung entstanden. Vgl. PUNTEL, *Sein und Gott*: 29–46.

[53] SZ 437.

[54] HEIDEGGER, *Die onto-theo-logische Verfassung der Metaphysik*: 77.

Delp nimmt nun auch eine gewisse Gott-losigkeit in *Sein und Zeit* wahr und versucht sie zu interpretieren. Dies tut er nicht nur als scholastisch gebildeter Theologe, der in Gott das Sein des Seienden erkennt, sondern auch als christlicher Denker, der fragt, wie es möglich sei, vor dem Gott Heideggers zu tanzen und zu musizieren, ihn anzubeten und ihm sich hinzugeben.

Erst der bis hierhin dargestellte Zusammenhang ermöglicht eine Lektüre von *Sein und Zeit*, die den Intentionen Heideggers entspricht. Die phänomenologische Grundverfassung des Daseins, d. i. das In-der-Welt-sein[55], soll nicht als letzte Bestimmung des Daseins *überhaupt* gelten; die von Heidegger ausgeklammerte und von Delp erneut eingebrachte Frage nach dem Über-die-Welt-hinaus – im Sinne von: Zu-einem-Transzendenten-hin – ist nämlich für das Dasein möglich und muss gestellt werden, obgleich sie auch außerhalb der Phänomenologie liegt.

Vor diesem Hintergrund muss man auch das Problem der Geworfenheit reflektieren. Die von Heidegger gedachte Geworfenheit, d. i. die Faktizität des Daseins, sein „nacktes ‚Daß es ist und zu sein hat'"[56], wird für Delp zum größten Gewinn des Heidegger'schen Denkens, da sie sich für sein Freiheitsverständnis als unverzichtbar erweist. Sie schließt nämlich, so Heidegger,

---

[55] Vgl. SZ 52f. Das Problem des In-der-Welt-seins des Daseins erklärt Heidegger genauer in der Abhandlung *Vom Wesen des Grundes*. Etwas zu schnell stellt Delp fest, dass es in jenem Text „keine Weiterführung dieser Philosophie gibt, sondern nur eine in eine Interpretation des Satzes vom zureichenden Grunde kurz zusammengedrängte neue Darstellung seiner gesamten Philosophie" (DELP, *Tragische Existenz*: II,97). Entgegen dieser Behauptung Delps enthält die genannte Abhandlung Heideggers durchaus einen das Vorgehen in der Gottesfrage teilweise erläuternden Hinweis: Die Transzendenz des Daseins thematisierend, wobei das Woraufhin der Transzendenz die Welt als das Seiende im Ganzen ist, bemerkt der Philosoph: „Durch die ontologische Interpretation des Daseins als In-der-Welt-sein ist weder positiv noch negativ über ein mögliches Sein zu Gott entschieden. Wohl aber wird durch die Erhellung der Transzendenz allererst ein *zureichender Begriff des Daseins* gewonnen, mit Rücksicht auf welches Seiende nunmehr *gefragt* werden kann, wie es mit dem Gottesverhältnis des Daseins ontologisch bestellt ist", siehe HEIDEGGER, *Vom Wesen des Grundes*: 159, Anm. 56.

[56] SZ 134.

das freischwebende Seinkönnen im Sinne der „Gleichgültigkeit der Willkür" (libertas indifferentiae) [aus]. Das Dasein ist als wesenhaft befindliches je schon in bestimmte Möglichkeiten hineingeraten …[57]

Der Mensch entwirft sein Sein auf die ihm schon mit der Geworfenheit vorgegebenen Möglichkeiten hin; deshalb spielt sich seine Existenz in der Spannung zwischen Passivität und Aktivität ab.[58] Das in der neuzeitlichen Philosophie dominierende Verständnis des Menschen als eines autonomen Subjekts wird von Heidegger in seinen Analysen des Daseins mindestens als einseitig konstatiert. Der Mensch ist eben auch der Scheiternde, Machtlose, Passive.[59]

In *Tragische Existenz* wird Delp gerade diesen Gedanken Heideggers würdigen, indem er nämlich einen der Schwerpunkte seiner eigenen Freiheitsreflexion in die mit dem Geworfenheitsbegriff verwandte Idee der ‚vorgegebenen Ordnungen' setzt. Gleichzeitig ist der Geworfenheitsbegriff – dies mag überraschen – Grund für Delps Ablehnung von *Sein und Zeit*. Delp fordert nämlich, die Frage nach dem „Werfer" des Daseins, letztendlich also die Gottesfrage zu thematisieren. Damit zeigt sich einmal mehr sein letztlich unverschuldetes Nichtwissen bezüglich der Heidegger'schen Methode.[60] Die Absicht von *Sein und Zeit* besteht in einer existenzialen Deskription des Daseins. Dazu aber reicht eine Konstatierung wie etwa „Das Geworfen*sein* besagt existenzial: sich so oder so befinden"[61] oder auch eine Feststellung des „Daß der eigenen Geworfenheit"[62]. Grundsätzlich geht das Interesse Heideggers auf das „Dass" und nicht auf das dem Dasein verschlossene „Woher" der Geworfenheit.[63] In der Vorlesung *Phänomenologie und Theologie* bezeichnet Heidegger die Philosophie als „das freie Fragen des rein auf sich ge-

---

[57] Ebd.: 144.

[58] Vgl. ebd.: 145–148,284f.

[59] Vgl. DEMMERLING, *Hermeneutik der Alltäglichkeit*: 114.

[60] Obwohl der methodologische Umgang Heideggers für Delp unklar bleibt, erkennt er aber treffend, dass darin geradezu einer der entscheidenden Punkte seiner Auseinandersetzung mit *Sein und Zeit* besteht. In der Kritik an Heidegger lenkt er die Aufmerksamkeit auf die einzig eine Deskription des Daseins beanspruchende methodologische Beschränkung und bezeichnet sie als einseitig, siehe DELP, *Tragische Existenz*: II,118.

[61] SZ 340.

[62] Ebd.

[63] Vgl. ebd.: 348.

stellten Daseins"[64]. Andere Bezugspunkte des Daseins, darunter fällt auch das Delp'sche Über-die-Welt-hinaus, will er prinzipiell methodologisch ausklammern.

Delp braucht *Sein und Zeit* nicht als eine Botschaft des weltanschaulichen Atheismus zu lesen, da

> zwischen dem christlichen Glauben und der Philosophie des Daseins *keine* Todfeindschaft bestehen muß, weil weder der Glaube die hermeneutisch-phänomenologischen Einsichten in die Endlichkeit des Daseins bestreitet noch die Daseins-Ontologie den Glaubensinhalt in Frage stellen kann.[65]

c) Der formale Charakter des Konzepts der Entschlossenheit

In der Entschlossenheit sieht Delp *den* Inbegriff des Heidegger'schen Denkens in *Sein und Zeit* überhaupt und zugleich auch den Grund seiner Wirkungskraft in der Gesellschaft. Aufgrund der Tatsache, dass Delp das Problem der Freiheit, welches vormals eher im Hintergrund seiner Reflexion stand, jetzt im direkten Zusammenhang mit dem Entschlossenheitsbegriff in den Vordergrund seines Denkens rückt, ergibt sich die Notwendigkeit, auf die Bedeutung der Entschlossenheit für Delps Kritik an dem zeitgenössischen Freiheitsverständnis besonderes Gewicht zu legen. Das setzt zunächst eine sachliche Darstellung des Entschlossenheitsbegriffs in *Sein und Zeit* voraus.

Der Grund für die Hervorhebung der Entschlossenheit liegt schon in Heideggers Sicht auf die Philosophie. Noch vor der Niederschrift von *Sein und Zeit*, nämlich in der Auseinandersetzung mit der christlichen Lebenserfahrung bei Paulus, Augustinus und dem frühen Luther, stellt der Freiburger Philosoph fest, dass das Leben nicht theoretisch als ein Ding unter anderen begriffen werden kann, sondern dass der Mensch sich vor allem ent-

---

[64] HEIDEGGER, *Phänomenologie und Theologie*: 65.

[65] V. HERRMANN, *Phänomenologie des Daseins und christliche Theologie*: 307. Die Bedeutung der Methode betont von Herrmann: „Solange sich die hermeneutisch-phänomenologische Daseinsanalytik nur innerhalb ihrer Grenzen des rein phänomenologisch Aufweisbaren und somit ‚rational' Faßbaren hält, gerät auch sie in keinen Widerspruch zum Offenbarungsgehalt der theologischen Begriffe.", ebd.

scheiden muss.[66] In *Sein und Zeit* wird jene Grundüberzeugung noch wesentlich stärker präsent sein. Zu dem Begriff der Entschlossenheit führt ein bestimmter Denkweg, dessen Ausgangspunkte – Dasein, Welt, In-der-Weltsein, Geworfenheit und Entwurf – von uns schon dargestellt wurden. Der unmittelbare „Vorbegriff" zur *Ent*schlossenheit findet sich in der von Heidegger konstatierten *Er*schlossenheit des menschlichen Daseins. Weil das Dasein in einer ambivalenten – freiheitsbegrenzenden und zugleich freiheitseröffnenden – Welt existiert, ist seine Existenz einerseits schon vorbestimmt, indem sie nämlich in den von anderen Daseienden vorgezeichneten Bahnen geschehen muss, anderseits erweist sich aber die Welt als ein Raum der Freiheitsmöglichkeit, in welchem der Mensch, der ein Verständnis des Seins der Dinge und seiner selbst hat, sich selbst bestimmen darf und muss. In jener in der Offenheit der Welt gründenden Freiheitsmöglichkeit besteht die Erschlossenheit des Daseins.[67]

Aufgrund seiner Erschlossenheit kann das Dasein in zwei grundlegenden Seinsmodi existieren, nämlich entweder in der Eigentlichkeit oder in der Uneigentlichkeit.[68] Diese Modi werden in Bezug auf die Möglichkeit des Daseins, sich zu entschließen bzw. sich nicht zu entschließen, definiert. Aufgrund dessen sind sie keine eigentlichen Gegensätze und näherhin auch keine Alternativen, zwischen denen das Dasein wählen könnte: es ist „pragmatisch unmöglich, sich dafür zu entschließen, uneigentlich zu existieren, weil ‚uneigentlich existieren' gerade bedeutet: sich nicht entschließen können (auch nicht müssen!) zu irgendetwas"[69]. Die Eigentlichkeit und die Uneigentlichkeit bilden die „existenzialen Grundmöglichkeiten des Daseins"[70], also die fundamentalen und nicht temporär-existenziellen Elemente des Menschseins. Was aber Delp verwirren konnte, ist die Tatsache, dass Heidegger diese Unterscheidung scheinbar unscharf verwendet, denn die Eigentlichkeit und die Uneigentlichkeit werden von ihm auch als „die *existenziellen* (Hervorhebung d. A.) Grundmöglichkeiten des Daseins"[71] bezeichnet.

---

[66] Siehe HEIDEGGER, *Phänomenologie des religiösen Lebens*. Vgl. VOLPI, *Der Status der existenzialen Analytik*: 30–40.

[67] Vgl. SZ 132f.

[68] Vgl. ebd.: 42–44.

[69] LUCKNER, *Zum Begriff der Eigentlichkeit*: 156.

[70] RENTSCH, *Zeitlichkeit und Alltäglichkeit*: 201.

[71] SZ 350.

Die Uneigentlichkeit ist die Weise, in der das Dasein normalerweise, zunächst und zumeist lebt.[72] Das Dasein tendiert dazu, sich aus der Welt, anstatt die Welt aus dem Dasein, zu verstehen und verlässt sich darauf, was üblich ist.[73] Das „Subjekt" der Alltäglichkeit, der Durchschnittlichkeit – den Modus, in welchem das Dasein alltäglich lebt – nennt Heidegger das Man.[74] Das Dasein, das notwendig mit anderen Daseienden existiert, ist ein Mitsein. Versteht das Dasein irrigerweise sich selbst aus der Welt, verfällt es in eine Diktatur des Man:

> Wir genießen und vergnügen uns, wie *man* genießt; wir lesen, sehen und urteilen über Literatur und Kunst, wie *man* sieht und urteilt ... Das Man, das kein bestimmtes ist und das Alle, obzwar nicht als Summe, sind, schreibt die Seinsart der Alltäglichkeit vor.[75]

Die zu dem existenzialen Charakter des Menschen gehörende Durchschnittlichkeit oder Einebnung konstruiert die Öffentlichkeit, d. i. das Seinswesen des Man.[76] Er erklärt, das Man entlaste das Dasein in seiner Alltäglichkeit, indem es ihm die Verantwortlichkeit des Daseins durch schon vorgegebene Urteile und Entscheidungen abnehme.[77]

Das von Heidegger diagnostizierte Problem der „Erleichterung der vermeintlichen Freiheit des Man-selbst"[78] könnte mit Recht einige Parallelen in Delps Kritik an dem Kollektivismus der deutschen Gesellschaft des Dritten Reiches finden. Der Jesuit bezieht sich allerdings nie darauf, was wohl auch nicht der Intention Heideggers entspräche, denn einmal mehr ist darauf hinzuweisen, dass der Verfasser von *Sein und Zeit* betont, in seinen Betrachtungen handele es sich um eine Fundamentalontologie und nicht um eine philosophische Anthropologie.[79] Ohne kulturphilosophische Ansprüche zu erheben,[80] versteht Heidegger das Man als ein ursprüngliches Phänomen, ein

---

[72] Vgl. ebd.: 43.
[73] Vgl. ebd.: 15.
[74] Vgl. ebd.: 114.
[75] Ebd.: 126f.
[76] Vgl. ebd.: 127.
[77] Vgl. ebd.: 127.
[78] Ebd.: 276.
[79] Vgl. ebd.: 131.
[80] Vgl. ebd.: 167.

Existenzial, das zur Verfassung des Daseins gehört: „Zunächst ist das Dasein Man und zumeist bleibt es so."[81] Er warnt davor,

> die ontisch-existenzielle Charakteristik mit der ontologisch-existenzialen Inter-
> pretation zusammenzuwerfen, bzw. die in jener liegenden positiven phänome-
> nalen Grundlagen für diese zu übersehen[82].

Die Uneigentlichkeit wird als die Verfallenheit des Daseins bezeichnet, welches vor seinem eigentlichen Selbst-sein-können, vor sich selbst, vor seiner Eigentlichkeit in das Man flieht.[83] In *Sein und Zeit* wird das Verfallen des Daseins an die Welt nicht im Sinne eines Falles vom reinen Urstand in eine korrupte Welt verstanden, sondern es wird begriffen als eine existenziale Bestimmung des Daseins, in der das Dasein zunächst und zumeist existiere im scheinbar beruhigenden Miteinandersein von Gerede, Neugier und Zweideutigkeit.[84] In Wirklichkeit ist die Verfallenheit nicht als eine Beruhigung, sondern als ein bodenloser Zustand zu denken: „Das Dasein stürzt aus ihm selbst in es selbst, in die Bodenlosigkeit und Nichtigkeit der uneigentlichen Alltäglichkeit."[85] Daraus ergibt sich ein im Folgenden von Heidegger zusammengefasstes Verständnis des uneigentlichen Daseins:

> Die durchschnittliche Alltäglichkeit des Daseins kann demnach bestimmt werden
> als das verfallend-erschlossene, geworfen-entwerfende In-der-Welt-sein, dem es
> in seinem Sein bei der „Welt" und im „Mitsein" mit Anderen um das eigenste
> Seinkönnen selbst geht.[86]

---

[81] Ebd.: 129.

[82] Ebd.: 184.

[83] Vgl. ebd.: 322, siehe auch 133. Heidegger bleibt in der Definition der Verfallenheit zweideutig. Es hätte, wie Tugendhat konstatiert, jene Ansicht von der Unterscheidung der existentiellen und existenzialen Ebene „konsequenterweise auch zur Unterscheidung eines eigentlichen und uneigentlichen Verfallens führen müssen", siehe TUGENDHAT, *Der Wahrheitsbegriff bei Husserl und Heidegger*: 315f. Dadurch wird klar, in welcher Situation sich die Interpreten Heideggers, auch Delp, befinden. Dieses verfallene Dasein wird der spätere Heidegger als „Wegsein" bezeichnen. Dazu bemerkt Grondin: „Das Wegsein darf als der eigentliche Gegenbegriff zum Dasein gelten, wobei das ‚weg' eine Weise, vielleicht die primäre, jedenfalls ‚gewöhnliche' Weise des ‚da' indiziert", siehe GRONDIN, *Die Wiedererweckung der Seinsfrage*: 10.

[84] Vgl. SZ 167–176.

[85] Ebd.: 178.

[86] Ebd.: 181.

66

Seinen uneigentlichen Existenzmodus verlässt das Dasein dank der aus dem Bewusstsein des unerbittlich kommenden Todes geborenen Angst: sie „holt das Dasein aus seinem verfallenden Aufgehen in der ‚Welt' zurück"[87], gibt dem Dasein die Möglichkeit, vor der Ganzheit seines Seins zu stehen.[88] In diesem Kontext kommt bei Heidegger das Delp interessierende Problem der Freiheit zur Sprache:

> Die Angst offenbart im Dasein das *Sein zum* eigensten Seinkönnen, das heißt das *Freisein für* die Freiheit des Sich-selbst-wählens und -ergreifens. Die Angst bringt das Dasein vor sein *Freisein für...* (propensio in…) die Eigentlichkeit seines Seins als Möglichkeit, die es immer schon ist.[89]

Heidegger denkt hier jedoch rein formal und trennt zwischen dem existenzialen und dem existenziellen Aspekt:

> Im Sich-vorweg-sein als Sein zum eigensten Seinkönnen liegt die existenzial-ontologische Bedingung der Möglichkeit des *Freiseins für* eigentliche existenzielle Möglichkeiten.[90]

Das Vorlaufen in den Tod ermöglicht dem Dasein einen Entwurf, wodurch es sich selbst bestimmen kann. Das Dasein, das sich zuerst nicht als *cogito sum*, sondern als *sum moribundus* versteht,[91] wird „ganz", d.h. es hat vor sich im Augenblick des Todes, der das Ende seines In-der-Welt-seins auszeichnet, keine anderen Möglichkeiten mehr zu aktualisieren.[92] Weil der Tod die *„eigenste, unbezügliche, gewisse und als solche unbestimmte, unüberholbare Möglichkeit des Daseins"*[93] ist, die nur das Dasein selbst übernehmen darf,[94] kann sie nicht mehr dem uneigentlichen Man überlassen werden. Darum ist es nur *„in der leidenschaftlichen, von den Illusionen des Man gelösten, faktischen, ih-*

---

87 Ebd.: 189.
88 Vgl. ebd.: 182f.
89 Ebd.: 188.
90 Ebd.: 193.
91 Vgl. HEIDEGGER, *Prolegomena zur Geschichte des Zeitbegriffs*: 437.
92 Vgl. SZ 234.
93 Ebd.: 258f.
94 Vgl. ebd.: 250.

rer selbst gewissen und sich ängstenden Freiheit zum Tode"[95] möglich, eigentlich zu werden.

In jener Todesreflexion Heideggers wird Delp den Ausgangspunkt für einen tragisch gefärbten Heroismus des Daseins sehen. Der Tod wird hier pathetisch und leidenschaftlich kalt dargestellt:

> Die vorlaufende Entschlossenheit ist kein Ausweg, erfunden, um den Tod zu „überwinden", sondern das dem Gewissensruf folgende Verstehen, das dem Tod die Möglichkeit freigibt, der *Existenz* des Daseins *mächtig* zu werden.[96]

Heideggers Darstellung des Daseins kann von Delp noch dadurch als heroisch verstanden werden, weil für den Freiburger Philosophen das sterbliche Dasein der ausschließlich einzige Grund des eigenen Existenzentwurfs ist.[97]

Zwischen dem in der eigenen Endlichkeit bestehenden Grund der eigenen Existenz und der Grundlosigkeit des eigenen Existenzentwurfs differenziert Delp kaum, weshalb er dann auch den Einwand erhebt, es handele sich hier um eine solipsistische Selbstdurchsetzung des Heidegger'schen Menschen.[98] Diese Erörterungen erregen die besondere Aufmerksamkeit Delps – vor allem im Kontext seiner Kritik des Entschlossenheitsbegriffs,

---

[95] Ebd.: 266.

[96] Ebd.: 310. Lévinas kritisiert diese Darstellung des Todeserlebnisses und deutet an, dass dieses durch keinen Heroismus, sondern Passivität dominiert wird: „Was entscheidend ist im Nahen des Todes, ist dies, daß wir von einem bestimmten Moment an nicht mehr können können, genau darin verliert das Subjekt seine eigentliche Herrschaft als Subjekt", siehe LÉVINAS, *Die Zeit und der Andere*: 47.

[97] Vgl. SZ 348. „Sich als Grund zu verstehen, ermöglicht dem Dasein, sich nicht auf die einmal gewählten Entwürfe zu versteifen, nicht durch sich selbst hinter sich als Freiheit zurückzufallen, d. i. frei sein für die Restitution seiner selbst. Diese Freiheit als endliche zu vollziehen heißt eben, sowohl die vorgegebenen Bedingungen als solche zu erkennen als auch die Endlichkeit der eigenen Entwürfe im Sinne einer notwendigen Vorläufigkeit im Blick zu haben", HEINZ, *Das eigentliche Ganzseinkönnen des Daseins*: 178.

[98] In *Vom Wesen des Grundes* betont Heidegger die ontologische Dimension seiner Analytik des Daseins. In Bezug auf den Satz *„Das Dasein existiert umwillen seiner"* bezeichnet er eine jede solipsistische Lesart als Fehldeutung: Dieser Satz „enthält keine egoistisch-ontische Zwecksetzung für eine blinde Eigenliebe des jeweils faktischen Menschen ... In dem genannten Satz liegt weder eine solipsistische Isolierung des Daseins noch eine egoistische Aufsteigerung desselben. Wohl dagegen gibt er die Bedingung der Möglichkeit dafür, daß der Mensch ‚sich' *entweder* ‚egoistisch' *oder* ‚altruistisch' verhalten kann. Nur weil Dasein als solches durch Selbstheit bestimmt ist, kann sich ein Ich-selbst zu einem Du-selbst verhalten", siehe HEIDEGGER, *Vom Wesen des Grundes*: 157.

welchen der Jesuit letztendlich auf die „Entschlossenheit zum Nichts" zurückführt. Für den Verfasser von *Tragische Existenz* verdient Heideggers
Konzept die Bezeichnung Nihilismus, welcher dem in einer gottlosen Welt
existierenden Dasein ein neues, radikal immanentes Fundament zu verlei-
hen versucht. Heidegger erklärt nämlich die Entschlossenheit als das Si-
chentwerfen des Daseins auf das eigenste Schuldigsein, das im „nichtige[n]
Grund*sein* einer Nichtigkeit"[99] besteht. Das endliche, nichtige Dasein gründet sich selbst eben in der – in Delps Interpretation eindeutig auf eine transzendente Wirklichkeit hinweisenden – „Struktur der Geworfenheit sowohl
wie in der des Entwurfs."[100]. Konnte ein Leser, dem nur *Sein und Zeit* zur Ur-
teilsbildung vorlag – denn dies gilt sowohl für Alfred Delp als auch für den
Autoren des folgenden Gedankens: Wilhelm Schapp – zu einem anderen
Schluss kommen, als dem, dass für Heidegger an die Stelle von Gott, Freiheit und Unsterblichkeit nunmehr der Tod getreten ist?[101]

Während die Uneigentlichkeit in der Kategorie einer Bestimmung des
Man zu denken ist, besteht dagegen die Eigentlichkeit in der Rückkehr aus
dieser Fremdbestimmung, worin das Dasein „sich zueigen" ist und aus seiner „Selbständigkeit" eine Richtung, einen Sinn aufweist.[102] Die Eigentlichkeit will nach der Grundintention Heideggers „ein rein formales Konzept"[103]
bleiben, das sich auf ein phänomenologisches „Wie" der Daseinsexistenz
und nicht ein „Was" seines Wesens bezieht.[104] Falls jene methodische Bedingung nicht berücksichtigt wird, verfällt die Eigentlichkeit sofort dem Ver-

---

[99] SZ 305.

[100] Ebd.: 285: „In der Struktur der Geworfenheit sowohl wie in der des Entwurfs liegt
wesenhaft eine Nichtigkeit."

[101] „Das Auftauchen der Philosophen von Thales bis Kant erinnert an den Kampf der
Giganten, die den Himmel stürmten, oder auch verteidigten. Dies Gleichnis kann man
wörtlich und weniger wörtlich nehmen. Der Kampf endete vorläufig mit Kant im 18.
Jahrhundert, und mit seiner Stellungnahme zu Gott, Freiheit und Unsterblichkeit. Was
kann die Phänomenologie dazu sagen? Danach richtet es sich wohl, ob man ihren
Gründer noch zu den Riesen zählen darf oder ob die Zeit der Riesen vorbei ist und es
Abend geworden ist. Dazu würde es stimmen, daß seit Husserl oder nach Husserl der
Tod die Stelle von Gott, Freiheit und Unsterblichkeit eingenommen hat", SCHAPP,
Erinnerungen an Edmund Husserl: 30. Vgl. RENTSCH, *Zeitlichkeit und Alltäglichkeit*: 214.

[102] Vgl. SZ 42.

[103] LUCKNER, *Zum Begriff der Eigentlichkeit*: 155.

[104] Vgl. ebd.: 154f.

dacht, eine Art des Solipsismus zu sein.[105] Delp, dessen Schwierigkeiten mit der an sich nicht ganz klaren Methode Heideggers schon thematisiert wurden, sieht *Sein und Zeit* genau in diesem solipsistischen Licht, denn indem Heidegger die „Entschlossenheit zu sich selbst"[106] verkündige, postuliere er eine absolute, durch die Beziehungslosigkeit gegenüber Gott dominierte Selbstdurchsetzung des Menschen.

Durch den oben skizzierten Zusammenhang wird klar, warum Heidegger die Entschlossenheit als „Titel für die *eigentlich* aufgeschlossene Erschlossenheit des In-der-Welt-seins (und des Seins überhaupt)"[107] versteht. Die Entschlossenheit bedeutet den Rückweg des Daseins aus seiner Verfallenheit in das Man. Aus der Uneigentlichkeit, welche ihm die Wahl seiner Seinsmöglichkeiten abnimmt, gelangt er zurück in die Erschlossenheit, in die Möglichkeit, sich selbst zu bestimmen und dadurch eigentlich zu sein. Die Entschlossenheit erklärt Heidegger als das Wählen der Wahl, *eigentlich* zu sein:

> Das Sichzurückholen aus dem Man, das heißt die existenzielle Modifikation des Man-selbst zum *eigentlichen* Selbstsein muß sich als *Nachholen einer Wahl* vollziehen. Nachholen der Wahl bedeutet aber *Wählen dieser Wahl*, Sichentscheiden für ein Seinkönnen aus dem eigenen Selbst.[108]

Angesichts dieser Konstatierung und überhaupt der Unklarheiten hinsichtlich der Unterscheidung zwischen der existenzialen und der existenziellen Dimension der Entschlossenheit, die nur am Rande des Werkes auftaucht,[109] muss der Dezisionismusverdacht, der gegen *Sein und Zeit* erhoben wurde,[110]

---

[105] Vgl. ebd.: 149.

[106] SZ 298.

[107] V. HERRMANN, *Ein Kommentar zu „Sein und Zeit"*: 263. Heidegger bezeichnet die Entschlossenheit als „eigentliche Erschlossenheit" (SZ 296), „ein ausgezeichneter Modus der Erschlossenheit des Daseins" (SZ 297), „*eigentliches Selbstsein* des Daseins" (SZ 298), „Sich-aufrufen-lassen aus der Verlorenheit in das Man" (SZ 299), „Befreiung des Daseins *für* seine äußerste Existenzmöglichkeit" (SZ 303).

[108] SZ 268.

[109] Vgl. ebd.: 308f.

[110] Einen Dezisionismusvorwurf gegenüber Heideggers *Sein und Zeit* äußert beispielsweise V. KROCKOW. Seiner Meinung nach sieht Heidegger die Antwort auf die Verfallenheit des Daseins ins Man im Dezisionismus, das heißt in einer leeren Entscheidung. Zur Unterstützung seiner These beruft sich v. Krockow auf *Sein und Zeit*, wo Heidegger die Übernahme durch das Dasein eigener Nichtigkeit als Entschlossenheit verstehe (SZ 297).

nicht unbedingt als grundlos betrachtet werden. Heidegger sah auch selbst dieses Problem und deutete zuerst an, dass die Entschlossenheit weder Akt des Wählens noch Erlebnis der Entschließung sei, sondern durch eine Stetigkeit charakterisiert werde. Dadurch stehe es im Gegensatz zu dem Man, das in der Aneinanderfügung von „Augenblicken" existiere.[111] Der Frage nach dem „Wozu" der Entschlossenheit weicht der Verfasser von *Sein und*

Jene Entschlossenheit, so fasst von Krockow zusammen, habe aber keinen Inhalt, kein materiales Wozu, sondern gerade die Abschneidung vom Inhalt ist ihr Ziel. Aus diesem Gedanken kommt die Übereinstimmung der Bedeutung des Entschlossenheitsbegriffes Heideggers mit dem Kampfesbegriff von Jünger und dem Entscheidungsbegriff von Schmitt. Die Entschlossenheit, so von Krockow ähnlich wie Delp, wurzelt im Grunde der Nichtigkeit, vgl. V. KROCKOW, *Entscheidung*: 76. Die sich im Hinbewegen zum Tode vollziehende Entschlossenheit trage schon die Merkmale des tragischen Heldentums, sie bestehe nämlich in einer radikalen Unbezüglichkeit: „Statt der Inhaltsfülle 'wirklicher' Bezüge [vollziehe sich] das Springen von einer unbezüglichen „Möglichkeit" zur anderen, ohne das geringste materiale Kriterium für das Wofür und Wogegen der Wahl" (ebd.: 81). Die vom Dezisionismus übersteigerte Haltung der Entschlossenheit habe nur den Sinn, jeder „eigentlichen", das heißt inhaltlichen Entscheidung auszuweichen (ebd.: 91). Dadurch gebe Heidegger dem weltanschaulich-politischen Dezisionismus von Jünger und Schmitt ein philosophisches Fundament (ebd.: 81). V. Krockows Urteil nähert sich u.a. Schockenhoff: „Die Rede von der Wesensfreiheit oder der Freiheit zum eigenen Selbstsein erinnert daran, dass Freiheit ohne erfüllenden Gehalt nur der leere Akt einer formalen Selbstsetzung, aber noch nicht wirkliche Selbstbestimmung ist", siehe SCHOCKENHOFF, *Theologie der Freiheit*: 144, vgl. 158. Ähnlich wie Delp, der bei dem Freiburger Philosophen einen Heroismus der Endlichkeit konstatiert, bemerkt Schockenhoff, Heidegger benutze den Begriff der Wesensfreiheit „pathetisch im Sinne einer titanenhaften Selbstbejahung des Daseins", ebd.: 128. Dabei zitiert er Heidegger, der feststellt, dass die fundamentale Aufgabe der Freiheit des Menschen in seiner Selbstwerdung besteht: „Wofür? Für nichts Geringeres und nichts Höheres, als dafür: wesentlich zu werden im wirklichen Wollen des eigenen Wesens", siehe HEIDEGGER, *Vom Wesen der menschlichen Freiheit*: 303. Delp, der die Philosophie Heideggers in einer Linie mit dem Denken Kierkegaards darstellt, könnte dem Dänen vorwerfen, nicht der Inhalt, sondern der Akt einer Wahl habe für ihn primäre Bedeutung. Kierkegaard beseitigt nämlich die Frage nach dem Wofür der Freiheit, wenn er feststellt: „Es komme beim Wählen nicht so sehr darauf an, das Rechte zu wählen, als vielmehr auf die Energie, den Ernst, das Pathos, mit denen man wählt", siehe KIERKEGAARD, *Entweder – Oder*: 178. Kierkegaard erklärt: „Hier siehst du abermals, wie wichtig es ist, daß da gewählt werde, und daß es nicht so sehr auf die Überlegung ankommt als vielmehr auf die Taufe des Willens, welche diesen in das Ethische aufnimmt", siehe ebd.: 180. Dass Kierkegaards Theorie der ethischen Selbstwahl zum Pathos der Selbstverwirklichung jedoch kritisch gegenübersteht, dazu siehe SCHOCKENHOFF, *Theologie der Freiheit*: 147–149.

[111] Vgl. SZ 391.

Zeit zwar nicht aus, er verortet sie allerdings außerhalb seines fundamental-ontologischen Entwurfs. Heidegger fragt, „woraufhin entschließt sich das Dasein in der Entschlossenheit? Wozu soll es sich entschließen? Die Antwort vermag *nur* der Entschluß selbst zu geben."[112] Der Inhalt des Entschlusses wäre demnach mit dem Entschluss und mit der je individuellen, unverfüg-baren Entscheidung selbst gegeben, weshalb die Frage nach einem „Wozu?" hinfällig wird. „Wozu sich das Dasein je *faktisch* entschließt, vermag die existenziale Analyse grundsätzlich nicht zu erörtern."[113] Einmal mehr gilt es zu bedenken, dass *Sein und Zeit* auf eine Fundamentalontologie abzielt, so dass mithin allein Struktur und Form herausgearbeitet werden sollen.[114] Offen-kundig zeigt sich dies vor allem auch in folgender Feststellung:

> Dies unter dem Titel Entschlossenheit herausgestellte Phänomen wird kaum mit einem leeren „Habitus" und einer unbestimmten „Velleität" zusammengeworfen werden können … Wir vermeiden den Terminus „Handeln" absichtlich.[115]

In Bezug auf die Entschlossenheit kommt das Problem der Unterscheidung zwischen der existenzialen und der existenziellen Dimension des Daseins deutlich zum Vorschein. Die Schwierigkeit besteht darin, dass die phäno-menologische Analytik des Daseins die existenziell bezeugte Entschlossen-heit existenzial interpretiert: „Formal existenzial gefasst, ohne jetzt ständig den vollen Strukturgehalt zu nennen, ist die vorlaufende Entschlossenheit das *Sein zum* eigensten ausgezeichneten Seinkönnen."[116] Heidegger versucht, „diese existenzialen Phänomene [der Entschlossenheit] auf die in ihnen vor-gezeichneten existenziellen Möglichkeiten zu entwerfen und diese existen-

---

[112] Ebd.: 298.

[113] Ebd.: 383.

[114] Vgl. ebd.: 301.

[115] Ebd.: 300.

[116] Ebd.: 325, vgl. 305–310. Heinz bemerkt, dass „[d]as im Gewissen bezeugte Phänomen der Entschlossenheit" von Heidegger „als existenzieller Modus eigentlicher Existenz existenzial interpretiert" wurde, siehe HEINZ, *Das eigentliche Ganzseinkönnen des Daseins*: 172. Ähnlich auch Gander: „Bestenfalls werden diese [Phänomene der Entschlossenheit] in ih-ren ontisch existenziell bezugten Sinngehalten als Indikatoren gefasst, die ohne es selbst zu durchschauen auf existenziale Strukturen verweisen können.", siehe GANDER, *Existen-zialontologie und Geschichtlichkeit*: 230.

zial ‚zu Ende zu denken'"[117]. Abschließend lässt sich festhalten: Die Ent-schlossenheit ist nach Heideggers eigener Intention in *Sein und Zeit* zunächst im Sinne eines ‚bloß' formalen Konzeptes dargelegt wurden, doch ist dieser scheinbar einfache Anspruch aufgrund der Verflechtung von Existenzialem und Existenziellem nicht wirklich eindeutig durchgehalten.[118] Aus dieser „Unschärfe" folgt eine Vielzahl von Auseinandersetzungen um den mögli-cherweise leeren Freiheitsbegriff Heideggers.[119] Delp, der die methodolo-gisch ‚bloße' Formalität des Konzept übersieht, lässt sich jedoch nicht im Rahmen derartiger Auseinandersetzungen begreifen, weil er nämlich entge-gen diesen in der Entschlossenheit durchaus einen Ausdruck der radikalen Freiheit zu sehen vermag, welche außerdem ein „wozu" hat, nämlich den sterblichen Menschen selbst.

Trefflich stellt von Herrmann in Bezug auf die Auslegung des Entschlos-senheitsbegriffes fest:

> An der Interpretation dieses Begriffes scheitert mit wenigen Ausnahmen die For-schungsliteratur. Der allein existenzial-ontologisch zu verstehende Begriff der

---

[117] SZ 302f. Nach Heinz ist dabei „von dem existenziell bezeugten, existenzial interpre-tierten Phänomen der Entschlossenheit" auszugehen. Da nämlich die existenzialen Phä-nomene zunächst nur formal sind, „lassen [sie] als in diesem Sinne allgemeine Be-stimmungen existenzielle Konkretisierungen zu". Das Heidegger'sche ‚zu Ende denken' nun existenzial auf diese anzuwenden, bedeutet, „sie *konsequent* als ein existenziales Phä-nomen zu begreifen". Damit gilt, dass „die existenzial begriffene existenzielle Möglichkeit als solche zum existenziellen Möglichsein" wird, siehe HEINZ, *Das eigentliche Ganzseinkön-nen des Daseins*: 173.

[118] Kritisch merkt Grondin an: „Der konkret gewählte Vollzug bleibt zwar dem jeweiligen Dasein (‚existenziell') überlassen, aber daß es vor einer Entscheidung steht, ist nun einmal ein Existential, das es im Hinblick auf seine Bedeutung für die gesamte Seinsproblematik zu befragen gilt. Sicherlich kann man sich mit Autoren wie Jaspers und Löwith fragen, ob sich diese Trennung des ‚Existentialen' und des ‚Existenziellen' so streng durchhalten lässt. Gewiß nicht, aber sie hat einen beträchtlichen methodologischen Sinn, an dem sich Heideggers Analysen messen lassen dürfen", GRONDIN, *Die Wiedererweckung der Seins-frage*: 12.

[119] Exemplarisch für diese Auseinandersetzungen seien genannt: von Krockows Vorwurf des blinden Dezisionismus Heideggers, siehe V. KROCKOW, *Entscheidung*. Grondins Fest-stellung, dass Heideggers Freiheit keine Ethik kenne, siehe GRONDIN, *Heideggers Herme-neutik der Faktizität*: 141–150, zuletzt Tugendhats Ableitung der Verstrickung in den Nati-onalsozialismus aus diesem Problemfeld, siehe TUGENDHAT, *Selbstbewußtsein und Selbst-bestimmung*. Vgl. auch M. THEUNISSEN, *Der Andere*, dazu BLUST, *Heideggers neuer Denk-ansatz zur Seinsbestimmung des Ich*.

„Entschlossenheit" wird statt aus dem Phänomen der Erschlossenheit und des entwerfenden Erschließens aus der geläufigen Bedeutung des „Willensentschlusses" gedeutet. Von hier aus stellt sich dann die Frage ein, „wozu" sich das Dasein „entschließt", wenn es als „entschlossenes" existiert.[120]

Interessanterweise scheint die Hermeneutik des Heidegger'schen Begriffs der Entschlossenheit nämlich nicht nur stark zeit- und kontextbedingt zu variieren. Viel wichtiger ist, dass das Verständnis dieses Begriffs auch in Heideggers eigener Biographie Entwicklungen durchlaufen und Änderungen erfahren hat: Für den späteren Heidegger wird damit nicht mehr – wie in *Sein und Zeit* – die tatkräftige Entschlossenheit zu sich bezeichnet werden. Er wird nunmehr eine „Ent-schlossenheit" im Sinne einer „Selbstoffenheit"[121] artikulieren, die als „Offenheit zur Wahrheit des Seins als solchen" zu begreifen ist und als „die Inständigkeit in der Ausgesetztheit zum Da: das Dasein"[122]. Deshalb ist zu beachten, wie sehr Delps Auseinandersetzung mit *Sein und Zeit* von der intellektuellen Atmosphäre und dem hermeneutischen Kontext seiner Zeit bestimmt wurde.

2. Der geistesgeschichtliche Hintergrund von Delps Auseinandersetzung mit Heidegger in „Tragische Existenz"

Entsprechend der Absicht Delps, den „innere[n] Sinn der Philosophie Heideggers"[123] zu begreifen, will *Tragische Existenz* die Grundaussagen jenes Denkens über Mensch, Welt und Gott herausarbeiten. Delp versucht also nicht einfach eine Auseinandersetzung mit einzelnen Werken Heideggers, sondern sucht nach dem Kern jener Philosophie im Allgemeinen. In diesem Sinne überschreitet *Tragische Existenz* die Grenzen von *Sein und Zeit*. Dabei

---

[120] V. HERRMANN, *Ein Kommentar zu „Sein und Zeit"*: 262f.

[121] HEIDEGGER, *Aus der letzten Marburger Vorlesung*: 98.

[122] Ders., *Besinnung*: 144f. Vgl. ders., *Logik als die Frage nach dem Wesen der Sprache*: 162. Heidegger bezeichnet diese „Ent-schlossenheit" auch als eine Eröffnung des im Seienden befangenen Daseins zum Sein, *Nietzsche*: 63, siehe auch 161. Thomä fasst diesen neuen Begriff von Entschlossenheit wie folgt zusammen: Die Entschlossenheit „entpuppt sich also am Ende von Heideggers Explikation als *Inständigkeit*", siehe THOMÄ, *Heideggers Selbstkritik*: 291.

[123] DELP, *Tragische Existenz*: II,98.

berücksichtigt die Auseinandersetzung einen Faktor, der heutigen Lesern in seiner Unmittelbarkeit unzugänglich bleibt. Als Zeitgenosse Heideggers nämlich erlebt Delp die große gesellschaftliche Resonanz, die *Sein und Zeit* folgt, immediat:

> Diese Philosophie ist wie selten eine geistige Leistung dieser Zeit in unserem Lande „Mode" geworden. Mode ist hier nicht im negativen, verurteilenden Sinne gemeint. Es soll damit einfach die Tatsache festgestellt werden, daß diese Philosophie weitum das Denken beherrscht.[124]

Die konkrete Wirkung des Werkes in die Auseinandersetzung miteinzubeziehen erscheint Delp auch deshalb sinnvoll und notwendig, weil *Sein und Zeit* – obgleich Hauptgegenstand der Diskussion – zuletzt ein fragmentarisches Werk bleibt, das allein für sich selbst nicht sprechen kann. Schon die methodologische Ausklammerung der Gottesfrage wirft viele Fragen auf. Gleichermaßen steht es um bereits angesprochene Fragen: Der methodologische Ansatz, der *Sein und Zeit* explizit als Ontologie, nicht als Anthropologie verstanden wissen will, und die Entschlossenheit formal, d.h. als inhaltlich unbestimmtes Konzept, mithin gerade nicht material, begriffen wissen will, wird nicht immer konsequent durchgehalten. In Anbetracht derartiger Unklarheiten blickt Delp auf die Wirkung dieser Philosophie und erhält dadurch einen weiteren Interpretationsschlüssel. Dieses Vorgehen Delps ist wohlgewählt, denn

> keine Philosophie ist lebendig und kann in ihrem vollen Wahrheitsgehalt oder Wahrheitswillen ausgewiesen werden außerhalb ihrer geschichtlichen Situation[125].

Die Zeit (1931-1935), in welcher *Tragische Existenz* entstand, war ereignisreich und konnte im wachen und engagierten Denken Delps nicht spurlos bleiben: Die nationalsozialistische Bewegung proklamierte, was viele hofften, nämlich die geistige Erneuerung des Volkes; das löste einen Streit um die führende Idee dieser neuen Ordnung aus, es kam zur Infragestellung alter Ideen, darunter auch des Christentums, welches einige gar schon als vergangen betrachteten. Diese Ereignisse stehen nun auch in einem inneren Zu-

---

[124] Ebd.: 40.
[125] Ebd.: 42.

sammenhang zu *Tragische Existenz.* Delp konstatiert, dass gerade dieser Zeitgeist von der Philosophie Heideggers dominiert wird,

> [d]aß sie weit mehr, als das bisher in philosophischen Hörsälen geschah, das Denken junger Menschen fasziniert … daß sie die Sprache, der Ausdruck einer bestimmten Epoche unserer Zeit ist.[126]

Eine Konsequenz der Heidegger'schen Philosophie sieht er in dem Versuch einer radikal autonomen Selbstdurchsetzung des gottlos gewordenen Menschen:

> Das ist es, was Heidegger die [sic!] Herzen junger Menschen zuträgt, daß er Kraft verkündet und Entschlossenheit, die verfallende und versinkende Lage entschlossen zu meistern. Das trug ihm die offenen Seelen der Menschen zu, die inmitten einer chaotischen Zeit und einer verzweifelten Aufgabe leben müssen und die immer wieder Untergänge, immer wieder Untergänge ohne Würde erleben mußten.[127]

Nun kommt das Freiheitsverständnis Delps durch dessen Kritik an der radikalen Autonomie deutlich zum Vorschein und es kündigt sich sein Postulat einer Gottesbeziehung an.

Die Wirkung des Denkens von *Sein und Zeit* fasst Delp – der Titel verrät es – im Begriff der „tragischen Existenz" zusammen. Das Heidegger'sche Philosophieren entwerfe eine neue Weise der Existenz – einen Heroismus der Endlichkeit, in welchem über Gott geschwiegen werde und der mithin durch Tragik bestimmt ist: „Selbst wenn es Sein zum Untergang ist, dann sei es wenigstens ein stolzer Untergang, aus klarem Wissen und festem Willen!"[128] Heidegger antwortet demnach auf die Herausforderung des Nihilismus, indem er den Nihilismus heroisch-affirmativ zu leben postuliert. Dieser von Delp auch als „titanischer Finitismus"[129] bezeichnete Nihilismus lege eine Affinität des Denkens Heideggers zum damals überall tönenden nationalsozialistischen Ethos offen. Als Beweis dafür gelten ihm die folgenden Worte aus Hans Naumanns Schrift *Germanischer Schicksalsglaube*:

---

[126] Ebd.: 40.
[127] Ebd.: 110.
[128] Ebd.: 110.
[129] Ebd.: 131.

Wir gehen nun mit keiner andern Haltung aus dem germanischen Mythos hervor als aus der Heideggerschen Philosophie, nicht mit einem guten oder schlechten Gewissen, nicht mit Reue oder Sündengefühl, mit Selbstzufriedenheit oder Vorsatz zur Besserung, sondern nur mit dem Bewußtsein von unserer Existenz als einer schicksalhaften Gegebenheit und Geworfenheit. Dieser Glaube an die Unabwendbarkeit des verhängnisvollen Schicksals, dies Wissen um Bedrohung und Untergang begegnet vielmehr einer sehr mutigen Kampfentschlossenheit, Einsatzbereitschaft und inneren Größe, einer Haltung, in der der Mensch ... mit Größe und Gefaßtheit untergeht.[130]

Noch ein weiterer Faktor bedingt Delps Verständnis von Heidegger. Die in *Tragische Existenz* dargelegte These, dass Heidegger in einer nunmehr gottlosen Welt das erschütterte menschliche Dasein neu zu fundieren versucht,[131] ist auch eine Auseinandersetzung mit der Rektoratsrede Heideggers, die er am 27. Mai 1933 anlässlich der Übernahme des Rektoren-Amtes hielt. Dass Delps Darlegungen auch diese Rede im Blick haben, darauf deutet schon seine Feststellung „diese Philosophie kann nicht führen"[132] hin. Jener Satz, der in der früheren, 1933 als Teil der Arbeit von Jansen publizierten Version nicht zu finden ist, bezieht sich zwar vor allem auf die dominierende Stellung des Denkens Heideggers in den „Herzen junger Menschen"; dennoch kann er auch als Erwiderung auf die Worte gelesen werden, mit denen Heidegger seine berühmte Rektoratsede begonnen hatte: „Die Übernahme des Rektorats ist die Verpflichtung zur geistigen Führung dieser hohen Schule."[133] Dass es Heidegger nicht nur um die Führung einer Universi-

---

[130] Ebd.: 123f. Das Zitat findet sich in NAUMANN, *Germanischer Schicksalsglaube*: 82, vgl. dazu auch DELP, *Tragische Existenz*: II,132 mit einer weiteren Formulierung Naumanns: „Niemand erlöst uns hier. Die Gegenwart ist immer nur eine Auswirkung harter, notvoller Erscheinungen", in: NAUMANN, *Germanischer Schicksalsglaube*: 73.

[131] Vgl. DELP, *Tragische Existenz*: II,41, ebd.: 130.

[132] Ebd.: 130, vgl. 110.

[133] HEIDEGGER, *Die Selbstbehauptung der deutschen Universität*: 107. Die Rede Heideggers wurde in ihrer Zeit breit kommentiert und nicht nur Delp hat sie als eine weltanschauliche Botschaft verstanden. Harder nennt sie „[e]ine Kampfrede, ein denkerischer Aufruf, ein entschlossenes und zwingendes Sich-in-die-Zeit-stellen ... ein wirkliches politisches Manifest", HARDER, *Rezension der Rektoratsrede*: 140. Hinsichtlich der Rede konstatiert Ballmer ähnlich wie Delp, dass die Substanz der Philosophie Heideggers eine versteckte Christentumsfeindlichkeit bildet, BALLMER, *Zur Freiburger Rektoratsrede Martin Heideggers*: 155–178. Dass die Rede eigentlich nicht als eine „politische Verlautbarung, sondern [als]

tät geht, sondern vor allem auch um die Vermittlung einer Philosophie, die das Volk geistig erneuern soll, glauben neben Delp auch andere Zeitgenossen[134]; vor allem aber glaubt es Heidegger auch selbst, dessen eindeutiger und unnachgiebiger Wille zum Führen wiederholt artikuliert wird.[135] Diesem Führungsanspruch Heideggers spricht Delp – auch aufgrund des Umgangs mit der Gottesfrage – alles Recht ab, schließlich beabsichtige Heidegger eine post-religiöse „Neugründung, Wiedergewinnung einer festen Existenzgrundlage", die Gott ausschließe.[136]

In der Kritik an Heideggers öffentlichem Engagement geht es also nicht um die Frage „Heidegger und der Nationalsozialismus". Delp, der selbst die nationalsozialistische Bewegung mit christlichen Inhalten zu prägen versuchen wollte, kritisiert nicht, *dass*, sondern *wie* Heidegger das Denken mit Hilfe der politischen Bewegung erneuern will. Der Kern der Kritik am Anspruch Heideggers liegt nicht im Engagement für die Sache der nationalsozialistischen Bewegung begründet, sondern zielt auf die Grundorientierung und die von Heidegger aufgekündigten Ideen. Heidegger wolle – das ist für Delp unannehmbar – eine Philosophie konstruieren, die den Menschen und die Welt ohne Gottesbezug denkt. Tatsächlich nimmt Heidegger, obgleich auch recht vorsichtig und weit entfernt von jedem Triumphgefühl, in seiner Rede das nietzscheanische „Gott ist tot" auf und postuliert es als den faktischen Zustand des abendländischen Menschen, der gemeistert werden muss.[137] Die Vorsicht, mit der das „Gott ist tot" aufgegriffen wird, übersieht

---

ein philosophischer Text" zu lesen ist, „der darum bemüht ist, die Philosophie in ein Verhältnis zur Politik zu stellen", meint FIGAL, *Heidegger zur Einführung*: 115.

[134] Josef Sauer notiert in seinem Tagebuch eine Klage von Walter Eucken über Heidegger: „Heidegger mache den Eindruck, als ob er ganz für sich nach dem Prinzip des Führersystems fuhrwerken wolle. Er fühle sich offenbar als der geborene Philosoph und geistige Führer der neuen Bewegung", in: OTT, *Heidegger*: 165. Dass Heidegger, neben Carl Schmitt und Ernst Jünger, eines der Vorbilder des deutschen Geistes dieser Zeit war, wird hier ausgeführt: V. KROCKOW, *Entscheidung*: 1.

[135] In seiner Rechenschaft bestätigt Heidegger oft, dass er die neue Bewegung philosophisch zu gestalten beabsichtigte, siehe HEIDEGGER, *Das Rektorat*: 374,377,389f.

[136] DELP, *Tragische Existenz*: II,41.

[137] Dabei könnte sich Delp wieder auf Heideggers Rektoratsrede berufen: „Und wenn gar unser eigenstes Dasein selbst vor einer großen Wandlung steht, wenn es wahr ist, was der leidenschaftlich den Gott suchende letzte deutsche Philosoph, Friedrich Nietzsche, sagte: ‚Gott ist tot' – wenn wir Ernst machen müssen mit dieser Verlassenheit des heutigen Menschen inmitten des Seienden, wie steht es dann mit der Wissenschaft", HEIDEGGER, *Die*

Delp jedoch. Er tendiert folglich dazu, die Angelegenheit im Sinne eines ordinären Atheismus zu interpretieren, der die Existenz Gottes praktisch
leugnet.[138]

Was Delp hingegen treffend erkannt hat, ist der in der Rede vorherr-
schende tragische Heroismus. In Anbetracht der verloren gegangenen Kraft
des Christentums greift der Freiburger Rektor auf die Griechen und deren
angeblich ersten „Philosophen" Prometheus zurück, da er sich als Wissen-
der der Übermacht des Schicksals entgegenstelle und in seinem Trotz aus-
harre, weil nur so eine höhere Wahrheit sichtbar werde.[139] Es zeigt sich dabei
das Gesetz des menschlichen Daseins, das Gesetz der Entschlossenheit,
„dem ... Schicksale in seiner äußersten Not standzuhalten"[140], sowie das Gesetz des Kampfes.[141] Diese zentralen Ansichten werden in *Tragische Existenz*
wiederholt erörtert.

Selbstbehauptung der deutschen Universität: 111, und weiter in der Rechenschaft: „Das Wesentliche ist, dass wir mitten in der Vollendung des Nihilismus stehen, dass Gott ‚todt' ist
und jeder Zeit-Raum für die Gottheit verschüttet", HEIDEGGER, *Das Rektorat*: 390.

[138] In seinem Rechenschaftsbericht interpretiert Heidegger die Rektoratsrede in der folgenden Weise: „Diese Wirklichkeit des Willens zur Macht lässt sich im Sinne Nietzsches
auch aussagen durch den Satz ‚Gott ist todt'. Diesen Satz habe ich aus wesentlichen
Gründen in meiner Rektoratsrede angeführt. Der Satz hat nichts zu tun mit der Behauptung eines ordinären Atheismus. Er bedeutet: Die übersinnliche Welt, insbesondere die
Welt des christlichen Gottes, hat seine wirkende Kraft in der Geschichte verloren ... Wäre,
wenn es anders wäre, der Erste Weltkrieg möglich gewesen? Und vollends, wäre, wenn es
anders wäre, der Zweite Weltkrieg möglich geworden?", HEIDEGGER, *Das Rektorat*: 375f,
vgl. auch 390. Heidegger betont später, Nietzsche gehe es nicht um „eine Bekämpfung des
Christlichen", siehe ders., *Nietzsches Wort „Gott ist tot"*: 220, dennoch drücke dieser Satz
„die Grundbewegung der Geschichte des Abendlands" aus, siehe ebd.: 218. Bezüglich des
Einflusses, den Nietzsche auf den Verfasser von *Sein und Zeit* ausübt, ist bekannt, dass
Heidegger in den letzten Lebensjahren im Familienkreis oft wiederholte: „Nietzsche hat
mich kaputt gemacht", siehe GADAMER, *Die Lektion des Jahrhunderts*: 140–141. Gadamer
schließt nicht aus, dass Nietzsches Gedanke vom Tod Gottes eine Erschütterung nicht nur
für Heideggers Denken, sondern auch für sein Leben war, denn der Freiburger Philosoph
gilt ihm als ein Mann, der immer Gott suchte, ebd.: 146. FEHÉR erklärt das ebenso im Sinn
der Erschütterung des kommenden Nihilismus, siehe *Der göttliche Gott*: 166.

[139] Vgl. HEIDEGGER, *Die Selbstbehauptung der deutschen Universität*: 109.

[140] Ebd.: 112.

[141] „Alle willentlichen und denkerischen Vermögen, alle Kräfte des Herzens und alle Fähigkeiten des Leibes müssen *durch* Kampf entfaltet, *im* Kampf gesteigert und *als* Kampf
bewahrt bleiben", in ebd.: 116. Diese Feststellung muss Delp in Verlegenheit bringen, da
sie – ähnlich wie manche Passage von *Sein und Zeit* – sehr unterschiedliche Interpretatio-

Der oben entworfene geistesgeschichtliche Zusammenhang bringt die heute kaum noch wahrnehmbaren Bedingungen ans Licht, unter denen *Tragische Existenz* entstanden ist – ein Umstand, der übrigens für die gesamte Auseinandersetzung Delps mit dem abendländischen Denken eigen ist. Seine Arbeit ist das Ergebnis der Auseinandersetzung mit dem komplexen Ineinandergreifen des Heideggers von *Sein und Zeit*, des Heideggers der – wenn man so will – philosophischen Mode und des mit Führungsanspruch auftretenden, engagierten Rektors der Universität Freiburg. Um nun den eigentlichen Kern der sich noch entwickelnden Philosophie zu begreifen, verknüpft Delp das Denken mit dem Denkenden,[142] und damit mit dem ganzen zeitgeschichtlichen Hintergrund.

In Delps Auseinandersetzung spiegeln sich zwei Aspekte wider, die Heidegger selbst eine Last waren. 1935 schreibt er an Karl Jaspers, dass ihm „zwei Pfähle" seien: „die Auseinandersetzung mit dem Glauben der Herkunft und das Mißlingen des Rektorats"[143]. Diese beiden Punkte lassen sich allgemeiner bezeichnen als die Gottesfrage und die Frage nach dem Schei-

---

nen zulässt. Delp will den Kampfbegriff nun mit den oben erwähnten Worten Naumanns aus *Germanischer Schicksalsglaube* als ein Motto für tragische Helden erhellen.

[142] Dabei konnte sich Delp auf Heidegger selbst berufen. Diese Wechselbeziehung des Denkens mit dem Denkenden verteidigt Heidegger in seinem Urlaubsgesuch vom 16. Dezember 1944, in dem er feststellt, für die philosophische Arbeit sei es wesentlich, dass sie „enger mit der Person des Arbeitenden verknüpft" sei als andere Arbeiten, in: OTT, *Heidegger*: 156–157.

[143] Aus dem Brief Heideggers an K. Jaspers vom 01. Juli 1935, siehe HEIDEGGER/JASPERS, *Briefwechsel*: 157 (Nr. 120). Vgl. auch den Brief vom 10. November 1928, 109–111 (Nr. 74). In dem 1937/38 entworfenen „Rückblick auf den Weg" schreibt Heidegger, „daß auf diesem ganzen bisherigen Weg verschwiegen die Auseinandersetzung mit dem Christentum mitging – eine Auseinandersetzung, die kein aufgegriffenes ,Problem' war, sondern Wahrung der eigensten Herkunft – des Elternhauses, der Heimat und der Jugend – und schmerzliche Ablösung davon in *einem*", HEIDEGGER, *Besinnung*: 415. Ein deutliches Zeugnis für einen Bruch legt der Brief ab, welchen Heidegger als Rektor der Albert-Ludwigs-Universität Freiburg am 5. Februar 1934 an Oskar Stäbel, den Führer der Deutschen Studentenschaft und Reichsführer des Nationalsozialistischen Deutschen Studentenbundes, schreibt. In Bezug auf die Situation in Freiburg bedauert Heidegger den „öffentliche[n] Sieg des Katholizismus" und mangelnde Kenntnis „katholische[r] Taktik". Das schade „der ganzen Arbeit", die sich unter der nationalsozialistischen Führung in Deutschland vollziehe und werde sich eines Tages „schwer rächen", siehe HEIDEGGER, *Ein Brief des Rektors der Universität an den Führer der Deutschen Studenschaf*: 229–240. Der Jesuit kannte diesen Brief zwar nicht, sein Inhalt bestätigt aber, dass Delp den Philosophen zurecht als Gegner in weltanschaulichen Fragen sieht.

tern des tragischen Menschen. Dies nun sind die beiden wesentlichen Kernpunkte in *Tragische Existenz*. Die aus der Sicht eines Zeitgenossen verfasste Schrift zeigt ironischerweise gerade im Beispiel des intellektuellen Kontrahenten ihre Dringlichkeit und Konkretion. Es wird deutlich, dass es hier keineswegs ‚bloß' um eine akademische Disputation geht, sondern es vielmehr – zu einer Zeit, da alles in Frage gestellt war: Welt, Mensch, Gott – auch um alles ging. Delp beteiligt sich an diesem Streit um das Welt-, Menschen- und Gottesverständnis und will damit nicht weniger als Heidegger selbst, nämlich die Wirklichkeit nicht nur beschreiben und prüfen, sondern auch gestalten.

Da nun *Tragische Existenz* unter Berücksichtigung des historischen Kontextes geschrieben wurde, besteht die Gefahr, dass die Ontologie Heideggers in *Sein und Zeit* ungerechtfertigter Weise als eine fertige systematische Weltanschauung fehlinterpretiert wird. An der dezidiert phänomenologischen Intention Heideggers in *Sein und Zeit* redet Delp oft vorbei, doch setzt er sich zurecht mit Tendenzen des Werkes auseinander, die damals „an der Zeit" waren und die der Verfasser selbst zu repräsentieren scheint.

B. Die Tragik der zur Immanenz entschlossenen Freiheit

Delp versteht die Philosophie Heideggers als die Krönung des neuzeitlichen Denkens. Insofern wird seine Auseinandersetzung mit dem Verfasser von *Sein und Zeit* zu einer Abrechnung mit dem ganzen Denken, das den abendländischen Menschen seit dem Ausgang des Mittelalters geprägt hat. In dieser Konfrontation mit den die Moderne bestimmenden Ideen findet Delps Freiheitsverständnis seine Basis. Um diesen wesentlichen Bezugspunkt des Denkens Delps zu begreifen, werden wir im Folgenden (1.) sein in groben Linien skizziertes Bild der geistesgeschichtlichen Entwicklung des neuzeitlichen Freiheitsverständnisses und (2.) seine Kritik am von Heidegger artikulierten Autonomiebegriff der Moderne rekonstruieren.

1. Charakteristika des neuzeitlichen Wirklichkeitsverständnisses

Delps Urteil über die neuzeitliche Philosophieentwicklung ist ambivalent.[1] Eine totale Kritik beabsichtigt der Jesuit nie, weshalb er durchaus die positiven Errungenschaften des neuzeitlichen Denkens betont. Delp formuliert ein Postulat der „Heimholung des Humanismus", damit will er den neuzeitlichen Menschen in ein neues Gottesverhältnis einbeziehen.[2] Dem Leser seiner Schriften bleibt allerdings kein Zweifel daran, dass die Einschätzung der Neuzeit von einem negativen Urteil dominiert wird, welches auch das entsprechende Freiheitsverständnis prägt.

Natürlich ist es nicht Delps Anliegen, in einer systematischen Abhandlung der Frage nach der Entwicklung des Menschen und seines Freiheitsverständnisses in der Neuzeit nachzugehen. Vielmehr lenkt er, wie bereits betont, den Blick auf das tatsächliche Kondition des Menschen seiner Epoche, was ihn zum höchst kritischen Urteil veranlassen musste.[3] Somit ist sein

---

[1] Vgl. FUCHS, *Missionsland Deutschland*: 126, siehe auch ders., *Delps Impulse zur Lebensgestaltung heute*: 262f.

[2] Vgl. DELP, *Theonomer Humanismus* (Gefängnisreflexion, 1944/45): IV,309. Vgl. auch in der vorliegenden Studie: 212–220.

[3] Dass die Erfahrungen des 20. Jahrhunderts nicht nur Delp zu einer ambivalenten Beurteilung der Neuzeit führen, zeigt OELMÜLLER in seinem Aufsatz *Aufklärung*.

Thema zunächst „die vielfältige Verlorenheit des heutigen Menschen"[4], es geht ihm um den Menschen, wie er ihn „heute", in seiner Gegenwart, begegnet.[5] Im Hintergrund steht aber eine implizite prinzipielle Kritik des Subjekts- und Freiheitsdenkens der Neuzeit. Delp stellt fest, dass der heutige Mensch ein Neuzeitprodukt ist, denn die letzten Jahre und Jahrzehnte waren nur „Ernte, nicht Aussaat"[6].

Delp beschäftigt sich mit jener Frage vor allem am Rand seiner Auseinandersetzung mit Heidegger. Darum ist die Schrift *Tragische Existenz* die wichtigste Quelle für die Rekonstruktion seiner Position hinsichtlich der abendländischen Denkgeschichte. Mit dem modernen Weltverständnis beschäftigt sich der Jesuit aber auch in seinen der Geschichte und dem Menschen gewidmeten Schriften, und ebenso in seinen Predigten. Delp will, als ein kühler Verkündiger, durch die Kritik an den grundlegenden Voraussetzungen der neuzeitlichen Philosophie den Menschen über seine conditio humana aufklären. Der Mensch ist, mit Delp, eben nicht Herr seines Schicksal, er hat sein Ziel und seinen Grund nicht in sich selbst, sondern ist vielmehr über sich hinaus verwiesen.[7]

In *Tragische Existenz* geht es also zunächst nicht um die Genese des neuzeitlichen Denkens. Die kurze Interpretation der Entwicklung des philosophischen Denkens seit dem späten Mittelalter, die übrigens in der sich von Delp angeeigneten Ansicht Bernhard Jansens wurzelt,[8] dient als Einführung zur Auseinandersetzung mit *Sein und Zeit*, wobei hier nur einige Aspekte hervorgehoben werden.[9] Delp selbst spricht von einem „Überblick ... über

---

[4] V. Tattenbach, *Das entscheidende Gespräch*: 324.

[5] Merton will das Ziel von Delps Kritik am heutigen Menschen einzig in den Anhängern Hitlers sehen: „When he speaks of ‚modern man', he is in fact speaking of the Nazis or of their accomplices and counterparts", *Introduction*: xxvii. Das Urteil trifft aber schon auf Grund der Chronologie nicht, denn Delp greift das Thema schon 1931 auf, als er sich zum ersten Mal mit *Sein und Zeit* auseinandersetzt. Außerdem sieht er die Gründe für die menschliche Verlorenheit in vielfältigen Phänomenen, die seit Ende des Mittelalters in Europa auftraten und das ganze Abendland bestimmten. Siehe dazu im folgenden Abschnitt.

[6] Delp, *Erziehung des Menschen zu Gott* (Gefängnisreflexion, 1944/45): IV,312.

[7] Vgl. ders., *Entschlossenheit* (in: *Chrysologus*, 1935): I,94f,100.

[8] Vgl. Neufeld, *Geschichte und Mensch*: 85.

[9] Ein Beispiel jenes methodischen Umgangs findet man bei Delp, *Drei Fragen an die Kirche* (Predigtentwürfe, 1943): V,240f und bei *Herz Jesu* (Gefängnismeditation, Januar 1945): IV,245. Delps Handlungsweise kann man mit dessen eigenen Worten beschreiben, die er in der Rezension zu einem Buch Balthasars benutzt: es handele sich „um Subsumierung

die geschichtliche Situation, wie sie Martin Heidegger vorfindet"[10]. Bereits hier kann der Einfluss Jansens , dessen Bild der großen Zusammenhänge und Geistesströmungen der Philosophie als „Gedankenflug" bezeichnet werden darf, erkannt werden.[11]

Ohne einen Anspruch auf eine vollständige Analyse der Neuzeit zu erheben, stellt Delp die Situation des Denkens bewusst in allgemeinen Umrissen dar. Weil er sich nicht nur mit der Philosophie, sondern auch mit der sich aus der Philosophie ergebenden Weltanschauung auseinandersetzen will, unterscheidet er die Nachwirkung einer Philosophie von ihrem sachlichen Inhalt. Dabei stellt er fest, dass die Konsequenzen der Philosophien oft nicht ihren ursprünglichen Absichten entsprechen. Bei dem Immanuel Kant, welcher in *Tragische Existenz* eine Rolle spielt,

> kann es sich nur um den Kant der geschichtlichen Entwicklung handeln: um Kant, wie er von den Nachfolgern verstanden wurde und wie er die geschichtliche Entwicklung beeinflußt hat[12].

Deutlich zeigt sich diese Absicht Delps auch in der Begegnung mit der Philosophie Heideggers. Der Jesuit setzt sich dabei nicht nur mit dem Inhalt eines Buches auseinander, sondern darüberhinaus auch mit der faktischen Wirkung der philosophischen Idee, die die Gegenwart beherrscht und die Menschen fasziniert. So versucht Delp den inneren Kern jener Philosophie zu enthüllen.[13]

Der Versuch eines umfassendes Blickes auf die geistesgeschichtliche Entwicklung des abendländischen Denkens erklärt die Schärfe der Kritik Delps an manchen Neuzeitkonzepten, die er selbst als „eine rücksichtslose Demaskierung" bezeichnet[14]. Trotz der offensichtlichen Vereinfachungen

der einzelnen geistesgeschichtlichen Phänomene unter ein in ihnen sich abhandelndes Thema", Rezension zu V. BALTHASAR, *Apokalypse der deutschen Seele* (in: *Scholastik*, 1941): V,342.

[10] DELP, *Tragische Existenz*: II,71.

[11] Vgl. NEUFELD, *Geschichte und Mensch*: 71,84f.

[12] DELP, *Tragische Existenz*: II,45. Ähnlich schreibt Delp über Kierkegaard: „Die Existentialphilosophie, die er begründet, wird in einem radikalen Bekenntnis zur reinen ‚Weltlichkeit', zur reinen Immanenz enden. Doch dafür ist Kierkegaard nicht verantwortlich", in: *Tragische Existenz*: II,51.

[13] Vgl. ebd.: 39f. Siehe auch NEUFELD, *Einleitung zu den Texten*: 19.

[14] DELP, *Entschlossenheit* (in: *Chrysologus*, 1935): I,94.

und des Stillschweigens über die positiven Seiten jener Entwicklung kann man das Urteil Delps nicht als gänzlich unzutreffend abtun. Es lassen sich bei ihm außerdem einige interessante Zusammenfassungen der Philosophiegeschichte finden. Ihm „geht [es] darum, die bleibenden wichtigen Züge der Entwicklung deutlich, manchmal überdeutlich herauszustellen"[15]. Die drei von ihm kritisierten Prinzipien der Neuzeit sind (1) das Streben nach Autonomie, das letzten Endes seiner Meinung nach eine Form des Auszugs aus dem Gottverhältnis angenommen hat; (2) die Begründung eines neuen Existenzfundaments des Menschen im Diesseits, und endlich (3) die Reduktion der Wirklichkeit nur auf ihren immanenten Teil. In diesen drei Punkten sind die Grundsteine für die als tragisch definierte Kondition des modernen Menschen gelegt. Dadurch erweist sich die Kritik Delps an der Neuzeit letztendlich als prinzipiell, insofern ihre Philosophie notwendig zu den modernen Verhängnissen führe.

a) Das Streben nach Autonomie als Emanzipation gegenüber Gott

Das Freiheitsstreben bildet nach Delp eindeutig das erste Merkmal der Geistesgeschichte der letzten Jahrhunderte. Er erklärt:

> Die ganze Neuzeit hindurch ist der Mensch mit der Befreiung seiner selbst beschäftigt. Aus allen Bindungen, Ordnungen, Hemmungen strebt er heraus und stellt sich nur auf sich selbst.[16]

Die Zugkraft der menschlichen Entwicklung und die Hauptelemente des Menschenbildes neuerer Zeit bestehen nach Delp in eben dieser Bewegung zur Selbstbestimmung und zur Selbstauflösung.[17]

Um diesen Prozess zu verdeutlichen, bedient sich Delp des Mitte-Begriffs. Als „Mitte" bezeichnet er den fundamentalen, alles bestimmenden Bezugspunkt bzw. Maßstab des Menschen. Während noch für den mittelalterlichen Menschen und überhaupt für die Gesellschaft des Abendlandes der christliche Gott die Mitte bildet, bewirkt der neuzeitliche Freiheitsvollzug, so Delp, die Verlagerung der Mitte von Gott zum Menschen, was wie-

---

[15] BERTSCH, *Alfred Delp*: 100.

[16] DELP, *Weihnachten* (Predigt, vor dem 24. Dezember 1943): III,92. Vgl. ders., *Die Welt als Lebensraum des Menschen* (Nachlass, o.J.): II,462.

[17] Vgl. ders., *Bereitschaft* (in: *Chrysologus*, 1935): I,85.

derum zu einer ganz neuen Verfassung des Lebens führe, in der die Person nicht mehr sie selbst sein könne.[18] Auf den letzten Seiten von *Tragische Existenz* fasst Delp seine Auseinandersetzung mit dem neuzeitlichen Menschenbild mit Hilfe des Mitte-Begriffes so zusammen:

> Und das Geheimnis dieser Tragik ist das Geheimnis Luthers und das Geheimnis Kants, das Geheimnis Nietzsches genau so wie das Geheimnis Hegels, letztlich auch das Geheimnis Heideggers: das Geheimnis der fehlenden Mitte.[19]

In seiner Reflexion über die Mitte berührt Delp im Grunde genommen *das* Thema der Neuzeit schlechthin, und zwar das Subjektivitätsprinzip, demgemäß der Mensch sich als die Mitte der ganzen Wirklichkeit, als ihr Ausgangspunkt, Maßstab und Ziel versteht. Diese Subjektivität bedeutet zugleich die Verabschiedung des *ordo*-Denkens, nach welchem der Mensch sich als ein Teil eines theonomen Universums versteht.[20]

Alle Zeit hindurch bleibt diese Diagnose der Schwerpunkt im Denken Delps.[21] Weil für den modernen Menschen Freiheit und Gott zu zwei sich widersprechenden Begriffen geworden seien, habe das Streben nach Emanzipation letztendlich eine prometheische Form der Ausklammerung der Gottesbezogenheit des Menschen angenommen. Demgemäß decke sich der Weg der neuzeitlichen Befreiung in keiner Hinsicht mehr mit dem Anspruch des Christentums.[22] Die Haupttendenz der Neuzeit sei der Versuch gewesen, „,selbständig' zu werden, ein Leben auf eigene Faust und aus eigener Mitte zu leben"[23]. Die neuzeitliche Freiheit ist nach Delp, der vom Ende der Neuzeit in die Geschichte zurückblickt, als Setzung einer neuen Mitte, näm-

---

[18] Vgl. ders., *Die Erziehung des Menschen zu Gott* (Gefängnisreflexion, 1944/45): IV,312, *Das Schicksal der Kirchen* (Gefängnisreflexion, 1944/45): IV,319f.

[19] Ders., *Tragische Existenz*: II,145.

[20] Vgl. KASPER, *Jesus der Christus*: 47f.

[21] Vgl. DELP, *Weihnachten* (Predigt, vor dem 24. Dezember 1943): III,92, *Neujahr* (Predigt, 1 Januar 1943): III,144f,148. Delps Gegenwartsdiagnose könnte hier mit Nietzsches Urteil zusammenstehen. Nietzsche fragt: „Ist nicht gerade die Selbstverkleinerung des Menschen, sein Wille zur Selbstverkleinerung seit Kopernikus in einem unaufhaltsamen Fortschritte? … Seit Kopernikus scheint der Mensch auf eine schiefe Ebene geraten, – er rollt immer schneller nunmehr aus dem Mittelpunkte weg – wohin? in's Nichts? in's ‚durchbohrende Gefühl seines Nichts'?", siehe NIETZSCHE, *Genealogie der Moral*: 404.

[22] Vgl. DELP, *Bereitschaft* (in: *Chrysologus*, 1935): I,85.

[23] Ders., *Die moderne Welt und die Katholische Aktion* (in: *Chrysologus*, 1935): I,78. Vgl. ders., *Stephanus* (Predigt, 26. Dezember 1942): III,120.

lich des Menschen selbst, zu verstehen: Der einsame, kein Gebot und keinen Gott anerkennende Mensch entscheidet sein Geschick ganz allein und lässt sich von niemandem außer sich selbst verpflichten.[24]

Nicht nur den Prozess, sondern auch die Folgen der neuzeitlichen Emanzipation stellt Delp mit Hilfe des Mitte-Begriffs dar. Nach ihm ist in seiner Gegenwart eine Zeit gekommen, „über die das Gesetz des Untergangs zu herrschen scheint. Die Menschen dieser Zeiten haben den Versuch einer peripheren Lebensgestaltung unternommen"[25]. Die Erfahrungen des Zweiten Weltkriegs brachten ihn dazu, die anfänglich noch mehr theoretischen Bedenken des Problems der fehlenden Mitte weiter zu vertiefen. In der Predigt zum Neujahr 1944 stellt er fest: „Wir sind bei uns selber nicht mehr zuhause, haben keinen festen, klaren Punkt."[26] Damit meint er keinesfalls zuerst die politische Lage, sondern das Religiöse, das Geistige. Er erklärt:

> Das Abendland steht am Scheideweg. Die Situation stammt aus der Säkularisation des Abendlandes: daß unser Leben aus den metaphysischen Ordnungen herausgelaufen ist und dies proklamiert hat als die Weltfröhlichkeit, ja Weltfrömmigkeit, die Selbstbesitznehmung des Kosmos. Da wurde das Leben immer fremder, der Zwiespalt brach auf und der Mensch wurde innerlich zersetzt. Wo das Leben sich selber meint, aus den ewigen Hintergründen weggeht, bleibt es ohne Segnungen.[27]

Die innere Verweltlichung wird für ihn zur inneren Mittelpunktlosigkeit.

b) Der Weg von Gott über den Menschen zum Nichts

Während der statische Begriff der Mitte den fundamentalen Bezugspunkt des Menschlichen bezeichnet, bringt der dynamische Leidenschaftsbegriff ein ebenso fundamentales menschliches Streben zum Ausdruck. Als Leidenschaft versteht Delp das die ganze Existenz umfassende Sich-Ausrichten des Menschen auf ein bestimmtes Ziel oder auf bestimmte Werte. Die Bedeutung des Leidenschaftsbegriffs erörtert er im Zusammenhang mit einem an-

---

[24] Vgl. ders., *Was ist der Mensch?* (in: *Chrysologus*, 1936): I,142.

[25] Ders., *Die moderne Welt und die Katholische Aktion* (in: *Chrysologus*, 1935): I,74. Vgl. ders., *Bekehrung des heiligen Paulus* (Predigt, 25 Januar 1942): III,169.

[26] Ders., *Neujahr* (Predigt, 1 Januar 1944): III,149.

[27] Ebd.: 151.

deren wichtigen Begriff, dem der Hingabe, d.h. des alltäglichen Sich-Gebens für etwas oder für jemanden.[28] In diesem Sinn erweist sich die Leidenschaft nach ihm als die die ganze Existenz prägende geistige Kraft.

Er erklärt weiter, dass die Entzifferung der Leidenschaft, welche die einzelnen Epochen dominiere, den Schlüssel zum Verstehen der Geschichte des Menschen gebe.[29] Entlang den Leidenschaften, den tiefsten menschlichen Faszinationen, laufe die Linie der geistigen Entwicklung des Menschen. Das Auftauchen eines neuen Leidenschaftsobjekts bilde zugleich die Schwelle zu einer neuen Epoche. Die erste Leidenschaft des Menschen sei in der abendländischen Geschichte Gott gewesen. Diese Leidenschaft habe das Mittelalter noch tief gekennzeichnet; in der in der Renaissance geborenen Neuzeit sei sie jedoch durch die – anfangs noch gleichfalls starke – Faszination für die Menschheit ersetzt worden.[30] Die Aufklärung und die folgenden Jahrzehnte seien noch immer die Zeit der Leidenschaft für das Humane und die Vernunft. Delp stellt fest:

> Kierkegaard und Nietzsche, eigentlich Todfeinde Kants, kommen wenigstens in ihren Nachfolgern vom Subjekt nicht los. Im Mittelpunkt ihrer Leidenschaft steht der Mensch.[31]

In seiner eigenen Epoche wiederum verschiebe sich der Schwerpunkt des menschlichen Strebens noch einmal – weder das Göttliche noch das Menschliche, sondern ein Ding beherrsche jetzt die Menschen. Auf dem Feld der alltäglichen Existenz, so der Jesuit, habe der Mensch die Leidenschaft nur für die Sachen; er lebe mit der Faszination der Technik und ihrer Möglichkeiten,[32] was für die Kultur des Abendlands den Kältetod bedeute, weil der Mensch nicht mehr den Menschen liebe.[33]

Doch endet diese Entwicklung für Delp nicht mit der Leidenschaft zu den Dingen. Die Existenz des Menschen, der nicht mehr wage, die Grenzen eigener Wirklichkeit zu überqueren, sondern sich an Dinge hingebe, verliere

---

[28] Vgl. ders., *Veni Sancte Spiritus* (Gefängnismeditation, Januar 1945): IV,298.

[29] Vgl. ebd.: 268.

[30] Vgl. ders., *Erster Fastensonntag* (Predigt, 14. März 1943): III,184f.

[31] Ders., *Tragische Existenz*: II,65. Vgl. ders., *Drei Fragen an die Kirche* (Predigtentwürfe, 1943): V,244.

[32] Vgl. ders., *Erster Fastensonntag* (Predigt, 14. März 1943): III,185.

[33] Vgl. ders., *Veni Sancte Spiritus* (Gefängnismeditation, Januar 1945): IV,297f.

ihre vom Geist her kommende Spannung.[34] Er müsse eine Leidenschaft ohne Ziel leben. In diesem Urteil Delps hören wir unmissverständlich seine Diagnose der tragischen, ziellosen Existenz. Angesichts des Scheiterns des tragischen Ethos geht aber nach Delp auch diese letzte menschliche Leidenschaft verloren. Sie ist nicht mehr die das ganze Leben gestaltende Antriebskraft,[35] sondern zerkleinert sich in partikuläres Interesse und Hobbys, in denen der Wert einer Tat nicht in ihrem Ziel, sondern bloß in ihrem Vollzug gesehen wird. Sartres Urteil, dass „[d]er Mensch ... eine nutzlose Passion"[36] sei, könnte Delp zwar als Phänomenbeschreibung akzeptieren, doch würde er selbst ganz anders denken: Die Leidenschaft des menschlichen Geistes erweist sich nach ihm nur dann als nutzlos, wenn sie nicht über den Menschen hinausgeht.

c) Reduktion der Wirklichkeit

Das dritte Merkmal des neuzeitlichen Denkens sieht Delp in der bewusst partiellen, begrenzten Wahrnehmung der Wirklichkeit. Der neuzeitliche Mensch hat, so eine seiner Grundüberzeugungen, „einen Teil an die Stelle des Ganzen" gestellt,[37] indem er die Existenz des transzendenten Gottes arbiträr ausgeschlossen hat. In Bezug auf Delps Gottesbild werden wir sehen, dass der Jesuit für die natürliche Gotteserkenntnis plädiert, auf deren Grund die Feststellung, es gebe keinen Gott, ein Willensakt, kein Vernunftakt ist.[38] Ohne den „Blick für alles Zusammenhängende, Übereinzelne" macht sich nach Delp der Mensch zum schöpferischen Absolut,[39] er nimmt „bald die ei-

---

[34] Vgl. ders., *Epiphanie* (Gefängnismeditation, Januar 1945): IV,216.

[35] Vgl. ders., *Erster Fastensonntag* (Predigt, 14. März 1943): III,184–185, *Drei Fragen an die Kirche* (Predigtentwürfe, 1943): V,244.

[36] SARTRE, *Das Sein und das Nichts*: 1052. Im radikalen Gegensatz zu Sartre, ist für Delp der Zustand der leeren Leidenschaft keine Konstante des Menschen, vielmehr eine selbstverschuldete Variable.

[37] DELP, *Die moderne Welt und die Katholische Aktion* (in: *Chrysologus*, 1935): I,74. Vgl. ders., *Vertrauen zur Kirche* (Vortrag, 22. Oktober 1941): I,268, *Tragische Existenz*: II,125, *Stephanus* (Predigt, 26. Dezember 1943): III,125, *Heilig Blut* (Predigt, 1. Juli 1943): III,251.

[38] Siehe in der vorliegenden Studie: 193.

[39] Ders., *Bereitschaft* (in: *Chrysologus*, 1935): I,85. Vgl. ders., *Die moderne Welt und die Katholische Aktion* (in: *Chrysologus*, 1935): I,74, *Tragische Existenz*: II,136–138, *Ferdinand Ebner* (in: *Stimmen der Zeit*, 1937): II,157f,179.

ne, bald die andere seiner Komponenten zum vollen Inhalt seines Daseins", er ist „bald übertriebener Idealist, bald massiver Materialist" und er zerfällt.[40]

Die „Teil als Ganze–Haltung" steht im Widerspruch zur Prämisse des Denkens Delps, welche die Wirklichkeit als den bestimmten *ordo* begreift. Seinem Ansatz entspricht daher die These, dass

> kein Seiendes vereinzelt, isoliert, „für sich" ist in einem individualistisch-zweckhaften Sinne, sondern daß alles Seiende zwar unterschieden, aber nicht geschieden ist; daß alles Seiende verkettet ist, zusammenhängt, irgendwie Einheit will und ist. Zwar nicht durch das Mittel des Kollektivs, sondern als Ganzes geordneter Teile[41].

Gemäß Delp fehlt der neuzeitlichen Philosophie genau dieser Blick auf das Ganze, d.h. die Anerkennung der Tatsache, dass zur Wirklichkeit eine transzendente Dimension gehört, welche ihre letzte Erklärung ist. Wenngleich Delp vereinfacht, muss man seiner Diagnose doch zustimmen und feststellen, dass die neuzeitliche Philosophie überwiegend unter dem von David Hume knapp formulierten Leitsatz begriffen werden kann: „We really never advance a step beyond ourselves"[42] – nie wird der Mensch einen Schritt über sich selbst hinaus machen.

Die Verlagerung des Mittelpunktes des Universums von Gott auf den Menschen, die Delp als eine subjektive Entscheidung zur Immanenz versteht, konnte nur auf Kosten des Blicks auf das Ganze erfolgen. Damit will Delp ein großes Stück des abendländischen Denkens zusammenfassen: „Eine Übersteigerung der einen Komponente und die vollständige Negierung der andern", also „ein[en] Angriff auf das Ganze", versteht er als das letzte Ergebnis „der Luther-Kant-Befreiung"[43]. Das bewusste Übersehen des Gan-

---

[40] Ders., *Tragische Existenz*: II,145. Vgl. ders., *Bußsakrament* (Predigt, 1941): III,334.

[41] KRINGS, *Ordo*: 1. Delps Begriff der Ordnung ist aber nicht nur in der abendländischen Philosophie verwurzelt, sondern auch in der Spiritualität des Jesuitenordens, die auf Wiederherstellung des von Sünde gestörten Inneren des Menschen zielt, siehe SCHALLER, *Anthropologie von Delp*: 97–100.

[42] HUME, *A Treatise of Human Nature*: Book I, part II, sect. VI.

[43] Vgl. DELP, *Tragische Existenz*: II,47.

zen stellt den ersten Einwand dar, den Delp in *Tragische Existenz* gegenüber der Philosophie Heideggers erhebt.[44]

In gleicher Weise argumentiert er gegenüber der Ideologie der Deutschen Glaubensbewegung. Er erklärt: Indem der germanische Mensch einen „göttlichen Anspruch" erhebe, stelle er sich selbst außer seiner inneren Ganzheit und Geschlossenheit, außer der Wirklichkeit der Welt.[45] Die Kondition des neuzeitlichen Menschen werde überwiegend vom beschränkten Blick auf die Wirklichkeit, von der falschen Perspektive der Erkenntnis bestimmt – dem Menschen fehle das Ganze.[46] Eine der Hauptursachen der Krise, in die die Naturwissenschaft geraten sei, sofern sie nicht mehr nach dem letzten Sinn der Wirklichkeit streben könne, sei die Begrenzung der Fragestellung und folglich ein „Verzicht auf eine zusammenhängende Absicht und allgemeingültige Aussage"[47]. Das Ergebnis sei die wachsende Entfremdung des Menschen, weil die scheinbar schöpferische Kraft dieser Bewegung als eine Mode bezeichnet werden könne und letzten Endes von ihr nichts mehr übrig bleibe als Stoff für Doktorarbeiten.[48]

Den Bann der Gottesmöglichkeit und damit die immer mehr partielle Wahrnehmung der auf die immanente Dimension begrenzten Wirklichkeit sieht Delp als einen die Existenz des Menschen zutiefst negativ bestimmenden Faktor. Er konstatiert:

> Die Mißergebnisse des Menschentums stammen ja immer aus einer willkürlichen, bewußt-gewaltsam vollzogenen oder stillschweigend übernommenen Verkürzung der Wirklichkeit.[49]

Daraus allein ergibt sich nach ihm die Krise der Wahrheit und folglich die Krise des Menschen.[50] Da die Wirklichkeit hier zu einer menschlichen Kon-

---

[44] Vgl. ebd.: 96. SCHAEFFLER fasst den Vorwurf Delps gegen Heidegger zusammen und betont dabei das für Delps Freiheitsverständnis relevante Problem des tragischen Heldentums: „Der Subjektivismus der Erkenntnislehre [Heideggers ist] der Grund für den tragischen Heroismus der Anthropologie und den impliziten Atheismus der Ontologie", siehe SCHAEFFLER, *Heidegger und die katholische Theologie*: 53.

[45] DELP, *Was ist der Mensch?* (in: *Chrysologus*, 1936): I,149. Vgl. ders., *Der heldische Mensch* (in: *Chrysologus*, 1936): I,181.

[46] Vgl. ders., *Der Mensch vor sich selbst* (Nachlass, o.J.): II,547.

[47] Ders., *Der Laie und die Philosophie* (für *Stimmen der Zeit*, 1941): V,196.

[48] Vgl. ders., *Herz Jesu* (Gefängnismeditation, Januar 1945): IV,260.

[49] Ders., *Der Mensch vor sich selbst* (Nachlass, o.J.): II,551f.

struktion werde, verfalle der Mensch der Gefahr der Ich-Verfangenheit.[51] Der hier angefragte Zusammenhang der Wahrheit mit der Freiheit wird indessen in den philosophischen Reflexionen Delps nicht wesentlich beachtet. Erst in den Gefängnismeditationen wird er tatsächlich aufgegriffen.

Mit Delps Hilfe lässt sich erkennen, dass das Freiheitsverständnis des modernen Menschen einen grundlegend anderen Kontext bedingt als noch an der Schwelle zur Neuzeit. In der immanent begriffenen Wirklichkeit braucht sich die Freiheit nicht mehr in der Gegenüberstellung zu Gott zu vollziehen: Gott ist tot. Darin nun gründet der bereits angeklungene Vorwurf Delps gegen das Heidegger'sche Denken: dass der Freiburger Philosoph den Menschen bis zum Ende verstehen will, ohne aber die Frage nach Gott zu stellen.

2. Auf dem Weg zum modernen Freiheitsverständnis: zu den Quellen der Philosophie Heideggers

Delp verfolgt also die Entwicklung der neuzeitlichen Philosophie in Bezug auf die drei oben dargestellten Probleme. Er resümiert:

> Etappe um Etappe können wir verfolgen, wie der Mensch sich wegschlich vom Mittelpunkt des Lebens, von den Quellen des Lebens und wie er sich draußen an der Peripherie ansiedelte. Kirche – Christus – Gott gab man hin.[52]

Seine fragmentarische Suche in der Geistesgeschichte beginnt Delp beim Nominalismus, um sich dann über Luther und Kant den unmittelbaren Vorgängern Heideggers zuzuwenden.

Die Anfänge der neuzeitlichen Krise des Menschen und damit die Wurzel des modernen Freiheitsverständnisses identifiziert Delp im späten Mittelalter. Das eigentliche Mittelalter habe – trotz seiner evidenten Schwächen – die Tragik der ausweglosen bzw. ziellosen Entscheidungen, wie sie eben für die Gegenwart charakteristisch sei, nicht gekannt.[53] Erst am Ende

---

50 Vgl. ders., *Tragische Existenz*: II,143.

51 Vgl. ders., *Der Mensch vor sich selbst* (Nachlass, o.J.): II,551.

52 Ders., *Die moderne Welt und die Katholische Aktion* (in: *Chrysologus*, 1935): I,74f.

53 Vgl. ders., *Tragik im Christentum?* (Vortrag, 1940): II,307, *Erster Fastensonntag* (Predigt, 14. März 1943): III,184.

der Epoche sei es im Zuge des Nominalismus zur Besonderung und Vereinzelung gekommen, und damit zur „innere[n] Zerrüttung und Zermürbung des Sinnes für Bindungen an das Allgemeine, Übereinzelne"[54]. Seit die enge Bindung zwischen den religiösen und gesellschaftlichen Sphären, und mithin zwischen der göttlichen und der menschlichen Wirklichkeit, aufgelöst worden sei – Delp benennt hier unkritisch eine „unheilvolle … Entfremdung zwischen Kirche und Reich" – vollziehe sich ein Prozess der „hemmungslose[n] Emanzipation". In der Willkür zur Herrschaft mache der Mensch sich selbst zum Maß und zur Mitte der Dinge. Im *ordo* der Wirklichkeit besetze er den Platz, der vormals Gott vorbehalten gewesen sei.[55] Nachdem der Nominalismus dem Menschen den Zugang zu den metaphysischen Räumen verschlossen habe, habe sich der Humanismus schließlich in seinem Endergebnis absolut auf die Erde konzentriert.[56] Die Renaissance mit ihrer „stolzen Selbstherrlichkeit" sei damit zu einem großen Bruch, zum eigentlichen Anfang der Neuzeit geworden.[57]

Delp erklärt, dass der letzte Grund der neuen Orientierung des modernen Menschen jedoch nicht von den philosophischen Strömungen und auch nicht von dem wirkungsmächtigen Subjektivismus Kants abzuleiten sei. Die tiefste Erklärung der Neuzeit finde sich vielmehr im religiösen Bereich. Konkret: „Es ist die Auswirkung der Tat Luthers, daß Philosophie heute immer auch mit der ‚Entscheidung' betraut ist."[58] Dieser religiöse Denker also, der keinesfalls Philosoph war, ist nach Delp einer der wesentlichen Anführer der neuzeitlichen Denkbewegung. Delp meint, dass die spätmittelalterliche Tendenz zur Absonderung, dies ist sein Begriff für den Zerfallsprozess des im Geist des *ordo* gestalteten Weltbilds, Luther „in das Gebiet der kirchlichen Führung und religiösen Haltung" eindringen lassen habe, wonach er die Religion als die den ganzen *ordo* aufrechterhaltende Kraft der subjektiven Entscheidung untergeordnet habe. Indem der Reformator den Menschen vom Mutterboden der Kirche losriss, habe er die philosophische Haltlosigkeit und Verwirrung der Gegenwart mitbewirkt. Mit dem Auftreten

---

54 Ders., *Tragische Existenz*: II,45.

55 Vgl. ebd.: 144f.

56 Vgl. ders., *Vertrauen zur Kirche* (Vortrag, 22. Oktober 1941): I,266.

57 Vgl. ders., *Die Welt als Lebensraum des Menschen* (Nachlass, o.J.): II,461, *Das Menschenbild der Konstitutionen der Gesellschaft Jesu* (Vorträge, 1941): V,206.

58 Ders., *Tragische Existenz*: II,66.

Luthers komme „das Prinzip der persönlichen Willkür"[59] auf. Die Auswirkung dieser Tat habe die Gegenwart erreicht und nun das Problem der „Entscheidung" zu einem der wichtigsten in der Philosophie gemacht. Damit sei der Schwerpunkt von der objektiven, vorgegebenen Wahrheit zur subjektiven Entscheidung verschoben worden.[60] In Bezug auf das Freiheitsverständnis sieht Delp daher in den Folgen der Tat Luthers eher Verwirrung als Fortschritt.[61]

Die Delp'sche Bewertung Luthers führt Roman Bleistein zumindest teilweise auf die ökumenische Situation der dreißiger Jahre zurück.[62] Tatsächlich spiegelt sich in Delps Schriften die Meinung wider, die das I. Vatikanische Konzil in der Konstitution *Dei Filius* formulierte. Es handelt sich dabei um das sogenannte protestantische Prinzip, nach welchem angenommen wird, dass es einen ideengeschichtlichen Zusammenhang zwischen dem subjektiven, privaten Glaubensurteil und dem Atheismus gibt.[63] Diese Ansicht ist zu jener Zeit verbreitet und verständlicherweise denkt der Verfasser von *Tragische Existenz* ebenfalls in diesen Kategorien.

Andererseits ist es nicht berechtigt, die Delp'sche Kritik an der Rolle Luthers bloß als ein konfessionelles Vorurteil abzutun. Wenn man berücksichtigt, dass Delp die geistgeschichtliche Entwicklung vor allem in Bezug auf ihre Folgen beurteilt, kann man ihm hier eine gewisse Objektivität nicht absprechen. Er würde wohl seinem Schicksalsgefährten Dietrich Bonhoeffer zustimmen, der die Meinung vertreten hat, dass die großen geistesgeschichtlichen Bewegungen sich nicht durch ihre primären, sondern durch ihre sekundären Motive durchsetzen.[64] Die Entstehung des so stark an das Objek-

---

[59]   Ebd.: 45.

[60]   Vgl. ebd.: 66, *Erster Fastensonntag* (Predigt, 14. März 1943): III,184, vgl. ders., *Brief an K. Thieme* (7. April 1935): III,462.

[61]   Luthers Schrift *Von der Freiheit eines Christenmenschen* ist der Beginn des neuzeitlichen Freiheitsverständnisses. Indem die Freiheit des Gewissens der Autorität der Kirche gegenübergestellt wurde, brach die alte Ordnung, die Delp ja positiv bewertete, die aber der neuzeitliche Mensch als Fessel empfand, zusammen, vgl. LOHSE, *Luther*: 60f,86–88.

[62]   Vgl. BLEISTEIN, *Geschichte eines Zeugen*: 51, Anm. 2.

[63]   Vgl. POTTMEYER, *Der Glaube von dem Anspruch der Wissenschaft*: 43.

[64]   Am Reformationstag 1943 schrieb BONHOEFFER vom Gefängnis in Berlin-Tegel im Brief an seine Eltern: „Man fragt sich, warum aus Luther's Tat Folgen entstehen mußten, die genau das Gegenteil von dem waren, was er wollte, und die ihm selbst seine letzten Lebensjahre verdüstert haben und ihm manchmal sogar sein Lebenswerk fraglich werden ließen. Er wollte eine echte Einheit der Kirche und des Abendlandes, d.h. der christlichen

tive und das Gottgesetzte gebundenen und gleichzeitig die Freiheit betonenden Jesuitenordens ist nach der Meinung Delps eine Antwort auf den kommenden Subjektivismus und die Willkürsetzung am Beginn der Neuzeit.[65]

In die Reihe derer, die in der Folge ihres Denkens das moderne Freiheitsverständnis am stärksten gestaltet haben, stellt Delp neben Luther den Philosophen der deutschen Aufklärung: Immanuel Kant. Die Philosophie Kants und der Idealismus werden von Delp als eine entscheidende Etappe im Prozess der Hinführung des neuzeitlichen Menschen zu sich selbst verstanden. Wie der Jesuit betont, handelt es sich dabei wiederum um den Kant der geschichtlichen Entwicklung, um Kant, wie er verstanden wurde und wie er die Philosophie beeinflusste.[66]

Völker, und die Folge war der Zerfall der Kirche und Europas; er wollte die ‚Freiheit des Christenmenschen' und die Folge war Gleichgültigkeit und Verwilderung; er wollte die Aufrichtung einer echten weltlichen Gesellschaftsordnung ohne klerikale Bevormundung und das Ergebnis war der Aufruhr schon im Bauernkrieg und bald danach die allmähliche Auflösung aller echten Bindungen und Ordnungen des Lebens. Ich kann mich aus meiner Studentenzeit an eine Auseinandersetzung zwischen Holl und Harnack erinnern, ob die großen geistesgeschichtlichen Bewegungen sich durch ihre primären oder ihre sekundären Motive durchsetzen. Damals glaubte ich, Holl, der das erste behauptete, müsse recht haben. Heute denke ich, daß er unrecht hatte. Kierkegaard hat schon vor 100 Jahren gesagt, daß Luther heute das Gegenteil von dem sagen würde, was er damals gesagt. Ich glaube, das ist richtig – cum grano salis", BONHOEFFER, Widerstand und Ergebung: 55f.

[65] Vgl. DELP, Brief an K. Thieme (7. April 1935): III,462. Siehe BAKKER, Freiheit und Erfahrung: Die Entstehung der Jesuiten wurde tief durch diesen geistesgeschichtlichen Kontext der Subjektivität und der Freiheit geprägt. Zur Erfahrung des Ignatius von Loyola gehört das Erleben der Freiheit in der Wahl, er versteht den Menschen als ein Subjekt, das stets wählt (16–21). „Die Entdeckung seiner Freiheit bedeutet für Ignatius nicht die Entthronung und noch weniger den ‚Tod' Gottes. Der Gott des Ignatius ist nicht der Gott starrer Gesetze, wie sie in der Natur gelten, sondern gerade der Gott des freien Menschen ... Dieses Bewusstsein von Gottes Gegenwart dringt bis in das innerste Gefüge seiner Wahl bei Ignatius durch. Wählen und Erwähltsein, Freiheit und Wille Gottes, Selbstentwurf und Gebet sind zur Einheit verschmolzen", 21, vgl. 27,170–172,190.

[66] Vgl. DELP, Tragische Existenz: II,45, Der Laie und die Philosophie (für Stimmen der Zeit, 1941): V,202. Der philosophische Nachlass JANSENS, der Delps Denken deutlich beeinflusst hat, besteht aus vielen der Philosophie Kants gewidmeten Werken, vgl. etwa Wege der Weisheit, Der Kritizismus Kants, Die Religionsphilosophie Kants. Geschichtlich dargestellt und kritisch-systematisch gewürdigt, Aufstiege zur Metaphysik. Heute und ehedem, Die Geschichte der Erkenntnislehre in der neueren Philosophie bis Kant. Für die Frage des Einflusses Jansens auf Delps Philosophieverständnis, siehe NEUFELD, Geschichte und Mensch: 40–50,55,69–79.

Kant hat, so Delp, mit seiner subjektiven Lösung das beseitigt, was Luther noch nicht aufgegeben hatte: das transzendente Ziel, nach dem der Mensch seine Existenz richtet.[67] In Bezug auf die Kantischen Begriffe der reinen und der praktischen Vernunft stellt er fest, dass durch das Prinzip der Besonderung der Mensch seine innere Einheit verloren hat. Letzten Endes besteht das Ergebnis dieses Denkens in der Skepsis des Menschen gegenüber seinen grundlegenden Lebensäußerungen. So werden eine schwankende Lebensunsicherheit und die Zerstörung des naturhaften Selbstvertrauens zur Grundhandlung der Existenz.[68] In der nachkantischen Philosophie, besonders in der Hegelschen Dialektik, sei die Welt dann nur noch eine Täuschung.[69]

Delp teilt hier die Ansicht von Ferdinand Ebner, der dem Idealismus die Rolle einer „Krankheit im geistigen Leben des Menschen" zuschreibt.[70] Ein fundamentaler Fehler des Idealismus, so fasst Delp das Ebner'sche Denken zusammen, besteht in seinem „eindimensionalen" Charakter: Der Mensch lebt nur „für sich", ohne lebendiges Gegenüber, er wird nur als ein Moment im absoluten Prozess begriffen, weil – hier kommt wiederum das entscheidende Anliegen Delps zur Sprache – jede Möglichkeit einer Über-sich-hinaus-Bewegung ausgeschlossen wird. Deshalb gilt für ihn die Aufklärung als die Epoche der Leidenschaft zu einem bewusst begrenzten *Teil* der Wirklichkeit.[71]

Das Urteil über Kant, das Delp hier in wenigen Sätzen zum Ausdruck bringt, wird in Büchern diskutiert, die beinahe ganze Bibliotheken füllen. Mit Hilfe dieses Urteils will er aber – und das ist der wesentliche Aspekt – zur Verdeutlichung des Problems des Verhältnisses von Freiheit und Gott gelangen. Delp sieht die Verbindung dieser zwei Größen als notwendig an. Wenn er in dem bitteren Jahr 1944 in einer Predigt ein scharfes Urteil über die geistesgeschichtliche Entwicklung des Abendlandes formuliert, dann trifft dieses Urteil keinesfalls die kantische *Beantwortung der Frage: Was ist*

---

[67] Vgl. DELP, *Tragische Existenz*: II,45f.

[68] Vgl. ders., *Vertrauen zur Kirche* (Vortrag, 22. Oktober 1941): I,270.

[69] Vgl. ders., *Tragische Existenz*: II,46.

[70] Vgl. ders., *Ferdinand Ebner* (in: *Stimmen der Zeit*, 1937): II,161. Vgl. EBNER, *Das Wort und die geistigen Realitäten*: 58.

[71] Vgl. DELP, *Ferdinand Ebner* (in: *Stimmen der Zeit*, 1937): II,162, *Erster Fastensonntag* (Predigt, 14. März 1943): III,184.

Aufklärung?, sondern eher den ganzen, langen Weg des europäischen Menschen in den letzten Jahrhunderten:

> Wir haben gehört vom Mündigwerden des abendländischen Menschen. Was geworden ist, war der ungebundene Mensch, der aus der Furcht des Herrn ausgewandert ist und dieser Mensch hat tausend Ängste einbrechen sehen müssen.[72]

Der von Kant verkündete „Ausgang des Menschen aus seiner selbst verschuldeten Unmündigkeit"[73] hat, so stellt Delp fest, letztendlich die Form des Ausgangs aus der Mitte in Gott angenommen und dadurch wiederum die Verlorenheit des Menschen verursacht.

Das nun in groben Umrissen dargestellte, Luther und Kant betreffende Delp'sche Urteil über die Neuzeit ist in der Tat negativ. Positive Aspekte werden lediglich in wenigen Stichworten signalisiert. Eine Entwicklung seines Denkens hin zu einer größeren Schätzung der Neuzeit wäre aber durchaus möglich gewesen. Keineswegs will Delp das Mittelalter wiederherstellen; nur möchte er den neuzeitlichen Menschen in eine Ordnung lenken, die sich an Gott ausrichtet und sich nicht im subjektiven Ich erschöpft. Diese neue Ordnung, die auf eine Vernunft bezogen ist, welche die Wirklichkeit nur eindimensional, nämlich nur immanent betrachtet, hält er für einen Irrweg. Seine Argumentation ist im aristotelisch-thomasischen Denken verortet, gemäß dem sich das Sein als solches aus der in den Dingen der Welt liegenden intelligiblen Struktur abstrahieren lässt.[74] Er versagt sich in seiner Auseinandersetzung mit der Neuzeit einer psychologischen Erklärung der Religion etwa in dem Sinne, dass „der Mensch ... einen Gott haben [muss], um die Grenzfragen beantworten zu können".[75]

---

[72] Ders., *Pfingstsonntag* (Predigt, 28. Mai 1944): III,222.

[73] KANT, *Beantwortung der Frage: Was ist Aufklärung?* 37. Kants Text an sich kann aber für Delp und seinen Widerspruch gegen den kollektiven Menschen zum Motto werden: „Unmündigkeit ist das Unvermögen, sich seines Verstandes ohne Leitung eines anderen zu bedienen" (ebd.).

[74] Vgl. S. th., I,2,3, *Summa contra gentiles*, I,13.

[75] Ist die Einstellung Delps gegenüber der Neuzeit vielleicht gerade auf Grund dieses ontologisch verorteten Denkens nicht so positiv wie etwa die eines Bonhoeffers? Der evangelische Theologe kritisiert scharf die Apologetik, die die Kondition des Menschen im Sinne eines Gottesbeweises benutzt. Bonhoeffer schreibt, die neuzeitliche Bewegung in die Richtung der Autonomie des Menschen, d.h. die Entdeckung der Gesetze, nach denen die Welt lebe und mit sich fertig sei und mit denen sie beschreibbar sei, habe in der Gegenwart ihre Vollständigkeit erreicht. Der Mensch sei in der Lage, in allen wichtigen Fra-

Luther und Kant dominieren eindeutig das von Delp skizzierte Bild des abendländischen Denkens in der Neuzeit. Wenn er auf die großen Strömungen des 19. Jahrhunderts eingeht, geht es ihm nur um die philosophischen Richtungen des Naturalismus und des Materialismus. Von Ersterem sagt er, er habe den Blick des Menschen auf die empirisch fassbaren Dinge begrenzt und ihm große Unsicherheit beschert. Von Letzterem sagt er, er habe den Menschen mit dem Stoff verglichen und ihn im Grunde darauf reduziert.[76]

Systematischer verfährt er hingegen in den den Vorläufern Heideggers gewidmeten Passagen. Die Rolle der Beschreibung jenes Abschnitts ist aber zweitrangig und besteht darin, dass sie dem besseren Verständnis der Ideen des Autors von *Sein und Zeit* dienen soll. Der gemeinsame Nenner, auf den Delp diese Philosophie bringt – er versteht sie als Gegenströmung zu Kant und dem Idealismus –, ist die Entscheidung des Menschen zur Immanenz. Die Reihe der Vorläufer Heideggers eröffnet Sören Kierkegaard. Ebenso wie im Falle Kants haben, wie Delp feststellt, die Nachwirkungen Kierkegaards seine ursprünglichen Intentionen überschritten. Delp nennt Kierkegaard einen „Dichter der Religion", der aufgrund seiner Reaktion gegen den einseitigen Rationalismus, gegen den Verfall in die von ihm abgelehnte reine Weltlichkeit und seines Strebens nach „einer Verwurzelung des geschaffenen Seins im Transzendenten" positiv zu bewerten sei. Trotzdem stelle sich heraus, dass die Existentialphilosophie, die er begründete, „in einem radi-

---

gen ohne die „Arbeitshypothese ‚Gott'" fertig zu leben. Katholische und protestantische Beurteilungen der Neuzeit, so Bonhoeffer, sehen diese Zeit als großen Abfall von Gott und probieren zu beweisen, dass der Mensch im Angesicht der letzten Fragen, besonders nach Tod oder Schuld, ohne Gott keine Antwort finde. Die Attacke der christlichen Apologetik auf die Mündigkeit der Welt habe keinen Sinn, weil sie den groß gewordenen Menschen in die Pubertät zurück versetze, die Schwäche des Menschen ausnutze, und Christus mit einem menschlichen Gesetz verwechsele. Aber auch die vom Existenzialismus gegebene Lösung wird von Bonhoeffer verrissen. Siehe hierzu: *Widerstand und Ergebung*: 170– 172,181–186. Obwohl Delp die Neuzeit schärfer als Bonhoeffer beurteilt, wäre er mit dem evangelischen Schicksalsgefährten in seinem Schluss einig: „Ich will also darauf hinaus, daß man Gott nicht noch an irgendeiner allerletzten heimlichen Stelle hineinschmuggelt, sondern daß man die Mündigkeit der Welt und des Menschen einfach anerkennt, daß man den Menschen in seiner Weltlichkeit nicht ‚madig macht', sondern ihn an seiner stärksten Stelle mit Gott konfrontiert, daß man auf alle pfäffischen Kniffe verzichtet und nicht in Psychotherapie oder Existenzphilosophie einen Wegbereiter Gottes sieht.", siehe BONHOEFFER, *Widerstand und Ergebung*: 186f. Vgl. dazu FUCHS, *Bonhoeffer und Delp*: 99f.

[76] Vgl. DELP, *Immaculata* (Predigt, 8. Dezember 1941): III,39.

kalen Bekenntnis zur reinen ‚Weltlichkeit', zur reinen Immanenz" enden werde, obgleich er dafür nicht verantwortlich sei.[77]

Neben Kierkegaard stehe schon bald Friedrich Nietzsche, der die Transzendenz bereits gänzlich übersehen habe. Unmissverständlich habe Nietzsche nur für einen einzigen Pol der Wirklichkeit optiert: die radikale Immanenz. In der kurzen Beschreibung der Philosophie Nietzsches beschränkt sich Delp bewusst auf das Problem „Teil statt Ganzes". Dabei wiederholt er die Worte August Vetters: „Tatsächlich hat das ‚metaphysische Bedürfnis' durch Kant und Nietzsche den Todesstoß erhalten"[78].

In der skizzierten Linie der geistesgeschichtlichen Entwicklung wendet sich Delp einer weiteren Gestalt der Philosophie zu: Henri Bergson. Über ihn sagt er, dass er den Menschen, dessen Sein in Werden aufgelöst werde, als einen homo faber der täglichen Hingabe an die greifbaren „Dinge" definiere.[79] In der Folge auf Wilhelm Dilthey kommend urteilt Delp, dieser habe in seiner Philosophie keine Transzendenz gekannt, für ihn sei das finale Er-

[77] Vgl. ders., *Tragische Existenz*: II,47–53.

[78] Ebd.: 53–58. Hier beruft sich Delp auf das Werk von SIMMEL, *Schopenhauer und Nietzsche*. Die andere Quelle Delps ist das Werk von VETTER, *Nietzsche*, vgl. *Das Menschenbild der Konstitutionen der Gesellschaft Jesu* (Vorträge, 1941): V,207f. Delp beurteilt das Denken Nietzsches durchweg negativ, er übersieht dabei aber die Tatsache, dass Nietzsche mit seiner Diagnose der dekadenten Gegenwart zu seinem Verbündeten werden könnte. NIETZSCHE schreibt: „Aber das ist das Gleichniss für jeden Stil der décadence: jedes Mal Anarchie, Disgregation des Willens, ‚Freiheit des Individuums', moralisch geredet, – zu einer politischen Theorie erweitert ‚gleiche Rechte für alle'. Das Leben, die gleiche Lebendigkeit, die Vibration und Exuberanz des Lebens in die kleinsten Gebilde zurückgedrängt, der Rest arm an Leben. Überall Lähmung, Mühsal, Erstarrung oder Feindschaft und Chaos: beides immer mehr in die Augen springend, in je höhere Formen der Organisation man aufsteigt. Das Ganze lebt überhaupt nicht mehr: es ist zusammengesetzt, gerechnet, künstlich, ein Artefakt", siehe *Der Fall Wagner. Ein Musikanten-Problem*: 27. Die Ähnlichkeit zwischen Delps und Nietzsches Diagnose der Situation der Christenheit in Deutschland ist deutlich, die Lösungen der beiden unterscheiden sich aber diametral, vgl. BLEISTEIN, *Geschichte eines Zeugen*: 432: „Die Diagnose, daß das Christentum nicht mehr zu den tragenden Ideen dieses Jahrhunderts zählt, daß Deutschland Missionsland geworden ist, daß der moderne Mensch gottesunfähig scheint, läßt [Delp] nicht in resignativen Pessimismus fallen". Dazu siehe auch MERTON: Delp nimmt die dramatische Situation des Menschen ernst, „but warns that it is not enough to take a perverse pleasure in contemplating our own ruin", *Introduction*: xxxiii.

[79] Vgl. DELP, *Tragische Existenz*: II,89, *Gefängnisbrief an M.* (7. Januar 1945): IV,95.

gebnis seiner Philosophie die reine, endliche Zeitlichkeit.[80] Delp ist der Meinung, dass die neue Philosophie vorwiegend entweder eine Apologie einer bereits bezogenen Stellung, oder aber das ängstliche Suchen nach einem sicheren Platz sei. Sie wage es nicht, sich zu einem freien Blick über die ganze Welt des Seins aufzuraffen.[81] Auch der von Max Scheler vertretenen leidenschaftlichen Philosophie des Menschlichen, mit ihrer Formel der „letzten, restlosen Hingabe an das Leben", fehle die kritische Frage nach dem Problem der Außenwelt.[82]

Als Letztem der Vorgänger Heideggers wendet sich Delp Georg Simmel zu. Von ihm sagt er nun, dass er zwar die wesentlichen Aussagen für die Lebensphilosophie formuliert habe – etwa „Leben ist Mehr-Leben" und „Leben ist Mehr-als-leben". Allerdings habe er das Primäre, die geistige Dimension des Lebens, zugunsten des Vitalen verkürzt, und so habe auch sein Konzept keinesfalls das Ganze erfasst, denn nach ihm müsse die Vollendung des Lebens in der Zeit geschehen.[83]

3. Die Auseinandersetzung mit „Sein und Zeit"

Den dargestellten Weg der neuzeitlichen Philosophie versteht Delp als eine Vorbereitung auf die Auseinandersetzung mit *Sein und Zeit*. Erst in der Beschäftigung mit diesem die Epoche bestimmenden Werk findet das Denken Delps seine selbstständige Form. Im Unterschied zu den Bemerkungen über die neuzeitliche Philosophie kann man die diesbezügliche Diskussion in *Tragische Existenz* also als eine Begegnung mit dem originären Delp verstehen.[84] Die Auseinandersetzung mit Heidegger prägt sein ganzes Denken. Deshalb kann man deren Widerhall in seinen Schriften oder auch in seinen Predigten immer wieder finden. Ohne Übertreibung können wir das Frei-

---

[80] Vgl. ders., *Tragische Existenz*: II,62–65.

[81] Vgl. ebd.: 66.

[82] Vgl. ebd.: 67–69.

[83] Vgl. ebd.: II,69–71.

[84] Vgl. BLEISTEIN, *Geschichte eines Zeugen*: 50.

heitsverständnis als sein Hauptanliegen in der Diskussion mit dem Freiburger Philosophen herausstellen.[85]

a) Darstellung

Für Delp stellt sich die Philosophie Heideggers als die letzte Entwicklungsstufe der Emanzipation des Menschen im abendländischen Denken dar.[86] Er konstatiert: Infolge der fortschreitenden Depotenzierung Gottes beziehe der in der erschreckenden Endlichkeit lebende Mensch die früheren Attribute des nun nicht mehr geglaubten Gottes auf sich selbst und setze sich somit letzten Endes absolut.[87] Delp bedient sich dabei seiner spezifischen Begriff-

---

[85] Die Prämissen jener Diskussion werden sichtbar in der sowohl von Delp als auch von Heidegger formulierten Beurteilung des Buches *Was ist der Mensch?* von THEODOR HAECKER, das 1933 im Druck erschien. Delp rezensiert es in der Zeitschrift *Chrysologus* 1935 (V,280–281) sehr positiv, Martin Heidegger aber kritisiert es scharf im gleichen Jahr in seiner Vorlesung. Für Delp ist es eines der wichtigsten Bücher der letzten Zeit, von Gen 1,26 ausgehend stelle es die Kriterien auf, mit denen die Wirklichkeit geprüft werden solle. Delp zählt das Positive des Werkes auf, worin sich zugleich seine eigene Meinung widerspiegelt: „das Chaos dieser Zeit ist eine Pervertierung des ordo", „der Mensch ist Maß, Repräsentant, verantwortlicher Herr der Schöpfung *als Bild Gottes*", siehe DELP, Rezension zu TH. HAECKER, *Was ist der Mensch?* (in: *Chrysologus*, 1935): V,280–281. Heidegger bezieht sich auf das Buch in der Vorlesung *Einführung in die Metaphysik*, die eine Auseinandersetzung mit der Christenheit und auch mit Haecker sei. Der Philosoph stellt die Offenbarung nach Heraklit und Parmenides der Offenbarung des jüdisch-christlichen Gottes entgegen. Der Bezug auf das Buch von Haecker ist klar: „Zwar gibt es jetzt Bücher mit dem Titel: ,Was ist der Mensch?' Aber diese Frage steht nur in Buchstaben auf dem Buchdeckel. Gefragt wird nicht; keineswegs deshalb, weil man das Fragen bei dem vielen Bücherschreiben nur vergessen hätte, sondern weil man eine Antwort auf die Frage bereits besitzt und zwar eine solche Antwort, mit der zugleich gesagt wird, daß man gar nicht fragen darf. Daß jemand die Sätze, die das Dogma der katholischen Kirche aussagt, glaubt, ist Sache des Einzelnen und steht hier nicht in Frage. Daß man aber auf den Buchdeckel seiner Bücher die Frage setzt: Was ist der Mensch?, obgleich man *nicht* fragt, weil man *nicht* fragen will und *nicht* kann, das ist ein Verfahren, das von vornherein jedes Recht verwirkt hat, ernst genommen zu werden.", in: HEIDEGGER, *Einführung in die Metaphysik*: 151, vgl. OTT, *Heidegger*: 257.

[86] Vgl. DELP, *Tragische Existenz*: II,126,131f.

[87] Vgl. ebd.: 133. Delp zitiert das Dostojewski-Buch von GUARDINI, *Der Mensch und der Glaube*: 251. Das Denken Guardinis ist für Delp nicht nur in diesem Fall ein Wegweiser, in der Kritik an der Heidegger'schen Philosophie und an ihren praktischen Folgen bezieht Delp sich darauf öfter, vgl. DELP, *Tragische Existenz*: II,131.

lichkeit, wenn er jene Situation als eine nächste Probe bezeichnet, in der der Teil an die Stelle des verlorenen Ganzen gesetzt werde. Dies führe dazu, dass die moderne Philosophie, vor allem auch die Philosophie Heideggers, zu einer ent-theologisierten Theologie oder sogar zu einer Gegentheologie werde.[88]

Schon im Titel der Schrift *Tragische Existenz* ist angedeutet, worum es Delp in der Auseinandersetzung mit *Sein und Zeit* geht.[89] Gemäß Delp bewegt sich Heidegger eindeutig in jener die neuzeitliche Philosophie bestimmenden Richtung, für welche der zur Immanenz entschiedene Mensch selbst die einzige Mitte der ganzen Wirklichkeit ist. Heidegger situiere den Menschen an der Spitze der „Um-zu"-Pyramide und nenne ihn den Höhepunkt des Seins.[90]

Diesen Gedanken beurteilt Delp ambivalent. Ohne Zweifel sei es zwar eine richtige Einschätzung des Humanen, wenn alle Außendinge auf den Menschen hingeordnet erscheinen; das Problem sei jedoch, dass hier „kein übermenschliches Sein angedeutet" sei, „auf das [der Mensch] bezogen wäre". Ebenfalls problematisch erscheint Delp, dass die „Grunderfassung des Daseins ... das In-der-Welt-sein" sei, dass also das Dasein nur eine von seinem Wesen notwendig geforderte Richtung habe, nämlich die zu den Dingen der Welt.[91]

Aufgrund seines philosophischen Interesses an der Gottesfrage widmet Delp dem ersten Begriff der dreifachen Gliederung des Seins bei Heidegger, nämlich dem Begriff der Befindlichkeit, die größte Aufmerksamkeit. Dieser wird zum Ausgangspunkt seiner Kritik am Denken von *Sein und Zeit*. Mit der Befindlichkeit des Seins ist, so stellt Delp fest, bei Heidegger die „Geworfenheit" gemeint. Das bedeutet:

---

[88] Vgl. DELP, *Tragische Existenz*: II,125–127. Delp beruft sich hier auf PRZYWARA, *Analogia entis*: 41. Dass sich bei Heidegger in *Sein und Zeit* ein ausdrücklich antitheologischer Affekt meldet, stellt SCHAEFFLER fest, in: *Heidegger und die katholische Theologie*: 31f. Delp erinnere in der Auseinandersetzung mit Heidegger nicht einmal an die Worte der Schlange des Genesisbuchs (Gen 3,5): „Eritis sicut dii – ihr werdet wie Gott" (II,127,134). Darin bestehe das Wesen des von Delp kritisierten Freiheitsverständnisses der Moderne: sich von jeder Bindung zu Gott zu lösen, und stattdessen selbst seinen Platz einzunehmen.

[89] Vgl. DELP, *Brief an die Reichsschrifttumskammer* (16. Mai 1939): V,102.

[90] Vgl. ders., *Tragische Existenz*: II,85. Siehe SZ 68f.

[91] DELP, *Tragische Existenz*: II,86.

Das Sein trägt den Grund seines Ursprungs und den Grund seines Fortgangs nicht in sich selbst. Ein „Es" steht hinter ihm, das das Sein sich selbst „überantwortet" hat[92].

Delp betont, dass jene Reflexionen gemeinsames Gedankengut seien, weil schon die alte Philosophie jene Tat als „ens ab alio" und „ens contingens" beschrieben habe. Hier bediene sich Heidegger lediglich einer neuen Terminologie, trage jedoch wohl vertraute Gedanken vor. Das Problem liegt allerdings darin, dass seine Antwort auf das Faktum der Kontingenz nicht über die immanente Welt hinausgreife; für ihn zwinge die Erfahrung der Kontingenz den Menschen zur Einsamkeit mit sich selbst und mit seiner Aufgabe.[93] Die Kernpunkte der Heidegger'schen Antwort sind mithin: Angst, eigene Unsicherheit, Abhängigkeit von einem „Werfer" und Sorge. Diese aber zwingen das Dasein zum Bekenntnis zu sich selbst und zur „Entschlossenheit". Das bedeutet für Delp, dass man vor dem Tod steht. Deshalb ist das Dasein ein Sein-zum-Tode, ein immerwährendes Sterben, ein dauernder Verfall in die Nichtigkeit.[94]

Weil Heidegger keinen Zugang zu einem Transzendenten habe, entwerfe er das Projekt einer tragischen, ausweglosen Existenz, die „ein kurzer Sprung aus dem werfenden Abgrund des Nichts in den verschlingenden Abgrund des Todes" sei. Dies führt zu dem Schluss:

> Das Sein Heideggers – durch und durch endlich – ist eigentlich ein ausgehöhltes Sein, das nirgends Substanz hat: nicht in der Vergangenheit, es wird aus dem Nichts in das Dasein geworfen; nicht in der Gegenwart, es hat aufzugehen in der Sorge an die Welt; nicht in der Zukunft, es stürzt ab in den Abgrund des Todes[95].

Delp fordert daher, Heidegger möge die Frage „nach dem Woher dieses höchsten Seins in der Welt" stellen, und fragt:

> Ist es genug zu sagen, das Dasein sei geworfen? Es fühle sich innerlich „überantwortet", „ausgeliefert"? Drängt denn Geworfenheit nicht dazu, nach einem „Wer-

---

[92] Ebd.: 88. Siehe SZ 134–140.

[93] Vgl. DELP, *Tragische Existenz*: II,87–89.

[94] Vgl. ebd.: 91–95, *Weihnachten* (Predigt, vor dem 24. Dezember 1943): III,92. Siehe SZ 175–180,184f,246–267.

[95] DELP, *Tragische Existenz*: II,95.

fer" zu fragen? Darf die Frage nach „Sinn und Sein" als beantwortet gelten, so-lange diese Frage noch offen ist?[96]

Delp endet in der Darstellung des Heidegger'schen Denkens mit einem Zitat aus *Was ist Metaphysik?*:

> Sein ist endlich – weist nach keiner Richtung positiv über sich hinaus – starrt nur nach unten in das Nichts, aus dem es allein „verstehbar" wird. Also: ex nihilo omne ens qua ens fit?[97]

Diese Feststellung der Nichtigkeit des Seins will Delp prüfen. Sie bildet für ihn also den Ausgangspunkt seiner Kritik an *Sein und Zeit*.

b) Kritik

Während Delp in der Darstellung des Inhalts von *Sein und Zeit* das Problem des bezuglosen Daseins hervorhebt, legt er in der Kritik jenes Inhaltes den Finger auf wesentliche Kennzeichen des Heidegger'schen Freiheitsverständ-nisses, in welchem uns das moderne Freiheitsverständnis gleichsam radikali-siert begegnet. In diesem Kontext sind für Delp drei Probleme der Philoso-phie Heideggers relevant: der Jesuit betont (1.) eine auffällige Auslassung der Gottesfrage aus der Freiheitsproblematik; er macht (2.) auf eine heroi-sche Dimension aufmerksam, die der menschlichen Autonomie zugeschrie-ben wird, die sich dann aber (3.) als tragisch erweist.

(1) Dogmatischer Atheismus

Delps Haupteinwand gegen das aus Heideggers Philosophie folgende Frei-heitsdenken begegnet uns in der bereits dargestellten Kritik des neuzeitli-chen Wirklichkeitsverständnisses. Zwar wollte Heidegger seinem eigenen Anspruch nach „[a]us dem ,Im Ganzen' philosophieren",[98] in *Sein und Zeit*

---

[96] Ebd.: 96. Vgl. ders., *Sein als Existenz?* (1933): II,581, *Der Laie und die Philosophie* (für *Stimmen der Zeit*, 1941): V,196.

[97] Ders., *Tragische Existenz*: II,97. Siehe auch HEIDEGGER, *Was ist Metaphysik?* 120.

[98] HEIDEGGER, *Die Grundbegriffe der Metaphysik*: 6.

hat er dieses Ganze aber auf das In-der-Welt-Sein begrenzt: „Erst das Seiende ‚zwischen' Geburt und Tod stellt das gesuchte Ganze dar".[99]

Trotz des Ausgangspunkts „[z]u den Sachen selbst" schließe Heidegger die im Zusammenhang der Rede von der „Geworfenheit" notwendige Frage nach dem „Woher" und dem „Wohin" aus, wodurch sich diese Philosophie für Delp als eine weitere Fassung vom Subjektivismus erweist. Heidegger beachtet nämlich, so Delp, nur ein einziges Erkenntnismoment: das der faktischen Weltbegegnung des Daseins und das damit verbundene konkrete Bewusstsein. Die Wirklichkeit jedoch sei für die menschliche Erkenntnis mehrfach gegliedert und gestuft und müsse mit Hilfe der „analogia entis" erfasst werden.[100] Die einzige Quelle letztgültiger Aussagen über die Wirklichkeit sei für Heidegger indessen der Bewusstseinsinhalt. Delp erklärt:

> Die Analyse Heideggers beengt das Dasein ausschließlich auf die Untersuchung des Phänomenkomplexes, der gegeben ist mit dem Subjekt-Objekt-Verhältnis, also auf die aktuelle Bezogenheit auf ein anderes. Das Bezogene in sich kommt gar nicht in den Blick. Das Dasein wird von seinem Da her verstanden, das innere Sein, aus dem heraus dieses Da erst möglich ist, wird nicht aufgezeigt. So kommt es, daß Sein als In-der-Welt-sein aufgefaßt wird[101].

Das aber ist, wie Schaeffler in seiner Abhandlung zum Denken Delps zusammenfassend feststellt, der „Idealismus des entschlossenen Willens".[102]

Delp fordert hier keinesfalls das Bekenntnis zu einem Gott, wohl aber das Stellen einer Frage, deren Antwort nicht entschieden ist. Wörtlich heißt es bei ihm:

> Ist es genug zu sagen, das Dasein sei geworfen? … Drängt denn Geworfenheit nicht dazu, nach einem „Werfer" zu fragen?[103]

Heidegger, der die Existenz nur in ihrer Tatsächlichkeit, dass sie sei und zu sein habe[104], wahrnehme, stelle diese Frage nicht und entscheide sich implizit für die Option Immanenz. Somit vertrete er eine Philosophie, die den Menschen absolut setzte, ihn zum Maß und Ziel der Dinge mache und als

---

[99] SZ 373.

[100] Vgl. NEUFELD, *Geschichte und Mensch*: 99.

[101] DELP, *Tragische Existenz*: II,138f. Vgl. NEUFELD, *Geschichte und Mensch*: 102.

[102] SCHAEFFLER, *Heidegger und die katholische Theologie*: 51.

[103] DELP, *Tragische Existenz*: II,96.

[104] Vgl. ebd.: 140.

autonomes, selbstbestimmendes und unabhängiges Wesen verstehe, für das es keine höhere Instanz als seinen Tod gebe. Das aber sei „wenigstens einschlußweise" ein falsches Menschenbild.[105] Eine solche Philosophie, die schon fertige Antworten habe und sich einer wichtigen Fragestellung verschließe, könne eindeutig als Weltanschauung bezeichnet werden.[106] Die

---

[105] Vgl. ebd.: 126.

[106] Ähnlich wie Delp sieht es DE WAELHENS in seinem für die französischsprachige Welt wichtigen *La philosophie de Martin Heidegger*, welches in der Bibliographie *Tragische Existenz* auflistet, obwohl das Werk Delps keinen sichtbaren Einfluss auf das Denken Waelhens' zeigt: „C'est ce que, sans doute, Heidegger a parfaitement compris. Il voit que la violence de la négation se retourne chez Nietzsche en affirmation, et il veut être celui dont le *non* ne portera pas témoignage pour le *oui*. L'instauration d'une pensée radicalement délivrée de l'idée de Dieu ne saurait se concevoir par la *négation* de cette idée. Elle requiert d'être formulée sans la moindre référence à celle-ci. Une philosophie – tel est l'enseignement de Nietzsche – aura secoué le joug du divin si, et seulement si, elle réussit à boucler le cercle des problèmes philosphiques, hors de *tout* usage de l'hypothèse théiste. Voilà au moins sur le plan essentiel – et à notre sentiment – la portée profonde et ultime de l'existentialisme heideggerien. Son succés tendrait à prouver – comme Heidegger l'insinue quelque part – qu'il n'y a pas de problème philosophique de Dieu ou, pour s'en tenir aux termes de l'auteur, pas décision philosophique touchant une éventuelle existence en vue de Dieu (*Sein zu Gott*)", siehe DE WAELHENS, *La philosophie de Martin Heidegger*: 355–356. Zur Frage der Rezeption von Delps Denken durch Waelhens siehe NEUFELD, *Geschichte und Mensch*: 110f. Ähnlich wie Delp formuliert DE LUBAC seinen Vorwurf gegen Heidegger: „Auch einem Martin Heidegger genügt es nicht, Gott zu leugnen: er muss, um jede Wiederkehr einer Bejahung von vornherein auszuschließen, über diese Negation noch hinausgehen, er darf nicht zulassen, dass das Problem Gottes überhaupt gestellt wird. Und in einer Studie, die seinerzeit in Deutschland starken Widerhall fand, konnte Max Scheller von dem ‚postulatorischen Atheismus' als dem Merkmal des modernen Menschen sprechen", siehe DE LUBAC, *Die Tragödie des Humanismus ohne Gott*: 50. Der Verzicht auf die Frage nach Gott sei, so Delp und de Lubac, keine sachliche, spekulative Lösung, sondern vielmehr eine Entscheidung, eine Option, eine Tat, die ihre Wurzeln im Willen hat, und zwar auf Grund des tragischen Missverständnisses der Neuzeit, dass der christliche Gott als ein Hindernis für die Freiheit verstanden werde: „Der Mensch schaltet Gott aus, um selbst in den Vollbesitz der menschlichen Größe zu treten, die ihm ein anderer, wie er meint, wider Gebühr vorenthält. Indem er Gott stürzt, beseitigt er ein Hemmnis für die Erringung seiner Freiheit", ebd.: 26. In Bezug auf dieses Problem steht Delp im Widerspruch zu beispielsweise R. Bultmann, der das Fehlen der Gottesfrage bei Heidegger verharmlost, vgl. JUNG, *Schwierigkeiten einer theologischen Heideggerrezeption*: 108. Vgl. DE LUBAC, *Die Tragödie des Humanismus ohne Gott*: 24–26, 44. Heidegger selbst deutet dagegen an, seine Analytik des Daseins sei „neutral" (siehe HEIDEGGER, *Phänomenologie und Theologie*: 54) und weit von jeder „Prophetie und weltanschaulichen Verkündigung" ent-

Ausklammerung Gottes, die Heidegger im Sinne eines methodischen A-theismus unternimmt,[107] liest Delp als eine grundsätzliche Negierung der Existenz Gottes.

(2) Tragischer Heroismus

Delp führt die Philosophie Heideggers auf eine bestimmte Anthropologie zurück, die er als tragische Existenz begreift. Wir haben bereits gezeigt, dass jenes Urteil, obgleich ihm die ontologische Grundintention Heideggers entgegensteht, doch nachvollziehbar ist.[108] In der durch die sichtbare Linie des Horizontes begrenzten Welt, in der das Leben nicht mehr bedeuten könne als das entschlossene, absolute In-der-Welt-sein, das letztendlich ein Absturz in das Nichts sei, gebe Heidegger der Existenz die Gestalt der „Heroizität des Nichts"[109]. Heidegger empfiehlt dem Menschen das ihm bewusst gewordene Nichts mutig anzunehmen und zu meistern. Ihm erscheint es angemessen, dass der nur-in-der-Welt-existierende Mensch angesichts des Scheiterns seiner Existenz keinesfalls der Resignation verfällt, dass er sich vielmehr für den tragischen Heroismus entscheidet.[110]

In jener prinzipiellen und totalen Endlichkeit, in der der Mensch sich selbst ganz genüge, liege der Schwerpunkt der modernen Philosophie, und hierauf gründet die Ideologie der Deutschen Glaubensbewegung. Ihre von Delp gesammelten Schlagworte bringen das Wesen des tragischen Helden zum Ausdruck: „kämpferisch freie Selbstverwirklichung", „Drang zur Selbstbehauptung und Selbstentfaltung", „[e]in Held, das ist ein Kämpfer,

---

fernt (siehe ders., *Metaphysische Anfangsgründe der Logik im Ausgang von Leibniz*: 172, vgl. auch ders., *Besinnung*: 144f).

[107] Siehe in der vorliegenden Studie: 55–62.

[108] Siehe in der vorliegenden Studie Seite: 50–55,73–80.

[109] DELP, *Tragische Existenz*: II,137. In der Auseinandersetzung mit dem tragischen Helden könnte sich Delp zuerst nicht an Heidegger, sondern an Nietzsche wenden, der die Zeit des neuen, tragischen Menschen verkündet: „Die Zeit des sokratischen Menschen ist vorüber … Jetzt wagt es nur, tragische Menschen zu sein", siehe NIETZSCHE, *Die Geburt der Tragödie*: 132, vgl. 134, vgl. auch ders., *Götzen-Dämmerung*: 127f.

[110] Vgl. DELP, *Ut vitam habeant. Einkehrtag für Jugendliche* (Notizen, 1944): V,271.

ob Sieger oder nicht",[111] das Leben als der „Marsch ohne Ziel" und der „Kampf ohne Sieg".[112]

Delp erkennt an, dass die Attraktivität dieser Philosophie in seiner unsicheren Epoche ungewöhnlich stark sei. Das Bild des endlichen Menschen ist nun einmal so sehr zu einem selbstverständlichen Element der allgemeinen Mentalität geworden, dass der Mensch nicht einmal von einer anderen Welt reden und sie nicht mehr denken kann, dass er, ohne scheu zu werden, von der „Geworfenheit" der Welt spricht und sich überhaupt nicht veranlasst sieht, nach dem „Werfer" Ausschau zu halten.[113]

Dass der tragische Heroismus eine Größe des Menschen offenlegt, das verneint Delp ohne Zögern;[114] dies schon allein auf Grund seiner Prämisse, dass der Transzendenzverlust keinem Menschen wirklich dient. Sowohl für Delp als auch für all jene, die ihrerseits für eine tragische Haltung in ihrer Philosophie plädieren, ist es keine Frage, dass die Tragik und das Christentum einander ausschließen. So stellt etwa Karl Jaspers fest, dass der Christenheit der Geist der Tragik absolut fremd sei; die christliche Religion gründe nämlich im Glauben an das erlösende Kreuz Christi, in dem gerade die tragische Auswegslosigkeit der Existenz vernichtet werde. Die Philosophie suche demgegenüber nicht nach der Erlösung *von* dem Tragischen, sondern nach der Erlösung *im* Tragischen.[115] Im Anschluss an diese fundamentale

---

[111] Ders., *Der heldische Mensch* (in: *Chrysologus*, 1936): I,176.

[112] Vgl. ebd.: 174–177. In diesem Text, der zur Auseinandersetzung mit der „Deutschen Glaubensbewegung" gehört, bezeichnet Delp das tragische Heldentum als *die* Formel der Existenz des modernen Menschen. Der Jesuit führt zahlreiche Aussagen der Ideologen der Bewegung an, u.a. von SCHÖLL, *Nordische Lebensbejahung oder christlicher Erlösungsglaube*: 50: „Die nordische Erlösung kennt keine ewige Seligkeit, sie kennt nur den göttlichen Augenblick, sie ist reiner, selbstloser Kampf um das Höchste, um das Leben und seine Werte, sie ist reiner, heldischer Durchgang durch die ewige Tragik", vgl. DELP, *Der heldische Mensch* (in: *Chrysologus*, 1936): I,176.

[113] Vgl. DELP, *Tragische Existenz*: II,133.

[114] Die Philosophie des tragischen Heldentums sieht die Größe des Menschen im Scheitern, so Jaspers, wenn der Mensch seine „Möglichkeiten bis zum Äußersten treibt und am ihnen selber wissend zugrunde gehen kann", jenseits von Gut und Böse, siehe JASPERS, *Über das Tragische*: 28f.

[115] Vgl. JASPERS, *Über das Tragische*: 15–17,43f. Siehe auch 48: „Erst ein Glauben, der ein anderes als das immanente Sein kennt, erlöst vom Tragischen". Jaspers betont im Gegensatz zu Delp, dass die tragische Haltung keinesfalls transzendenzlos sei: „Es gibt *keine transzendenzlose Tragik*. Noch im Trotz bloßer Selbstbehauptung im Untergang gegen Götter und Schicksal ist ein Transzendieren: zum Sein, das der Mensch eigentlich ist und im

Gegenüberstellung, die man als zutiefst theologisch qualifizieren kann, bildet das Problem der Tragik den Schwerpunkt der Auseinandersetzung Delps mit dem modernen Menschenbild, wie es sich speziell im Denken Heideggers widerspiegelt.

Delp ist der Meinung, dass diese Philosophie den modernen Menschen keinesfalls führen kann, dass sie „eine große Täuschung" und „ohne Grund und ohne Inhalt", „letztlich auch ohne Sinn" ist,[116] und dass sie in eine ausweg- und dadurch richtungslose Existenz führt; darum muss sie als eine tragische Philosophie bezeichnet werden.[117] In der deutschen Geschichte, die so reich an neuen Anfängen sei, welche sich dann jedoch in ihr Gegenteil verkehrt hätten, sei Heidegger der Nächste, der es nicht wage, zur Mitte zu blicken, und sich stattdessen mit dem Leben an der Peripherie begnüge. Über seiner Philosophie liege mithin eine gewisse Tragik. Sie begrenze das menschliche Sein auf die Zeit und sei ein Aufruf zu einseitiger, untergehender und somit sinnloser Existenz.[118]

(3) Entschlossenheit zum Nichts

In der von der Ausklammerung Gottes und der Desorientierung des Menschen bestimmten Wirklichkeit wird der Entschlossenheitsbegriff zu einem der Grundelemente des Freiheitsverständnisses. Die eigentliche Substanz der Philosophie Heideggers besteht für Delp gerade in der Entschlossenheit des Daseins, hier findet er auch die Erklärung der Wirkmächtigkeit dieser Philosophie. Sie besteht nach Delp darin,

---

Untergang als sich selbst erfährt", *Über das Tragische*, 18. 1936 verweist Josef PIEPER in *Über das christliche Menschenbild* auf das gleiche Problem und stellt fest, dass dem nur im Immanenten begrenzten Menschen nichts anderes bleibe, als „die hoffnungslose Tapferkeit des ‚heroischen Untergangs'", die „vermeint, das Nichts ertragen zu können" (111). Pieper betont den christlichen Gegensatz zu der nihilistischen Tapferkeit: die Christen blickten nicht auf das Nichts, sondern auf das Ewige (114).

[116] DELP, *Tragische Existenz*: II,110, vgl. auch 130.

[117] Vgl. ebd.: 111–121,146.

[118] Vgl. ebd.: 144–147.

daß das jemeinige Dasein in der konkreten Analyse des Bewußtseins sich selbst begreift und von sich aus alles Seiende und aus diesem Selbstverständnis heraus über sich, sein Schicksal, seinen Sinn, entscheidet.[119]

Delp rekonstruiert den Entschlossenheitsbegriff in der Darstellung der Analytik des Daseins im Anschluss an *Sein und Zeit* und macht dabei deutlich, wie die Angst den Menschen hier vor dem Verfall in die alles nivellierende Sicherheit des Man rettet, indem sie ihn in sein „eigentliches Sein der Möglichkeiten" zurückführt.[120]

Die von Heidegger grundsätzlich formal konzipierte Entschlossenheit[121] gewinnt in der Delp'schen Lesart indessen eine materiale Kategorie und wird damit zu einer weltanschaulichen Position. Die Begründung dafür findet Delp in der Tatsache, dass Heidegger auf die Entschlossenheit als eine praktische Existenzweise eingeht.

> Hier ist die Stelle, wo die Existentialphilosophie über das Gebiet der Feststellung und Aufhellung hinausgeht: wo sie das Dasein über sich entscheiden läßt, Ja sagen läßt zu allem, was über es offenbar wurde. Der Heideggersche Lebenswille, der als Entschlossenheit das zerfallende Sein in die Hand nimmt, ist nicht ein Wille nach oben zur Förderung und Erlösung des Seins, er ist nicht ein Wille nach unten zu freiwilliger Vernichtung, er ist einfach ein Ja zu den Tatsachen. So wie das Dasein sich mit seiner ganzen Tendenz zum Untergang zeigt, so soll es angenommen und gemeistert werden.[122]

Delp versteht dann, wenn er den Entschlossenheitsbegriff in materialer bzw. existenzialer Hinsicht erörtert, die Rückbewegung zur Eigentlichkeit als einen Vollzug der Selbstdurchsetzung des Daseins, das angesichts der Gottlosigkeit der Welt sich selbst einen Sinn gibt. Diese Eigentlichkeit gleicht dabei dem sich immer weiter entfernenden Horizont, wodurch die von Heidegger vorgeschlagene Entschlossenheit eine tragische Dimension erhält. Delp erklärt:

> Das Dasein steht seinem Sein gleichsam gegenüber, sieht seine innere Haltlosigkeit, seinen inneren Zerfall und entscheidet eigenmächtig und selbstherrlich über sein Schicksal, entscheidet sich zu seinem Schicksal. Aug in Aug mit dem Nichts

---

[119] Ebd.: 101. Vgl. ebd.: 110,119.
[120] Vgl. ebd.: 92. Siehe SZ 274–280.
[121] Siehe in der vorliegenden Studie: 62–73.
[122] DELP, *Tragische Existenz*: II,92–93.

wird das Dasein ernüchtert, geht es daran, „entschlossen" seine Aufgabe zu leisten, es selbst zu sein. Und diese „Entschlossenheit", diese eigenmächtige innere Festigung des Daseins, diese eigenwillige Setzung: sie ist Offenbarung der inneren Absolutheit und Göttlichkeit des Daseins. Denn wo soll im Sein des Daseins der Grund zu solcher „Entschlossenheit" liegen? Dasein ist „verstehbar" aus dem Nichts. „Nichts" ist Grund für „Endlichkeit", „Verwiesenheit", „Geworfenheit", also der einengenden, auflösenden Beschaffenheiten des Daseins.[123]

Das Nichts, sofern es den Menschen bestimmt, wird für Delp zur Hauptbezeichnung für die Entschlossenheit. Ihr Grund bei Heidegger besteht im ruhelosen Versinken des Daseins in das Dunkle und Verhängnisvolle, wobei das Dasein in der Sicht Delps selbstherrlich in eine positive Lebensauffassung springt.

Dem Nichts, dem Verfall, dem Untergang soll das Gesetz des Handelns entrissen werden, das Dasein selber will sein Leben meistern. Selbst wenn es Sein zum Untergang ist, dann sei es wenigstens ein stolzer Untergang, aus klarem Wissen und festen Willen.[124]

Die Entschlossenheit des Daseins zu sich selbst sei letztendlich die Entschlossenheit zum Tode.[125] Es sei die Entschlossenheit, Sein-zum-Nichts zu sein, wodurch die Sicherheit des Menschen bejaht werde. Der Mensch entdecke nämlich eigene „Absolutheit" und verzichte auf jede höhere Möglichkeit.[126] Als letzte Möglichkeit bleibe dem Dasein „nur der haltlose Absturz in das Nichts".[127]

Tragische Existenz betont, dass es dem Denken Heideggers an der Objektivität fehle; deshalb könne man aus diesem keine zwingenden Schlüsse ziehen. Delp stellt fest:

Die Entschlossenheit, die Heroizität des Nichts ist nichts anders als eine Leugnung der Endlichkeit, die man vorher mit so viel Pathos herausgestellt hat. Es ist Wesen des Endlichen, daß es bedingt ist, daß es auf anderes verweist.[128]

---

[123] Ebd.: 109.
[124] Ebd.: 110.
[125] Vgl. ebd.: 93. Siehe SZ 245.
[126] Vgl. DELP, *Tragische Existenz*: II,107.
[127] Ebd.: 108.
[128] Ebd.: 137.

Delp plädiert in Reaktion auf die Heidegger'sche Entschlossenheit für ein Begreifen des Menschen von Gott her, insofern seiner Meinung nach die Eigentlichkeit nur unter der Bedingung einer Gottesbeziehung zu erreichen ist. Entgegen der Grundintention von *Sein und Zeit*, welche die Eigentlichkeit und die Uneigentlichkeit neutral zu denken versucht, versteht Delp sie als eine positive bzw. negative Moralhaltung des Menschen. So kann er Heidegger folgendermaßen würdigen:

> Es ist Fortschritt, daß offen und laut aufgerufen wird zu einem „Metanoeite" vom „Uneigentlichem" zum „Eigentlichem"[129].

Das Problem der Entschlossenheit bezieht Delp eindeutig auf die Freiheit. Dies ist einer der wenigen klaren Fixpunkte des Delp'schen Freiheitsverständnisses. Doch hiermit geht er über die übliche Feststellung der Verfangenheit des Menschen in der Welt, in der Bestimmung des Daseins durch die Endlichkeit der Zeit, hinaus.[130] Die Heidegger'sche Entschlossenheit liest Delp als eine innere Festigung des Menschen, eine eigenwillige Setzung, die sich bewusst ohne Gott vollzieht, weil das Dasein sich selbst absolut denkt. Diese Entschlossenheit ist letztendlich auf eine radikale Autonomie zurückzuführen, auf die Möglichkeit, sich selbst im Gegensatz zu jeder Form der Theonomie zu bestimmen.

> Damit stellt sich das Dasein über das ihm wesensgemäße immanente Gesetz zum Verfall, es wird sein eigener, eigenmächtiger Gesetzgeber. Sein Leben hat einen Sinn, der über das Sein-zum-Tode hinausgeht: die Meisterung des Lebens.[131]

---

[129] Ebd.: 130. Dass der Begriff der Eigentlichkeit sich als theologisch bedeutend erweisen kann, zeigt Bultmann, indem er die Offenbarung als „diejenige Erschließung von Verborgenem" bezeichnet, „die für den Menschen schlechthin notwendig und entscheidend ist, soll er zum ‚Heil', zu seiner ‚Eigentlichkeit' gelangen". Siehe BULTMANN, *Der Begriff der Offenbarung*: 6.

[130] Vgl. DELP, *Tragische Existenz*: II,94–97.

[131] Ebd.: 110.

4. Elemente des modernen Freiheitsverständnisses im Anschluss an Heidegger

Delp bemerkt, dass sich seine Zeit mehr und mehr als eine Epoche verstehen lässt, die geprägt ist von Zusammenbrüchen in der Geschichte, von dem Verlust des Zutrauens des Menschen zu sich selbst und von der Suche nach einer neuen Ordnung, in der man glaubt, die Welt besitzen zu können.[132] Er stellt fest, dass in der eindimensional verkürzten Welt, in der Dasein „nur und total in der Welt sein" heiße, und in der letzten Endes das Leben „ausweglos endlich und weltlich" bleibe, eine neue Formel der Existenz und damit eine neue Formel der Freiheit gefordert sei.[133]

Aus seiner Kritik am Welt- und Menschenverständnis der Moderne lassen sich zwei charakteristische Grundeinsichten des Freiheitsdenkens ableiten: Erstens erscheint die Freiheit als ein Derivat des zur Immanenz entschiedenen Wirklichkeitsbildes. Sie wird so zur radikalen Autonomie und die Gottesfrage wird in keiner Weise gestellt. Zweitens wird Freiheit als Möglichkeit, nach subjektiven Kriterien auswählen zu können, zum Ziel an sich selbst. Dadurch wiederum wird sie zu einer ziellosen Selbstbestimmung und gewinnt so eine tragische Dimension.

---

[132] Vgl. ders., *Das gegenwärtige Weltverständnis* (Vortrag, 21. Oktober 1942): I,289f, *Gestalten der Weihnacht* (Gefängnismeditation, Dezember 1944): IV,201,211, *Veni Sancte Spiritus* (Gefängnismeditation, Januar 1945): IV,296.

[133] Ders., *Der moderne Begriff der Weltlichkeit* (Vortrag, 28. April 1942): I,286. Vgl. ders., *Vertrauen zur Kirche* (Vortrag, 22. Oktober 1941): I,266, *Tragische Existenz*: II,122–127, *Die Welt als Lebensraum des Menschen* (Nachlass, o.J.): II,465,472, *Stephanus* (Predigt, 26. Dezember 1943): III,125, *Vater unser* (Gefängnismeditation, Januar 1945): IV,232, *Das Menschenbild der Konstitutionen der Gesellschaft Jesu* (Vorträge, 1941): V,205. In der knappen Einführung zu Delps Texten *Das Menschenbild der Konstitutionen der Gesellschaft Jesu* fasst BLEISTEIN die Idee Delps so zusammen: „Die geistige und kulturelle Lage wird geprägt durch ein modernes Weltverständnis, in dem die Wirklichkeit als Leben, als Existenz, als Tat begriffen wird. Angesichts einer totalen, geistlosen Natur – praktisch ohne Geschichte – flieht der Mensch in eine totale Innerweltlichkeit, oder er resigniert, er überlässt sich einem Heroismus oder Tragizismus", siehe V,205.

a) Radikale Autonomie

Die Situation der Freiheit der Moderne wird, wie bereits betont, nicht mehr durch die Emanzipation gegenüber Gott bestimmt. Für den modernen Menschen ist Gott bereits tot. Delp kehrt diese These Nietzsches nun um und stellt fest, dass der Mensch nun tot sei für Gott. Er begreift das Ende eines langen Denkweges des abendländischen Menschen als Gottesunfähigkeit. „Wir sind nicht nur Gottes nicht mehr teilhaft, wir sind nicht nur Gottes nicht mehr willig und bedürftig, wir sind Gottes nicht mehr fähig", mithin nicht mehr rufbar und ansprechbar.[134] Unter der Gottesunfähigkeit, der „Verkümmerung der Organe für geistige Sicht und Leistung", leide nicht nur der Mensch als Individuum, litten vielmehr gar auch Generationen.[135] Diese das Freiheitsverständnis der Moderne bedingende Gottesunfähigkeit ist für Delp demnach auch ein strukturelles Problem: Die neue Ordnung, in die der Mensch geraten ist, erzieht ihn geradezu zur Gottesunfähigkeit.[136] In ihr sieht Delp den Schlüssel zur Geschichte der letzten Epoche und ihrer fruchtlosen Bemühungen,[137] das Schicksalsproblem des Abendlandes[138] und die schwerste Erkrankung des modernen Menschen.[139]

Nach Delp hat der Mensch in der Situation der Gottesunfähigkeit den Platz Gottes eingenommen, er versteht sich nun als freien, selbstgewollt über sein Schicksal entscheidenden Geist.[140] Angesichts der Notwendigkeit

---

[134] DELP, *Gestalten der Weihnacht* (Gefängnismeditation, Dezember 1944): IV,197f. Vgl. ders., *Christi Himmelfahrt* (Predigt, 18. Mai 1944): III,214: „Wir sind so verloren und verfallen in diese Welt hinein, daß die Wirklichkeit der herrlichen Transzendenz, das Hinausbrechen über uns selbst, uns gar nicht recht aufgeht." Vgl. ders., *Der Mensch vor sich selbst* (Nachlass, o.J.): II,514: „Die Organe des Menschen erblinden für andere Tatsachen und Beziehungen, der Geist vermag nur noch in die Welt zu schauen, nicht mehr über sich hinaus oder durch sie hindurch". Siehe auch *Vater unser* (Gefängnismeditation, Januar 1945): IV,232, *Die Erziehung des Menschen zu Gott* (Gefängnisreflexion, 1944/45): IV,312.

[135] Vgl. ders., *Der Laie und die Philosophie* (für *Stimmen der Zeit*, 1941): V,199, *Geistige Lage* (Vortragsskizze, 1943): V,259.

[136] Vgl. ders., *Die Erziehung des Menschen zu Gott* (Gefängnisreflexion, 1944/45): IV,312, *Erster Fastensonntag* (Predigt, 14. März 1943): III,185.

[137] Vgl. ders., *Vater unser* (Gefängnismeditation, Januar 1945): IV,232.

[138] Vgl. ders., *Gestalten der Weihnacht* (Gefängnismeditation, Dezember 1944): IV,211.

[139] Vgl. ders., *Geistige Lage* (Vortragsskizze, 1943): V,263.

[140] Vgl. ders., *Der Krieg als geistige Leistung* (in: *Stimmen der Zeit*, 1940): II,240, *Weihnachten* (Predigt, vor dem 24. Dezember 1943): III,90f.

des Versinkens ins Nichts erhebe sich das Dasein zum göttlichen Rang, mache es sich zum eigenmächtigen Gesetzgeber und springe zurück in eine positive Lebensauffassung und Lebensbejahung, in eine souveräne Meisterung des Lebens.[141]

Indem der moderne Mensch sich selbst zum letzten Maßstab erhebt, wird seine Freiheit zur totalen Autonomie. Sie wird als absolute Selbstbestimmung verstanden, besteht im „Selbstbesitz des Daseins"[142] durch das Selbstverstehen, in der Entdeckung der eigenen „Absolutheit" durch Verzicht auf jede höhere Möglichkeit, in der Sicherung des Lebens durch die Anerkennung der Kondition als das Sein-zum-Nichts. Das Wesentliche sei die eigenmächtige und selbstherrliche Entscheidung über das Schicksal des Daseins, und zwar nach dem ausschließlich von ihm angelegten Maßstab.[143]

Delp betont, dass die Autonomie des modernen Menschen eine radikalisierte Form des neuzeitlichen Freiheitsstrebens darstellt. Sie lehnt nicht nur den Gottesbezug ab, sondern auch die als einen objektiven Maßstab verstandene vernünftige Natur des Menschen. Letzten Endes gleicht diese Autonomie der Willkür.

An der Ideologie der Deutschen Glaubensbewegung nun lässt sich mit Delp exemplarisch zeigen, wie die Autonomie des modernen Menschen radikal sein kann. Delp kennzeichnet diese Ideologie als Entfaltung einer der transzendentalen Dimension entzogenen Idee von Religion, besser: die Etablierung der gottesunfähigen Religion. Wie er feststellt, haben die Ideologen dieser Bewegung die alten Begriffe – Gott, Religion, Freiheit – mit neuem Inhalt gefüllt, um die religiöse Führung des Volkes zu übernehmen.[144] Ihr Fundament ist Materialismus[145] und ihr Gott ist die rein immanent verstan-

---

[141] Vgl. ders., *Tragische Existenz*: II,107–110. Siehe SZ 38.

[142] DELP, *Tragische Existenz*: II,107. Vgl. SZ 264–267.

[143] Vgl. DELP, *Der göttliche Grund im Menschen* (in: Chrysologus, 1936): I,151, *Der Mensch der Ehre im Christentum* (in: Chrysologus, 1936): I,166, *Tragische Existenz*: II,145, *Brief an K. Thieme* (7. April 1935): III,461.

[144] Vgl. Delps Einführung zu *Predigtskizzen zur Auseinandersetzung zwischen der katholischen Religion und den neuheidnischen Bestrebungen im deutschen Volk* (in: Chrysologus, 1935): I,112, *Religion* (in: Chrysologus, 1936): I,120.

[145] Vgl. ders., *Religion* (in: Chrysologus, 1936): I,124.

dene Wirklichkeit.[146] In geradezu tragikomischer Weise sprechen die Vertreter dieser gottesunfähigen Religion vom „religiösen Urwillen des deutschen Volkes"[147] und sehen zugleich in der Anerkennung des christlichen, persönlichen Gottes der Offenbarung nichts mehr als „Drang und Trieb von unten", eben vom Menschen her. Die Anhänger der Deutschen Glaubensbewegung beugen sich nicht dem persönlichen, freien Gott, sondern einem „unbestimmte[n] Etwas", einer dunklen Macht „religiösen Urwillen[s]"[148]. De facto handele es sich dabei jedoch um den sich vergötzenden Menschen, der sich von niemandem und durch nichts bestimmen lasse[149] und sich selber schuldig und frei spreche.[150] Diese Religion ist nach Delp „im Grunde nichts anders als der ungeheure Versuch einer nationalen Selbstvergötzung".[151]

In dieser Weise verstandene Freiheit ist für die ganze Wirklichkeit ausgesprochen destruktiv.

> Jeder Mensch, der sich zum Höchstmass setzt, muss allerdings vor dieser Wirklichkeit vergehen und zerbrechen. Aber das ist ja schon pervertierte Wirklichkeit von Anfang an[152].

Die Hauptwirkung der Gottesunfähigkeit sei der Gefangenenstatus des Menschen,[153] so dass die modernen, gottesunfähigen Menschen „im Schatten als die Gefesselten und Eingekerkerten" säßen.[154] Die als eine radikale Autonomie begriffene Freiheit findet nach Delp ihre letzte Form in der modernen Proklamation des Paradieses auf Erden, wie er immer wieder in den Kriegsjahren feststellt.[155]

---

[146] Vgl. ders., *Advent 1935* (in: *Chrysologus*, 1936): I,117, *Was ist der Mensch?* (in: *Chrysologus*, 1936): I,144, *Der heldische Mensch* (in: *Chrysologus*, 1936): I,176, Rezension zu *Schrifttum zur Deutschen Glaubensbewegung* (in: *Scholastik*, 1936): V,293f.

[147] Ders., *Advent 1935* (in: *Chrysologus*, 1936): I,117.

[148] Ders., *Offenbarung* (in: *Chrysologus*, 1936): I,129.

[149] Vgl. ders., *Der göttliche Grund im Menschen* (in: *Chrysologus*, 1936): I,152f.

[150] Vgl. ders., *Sünde und Schuld im Dasein des Menschen* (in: *Chrysologus*, 1936): I,162.

[151] Ders., *Religion* (in: *Chrysologus*, 1936): I,124.

[152] Ders., *Der Mensch der Ehre im Christentum* (in: *Chrysologus*, 1936): I,172.

[153] Vgl. ders., *Die Erziehung des Menschen zu Gott* (Gefängnisreflexion, 1944/45): IV,312f.

[154] Ders., *Herz Jesu* (Gefängnismeditation, Januar 1945): IV,258.

[155] Vgl. ders., *Der Mensch vor sich selbst* (Nachlass, o.J.): II,546, *Dritter Sonntag im Advent* (Predigt, 14. Dezember 1941): III,56, *Letzter Sonntag im Kirchenjahr* (Predigt, 23. November 1941): III,294, *Herz Jesu* (Gefängnismeditation, Januar 1945): IV,257.

b) Tragische Freiheit

Für den Menschen hat der Verlust des Gottesbezuges nicht nur die radikale Autonomie zur Folge, sondern bewirkt in dieser Autonomie auch eine Orientierungslosigkeit.[156] Das von Delp in der Beobachtung der Wirklichkeit seiner Zeit herausgestellte Phänomen der Orientierungslosigkeit, die im sinnlosen Streben der menschlichen Massen seinen Ausdruck findet, fällt auf.[157]

> Dem Menschen des „autonomen Heldentums" blieb kein anderes Ergebnis als die Tragik ... er mußte sich schließlich zugeben, daß er auf die Frage: warum und wozu? keine Antwort weiß. So proklamiert er den Kampf ohne Ziel und ohne Sinn, den Marsch ohne Richtung[158].

Der Mensch bedient sich dabei der Denkweise, in der er nach keinem Inhalt der Entscheidungen zu fragen braucht, sondern sich einfach entscheidet. Der „titanische Finitismus", der „Heroismus der Endlichkeit"[159] oder die trotzige Entschlossenheit zum endgültigen Untergang würden da zu den neuen We-

---

[156] Vgl. ders., *Was ist der Mensch?* (in: *Chrysologus*, 1936): I,141.

[157] Vgl. SCHALLER, *Anthropologie von Delp*: 13.

[158] DELP, *Der heldische Mensch* (in: *Chrysologus*, 1936): I,180f. Vgl. ders., *Allerseelen* (Predigt, 2. November 1942): III,273, wo Delp über die spricht, „die sagen, man darf nicht weiterfragen", was er wiederum als „tragisch" oder „heroisch" bezeichnet. Den Dezisionismuseinwand kann man gegen die Idee des tragischen Menschen mit Recht einbringen – Delp tut dies, obgleich auch nicht explizit. Darauf, dass jene Haltung sowohl mit der Heideggermode und den benannten Problemen jener Werke als auch mit seinem Engagement für das öffentliche Leben zusammenhängt, eigentlich aber nicht mit den Grundintentionen seines Denkens zu tun hat, wird oben im Kontext der Behandlung der Frage der Delp'schen Lesart von *Sein und Zeit* und des geistesgeschichtlichen Hintergrunds von *Tragische Existenz* hingewiesen (siehe in der vorliegenden Studie: 62–73 bzw. 73–80). Delps Feststellung „Marsch ohne Richtung" steht in einer Reihe mit einer Vielzahl von früheren Diagnosen des modernen Menschen, wie etwa jene schon von NIETZSCHE so prägnant formulierte: „Wohin bewegen wir uns? Fort von allen Sonnen? Stürzen wir nicht fortwährend? Und rückwärts, seitwärts, vorwärts, nach allen Seiten? Gibt es noch ein Oben und ein Unten? Irren wir nicht wie durch ein unendliches Nichts?", siehe *Die fröhliche Wissenschaft*: 481.

[159] DELP, *Tragische Existenz*: II,110.

gen der Freiheit, und was da befreien solle, sei der autonome Entschluss des Menschen.[160]

Die Tragik der menschlichen Existenz überschattet die Freiheit zutiefst, sofern sie das Schicksal des Daseins für den tragischen Marsch teilt und sich ebenso unter dem Motto „Weg ohne Ziel" vollzieht. Der Frage nach ihrem „Wozu" wird dabei konsequent ausgewichen. Für Delp spielt jener Gedanke allerdings keine dominante Rolle, denn hinsichtlich der Freiheit geht es ihm primär um die Verfangenheit des Menschen in der Welt, und um das Problem der tragischen, ziellosen Existenz. Wenn er dazu den Blick auf das Freiheitsverständnis der tragischen Existenz richtet, bringt er das Kernproblem der modernen Freiheit zur Sprache: ihre Ziellosigkeit.[161] Er konstatiert, dass der tragische Mensch auch das Ziel seines Freiheitsweges aus den Augen verliert.

Schon die Entstehungsbedingungen des neuzeitlichen Menschenbildes bergen, so Delp, die Möglichkeit, oder sogar die Notwendigkeit, dass die Freiheit zu einer orientierungslosen Bewegung wird. Der bereits am Ausgang des Mittelalters begonnene Prozess der Ablösung des Menschen von dem transzendenten, in Gott bestehenden Existenzziel, gebe der Freiheit die Gestalt willkürlichen Strebens.[162] Der heimatlose Mensch folge radikal autonomen Gesetzen und werde zu „ein[em] irgendwo freischwebende[n] We-

---

[160] Vgl. ebd.: 131. Delp zitiert GUARDINI, *Der Mensch und der Glaube*: 232f. Siehe auch DELP, *Trümmer* (Vortrag, 15. März 1943): III,434.

[161] Eine Kritik an Heidegger, welche sich auf der Linie Delps bewegt, formuliert etwa Lévinas in den im Stalag verfassten *Carnets de captivité*. Er konstatiert, dass eine bloße Wahrnehmung der Faktizität des menschlichen Daseins ihr Problem nicht löst, denn die Frage nach dem „Warum" des Daseins bleibt unbeantwortet: „Chez Heidegger – *pensée* de l'être – pas d'orientation", siehe LÉVINAS, *Carnets de captivité*: 303. Es sei also notwendig, über die Heidegger'sche Methode, die das Dasein nur in der Welt betrachtet, hinaus zu gehen, und eine Begegnung mit dem *Anderen* zu riskieren, vgl. ebd.: 280,467.

[162] Vgl. DELP, *Tragische Existenz*: II,45. Zum Vorschein kommt hier der thomistische Hintergrund des Freiheitsverständnisses Delps, der zu einem späteren Zeitpunkt noch genauer untersucht wird. Die Lektüre von *Sein und Zeit* Heideggers und *Tragische Existenz* Delps zeigt eindeutig die unterschiedlichen Prämissen, von denen die beiden ausgehen. Während der Jesuit die Idee des Guten, auf das die menschliche Freiheit zielen soll, für unbedingt hält, wählt Heidegger einen anderen Weg. Aus dieser Sicht bewegt sich auch Delp „im Rahmen einer platonistischen Metaphysik, die eben durch eine temporale Ontologie überwunden werden soll ... Der Verzicht auf allgemeinverbindliche, universale Maßstäbe des Guten und Gerechten ist nämlich Folge der antiplatonistischen Zielsetzung Heideggers", HEINZ, *Das eigentliche Ganzseinkönnen des Daseins*: 179.

sen".[163] Die Auflösung des *ordo*-Denkens, der Kirche, der menschlichen Natur und der objektiven Normen bedeute de facto eine Auflösung der Freiheit.[164]

Das Schlußglied jener Entwicklung, die am Beginn der Neuzeit anhebt, ist für Delp die Philosophie Heideggers, und die als Freiheitsvollzug verstandene Heidegger'sche Entschlossenheit, die auf einen Lebenswillen oder Lebensmut zurückzuführen ist. Diese erweist sich letztendlich als „ohne Grund und ohne Inhalt", ja „auch ohne Sinn"[165]. In dieser „Entschlossenheit" sieht Delp, der wiederum den Menschen als ein von Gott geschaffenes und erlösungsbedürftiges Wesen begreift, eine sinn-lose Leistung. Er weiß, dass die Entschlossenheit auf die Eigentlichkeit zielt, dass diese aber als Akt des „Sich-selbst-neu-zu-Haben" oder „Sich-selbst-neu-zu-Sein" des Menschen, ein unerfülltes Postulat bleibt, solange sich der Mensch nicht auf Gott bezieht.[166] Im Bild Heideggers gesprochen: Der Mensch, der von sich allein her eigentlich sein will, gleicht einem Hammer, der allein Nägel einschlagen will.[167]

Die klassische, bis in die Antike zurückreichende und von Augustinus und Thomas aufgegriffene Idee, nach der die Freiheit als eine letztendlich in Gott erreichte Vollkommenheit des Menschen verstanden wurde – dies später ausführlicher[168] –, sieht Delp als schon lange zerbrochen an. An ihrer Statt trat nun ein neues Paradigma. Die Freiheit wurde in diesem zu einem isolierten Wert, zu einem irrationalen und bindungslosen Willen, zu Will-

---

[163] DELP, *Tragische Existenz*: II,46.

[164] Vgl. ebd.: 47.

[165] Ebd.: 110. Delp beschreibt die Entschlossenheit mit Guardinis Worten, dessen Meinung in *Tragische Existenz* zitiert wird (II,131f): „Das Endliche wird zwar von vornherein als Bloß-Endliches empfunden und gewollt. So zwar, daß es nach der Hingabe verlangt, gegen dieses Verlangen sich selbst aber Einspruch erhebt: das Gebot, sich selbst zu genügen, autonom zu sein", „Was aber befreien soll, ist der Entschluß, die Situation zu ende zu führen: anzuerkennen und existentiell zu vollziehen, daß das Daseins rein endlich ist und es außer dem Endlichen nichts gibt ... Wer Schmerz und Angst besiegt, wird selbst Gott werden. Aber den Gott wird es dann nicht mehr geben", siehe GUARDINI, *Der Mensch und der Glaube*: 232f.

[166] In der Theologie wird deshalb der Heidegger'sche Begriff der Eigentlichkeit als eine Bezeichnung für das von Gott selbst souverän geschenkte Heil benutzt, wie es der von uns oben zitierte Text Bultmanns zeigt, siehe in der vorliegenden Studie: 111.

[167] Vgl. SZ 69f,109.

[168] Siehe in der vorliegenden Studie: 187–190.

kür[169]. Damit wandten sich die wohl rechten Ansprüche des neuzeitlichen Menschen auf die Freiheit gegen ihn selbst. Gotthard Fuchs artikuliert diesen Sachverhalt mit den folgenden Worten:

> Worin der Mensch zu Beginn der Neuzeit seine Größe entdeckte, im unendlichen Vermögen seiner Freiheit und Gestaltungsmacht, darin wird er nun immer mehr heimatlos und haltlos[170].

In der vom Verlust des Gottesbezuges bewirkten Kette der Verzweiflung, der Fragwürdigkeit und der Angst wird der Mensch, so Delp, abhängig von den immanenten Mächten, die ihn wie ein übermächtiges Netz einfangen.[171] Seine Kritik fasst Delp anschaulich in einer seiner Kriegszeitpredigten, sich dabei auf das Bild Dürers *Ritter, Tod und Teufel* von 1513 berufend, mit folgenden Worten zusammen: „Das ist der Mensch, der vom Ritter zum totalen Landsknecht wurde."[172]

Die auf die Entschlossenheit zurückgeführte menschliche Freiheit, die als „Sich-selbst-Wählen" verstanden wird, ist ziellos, weil ihr Ziel, der eigentliche Mensch, angesichts der radikal immanent gedachten Welt unerreichbar ist. Gerade darin liegt ihre Tragik. Die tragisch erlebte Freiheit wird für den Menschen zu einer Erfahrung, deren Sinn er nicht mehr kennt, mit der er aber existieren muss. Von ihr her ist der Weg nicht sehr weit zu der Feststellung, dass der Mensch zur Freiheit „verurteilt" ist.[173] Diesen Zusammenbruch der Freiheit fast Delp ins Auge. Während in *Tragische Existenz* und in der Auseinandersetzung mit der Deutschen Glaubensbewegung noch die zur Tat auffordernde Entscheidung bestimmend ist,[174] offenbaren die nächs-

---

[169] Vgl. DELP, *Tragische Existenz*: II,45,145, *Die Welt als Lebensraum des Menschen* (Nachlass, o.J.): II,463.

[170] Vgl. FUCHS, *Bürgerliche Gesellschaft*: 126.

[171] Vgl. DELP, *Das gegenwärtige Weltverständnis* (Vortrag, 21. Oktober 1942): I,290, *Christliche Antwort an das Welterlebnis* (Vortrag, 23. Oktober 1942): I,293, *Tragische Existenz*: II,71f,145, *Tragik im Christentum?* (Vortrag, 1940): II,308.

[172] Ders., *Erster Fastensonntag* (Predigt, 14. März 1943): III,185.

[173] SARTRE, *Das Sein und das Nichts*: 764: „Ich bin verurteilt, frei zu sein."

[174] In dem Text *Der Krieg als geistige Leistung* (II,241) zitiert Delp – ohne Stellung dazu zu nehmen! – die Worte Ernst Jüngers, die jene tatkräftige Entscheidung noch verkünden und damit den Zeitgeist bezeugen: „Nicht *wofür* wir kämpfen, ist das Wesentliche, sondern *wie* wir kämpfen", siehe JÜNGER, *Der Kampf als inneres Erlebnis*: 74. Die gleiche Meinung drückt u.a. Carl Schmitt aus: „Die Entscheidung ist, normativ gesehen, aus dem Nichts geboren", siehe SCHMITT, *Politische Theologie*: 31, und weiter schreibt er: „es [ist] ge-

ten Jahre, besonders die Kriegsjahre, wie der tragische Held sich in der Resignation aufgibt. Der Mensch, der sich angesichts des Todes Gottes am Scheideweg zwischen dem Ergeben in das Schicksal und dem tragischen Heroismus für das Letztere entschieden hat, so Delp, verfällt letztendlich in die Situation, die er ursprünglich vermeiden wollte. Er verliert seine Freiheit.

5. Zur Rezeption von Delps Auseinandersetzung mit Heidegger in der katholischen Theologie

Die unterschiedlichen Reaktionen auf *Tragische Existenz* sind ein Spiegel der Bewertung des Denkens Heideggers durch die katholische Theologie: Während einige durch dieses Denken eine Erneuerung der Metaphysik und der Gottesfrage erhofften, fürchteten andere eine Vertiefung des Gottesverlustes. Delp formuliert sein klares Urteil in einer Zeit, in der die Furcht vor dem Denken Heideggers größer ist als die Hoffnung auf positive Erkenntnisse und Entwicklungen. Deshalb wird Delps Werk von katholischen Theologen zunächst positiv aufgenommen.

Nach der viel diskutierten „Kehre" im Denken Heideggers kommt es aber dank der Schriften Max Müllers zu einer negativen Bewertung von *Tragische Existenz*, welche später auch von Roman Bleistein in der Biographie Delps übernommen wird. Diese Kritik an Delp wird dann von Richard Schaeffler differenziert und im breiten Panorama der Begegnung der katho-

rade in den wichtigsten Dingen wichtiger ... daß es entschieden werde, als wie entschieden wird", siehe ebd.: 50. Zum Thema der Entscheidung bloß um der Entscheidung willen, siehe V. KROCKOW, *Entscheidung*. Von Delps theologischer Perspektive her war das, was Bollnow im Folgenden zusammenfasst, die Folge des schon angekommenen Nihilismus, angesichts dessen die Philosophie keine Wahrheitsaussage mehr zu formulieren wagt: „Darum verlagert sich in der Existenzphilosophie aller Nachdruck von dem ‚Was' der übernommenen oder selbstgeschaffenen Gehalte auf das ‚Wie' der Aneignung selbst. Es geht ausschließlich und unabhängig von allem doch immer nur relativen Gehalt um den Vorgang des Aneignens selbst, bei dem das Dasein beim unbedingten Ergreifen der überlieferten Möglichkeiten eine letzte Entschiedenheit gewinnt", BOLLNOW, *Existenzphilosophie*: 416. Das Urteil Bollnows wird durch Jaspers bestätigt, insofern dieser betont, dass sich eine Erlösung im Tragischen vollziehen könne, wenn der Mensch in der Freiheit untergehe, sich aus freiem Willen preisgebe, wobei der Inhalt zweitrangig sei, siehe JASPERS, *Über das Tragische*, 43–45.

lischen Theologie mit der Philosophie Heideggers analysiert. Hier knüpft Karl H. Neufeld an, der das Denken Delps wieder positiv zu deuten bestrebt ist.

a) „Sein und Zeit" – Ontologie oder Anthropologie?

(1) Die erste Wertung von „Sein und Zeit" als immanentistische Anthropologie

In den Jahren nach der Veröffentlichung von *Sein und Zeit* gibt es zunächst unter den katholischen Theologen verschiedene Interpretationstypen. Während einige das Werk als eine antimetaphysische Ontologie lesen, in welcher die „Innerweltlichkeit" des Daseins und die Zeit als der letzte Horizont des Seins jede Möglichkeit des Ewigen ausschließen, verstehen andere – unter ihnen auch Delp – das Werk nicht ontologisch, sondern lesen es vielmehr als eine Anthropologie der „tragischen Existenz"[175].

Der Schwerpunkt der Auseinandersetzung um die Deutung des Werkes durch Delp liegt also in der Frage, ob man es bei *Sein und Zeit* mit einer Anthropologie der tragischen Existenz oder aber mit einer Ontologie zu tun hat. Als Delp seine Position formulierte, herrschte längst nicht nur bei den katholischen, sondern gleichermaßen auch den evangelischen Theologen die Überzeugung vor, dass Heidegger eine Anthropologie, nicht aber eine Metaphysik geschrieben habe.[176] Dies lag angesichts des nicht gerade konsequenten Denkvollzugs im Werk auch nahe. Delp versteht also die Philosophie Heideggers in diesem Kontext als „besonders radikale Ausprägung einer bestimmten Anthropologie des wesenhaft nichtigen, immer schon schuldigen, deshalb geängsteten und vor seiner Angst fliehenden" Menschen.[177]

---

[175] Vgl. SCHAEFFLER, *Heidegger und die katholische Theologie*: 146.

[176] Gerhard Krüger schreibt 1929 in der Rezension zu *Sein und Zeit*: „Es scheint, als gäbe Heidegger eine Art theologischer, und zwar lutherischer Anthropologie", in: KRÜGER, *Rezension zu „Sein und Zeit"*: 62. Heidegger galt damals faktisch als „Daseinsanalytiker", was in dem Bereich der evangelischen Theologie vor allem dem Einfluß von Rudolf Bultmann geschuldet war. Auch die konfessionelle Spannung spielt dabei eine Rolle, die in Bezug auf *Tragische Existenz* nicht übersehen werden darf.

[177] SCHAEFFLER, *Heidegger und die katholische Theologie*: 48. Delp bemerkt in *Tragische Existenz*, dass die Absicht Heideggers zunächst wohl eine Ontologie sei: „Diese Philosophie will, kurz gesagt, Philosophie sein. Ganz allgemein und ohne Einschränkung nach ‚Sein'

In gewisser Weise ist diese Position repräsentativ für die frühesten Reaktionen des Großteils der katholischen Theologen auf *Sein und Zeit*. Schaeffler fasst es zusammen:

> Mit Bezug auf die Gottesfrage (zu der Heidegger sich nicht äußert) implizit atheistisch, mit Bezug auf den Menschen explizit ein Denker der „selbstgenugsamen Endlichkeit", in erkenntnistheoretischer Hinsicht aber [ist er] ein radikaler Vertreter des neuzeitlichen Subjektivismus, der „in das Gefängnis des eigenen Bewußtseins eingeschlossen" bleibt[178].

und dessen ‚Sinn' zu fragen" (73). Seinem Ziel einer Ontologie bleibe der Freiburger Philosoph aber nicht treu, die Frage nach dem Sein werde nämlich zur Frage nach dem Seienden und nach dem Dasein, d.h. dem Menschen (75,78f,124f, vgl. SZ 5–7). Im kritischen Nachvollzug des Gedankengangs von *Sein und Zeit* stellt Delp fest: „Zu Beginn der Darstellung wurde Wert darauf gelegt, festzustellen, daß ganz allgemein und uneingeschränkt nach Sein gefragt wird, nach dem ‚Sinn von Sein', ohne jeden Vorbehalt: Und festgestellt wurde: Sein = Dasein = Geworfenheit = Zeitlichkeit = Sein zum Tode = ex nihilo" (99). Eine Stütze seiner Interpretation findet Delp in Husserl, dessen Worte er in *Tragische Existenz* (103) auch zitiert: Die Philosophie von *Sein und Zeit* beruhe „auf Mißverständnissen und letztlich darauf, daß man meine Phänomenologie auf das Niveau zurückdeutet, das zu überwinden ihren ganzen Sinn ausmacht ... daß man in einer sei es empirischen oder apriorischen Anthropologie stecken bleibt, die nach meiner Lehre noch gar nicht den spezifisch philosophischen Boden erreicht und die für Philosophie anzusehen ein Verfallen in den ‚transzendentalen Anthropologismus' bzw. ‚Psychologismus' bedeutet", siehe HUSSERL, *Nachwort zu meinen „Ideen zu einer reinen Phänomenologie"*: 550f. Delp beruft sich außerdem auf eine entsprechende Äußerung Przywaras: Heideggers Metaphysik ist „Ontologie von Mensch-Bewußtsein" (106), vgl. PRZYWARA, *Drei Richtungen der Phänomenologie*: 252f.

[178] Vgl. SCHAEFFLER, *Heidegger und die katholische Theologie*: 53. FLÜGEL fragt 1929 rhetorisch, ob Gott aus diesem Denken gestrichen werden müsse, *Rezension zu „Sein und Zeit"*. DE WRIES schreibt 1930 über eine rettungslose Eingeschlossenheit in der Enge der Innerweltlichkeit, *Rezension zu „Kant und das Problem der Metaphysik"*. PRZYWARA sieht 1930 die Philosophie Heideggers als „selbstgenugsame Endlichkeit", *Wende zum Menschen*: 1–10. 1940 schreibt v. Balthasar dass „die Heideggersche Philosophie wie fast die gesamte Endlichkeitsphilosophie der Moderne ein betont gegenchristliches Gesicht" habe, *Heideggers Philosophie vom Standpunkt des Katholizismus*: 6, dieser Text erscheint in dem von Delp mitredigierten *Stimmen der Zeit*, dieselbe Nummer enthält übrigens drei Artikel von Delp: *Der kranke Held*, 76–82, *Der Krieg als geistige Leistung*, 207–210, und *Heimat*, 277–284. Sogar LOTZ, der später das Denken des Freiburger Philosophen anders beurteilen wird, war 1938 mit Delps kritischer Einstellung generell einverstanden, obgleich er auch manchen Aussagen Heideggers zustimmt, *Immanenz und Transzendenz. Zum geschichtlichen Werden*

(2) Das Urteil der „katholischen Heideggerschule": von der Ontologie zur Gottesfrage

Von der ersten Stellungnahme des Großteils der katholischen Theologen zu *Sein und Zeit* unterscheiden sich die Reaktionen auf Delps Position nach der sogenannten „Kehre" im Heidegger'schen Denken diametral. Anders als Delp sieht die nun entstehende katholische Heideggersschule mit Max Müller, Johannes Baptist Lotz, Karl Rahner und Gustav Siewerth im Denken des Freiburger Philosophen eine Anregung und ein Instrument für die Theologie, und sie will das in der Fragestellung und in der Methode Heideggers als richtig Erkannte für das christliche Denken in den Dienst nehmen.[179]

Max Müller etwa kritisiert, dass, anstatt *Sein und Zeit* als eine Ontologie zu denken, Delp die Philosophie Heideggers psychologisch-anthropologisch verkannt habe.[180] Dabei bezeichnet er *Tragische Existenz* als

> Beispiel einer niveauvollen, ersten, primär noch auf der existenzphilosophisch-anthropologischen Ebene der Auslegung von „Sein und Zeit" bleibenden Auseinandersetzung mit Heidegger[181]

und stellt weiter fest, dass sämtliche Aussagen über die Existenz und den Menschen in *Sein und Zeit* von Anfang an nicht im Sinne einer philosophischen Anthropologie gemeint gewesen seien, „sondern einzig und allein als Hilfsaussagen für das Bestreben, in den Grund universaler Ontologie vorzustoßen"[182], womit der Vorwurf Delps, Heidegger betreibe eine Anthropologie des tragischen Nihilismus, sein Fundament verliere.

---

heutiger Problematik und ders., *Immanenz und Transzendenz heute. Zur inneren Struktur der Problematik unserer Tage.*

[179] NEUFELD, *Geschichte und Mensch*: 97.

[180] Vgl. M. MÜLLER, *Existenzphilosophie* (die zweite Ausgabe, 1949): 59.

[181] Vgl. ders. in der dritten Ausgabe der *Existenzphilosophie* (1964): 280.

[182] Vgl. ders., ²*Existenzphilosophie*: 13, und auch ³*Existenzphilosophie*: 17. Die Sichtweise M. Müllers wird auch von Lotz angenommen, vgl. LOTZ, *Sein und Existenz*: 193, Anm. 20. Karl Rahner stellt fest, dass Tragische Existenz „objektiv gesehen nicht furchtbar viel wert ist und längst natürlich, letztlich mit Recht, vergessen ist", RAHNER, *Erneuerung des Ordenslebens*: 102. Die anderen, Delp geneigten Stimmen, wie beispielsweise Rinteln, waren eher singulär. Rinteln widerspricht der Feststellung M. Müllers, Delp verkenne die psychologisch-anthropologische Dimension der Philosophie Heideggers: „Delp sah nicht un-

Die Position der katholischen Heideggersschule übernimmt Roman Bleistein in seiner Biographie Delps. Dabei betont Bleistein mit Nachdruck, dass
Delp Heidegger gründlich missverstanden habe. Die philosophischen Studien in Pullach hätten Delp zwar die neuscholastische Philosophie vermittelt, ihm jedoch keinen Zugang zu dieser anderen Art des Philosophierens
erschlossen, in der in einer „Fundamentalontologie" nach Sinn und Sein gefragt werde. Bleistein stellt fest: Es

> ist nicht zu bestreiten, daß Heideggers Philosophie als Reflexion für solche Fach-
> gelehrte verfaßt ist, die sich in großer Abstraktheit Seinsfragen nähern können –
> und daß dort, wo diese Wege des Denkens nie gewiesen wurden, eigentlich
> nichts näher liegt als Delpsche Mißverständnis[183].

Des Weiteren betont er, dass die Lesart Delps sich auf scheinbare Argumente stütze. Kleine, von Heidegger in *Sein und Zeit* gesetzte Akzente habe
Delp, sensibel wie er war, als Bestätigung seines Missverständnisses verstanden. Nicht anders sei es im Übrigen auch vielen jungen Zeitgenossen Delps
ergangen.[184] In jedem Fall sei *Tragische Existenz* alles andere als „eine echte
philosophische Auseinandersetzung mit Heideggers Phänomenologie"[185].

---

richtig, wenn er hier eine Wendung zu einem irrational-voluntaristisch-dynamischen Idealismus, sagen wir vorsichtiger, Weltverstehen, erblickte", vgl. RINTELN, *Philosophie der
Endlichkeit als Spiegel der Gegenwart*: 73.

[183] BLEISTEIN, *Geschichte eines Zeugen*: 60.

[184] Ebd.: 59–60.

[185] Ebd.: 61.

(3) Neuere Positionen

Angesichts der Analyse von *Tragische Existenz* durch Schaeffler hat die Kritik Bleisteins indessen in dieser Form keinen Bestand. Schaeffler beschäftigt sich gründlich mit dem Werk Delps und sucht nach den tieferen Gründen für dessen Denken. Letztendlich kommt er zu dem Ergebnis, dass der Vorwurf der anthropologischen Verkennung von *Sein und Zeit* mit einigen wesentlichen Einschränkungen zwar nicht ganz unberechtigt erhoben wurde, die für die Beurteilung von *Tragische Existenz* allerdings entscheidende Frage, ob nämlich *Sein und Zeit* eine Ontologie darstelle, hingegen nicht vorschnell beantwortet werden dürfe. Delp habe das Anliegen Heideggers, nicht die Anthropologie, sondern die Seinsfrage zu erneuern zwar richtig erkannt, die „Ontologie des Nichts" sei jedoch wie „eine gigantische Universalisierung der Anthropologie der Nichtigkeit" erschienen.[186] Delp sehe in *Sein und Zeit* eine von der Anthropologie abhängige Ontologie, die auf dem Grund der neuzeitlichen Subjektivität entstanden sei.

> Wenn der Mensch sich selbst als autonomes Subjekt begreifen will, dann gilt ihm alles Seiende nur noch als etwas „Um zu", als dienliches Mittel seiner eigenen Existenzbehauptung.[187]

Die umstrittene Frage der Auslegung von *Sein und Zeit* als Fundamentalontologie oder Anthropologie, trifft nicht nur Delp, sondern darüberhinaus eine ganze Epoche. Dieses Problem steht in einem engen Zusammenhang mit der Frage nach dem neuzeitlichen Subjektivismus. Wenn Delp erklärt, dass

> die Ontologie Heideggers insofern von einer anthropologischen Vorentscheidung bestimmt [ist], als sie die Anthropologie der Nichtigkeit zur Ontologie des Nichts erweitert,[188]

so teilen nicht wenige Theologen seiner Zeit diese Position.

Mit dem Blick auf die Erläuterungen Heideggers zu *Sein und Zeit* in *Kant und das Problem der Metaphysik* und *Was ist Metaphysik?* sieht Schaeffler das Problem letztendlich ein wenig anders. Er stellt fest, dass es dem Freiburger Philosophen wirklich um die fundamentalontologische Frage gehe, die er jedoch transzendentalphilosophisch behandle. Demnach stehe die Daseins-

---

[186] SCHAEFFLER, *Heidegger und die katholische Theologie*: 50.
[187] Ebd.: 50f.
[188] Ebd.: 62.

analyse bei ihm im Dienst der Ontologiefrage. Jene Theologen, die den transzendentalen Ansatz des Denkens Kants nicht angenommen hätten – unter ihnen auch der Verfasser von *Tragische Existenz* –, müssten daher in der Philosophie Heideggers eine Verkürzung der Seinsfrage erkennen.[189] Auf das reziproke Verhältnis der Ontologie und der Anthropologie hat im übrigen Heidegger selbst bereits aufmerksam.[190]

Die Kritiker Delps unterstreichen die sogenannte „Kehre" des Verfassers von *Sein und Zeit* in seinem Denkweg. Schaeffler sagt dazu:

> Versteht man die Kehre als „Wendung vom Dasein zum Sein", dann erscheint der frühe Heidegger als der „Daseinsanalytiker" der „tragischen Existenz", also einer „Anthropologie", die mit der katholisch-theologischen Auffassung vom Menschen unvereinbar ist; erst der spätere Heidegger ist dann der „Ontologe", an dessen Bemühungen die katholische Theologie wegen ihres spezifisch ontologischen Interesses nicht vorbeigehen kann.[191]

Dem kann auch Delp nicht widersprechen. Schaeffler meint nun, dass – insofern das Wesen der Kehre in der „Wendung vom Sein, das ‚es gibt', zum Ereignis als jenem ‚Es', das wir meinen, wenn wir sagen ‚Es gibt Sein'" bestehe –, man Delp auch dementsprechend interpretieren müsse.[192] Die erste Konsequenz wäre dann die Feststellung, dass die Ontologie von *Sein und Zeit* überbietungsbedürftig sei, wofür auch Delp plädiere.[193] Einen weiteren Schluss zieht Schaeffler aus dieser Interpretation der Kehre, wenn er feststellt:

> Dennoch aber werden alle diejenige Interpreten enttäuscht, die von dem „Weg zum Sein" eine Befreiung der Ontologie aus dem Horizont der Zeit erwartet haben: Nicht die Zeit und die Ereignisse in ihr sind das Fundierte, und ein überzeit-

---

189 Vgl. ebd.: 70f,104.

190 HEIDEGGER schreibt in der Einleitung zu seinem Werk: „Daher muß die Fundamentalontologie … in der … Analytik des Daseins gesucht werden" (SZ 13). „Die Seinsfrage ist … aber nichts anderes als die Radikalisierung einer zum Dasein selbst gehörigen wesenhaften Seinstendenz" (SZ 15). „In der Absicht auf eine mögliche Anthropologie bzw. deren onthologische Fundamentierung, gibt die folgende Interpretation nur einige, wenngleich nicht unwesentliche ‚Stücke'" (SZ 17).

191 Vgl. SCHAEFFLER, *Heidegger und die katholische Theologie*: 87.

192 Ebd.: 106, in Bezug auf HEIDEGGER, *Zeit und Sein*.

193 Vgl. DELP, *Tragische Existenz*: II,98.

liches Sein das Fundierende; vielmehr hat das Sein, das „es gibt", seinen gewährenden Ursprung in jedem Ereignis, durch das es „gegeben wird".[194]

Für Neufeld ist die Kritik der „katholischen Heideggersschule" an *Tragische Existenz* unzutreffend. Er spricht von einem „vage[n] Konsens ... Delp habe Heidegger mißverstanden und sei seinem Werk nicht gerecht geworden"[195]. Die von Neufeld verfasste Darstellung von *Tragische Existenz* scheint aber doch den Kritikern Delps Recht zu geben: Der Schwerpunkt des Werkes Delps liegt nicht auf der Ontologie, sondern auf der Anthropologie. Wie Neufeld feststellt, setzt sich Delp mit den Bedrohungen auseinander, die die Philosophie von *Sein und Zeit* für die Existenz bringt.[196] In *Tragische Existenz* geht es ihm um die „Ablehnung der als strikt immanent und innerweltlich aufgefaßten Existenzialphilosophie Heideggers"[197].

Neufeld stellt die Frage, ob Delp überhaupt eine Möglichkeit hatte, zu einem anderen Urteil zu gelangen. Erst nach dem zweiten Weltkrieg sei von Seiten katholischer Philosophen ein anderes Heidegger-Bild gezeichnet und der Versuch unternommen worden, dessen Philosophie auch für die Theologie fruchtbar zu machen. Dies bedinge allerdings vorab die vieldiskutierte Kehre Heideggers. Jene sei außerdem der Hintergrund, den die Mehrzahl der kritischen, über die Heidegger-Deutung Delps gefallenen Urteile stillschweigend voraussetzten.[198]

Die 1935 veröffentlichte Schrift *Tragische Existenz* fragt nach der faktischen Wirkung des Inhalts von *Seit und Zeit* in der damaligen Zeit und nicht nach den Möglichkeiten der Bearbeitung jenes Denkens für die Theologie –

---

[194] SCHAEFFLER, *Heidegger und die katholische Theologie*: 106. Eine der interessanten Stellen von *Tragische Existenz* besteht im Plädoyer für die Notwendigkeit der Frage nach einem „Werfer", der den Menschen in die Welt geworfen habe (vgl. DELP, *Tragische Existenz*: II,140). Diese Frage gehört nach Delp notwendig zu jedem Denken, das sich als Philosophie bezeichnen will. Hätte Heidegger das Phänomen des Selbstverständnisses des Daseins und das der „Geworfenheit" richtig beachtet, müsste er die Frage nach einem durch das endliche Sein vorausgesetzten unendlichen Sein ernst nehmen. In diese Richtung geht die moderne Phänomenologie, die nach etwas Fundierendem in Hinblick auf den phänomenologischen Ausdruck der „Selbstgegebenheit" sucht, vgl. MARION, *Réduction et donation*: 48–63, ähnlich V. HERRMANN, *Wege ins Ereignis*: 350–370.

[195] NEUFELD, *Geschichte und Mensch*: 112.

[196] Vgl. ebd.: 89–92,102.

[197] Ebd.: 83.

[198] Vgl. ebd.: 96.

ein Umstand, der oft übersehen wird. Gewiss bezeichnet Delp das damalige Verhältnis der katholischen Theologie zur Philosophie Heideggers als feindselig, zugleich ist er sich jedoch dessen bewusst, dass eine Entwicklung des Denkens Heideggers noch möglich ist.[199] Er weiß also um die Spannung zwischen dem faktisch in dieser Philosophie Vorliegenden und einer zwar jetzt noch nicht zur Rede stehenden, doch möglichen Wendung des Denkens. „Das schreckhafte Wort: ex nihilo omne ens qua ens fit: ist es wirklich das letzte Wort dieser Philosophie?" Diese Frage Delps findet eine Antwort im Hinweis auf die mögliche Selbstbegrenzung jener Philosophie:

> Im Kantbuch scheint Heidegger selbst vor den letzten Ergebnissen seiner Philosophie zurückzuschrecken. Es heißt dort auf einmal: „Wie soll nach der Endlichkeit im Menschen gefragt werden?" Die Frage wird also gedreht: es soll nicht nach Sein gefragt werden, sondern nach „endlichem" Sein.[200]

Heideggers Fragestellung in Verbindung mit der Methode der deskriptiven Hermeneutik Diltheys ist nach Delp letztendlich jedoch so verengt, dass sie von vornherein eine mögliche Transzendenz ausschließt.[201]

Aus gegebenem Anlass ist eine Kritik an Delps Auseinandersetzung mit *Sein und Zeit* in der Strenge, wie man sie etwa bei Bleistein findet, unberechtigt. Neufeld kommt zu folgendem Schluss:

> Gerade darum wird man aber achtgeben müssen, im Blick auf Heideggers späteres Werk nicht seinem frühen Kritiker Unrecht zu tun. Wenn dieser zu dem Schluß kommt, das vorliegende Werk sei nur Teil und scheitere in seiner eigenen Absicht sowohl horizontal wie vertikal, dann hat er eine Lücke in der nötigen Voraussetzung aufgespürt und konsequent geprüft. Als Mißverständnis läßt sich dieses Resultat umso weniger abtun, als das Schicksal des Heideggerschen Werkes – gemeint ist sowohl die Tatsache, daß „Sein und Zeit" als solches unvollen-

---

[199] DELP, *Tragische Existenz*: II,73: „Eine Darstellung dieser Philosophie ist natürlich nur insoweit möglich, als sie vorliegt. Seit Jahren wird mit Spannung der zweite Band des Heideggerschen Hauptwerkes ‚Sein und Zeit' erwartet, bis jetzt vergebens. Doch ist anderseits das bis jetzt Vorliegende, sowohl was Methode und Ziel als auch was Inhalt und innere Tendenz angeht, eindeutig genug festgelegt, um eine geschlossene Darstellung als Grundlage einer Beurteilung geben zu können". Vgl. NEUFELD, *Geschichte und Mensch*: 96.

[200] DELP, *Tragische Existenz*: II,98.

[201] Vgl. ebd.: 100. Vgl. NEUFELD, *Geschichte und Mensch*: 96f.

det blieb wie auch die vieldiskutierte spätere „Kehre" Heideggers – dem Befund eine gewisse Bestätigung gibt.[202]

In den neuesten Bewertungen der Auseinandersetzung Delps wird nun auch immer mehr auf den geschichtlichen Hintergrund geachtet. Maier formuliert beispielsweise:

> Delp liest Heidegger anthropologisch; er versteht seine Philosophie als Zeitansage, er ist vor allem hellhörig für die Sprache, die weltanschaulichen Nebentöne, die politischen Implikationen. Das mag einseitig sein und der von dem Freiburger Meister in Gang gesetzten „Gigantomachie" um das Sein – der neuen Fundamentalontologie – nicht gerecht werden. Aber beruht nicht auch die politische Wirkung Heideggers in den Anfangsjahren des Dritten Reiches auf solchen Reduktionen in der Wahrnehmung seines Denkens? Von Heideggers späterer „Kehre" konnte Delp noch nichts ahnen. Er analysiert die sichtbaren, die öffentlichen Wirkungen der Philosophie Heideggers in der Gegenwart, weniger die längerfristig wirksamen Absichten und Antriebe.[203]

b) „Sein und Zeit" – Anstoß zum tragischen Heldentum?

Während Delps anthropologische Lesart von *Sein und Zeit* ein umstrittenes Thema in der Rezeption von *Tragische Existenz* ist, wird die akute Feststellung des Autors, es bestehe im Denken Heideggers eine Affinität zum tragischen Heldentum, fast allgemein gewürdigt.[204] Delp sieht zwar keine *notwendige* Verbindung zwischen dem tragischen Heldentum und der natio-

---

[202] NEUFELD, *Geschichte und Mensch*: 103.

[203] MAIER, *Delps Vermächtnis*: 799.

[204] Vgl. DELP, *Tragische Existenz*: II,123f. Der positiven Bewertung von Delps Feststellung, jenes Denken Heideggers öffne den Weg zu einem tragischen Helden, widerspricht Lotz: Bei Heidegger solle man „nicht von einem im Hoffnungslosen ausharrenden heroischen Tragizismus reden, obwohl diese Fehldeutung früher nicht so eindeutig wie heute ausgeschlossen war, denn die Tapferkeit meistert den Schrecken kraft ihrer anhebenden Begegnung mit dem Sein", vgl. LOTZ, *Sein und Existenz*: 193. Die Literatur, die Delps Meinung entspricht, ist nicht wenig. Den tragischen Heroismus bei Heidegger konstatieren beispielsweise FRANZEN, *Die Sehnsucht nach Härte und Schwere*, LOSURDO, *Heidegger und die Kriegsideologie*, RENTSCH, *Das Sein und der Tod*: 144f, SCHULZ, *Über den philosophiegeschichtlichen Ort Heideggers*: 115. Dagegen wendet sich aber etwa FIGAL, *Selbstverstehen in instabiler Freiheit*: 89–119.

nalsozialistischen Ideologie, dennoch deutet er eine faktische Wirkung dieses Denkens an:

> Leider bleibt auch die Philosophie Heideggers, so wie sie heute vorliegt, in dieser Linie, womit jedoch nur die heutige tatsächliche Ausrichtung, nicht eine innere, notwendige Festlegung behauptet werden soll.[205]

Dieser Meinung sind außerdem sowohl Schaeffler[206] als auch Bleistein, obgleich letzterer *Tragische Existenz* generell eher streng beurteilt. Die Ablehnung des tragischen Heldentums rechnet Bleistein Delp jedenfalls als Verdienst an:

> Damit aber wird die eigentliche Leistung Delps in ihrer Bedeutung sichtbar: er weist gefährliche Übereinstimmungen zwischen Heideggers Philosophie und dem Zeitgeist, vor allem mit dem Lebenspathos des Nationalsozialismus auf. Obgleich Delp Heideggers Werk falsch liest, entdeckt er Aussagen, die populärwissenschaftlich große Wirkung zeitigten und Heidegger zum großen, zuweilen verführerischen Magier hochspielten.[207]

Schon auf Grund dieser zutreffenden Einsicht des jungen Delps ist eine pauschale Abwertung seines Werks nicht haltbar.[208]

Doch inwieweit ist andererseits eine Kritik am Werk berechtigt? Für *Tragische Existenz* lässt sich vielleicht ein ähnliches Bild verwenden – obgleich auch in wesentlich begrenzteren Proportionen – wie es Heidegger in seinem Urteil über *Sein und Zeit* nutzt.[209] *Tragische Existenz* ist wie ein bescheidener, aber entschlossener Wanderer, der sich auf den von *Sein und Zeit* abgesteckten, früher nie beschrittenen Weg macht, und dies in einer Zeit, in der der Weg noch nicht verwachsen und der den Weg absteckende Philosoph noch in Sicht ist. Delp wandert gewissermaßen mit dem Autor und hat darum selbstverständlich noch nicht jene Perspektive, über die diejenigen verfügen, die die Unternehmung aus der Distanz beobachten können. Delp

---

[205] DELP, *Tragische Existenz*: II,132. Ähnlich schreibt Przywara: „Es ist das eigentümliche Ethos des Denkens Heideggers, daß diese Metaphysik nur dazu dient, der Diltheyschen ‚Geschichtlichkeit' eine Art von tragischen Heroismus einzuhauchen", vgl. PRZYWARA, *Drei Richtungen der Phänomenologie*: 261.

[206] Vgl. SCHAEFFLER, *Heidegger und die katholische Theologie*: 52.

[207] BLEISTEIN, *Geschichte eines Zeugen*: 60f.

[208] Vgl. P. MÜLLER, *Sozialethik*: 10, Anm. 5.

[209] Siehe in der vorliegenden Studie: 49.

sieht aus seiner nahen Betrachtung hingegen eine Möglichkeit, den Verlauf des Weges mitzubestimmen.

Nur der Einbezug des geistesgeschichtlichen Kontextes in die Auseinandersetzung zwischen Delp und Heidegger ermöglicht es, diese auch angemessen und gerecht zu beurteilen. Die Editionslage der Texte Heideggers, die allgemeine Beachtung desselben sowie seine öffentliche Tätigkeit, die spannende Epoche der Neugestaltung der Welt und nicht zuletzt die Absicht Delps, auf den tieferen Sinn des Denkens Heideggers einzugehen, bilden den notwendig zu beachtenden Hintergrund der Kritik an *Tragische Existenz*. Zwar redet Delp an der ontologischen Absicht Heideggers vorbei, doch verfehlt er dabei mitnichten den faktischen Inhalt von dessen Schrift. Delp konnte kaum zu einem anderen Urteil gelangen.

C. Die Selbstverneinung der Freiheit durch Flucht ins Kollektiv

1. Delps Gegenwartsdiagnose: die Selbstverneinung der Freiheit

Delps Kritik am modernen Freiheitsverständnis erschöpft sich nicht in seinen Ausführungen zur tragischen Freiheit. Ein weiterer wichtiger Aspekt ist hier auch der Hinweis auf das Phänomen der Selbstverneinung der zur bloßen Form entleerten Autonomie, die vom Menschen als untragbar empfunden und existenziell abgelehnt wird; dies ist auch der Grund dafür, dass er sich dann erleichtert unter eine fremde Entscheidung fügt. Das Thema der Selbstverneinung der Freiheit durch die Flucht in das Kollektiv klingt in verschiedenen Schriften Delps unterschiedlich deutlich an – besondere Bedeutung erhält es allerdings im Kontext der Beschreibung der Situation der Gesellschaft und des Individuums in der Zeit des Nationalsozialismus. Dabei sieht der Jesuit die Vermassung als *die* Entartung der menschlichen Lebensgestalt und er erkennt in ihr ein entscheidendes Element der Existenz des modernen Menschen überhaupt.[1]

Die Vermassung und die Freiheit sind nach Delp im Sinne zweier absolut gegensätzlicher Prinzipien zu denken. Weil das Versinken in die Masse eine Selbstverneinung der Freiheit ist und die Masse im Fortgang des Prozesses zu einem Faktor wird, der der Freiheit gänzlich die Möglichkeit nimmt, sich zu erneuern, ist die Relation zwischen der Vermassung und der Freiheit nur

---

[1]   Vgl. DELP, *Herz Jesu* (Gefängnismeditation, Januar 1945): IV,246, siehe auch *Christliche Persönlichkeit* (Predigt, 10. Oktober 1937): I,205f. Von Moltke betont angesichts der Situation im Dritten Reich: „Ich habe seit langem nichts gesehen, was mich [so sehr] deprimiert: [die] Masse Mensch in Vollendung. Und was das schlimmste ist, ist dass so viele Leute, von denen ich etwas halte, dabei mitmachen und nicht merken, wie widerlich und degradierend das alles ist" (V. MOLTKE, *Briefe an Freya*: 33). Wenn Martin Buber 1938 über verschiedene Faktoren schreibt, die das anthropologische Problem der Moderne zur Reife bringen, betont er zuerst den Zerfall des alten organischen Zusammenlebens, dessen Folge die Entstehung der kollektiven Form der Existenz sei, wo der Mensch eine neue Sicherheit gewinne, siehe BUBER, *Das Problem des Menschen*: 81–82. KRINGS schreibt 1941 vom Kollektiv, das die menschliche Eigentlichkeit zerstört. Er stellt ihr eine Idee der als Ganzes geordneten Teile entgegen, die weit vom reinen Formalismus entfernt sei, siehe *Ordo*: 1–3. Ebenso bemerkt Guardini kurz nach dem Krieg: sowohl die Vermassung als auch der Verlust der Freiheit seien die Merkmale der Gegenwart, vgl. *Das Ende der Neuzeit*: 66f.

in der Kategorie des gegenseitigen Ausschlusses, d.h. eines „entweder – oder" zu verstehen. Delp erklärt:

> Der Mensch soll um seine Freiheit und Eigenständigkeit wissen und er soll sie nie vergessen. Er darf sie nie weggeben oder wegwerfen; denn er gibt sich selbst damit aus der Hand und wird zum Objekt, zum Gegenstand, zur Nummer, zum Rohstoff fremder Entscheidungen und Ordnungen.[2]

Delp erfuhr die Gravitationskraft der Vermassung nach seiner Verhaftung an sich selbst, wie seine Briefe bezeugen:

> Wie gerne wäre ich bei den Menschen in Not ... und gelte nun selbst nicht mehr als Mensch, nur noch als Nummer. Im Haus hier die Nummer 1442, die Zelle 8/313[3].

Die höchste Verachtung widerfährt ihm vor Gericht: „Man ist dort kein Mensch, sondern ,Objekt'"[4].

Delp beklagt nicht eine von außen kommende, erzwungene Vermassung, der sich der Mensch zu widersetzen sucht, sondern das freiwillige Sich-Hingeben an die Masse. Der Jesuit ist Zeuge eines sich in seiner Zeit vollziehenden Prozesses, in dessen Verlauf der Mensch, der tragische Held von gestern, sich einer Masse bzw. einem Führer freiwillig unterwirft, passiv, d.h. aufgrund eines Hinnehmens, oder aktiv, d.h. aus eigener Entscheidung. Dass nicht die aufgezwungene Unfreiheit, sondern der freiwillige Verzicht auf die Freiheit das eigentliche Übel des Menschen ist, sagt Delp zwar nicht direkt, wohl aber indirekt.

In diesem Kontext fragt Delp zunächst nicht nach dem Wie der Entstehung des Kollektivs, sondern nach dem Warum. Er greift dazu bestimmte Elemente des neuzeitlichen Denkens auf, weshalb seine Kritik am Kollektivismus erneut zur Kritik am modernen Menschenbild wird. Daraus ergibt sich seine Beurteilung der Gesellschaft in ihrer konkreten geschichtlichen Situation. Er kritisiert das politische Regime des Dritten Reiches und die geistige Lage der Gesellschaft aus der Sicht „von unten", aus der Perspektive des Denkens des Individuums. Dabei gelangt er zu der zunächst über-

---

[2] DELP, *Der Mensch und die Geschichte* (1943): II,378. Vgl. ders., *Epiphanie* (Gefängnismeditation, Januar 1945): IV,217.
[3] Ders., *Gefängnisbrief an L. Oestreicher* (Ende November 1944): IV,31.
[4] Ders., *Gefängnisbrief an M.* (nach dem 11. Januar 1945): IV,106.

raschenden Feststellung, dass nicht das totalitäre System die primäre Kraft für die Vermassung des Menschen sei. Das Wichtigste spiele sich hier im Menschen selbst ab. In einem Brief an die Freunde an der Front schreibt er:

> Die Grausamkeit, die heute die Erde schlägt, zunächst und zuerst in unseren Herzen zu Hause war und von da her den ganzen Kosmos ergriff.[5]

Das Suchen nach den Gründen der Vermassung des individuellen Menschen aus der Perspektive „von unten" ist von entscheidender Bedeutung für das Freiheitsverständnis Delps und für die Klärung der Frage nach der Möglichkeit der Freiheit in einem totalitären System, und auch in der Gesellschaft allgemein. Kein politisches System erschafft den kollektiven Menschen, vielmehr bedient es sich des Menschen, wie es ihn vorfindet, und nimmt seine Disposition in Dienst. Den eigentlichen Grund des Phänomens der Vermassung findet Delp im geistigen Wandel des Menschen, im Scheitern des radikal immanenten Freiheitsprojekts. Nachdem der Mensch sich von jeder transzendenten Dimension losgesagt und sich allein für die immanente Welt entschieden hat, ist er nicht mehr in der Lage, den Anspruch der Freiheit als wirkliche Selbstbestimmung zu erfüllen.

Das heißt: Delp sieht einen Zusammenhang zwischen der Entscheidung zum Immanentismus, genauerhin zwischen der tragischen Haltung als dem radikal erlebten, zum Ende geführten Immanentismus und dem Versinken in der Masse als der von der Geschichte erzwungenen tragischen Haltung.

Es stellt sich dabei die Frage: Ist das eine unvermeidliche Kette von Ursachen und Wirkungen? Muss der Mensch, der auf das Verhältnis zum transzendenten Du verzichtet, unbedingt zu einem Objekt der Masse werden? Die Antwort, die sich vom Denken Delps her ergibt, ist differenzierter zu betrachten: Zuerst ist zu wiederholen, dass der Mensch prinzipiell dank der natürlichen Fähigkeiten seiner Vernunft auch ohne ein Verhältnis zum

---

[5] Vgl. ders., *Weihnachtsbrief* (1943):V,268, siehe auch *Der Mensch und die Geschichte* (1943): II,409, wo Delp konstatiert: „Das ethisch falsche, das Böse in der Welt ist zuerst im Menschen, in seinem innersten Bei-sich-selbst. Es ist zuerst eine Entscheidung des Menschen in der transzendenten Ordnung. Erst sekundär, kraft der Weltverbundenheit und der schöpferischen Gestaltungsfähigkeit des Menschen an der Welt, kommen Sünde und Schuld in die Öffentlichkeit, in die allgemeine Geschichte". Vgl. NEUFELD, *Geschichte und Mensch*: 234. Gustav Le Bon, der mit seinem 1895 veröffentlichten Werk *Psychologie der Massen* eine Diskussion über das Vermassungsthema initiiert, betont ebenso: nicht im Bereich der Politik, sondern zuerst innerhalb der Anschauungen, der Begriffe und des Glaubens liege das Entscheidende, siehe LE BON, *Psychologie der Massen*: 1.

Transzendenten in Freiheit existieren kann; zugleich aber ist die Unzuläng-
lichkeit dieser Autonomie zu bedenken ist, da dem Menschen hier letztendlich die Antwort auf das das Ganze umfassende „Wozu" der Freiheit fehlt.
Dass aber schon die natürlichen Fähigkeiten das Einzelwesen vor der
Gleichschaltung der Masse schützen können, ist für Delp zweifellos.[6]
Der Zusammenhang zwischen der Entscheidung zum Immanentismus
und der tragischen Haltung besteht, wie bereits dargestellt, darin, dass die
Tragik die letzte Etappe des Auswegs aus dem Verhältnis zum Transzendenten ist – so wie es Delp in der Auseinandersetzung mit Heidegger herausgestellt hatte. Dieser Übergang vom Immanantismus in die Tragik
scheint ein theoretisches Muss, ein logisches Denkergebnis zu sein, doch in
praktischer Hinsicht, angesichts der Tatsache, dass die Menschen die Konsequenzen ihrer konkreten Entscheidungen selten zu Ende denken, stellt er
sich als ein praktisches Kann dar. Richtig ist es nun aber, wenn man mit
Delp festhält, dass die theoretische Möglichkeit des Übergangs von der Tragik in die Masse sehr oft zu einer praktischen Notwendigkeit wird. In der
Grundlosigkeit der Existenz erweist sich die tragische Haltung als eine unerträgliche Lösung.[7] Angesichts der Geschichte, die dem Menschen gegenüber nun ein übermächtiges, gewalttätiges und räuberisches Schicksal be-

---

[6] Dank seines natürlichen Geistes ist der Mensch, so Delp, in der Lage, sich dem „Reich
der Materie" und dem „vermassende[n] Schwergewicht" zu widersetzen, siehe DELP, *Der
Mensch vor sich selbst* (Nachlass, o.J.): II,507. Der Geist befreie die Gemeinschaft von der
Entartung zur „gestaltlosen Masse, indem er dem Menschen dauernd das Pflichtbild der
freien und verantwortlichen Persönlichkeit vor das Bewußtsein hebt", vgl. ders., *Die Welt
als Lebensraum des Menschen* (Nachlass, o.J.): II,470f. Auch die „totale Dienstbarkeit des
Menschen, daß er einfach Nummer und Funktion sein soll, scheitert an seiner unveräu-
ßerlichen Freiheit, an seinem Selbstbewußtsein und seiner Menschenwürde", in: ebd.: 473,
vgl. ders., *Neujahr* (Predigt, 1. Januar 1942): III,139, weil er „nicht ein getriebenes Wesen ...
sondern ein frei Handelnder" sei, in: ders., *Brief an H. Schmitt* (26. August 1943): V,160.
Ebenso kann sich der Mensch durch die Fähigkeit, eine Frage zu stellen, „gegen den Untergang in der Masse" wehren, Delp zeigt sogar, dass diese Fähigkeit eine notwendige
Bedingung für diese Abwehr ist, vgl. *Der Mensch vor sich selbst* (Nachlass, o.J.): II,487, vgl.
ebd.: 489. Eine Rolle spiele das Gewissen: Ein sachliches und vollzogenes Urteil des Gewissens des Menschen sei „unbequem für jedes Schema, lästig für jede, auch die fromme
Vermassung und Entmündigung", in: ebd.: 521. Auch die Entscheidung entziehe „dem
breiigen Zustand der Vermassung" seine Gravitationskraft, in: ebd.: 554, vgl. ders., *Das
Menschenbild der Konstitutionen der Gesellschaft Jesu* (Vorträge, 1941): V,209.
[7] Vgl. DELP, *Vorweihnachtliche Besinnung* (Predigt, 22. Dezember 1942): III,79.

deutet,[8] gibt der Mensch den Anspruch an die Freiheit auf und versinkt zugunsten der Selbstsicherung ins Kollektiv hinein.[9]

Für Delp ist der Vermassungsprozess kein gänzlich neues Geschehen, sondern vielmehr das Scheitern eines bestimmten radikalen Konzepts der modernen Freiheit und der Menschlichkeit. Er erklärt:

> Als der Mensch sich auf die Freibeuterfahrt des Daseins begab, ohne Gesetz und Ordnung Gottes: da begann die Welt dem Grauen zuzuwandern[10].

2. Die Verfassung der Gesellschaft als Grund für die Selbstverneinung der Freiheit

Zwar wird in diesem Prozess die entscheidende Rolle dem Individuum zugeschrieben, dennoch trägt es für die Entstehung des kollektiven Menschen nicht die alleinige Verantwortung. In diesem Zusammenhang verweist Delp auf die Auswirkungen der Zustandes der Gesellschaft, wobei er die Rolle des Bürgertums und der Technik besonders hervorhebt. Diese haben sich bzw. wurden zwar in Reaktion auf eine Welt entfaltet, die zu einem immer engeren und auswegloseren Raum verkam; doch haben beide noch nicht die in sie gesetzten Hoffnungen erfüllt. Längst sei dem Menschen bewusst geworden, dass die Menschen durch diese zwei Momente geknechtet worden seien. So wachse die Unsicherheit in solcher Weise, dass die Kapitulation vor dem Schicksal nicht mehr weit sei.[11]

Wenn Delp hier die Frage stellt, warum der prometheische Mensch des Abendlandes sich so einfach auf einen Fatalismus einlasse, steckt er damit die Richtung seiner Antwort schon ab: Die im Folgenden zu betrachtenden Ideen des Bürgertums und der Technik haben für ihn ihre tragende Kraft verloren.[12] Am Ende, so Delp, stehe der Mensch eben doch unter der

---

[8]   Vgl. ders., *Vertrauen zur Kirche* (Vortrag, 22. Oktober 1941): I,265.

[9]   Vgl. ders., *Das Menschenbild der Konstitutionen der Gesellschaft Jesu* (Vorträge, 1941): V,207.

[10] Vgl. ders., *Weihnachtsbrief* (1943): V,268.

[11] Vgl. ders., *Herz Jesu* (Gefängnismeditation, Januar 1945): IV,245,257.

[12] Vgl. ders., *Schicksal* (Vortrag, 5. Oktober 1942): III,417.

Schwerkraft der Ordnung des Stoffes, des Blutes und der Triebe. Dies erlebten gerade die jungen Menschen existenziell.[13]

a) Die Dekadenz des Bürgertums

In dem Phänomen der Bürgertumsdekadenz erkennt Delp die erste, sich auf die Gestalt der Gesellschaft beziehende Ursache für die Selbstverneinung der Freiheit. Er bringt diese Thematik in seiner geistgeschichtlichen Deutung unter und erklärt, „die Luther-Kant-Befreiung" habe in ihrer Folge einen kleinen Menschen zurückgelassen, dessen Autarkie sich in einer erschreckenden Verspießung des Menschen zeige.

> Der satte, genügsame Bourgeois, der neben den verstiegenen Logizisten in der letzten Hälfte des 19. Jahrhunderts und zu Beginn des 20. unser Land und die Welt bevölkerte, war das andere Ergebnis dieser Ent-Bindungen zur Freiheit. Das war auch die andere Bedrohung und Gefährdung der menschlichen Existenz.[14]

Delp konstatiert, das bürgerliche Ideal sei trotz der insgesamt gescheiterten Versuche, es zu überwinden, eines der Hauptfaktoren der jüngsten Vergangenheit gewesen, weshalb er sich gern in die lange Liste der Kritiker einreihe.[15] Die Entartung des Bürgertums bestehe in der radikalen Verschiebung des Schwerpunkts an dem zwischen der Freiheit und der Geborgenheit gespannten Bogen zugunsten des Letzteren.

Die erste Eigenschaft des bürgerlichen Menschen ist nach Delp dessen ständige Suche nach Sattheit und materieller Sicherheit. Seine Leidenschaften seien nichts mehr als

> Hunger und Durst nach Wohlfahrt, Pflege, Ruhe, Bequemlichkeit, gesichertem Besitz. Die Rente, der Coupon, die stille Teilhaberschaft, die Zinshäuser: das waren und sind die Symbole und Ideale dieser Menschen geworden[16].

---

[13] Vgl. ders., *Geistige Lage* (Vortragsskizze, 1943): V,263.

[14] Ders., *Tragische Existenz*: II,47.

[15] Vgl. ders., *Veni Sancte Spiritus* (Gefängnismeditation, Januar 1945): IV,298, siehe auch FUCHS, *Bürgerliche Gesellschaft*: 122f,127f,134.

[16] DELP, *Veni Sancte Spiritus* (Gefängnismeditation, Januar 1945): IV,299. Vgl. ders., *Gestalten der Weihnacht* (Gefängnismeditation, Dezember 1944): IV,204.

Die von Gott her kommende Ruhe und Überlegenheit habe der bürgerliche Mensch für eine falsche Sicherheit eingetauscht,[17] „Rentensucht und Versicherungsangst" hätten seine geistige Kraft, die Entscheidungsfähigkeit, sein Freiheitsstreben zutiefst geschwächt.[18] Der dickblütige, schwerfällige Bourgeois mit seiner Schläfrigkeit, biedermaierischen Bravheit und Sorglosigkeit, mit seinem Leben an den Peripherien der Geschichte, werde hier zur Basis des Erfolgs des Bösen in der Geschichte.[19]

b) Das Wirklichkeitsverständnis des technischen Zeitalters

Neben dem dekadenten Bürgertum wird nach Delp das von der Technik abgeleitete Wirklichkeitsverständnis zum zweiten Katalysator für die Entstehung der kollektiven Lebensform. Nach Delp hat die in der Gesellschaft verbreitete Technik keine neutrale Bedeutung für das Leben der Freiheit: Zwischen dem von der Technik bestimmten Menschen und der Tendenz zur Vermassung der Menschen gebe es einen konkreten Zusammenhang.[20] Die in den Naturwissenschaften verwurzelte Technik habe dem Menschen die Überzeugung gegeben, er beherrsche die Welt; zugleich aber werde durch die Technik der Horizont der menschlichen Existenz begrenzt, weil nunmehr alle Wirklichkeit als eine allein durch die Mechanik organisierte Struktur wahrgenommen werde.[21] Da gelte der Mensch nicht mehr als Mensch, sondern als ein Rädchen in einer mechanisierten Welt, die weder für eine Entscheidung Platz habe noch für Verantwortung. Es sterbe das Ich-Erlebnis und der „homo sapiens", der „homo speculativus" und der „homo religiosus" würden durch den dem Zwang der Maschinenwelt verfallenen „homo faber" ersetzt.[22]

---

[17] Vgl. ebd.: 239.

[18] Ebd.: 236. Vgl. ders., *Vierter Fastensonntag* (Predigt, 4. April 1943): III,192, *Schicksal* (Vortrag, 5. Oktober 1942): III,417.

[19] Vgl. ders., *Der Mensch und die Geschichte* (1943): II,412, *Dritter Adventssonntag* (Gefängnismeditation, Dezember 1944): IV,170.

[20] Vgl. ders., *Drei Fragen an die Kirche* (Predigtentwürfe, 1943): V,241.

[21] Vgl. ders., *Schicksal* (Vortrag, 5. Oktober 1942): III,418, *Gestalten der Weihnacht* (Gefängnismeditation, Dezember 1944): IV,202.

[22] Vgl. ders., *Der Mensch vor sich selbst* (Nachlass, o.J.): II,516f, *Veni Sancte Spiritus* (Gefängnismeditation, Januar 1945): IV,272. Ernst JÜNGER beschrieb damals in seinen Büchern

Das Hauptproblem des Wirklichkeitsverständnisses des technischen Zeitalters besteht für den Jesuiten darin, dass der Mensch nicht mehr als Leib-Geist-Wesen verstanden wird, sondern vielmehr als kraftloses Objekt wirtschaftlicher Handlungen. Für die Industrie und die großen Städte seien die Personen lediglich Mittel zum Zweck geworden,[23] der freie Dienst oder das freie Opfer seien nunmehr fremde Wirklichkeiten.[24] Der Verlust der Perspektive des Geistes verursache unvermeidlich den Verlust der Freiheit. „Der freie Raum des Geistes ist entleert, die schöpferische Kraft verstummt"[25], das mechanisierte Leben liebt nun „den Gleichklang und den Gleichtakt"[26]. Auf diesem Fundament, so Delp, wachse der Mensch des Fatalismus und eine deterministisch geprägte Vision der Existenz.

c) Der Nationalsozialismus als Ersatzreligion

Aufgrund des historischen Kontextes ist die Frage nach der Rolle der Politik in der Entstehung des Massenmenschen für unsere Auseinandersetzung mit dem Denken Delps von besonderer Bedeutung. Der Jesuit weist darauf hin, dass die politischen Verhältnisse allein nicht in der Lage sind, einen kollektiven Menschen zu schaffen, dass sie aber bestehende Tendenzen nutzen, verstärken bzw. ins Extrem steigern und beispielsweise durch Kriegsführung beispiellos intensivieren können.[27] Nach Delp hat der Führer des Dritten Reiches jene bereits zuvor im Geist der Zeit angelegte Neigungen in die politische Praxis überführt.[28]

Was den Einfluss des Nationalsozialismus in Deutschland auf die Vermassung der Menschen angeht, hebt Delp zwei Punkte im Besonderen hervor: Angesichts des Verlustes des Gottesbezuges wandelt sich (1) die Rolle und die Funktion der politischen Macht in die einer Ersatzgottheit. Die

---

Die totale Mobilmachung (1930) und *Der Arbeiter* (1932) die Ohnmacht des Geistes und den neuen Typ des Menschen – den Arbeiter.

[23] Vgl. DELP, *Weihnachten* (Predigt, 25. Dezember 1943): III,104, *Stephanus* (Predigt, 26. Dezember 1943): III,124, *Taufe* (Predigt, 1941): III,310.

[24] Vgl. ders., *Der Mensch vor sich selbst* (Nachlass, o.J.): II,514f, *Weihnachten* (Predigt, vor dem 24. Dezember 1943): III,93f, *Geistige Lage* (Vortragsskizze, 1943): V,259.

[25] Ders., *Der Mensch vor sich selbst* (Nachlass, o.J.): II,514.

[26] Ebd.: 515.

[27] Vgl. ders., *Geistige Lage* (Vortragsskizze, 1943): V,261.

[28] Vgl. V. KROCKOW, *Entscheidung*: VII.

Selbstverneinung der Freiheit und die vollständige Resignation in diesem Kontext, verdunkeln den Blick auf die Mitverantwortung des Einzelnen und der Gesellschaft und disponieren somit für das Versinken im Kollektiv. In den Schriften, die Delp im Gefängnis verfasste, legt er Zeugnis ab über das Mitwirken und die Mitschuld der Deutschen, ja, auch über seine eigene Mitschuld an dem Treiben des Nationalsozialismus. Kurz vor seinem Tod, nach der Farce des Prozesses, den man ihm machte, erklärt er ohne Umschweife, dass das Volk sich selbst dieser Macht ausgeliefert habe.[29]

Das kollektiv gewollte „Wir", das Geborgenheit verhieß, habe sich hier einerseits als eine gefangen nehmende Macht, und anderseits als eine faszinierende Kraft erwiesen.

> [G]nadenlos wollten wir leben. Nur der eigenen Kraft vertrauend, nur dem eigenen Gesetz verpflichtet, nur den eigenen Einfällen ergeben, den eigenen Instinkten gehorchend. So haben wir die neuen Türme bauen wollen. Wir haben gesungen und gejubelt, sind marschiert und haben geschafft, wir haben gepraßt und gedarbt, gespart und vertan – und das Ergebnis genau unser Gesetz: sine tuo nomine, ein gnadeloses Leben. Die Zeit ohne Erbarmen … Und wir, die wir mit hineingerissen werden in den unheilvollen Sturz, den wir zu verhindern vielleicht doch nicht genug getan haben[30].

Diese Diagnose Delps bezieht sich zwar zuvorderst auf die konkrete Situation im nationalsozialistischen Deutschland, sie erhebt zugleich aber auch den Anspruch, ein allgemeineres Bild der geschichtlichen Wirklichkeit zu geben. Das wird deutlich, wenn er in diesem Zusammenhang von den großen Verderbern und Verfälschern des Wirklichen spricht, die in der Zeit der falsch verstandenen geschichtlichen Wende erscheinen.

> Bei einer einigermaßen großen Begabung erstehen aus diesen Menschen die genialen Verführer der Menschheit, die großen Entzünder der geschichtlichen Katastrophen. Sie sind fähig, ganze Generationen unter das Gesetz der eigenen Irrung zu verführen. Die Menschen einer Zeit finden sich plötzlich in einem geschlossenen Kreis der Mitverantwortung, der sie nicht mehr ausläßt, den zu sprengen ihre eigene Kraft übersteigt[31].

---

[29] Vgl. DELP, *Vater unser* (Gefängnismeditation, Januar 1945): IV,238, *Herz Jesu* (Gefängnismeditation, Januar 1945): IV,253.

[30] Ders., *Veni Sancte Spiritus* (Gefängnismeditation, Januar 1945): IV,280–281.

[31] Ebd.: 286.

Die Kritik am Nationalsozialismus übt Delp im Raum des Religiösen.[32] Wenn er sich beispielsweise auf die Auseinandersetzung mit der Deutschen Glaubensbewegung einläßt, dann deswegen, weil für ihn die Religion *der* Bereich der Wirklichkeit ist, den jede um die Seele des Volkes ringende Gruppe zu kontrollieren bestrebt ist, insofern nämlich das ganze Leben, und damit auch das Freiheitsverständnis, sich in Bezug auf das Religiöse entscheidet.[33] Der Untergang des religiösen Menschen im Abendland hat, so Delp, die Voraussetzung für die Entstehung seines kollektiven Nachfolgers geschaffen. Der der eigenen Mitte beraubte abendländische Mensch ist auf Grund seiner Heimatlosigkeit und Ungeborgenheit besonders schutzlos gegenüber den Scharlatanen der Geschichte, die ihm nun ein Vaterhaus zu bauen versprechen.[34] Delp prognostiziert sogar noch eine Verschärfung der Krise des abendländischen Menschen.

Die meisten von uns ... werden innerlich haltlos und hilflos und stehen als resignierte Masse jedem neuen Alarm und jedem neuen Imperativ zur Verfügung.[35]

Delp beschreibt hier etwas, das er selbst erlebte; nur allzu deutlich erfuhr er, wie in dieser Welt die Politik an die Stelle Gottes getreten war. In den Predigten und Ansprachen, die er in den Kriegsjahren hielt, stellte er die Situation so dar: „Das neue Deutschland stammt aus einem verirrten Orden: eine Idee, die Gelübde hat ohne Gott, Gelübde an die Welt"[36]. Die grausame Neuheit dieser Gestalt des Lebens nimmt er wahr und betont:

Die Stunden, die wir durchleben, sind wohl die ersten und einzigen, in denen Menschen so bewußt und entschlossen auf den Marsch des Lebens sich begeben, ohne Gott oder gar gegen Gott.[37]

Seine Zeit ist also nicht einfach „gottlose", sondern sie hat sich den Kampf gegen Gott ganz und gar zum Programm gemacht, ist eine Zeit des Kampfes

---

[32] Vgl. RAHNER, *Einleitung zu den Texten*: 48, siehe auch in der vorliegenden Studie: 26–28.

[33] Vgl. DELP, *Religion* (in: *Chrysologus*, 1936): I,120.

[34] Vgl. ders., *Gefängnisbrief an M.* (29. Dezember 1944): IV,71–72.

[35] Ders., *Erster Fastensonntag* (Predigt, 14. März 1943): III,182.

[36] Ders., *Der neue Glaube* (Vortrag, 8. Februar 1943): III,429. Vgl. ders., *Bereitschaft* (in: *Chrysologus*, 1935): I,84.

[37] Vgl. ders., *Erster Fastensonntag* (Predigt, 14. März 1943): III,180.

und der Angst.[38] Um auch den letzten Zweifel zu beseitigen, betont er, dass hier nicht gegen irgendeinen Gott, sondern speziell gegen den Gott des christlichen Glaubens gekämpft wird: „In einer zukünftigen Deutschreligion ist für Christus kein Platz mehr."[39] Das Ende dieser radikalen und konsequenten Absage an die Transzendenz ist der kollektive und ohnmächtige Mensch.

Delp stellt fest, dass da, wo die Botschaft von einem Gott nicht mehr lebendig sei, die Menschen mit ihren göttlichen Ansprüchen kämen, um dann den Thron Gottes einzunehmen.[40] Im Dritten Reich habe die Zeit des Heidentums begonnen, in dem man das Gesetz Gottes mit seinem eigenen Gesetz zu ersetzen versuche.[41] Angesicht dieses neuen Glaubens fragt Delp im Jahr 1941: „Ist das Leben nicht irgendwie dämonischer geworden?"[42] Er thematisiert den pseudo-religiösen Geltungsdrang des Staates mit dem Hinweis auf dessen Rede von einem rein immanenten „tausendjährigen Reich", mit dem die Illusion eines irdischen Paradieses und eines Messias erzeugt werde.[43] Dazu habe der Mensch geheiligte Ersatzwerte in die Mitte seines Daseins gestellt, die viel absoluter und unerbittlicher seien als Gott.[44] Der Führertitel, mit dem Delp schon als junges Mitglied in der Bewegung „Neudeutschland" Jesus Christus bezeichnet habe – von diesem Umstand distanzierte Delp sich auch später nicht[45] –, sei zum ausschließlichen Machtinbegriff der Nationalsozialisten geworden.[46]

---

[38] Vgl. ebd.: 181.

[39] Ders., *Der historische Christus* (in: *Chrysologus*, 1936): I,136. Von Moltke, der Schicksalsgefährte Delps, drückt es in den Tagen seiner Gefangenschaft kurz in diesen prägnanten Worten aus: „Man fühlt sich so durchaus im Land der Gottlosen. Ich habe nie gedacht, dass das so spürbar wäre", siehe V. MOLTKE, *Tagebuch*: 90.

[40] Vgl. DELP, *Namen-Jesu-Fest* (Predigt, o.J.): III,157.

[41] Vgl. ders., *Entschlossenheit* (in: *Chrysologus*, 1935): I,96.

[42] Vgl. ders., *Taufe* (Predigt, 1941): III,309.

[43] Vgl. ders., *Der Mensch vor sich selbst* (Nachlass, o.J.): II,546, *Dritter Sonntag im Advent* (Predigt, 14. Dezember 1941): III,56, *Letzter Sonntag im Kirchenjahr* (Predigt, 23. November 1941): III,294.

[44] Vgl. ders., *Vater unser* (Gefängnismeditation, Januar 1945): IV,229.

[45] Vgl. ders., *Der historische Christus* (in: *Chrysologus*, 1936): I,134, siehe auch ders., *Unterlage eines Gottesdienstes „Im Zeichen des Hl. Georg"*: V,142–147.

[46] So Goebbels gegen die kirchlichen Ansprüche, Christus als den Führer zu bezeichnen, in einer Pressekonferenz am 20. Dezember 1940: „Wenn dieser Begriffsfälschung nicht mit aller Schärfe ein Riegel vorgeschoben werde, hätten die Kirchen die Möglichkeit, mit

Der nationalsozialistische Totalitarismus mit seinen Dogmen über die Partei, das Dritte Reich und das Deutsche Volk – in seinen Gefängnis-Schriften deutet Delp diese Konstellation als Karikatur der Dreifaltigkeit[47] – habe ein System geschaffen, das sich selbst genügt und in sich selbst die Vollendung der Welt, des Menschen und der Geschichte sehe.[48] Während des Prozesses wurde Delp darauf hingewiesen, dass das Christentum und der Nationalsozialismus unvereinbar miteinander seien,[49] denn beide Größen zielten schließlich auf das Eine hin. Dies kommt deutlich in den Worten des Richters Roland Freisler zum Ausdruck, welche dieser Helmut James von Moltke entgegnete: „Nur in einem sind das Christentum und wir gleich – wir fordern den ganzen Menschen."[50]

Delp stellt dem entgegen, dass zwar die Haltung und das Tun der Christen „unter einem imperialen Aspekt stehen" müssten – insofern nämlich Christus der Weltenkönig sei[51] –, jedoch bestehe selbstverständlich ein grundlegender Unterschied: die freilich gleichlautenden Termini des Christentums und des Nationalsozialismus haben ganz verschiedene Bedeutungen, das Reich Gottes sei im Christentum etwas völlig anderes als das mit Hilfe von Gewalt und Gleichschaltung errichtete Imperium Hitlers, in dem es keinerlei Raum mehr gebe für eine eigene Entscheidung.[52] Der entscheidende Unterschied zwischen dem Christentum und dem Nationalsozialismus besteht für Delp somit im Verhältnis von Freiheit und Unfreiheit.

Der Geist der Zeit ist nach Delp ein grausames Konglomerat von Politik, (Pseudo-)Religion und Philosophie, welche vom Staat benutzt werden, um den entleerten, ziellos lebenden Menschen aus der untragbaren Last der tra-

---

durchsichtiger Perfidie jeden deutschen Staatsbegriff zu entwerten ... Jeder, der sich gegen die geheiligten Staatsbegriffe vergehe, werde zur Rechenschaft gezogen werden", siehe BOELCKE (Hg.), *Die geheimen Goebbels-Konferenzen*: 124.

[47] Vgl. DELP, *Gefängnisbrief an M.* (nach dem 11. Januar 1945): IV,106.

[48] Vgl. BERTSCH, *Alfred Delp*: 105.

[49] Vgl. DELP, *Gefängnisbrief an M. Hapig/M. Pünder* (11. Januar 1945): IV,102, *Gefängnisbrief an T. Hoffmann* (21. Januar 1945): IV,136, *Mo(ltke)-Pläne* (Text für den Prozess vor dem Volksgerichtshof, 14. Januar 1945): IV,359, *Gefängnisbrief an Odilo Braun* (18. Januar 1945): V,183.

[50] V. MOLTKE, *Letzte Briefe*, 51.

[51] DELP, *Christliche Antwort an das Welterlebnis* (Vortrag, 23. Oktober 1942): I,295.

[52] Vgl. ders., *Fest der Erscheinung* (Predigt, 6. Januar 1942): III,164.

gischen Freiheit zu befreien. Auch ein Selbstbekenntnis des neuen „Erlösers"
fehlt nicht; Hitler erklärt:

> Die Vorsehung hat mich zu dem größten Befreier der Menschheit vorbestimmt.
> Ich befreie den Menschen von dem Zwange eines zum Selbstzweck gewordenen
> Geistes, von den schmutzigen und erniedrigenden Selbstpeinigungen einer Ge-
> wissen und Moral genannten Chimäre und den Ansprüchen einer Freiheit und
> persönlichen Selbstständigkeit, denen immer nur ganz wenige gewachsen sein
> können … An die Stelle des Dogmas von dem stellvertretenden Leiden und Ster-
> ben eines göttlichen Erlösers tritt das stellvertretende Leben und Handeln des
> neuen Führergesetzgebers, das die Masse der Gläubigen von der Last der freien
> Entscheidung entbindet.[53]

3. Die Verfassung des Individuums als entscheidender Grund für die Selbstverneinung der Freiheit

Der Zustand der Gesellschaft, zu dem die genannten Phänomene des Bürgertums, der Technik und der politischen Situation gehören, ist jedoch nicht
das entscheidende Moment bezüglich der Selbstverneinung der Freiheit und
der Flucht in das Kollektiv. Wesentlicher noch ist vielmehr das Individuum
selbst.[54] Delp bemerkt, dass nicht der äußere Zwang, nicht die Persönlichkeit
des Despoten, der in einer geschichtlichen Situation die Menschen tyranni-
siere und gegen den eine gesunde Menschheit sich wehren könne, sondern
die Entpersönlichung des Menschen den Hauptgrund dieses Phänomens
bilde.[55] Die Verantwortung für das Geschehen trägt also der Mensch selbst
und sie darf ihm auch nicht abgesprochen werden, obgleich Delp feststellt,
dass dank der Ursünde die „Tendenz zur Verherdung und zum Durch-
schnitt und zum Gewöhnlichen" in der Natur des Menschen liege, der
Mensch liebe „das Ungewöhnliche nicht, weil er dadurch beunruhigt, aus

---

[53] Zit. nach ADLER, *Hitler als Persönlichkeit*: 76.

[54] Vgl. DELP, *Veni Sancte Spiritus* (Gefängnismeditation, Januar 1945): IV,289.

[55] Vgl. ders., *Der Mensch vor sich selbst* (Nachlass, o.J.): II,516. Ebenso bestehe nach Le Bon
die Ursache, die zur Entstehung der Masse führe, primär im Schwinden der bewussten
Persönlichkeit, vgl. LE BON, *Psychologie der Massen*: 11,18.

seiner Gewöhnlichkeit aufgescheucht"[56] werde und stets vom Erfolg, vom Gehörtwerden und vom Geschrei der Menge abhängig bleibe.[57] Nach Delp wird der Mensch demnach nicht als eine freie Person geboren, die dann von den Tyrannen oder Arbeitgebern versklavt wird; vielmehr befindet er sich der Mensch immer erst auf dem Weg zur Befreiung.

a) Der Verlust der Transzendenz

Die ersten Schwierigkeiten des Menschen mit der Wirklichkeit seiner Freiheit und dem Verfall an das Kollektiv erkennt Delp in jenem von uns bereits dargestellten Prozess, in dem der Mensch begonnen hat, seinen Gottbezug zu verlieren und die Fähigkeiten zur Selbsttranszendenz zu vernachlässigen.[58] Der Verlust des Gottbezugs, in dem der Mensch vormals seine Existenz verankerte und nach dem er sie gestaltete, kann, so Delp, die Tendenz zur Vermassung entscheidend bedingen, weil der Mensch unfähig wird, die Herausforderungen der Freiheit anzunehmen. Delp erklärt, einem solchen Menschen stehe „nicht nur kein Tor über die Welt hinaus offen", sondern auch kein Weg zu sich selbst, weil er im Grunde zu einer Nummer, zu einer Zahl und zu einem Mittel zur Selbstverwirklichung fremder Ideen werde.[59]

Die Entstehung des kollektiven Menschen hat nach Delp die Krise des menschlichen Ichs zur Voraussetzung, jene Krise, die Delp schon mit der Geburt der Neuzeit verbindet und die er zugleich auch als einen die Gegenwart bestimmenden Faktor ansieht. Wenn das Ich-Bewusstsein schwach

---

[56] DELP, *Stephanus* (Predigt, 26. Dezember 1943): III,122.

[57] Vgl. ders., *Zweiter Sonntag im Advent* (Predigt, 7. Dezember 1941): III,49.

[58] Vgl. ders., *Tragische Existenz*: II,145. Siehe auch andere Meinungen gegenwärtiger Autoren. PFISTER stellt 1944 im Buch *Die Angst und das Christentum* fest, dass die Rolle der Masse in der Befreiung aus der Angst, der Einsamkeit, des Gefühls der Ohnmacht besteht (107). Übrigens ist Pfister von der angst- und deshalb vermassungslösenden Kraft der Christenheit überzeugt (116). Für Emil Brunner ist wie für Delp das Problem im Grunde ein theologisches. Er schrieb 1943: „Das Wesen der Masse ist nicht die große Zahl, etwas Quantitatives, sondern Qualitatives: die Strukturlosigkeit. Diese Strukturlosigkeit aber ist identisch mit der geistigen Heimatlosigkeit", siehe E. BRUNNER, *Gerechtigkeit*: 219. Übrigens ist E. Brunner einer der Autoren, auf welche Delp sich in seiner Auseinadersetzung mit Heidegger mehrfach bezieht, vgl. DELP, *Tragische Existenz*: II,101,124, siehe E. BRUNNER, *Theologie und Ontologie*.

[59] DELP, *Die Welt als Lebensraum des Menschen* (Nachlass, o.J.): II,466.

wird und die Unterscheidung zwischen Ich und Du verschwindet, entartet das Ich entweder zum Ego oder es versinkt in der Masse. Dann, so Delp weiter, werde „Führung zur Tyrannei", dann blähe sich die Gefolgschaft „zur Pöbelherrschaft, zum despotischen Druck der Masse", dann entarte die Gemeinschaft „zum verschlingenden Moloch"[60]. Das alles sei letztlich die Folge der Option des modernen Menschen für den Immanentismus.[61] Damit werde der menschliche Lebensraum empfindlich eingeschränkt, die Welt „ein notwendiger Kerker", das Leben „eine schicksalhafte Lawine", „der Mensch ein Objekt, ein Opfer, ein Spielball, ohne endgültigen Eigensinn und Eigenwert"[62].

Der Verlust an geistiger Substanz bedingt demgemäß eine Stärkung des Einflusses der Materie.[63] Wenn der Geist seine Kraft verliere, werde der Mensch zu einem reinen „Zuschauer", zu einem „Opfer" der Stimmungen.[64] Der an die Stelle des Geistes tretenden Natur entspreche das totale Lebensprinzip als „Grundverfassung des Daseins",[65] was einen inhumanen Umgang mit der Person zur Folge habe.[66] Der Kollektivismus des Nationalsozialismus habe die materialistische Ideologie des Bios, des Blutes, der Rasse zur Grundlage. In ihm gebe es keine freien Menschen und keine selbstständige Größe, nur die kalte, brutale Macht und den funktionierenden Menschen.[67]

Es wird deutlich, dass die Perspektive, in der Delp das Problem angeht, durch und durch religiös ist. Entscheidend ist für ihn die zwischen Gott und dem Menschen bestehende Beziehung. Delp versteht den Mensch zunächst nicht aus seinem psychologischen und gesellschaftswissenschaftlichen Kontext heraus, sondern vor allem vor dem philosophischen bzw. religiösen Hintergrund.[68]

---

[60] Ders., *Der Mensch vor sich selbst* (Nachlass, o.J.): II,529,530.

[61] Vgl. ebd.: 517, *Erster Sonntag im Advent* (Predigt, 28. November 1943): III,33f, *Taufe* (Predigt, 1941): III,308, *Vater unser* (Gefängnismeditation, Januar 1945): IV,227.

[62] Ders., *Die Welt als Lebensraum des Menschen* (Nachlass, o.J.): II,467.

[63] Vgl. ders., *Weihnachten* (Predigt, vor dem 24. Dezember 1943): III,95.

[64] Ders., *Der Mensch vor sich selbst* (Nachlass, o.J.): II,513.

[65] Ders., *Vertrauen zur Kirche* (Vortrag, 22. Oktober 1941): I,267f.

[66] Vgl. ders., *Weltverantwortung der jungen Generation* (Soldatenbrief, Februar 1943): V,230.

[67] Vgl. ders., *Immaculata* (Predigt, 8. Dezember 1941): III,40.

[68] So behandelt Erich Fromm die Frage nach der Entstehung des kollektiven Menschen in seinem 1941 im Druck erschienenen Buch *Escape from freedom*, siehe FROMM, *Die Furcht*

b) Das Scheitern des tragischen Freiheitsprojekts

Delp stellt fest, dass die tragische Entschlossenheit als Frucht des Verlustes des Transzendenzbezuges[69] ein moderner Versuch der Befreiung des Menschen von der Übermacht der Ordnungen und des Schicksals, der in der Folge der Feststellung vom Tod Gottes gewagt wurde, sei. Wenn es keine Transzendenz gibt, bleibt dem Menschen nur die tragische Entschlossenheit, die im Grunde eine aktive Bejahung der allmählichen Zerstörung des Lebens ist.[70] Die Tragik steht zwar im Widerspruch zur Versklavung und zur Vermassung, doch der moderne Mensch stirbt entweder an der machtlosen Re-

vor der Freiheit: 181. Zwischen der Analyse des Psychoanalytikers und den Beobachtungen Delps gibt es einerseits Gemeinsamkeiten, anderseits sind aber auch einige Unterschiede zu sehen. Delp würde keinesfalls die Sünde der ersten Menschen so bestimmen, dass jener Ungehorsam gegenüber Gott der erste menschliche Akt des Menschen, der Akt der Freiheit wäre (vgl. ebd.: 36f). Fromm sieht den menschlichen Auszug aus der christlichen Ordnung als Schritt in die richtige Richtung, der noch vollendet werden müsse. Er stellt fest, dass „der moderne Mensch, nachdem er sich von den Fesseln der vor-individualistischen Gesellschaft befreite, die ihm gleichzeitig Sicherheit gab und ihm Grenzen setzte, sich noch nicht die Freiheit – verstanden als positive Verwirklichung seines individuellen Selbst – errungen hat; das heißt, dass er noch nicht gelernt hat, seine intellektuellen, emotionalen und sinnlichen Möglichkeiten voll zum Ausdruck zu bringen. Die Freiheit hat ihm zwar Unabhängigkeit und Rationalität ermöglicht, aber sie hat ihn isoliert und dabei ängstlich und ohnmächtig gemacht" (ebd.: 10). Dieses „noch nicht gelernt hat" ist für Delp nicht akzeptabel: Seiner Meinung nach werde der Mensch nie in der Lage sein, ohne Rückkehr zum Transzendenten die Freiheit zu leben. Der Ungehorsam gegenüber Gott und die erste Sünde seien keinesfalls notwendige Schritte zur Freiheit. Deshalb ist der Jesuit in seiner Hoffung gegenüber der zukünftigen Geschichte deutlich zurückhaltender als der Autor von *Escape from freedom*.

[69] FUCHS schreibt, in der Situation der Mitte-Losigkeit werden dem Menschen drei Alternativen zur Verfügung gestellt: „Entweder führt es zur totalen Resignation, die sich in Gleichgültigkeit gegenüber der realen Geschichte äußert, oder es führt zur Flucht in die scheinbar entlastenden Kollektive, zumal des Nationalsozialismus; schließlich mag drittens, wenngleich nur für einzelne und wohl in realgeschichtlicher Ohnmacht, der heroisch-tragische Aufstand des Subjekts in der Manier eines Ernst Jüngers oder Martin Heideggers" aufkommen, vgl. FUCHS, *Bürgerliche Gesellschaft*: 128.

[70] Vgl. DELP, *Vertrauen zur Kirche* (Vortrag, 22. Oktober 1941): I,268, *Tragik im Christentum?* (Vortrag, 1940): II,304f,309,316, *Sein als Existenz?* (1933): II,587f, *Weltverantwortung der jungen Generation* (Soldatenbrief, Februar 1943): V,230f.

signation gegenüber der Masse oder an den „Titanenträumen" des tragisch-heroischen Heldentums.[71]

Der Versuch der Befreiung des Menschen *in* der Tragik fasziniert Generationen, bemerkt Delp in seiner Auseinandersetzung mit Martin Heidegger.[72] *Sein und Zeit* sei ein spannender Vorschlag gewesen, wie man die Existenz meistern könne. Tatsächlich sei dieses Werk jedoch ein Werk der politischen Ideengeschichte, das mit seiner Haltung der „Entschlossenheit" „wie ein Blitz"[73] eingeschlagen sei. Die tragische Entschlossenheit mit ihrer Verneinung der Möglichkeit von Transzendenz sei ein praktischer Lebensweg für viele geworden, ja geradezu ein „Mythos der Zeit"[74].

Nach Delp scheitert das Projekt der tragischen Freiheit jedoch deshalb, weil die zwei wesentlichsten Merkmale, die radikale Entscheidung zum Immanentismus und die ziellose, rein formale Selbstbestimmung, den Menschen so belasten, dass er vor der Freiheit die Flucht ergreift. Dabei betont Delp, dass die Hinwendung zum Massenmenschentum demnach nicht einer Philosophie entspringt, sondern vielmehr dem Scheitern derselben.[75] Nach Delp ist es also nicht der Inhalt von *Sein und Zeit*, der den Massenmenschen hervorbringt – werben doch die dem Problem des Man gewidmeten Passagen des Werkes Heideggers gerade *für* die Freiheit![76] Die Heidegger'sche Idee des tragischen Heldentums mit ihrem Postulat von der Entscheidung um der Entscheidung willen erweist sich aber als eine Überforderung des Menschen. Es ist geradezu eine Ironie, dass Heidegger, der das anonyme Man durch die Entschlossenheit des „Vorlaufens zum Tode" überwinden will,[77] ihm gerade selbst erst den Weg ebnet. Ungewollt verfällt der tragische

---

[71] Vgl. ders., *Weihnachten* (Predigt, 25. Dezember 1943): III,104f.

[72] Vgl. in der vorliegenden Studie: 73–80,116–120.

[73] Vgl. v. KROCKOW, *Entscheidung*: VIII.

[74] DELP, *Tragische Existenz*: II,131. Vgl. ders., *Christliche Persönlichkeit* (Predigt, 10. Oktober 1937): I,205–206, *Tragische Existenz*: II,40,110, *Tragik im Christentum?* (Vortrag, 1940): II,310–314, Rezension zu C. SCHRÖDER OFM (Hg.), *Die religiöse Entscheidung* (in: *Chrysologus*, 1935): V,279.

[75] Vgl. ders., *Geistige Lage* (Vortragsskizze, 1943): V,260, *Vierter Fastensonntag* (Predigt, 4. April 1943): III,193.

[76] Vgl. SZ 113–130.

[77] Vgl. ebd.: 266f. Figal bezeichnet das Heidegger'sche Man als die „Grundbestimmung der Unfreiheit", siehe FIGAL, *Phänomenologie der Freiheit*: 133–156. Dass die erste Gefahr für die Freiheit in ihrer Selbstverneinung vom Menschen selbst und dann im Versinken in einer Masse besteht, darin stimmt Delp mit Heideggers *Sein und Zeit* überein.

Held dem Man, was vor allem in der nationalsozialistischen Ideologie seine Konkretion findet.[78]

[78] In dem 1936–1938 verfassten *Beiträge zur Philosophie* interpretiert Heidegger den von Nietzsche mit seiner Rede von dem Tod Gottes verkündigten Nihilismus als die Situation, in der „alle Ziele … weg" sind (HEIDEGGER, *Beiträge zur Philosophie*: 138). In der gottlosen und somit „dürftige[n]" Zeit (ders., *Erläuterungen zu Hölderlins Dichtung*: 47) muss der Mensch um jene Ziellosigkeit wissen und es aushalten (vgl. ders., *Beiträge zur Philosophie*: 141), wobei sich der Ruf zum tragischen Heldentum wieder hören läßt. Dabei übt Heidegger Kritik an jenen, die angesichts des Sinnvakuums nach Ersatz-Zielen suchen. Er stellt fest: „man will sich die Ziel-losigkeit nicht eingestehen. Und deshalb ‚hat' man plötzlich wieder ‚Ziele' und sei es nur, daß, was allenfalls ein *Mittel* für die Zielaufrichtung und Verfolgung sein kann, selbst zum Ziel hinaufgesteigert wird: das *Volk* z.B." (vgl. ebd.: 139). Delp würde hier aber die Frage stellen, ob diese Aussage nicht als eine – auch wenn als solche nicht beabsichtigte – Selbstkritik Heideggers gesehen werden soll. Der Rektor Heidegger selbst war nämlich der, der engagiert für die Aufrichtung der Existenz auf den Willen des Reichsführers plädierte. 1933 lädt Heidegger die Studenten zur Selbsthingabe an den Führer ein: „Die nationalsozialistische Revolution bringt die völlige Umwälzung unseres deutschen Daseins … Nicht Lehrsätze und ‚Ideen' seien die Regeln Eueres Seins. Der Führer selbst und *allein ist* die heutige und künftige deutsche Wirklichkeit und ihr Gesetz. Lernet immer tiefer zu wissen: Von nun an fordert jedwedes Ding Entscheidung und alles Tun Verantwortung. Heil Hitler", ders., *Zum Semesterbeginn*: 184f. Vgl. Heideggers Aufruf zur Volksabstimmung und zur Reichstagwahl am 12. November 1933: „Das deutsche Volk ist vom Führer zur Wahl gerufen. Der Führer aber erbittet nichts vom Volk. Er *gibt* vielmehr dem Volk die unmittelbarste Möglichkeit der höchsten freien Entscheidung: ob es – das ganze Volk – sein eigenes Dasein will oder ob es dieses *nicht* will", ders., *Aufruf zur Wahl*: 188–189. Die gleiche Botschaft ist hier zu finden: ders., *Ansprache am 11. November 1933 in Leipzig*: 190–193. Während einer feierlichen Immatrikulation an der Universität Freiburg verpflichtete Heidegger die Studenten „auf den Willen und das Werk unseres Führers Adolf Hitler", ders., *Der deutsche Student als Arbeiter*: 208. Im Dezember 1933 schreibt Heidegger seinem Freund Erik Wolf: „Gewiß bleibt, daß nur der unbeugsame Wille zum Künftigen der gegenwärtigen Bemühung Sinn und Halt gibt. Der Einzelne, wo er auch stehe, gilt nichts", ein Kollektiv sei alles, siehe OTT, *Heidegger*: 228–229, vgl. ebd.: 367. Im Sommer 1934 entwickelt Heidegger sein Denken von *Sein und Zeit*, wobei aus der Entschlossenheit der Begriff der Entscheidung weitergedacht wird: „Wie das Wir jeweils ist, ist abhängig von unserer Entscheidung, gesetzt, daß wir uns entschieden. In dem Augenblick, in dem Wir das Wir als entscheidungshaftes begriffen haben, ist auch die Entscheidung über unser Selbstsein gefallen … Wer sind wir selbst? Antwort: das Volk" (HEIDEGGER, *Logik als die Frage nach dem Wesen der Sprache*: 59). Das Volk werde für Heidegger zum neuen Subjektsein, das Volk finde die Konkretion seines geschichtlichen Seins im Staat. Ein Staat sei „das Wesensgesetz des geschichtlichen Seins, kraft dessen Fügung erst das Volk geschichtliche Dauer, d.h. die Bewahrung seiner Sendung und den Kampf um seinen Auftrag sich sichert … Der Staat ist nur, sofern und solange die Durch-

Delp nimmt jene Entlarvung zwar wahr, doch thematisiert er sie nicht hinreichend. Eine Verlagerung des Schwerpunkts seiner Kritik an der Moderne ist in seinen Schriften wohl bemerkbar. Wenn *Tragische Existenz* oder die Auseinandersetzung mit der Deutschen Glaubensbewegung noch einer leeren Freiheit widersprechen, betonen seine späteren Aussagen mehr und mehr das Problem der Selbstverneinung der Freiheit im Kollektivismus. Die ihrer tragischen Größe entzogenen, der Resignation anheimfallenden Bruchstücke der Idee des heldenhaften Menschen wird Delp erst in der Kriegszeit bemerken.[79] Von der heroischen Meisterung des Nichts werden letztendlich nur Fetzen bleiben und der gestrige tragische Held wird sich als ein trostloses, innerlich haltloses, von Unsicherheit getroffenes, durch Vernichtung gefährdetes, mit dem Nichts verwandtes Wesen erweisen.[80]

Die Feststellung Delps, dass die tragische Freiheit zur Flucht in die Masse führe, gründet nicht nur in der äußeren Beobachtung der Wirklichkeit, sie gründet auch in einigen – seiner Meinung nach falschen – philosophischen Voraussetzungen. Zwar nehme der tragische Held jene Rolle ein, die einst

setzung des Herrschaftswillens geschieht, der aus Sendung und Auftrag entspringt und umgekehrt zu Arbeit und Werk wird". (ebd.: 165) Heidegger spricht über die „Ermächtigung des Staates als des Wesensgefüges einer geschichtlichen Sendung" (ebd.: 164). Was ist der einzelne Mensch in dieser übergreifenden Gemeinschaft? *Sein und Zeit* beantwortet diese Frage nicht, vgl. GANDER, *Existenzialontologie und Geschichtlichkeit*: 244f. Gander weist dabei auf das Urteil Pöggelers hin: Es sei „eine Leerstelle, die auf unterschiedliche Weise ausgefüllt werden könnte", siehe PÖGGELER, *Heidegger und die politische Philosophie*: 336. In Berufung auf Rentsch zeigt Gander den Grund jenes materialen Defizits in der „thanatologischen Engführung" von Heideggers Analysen, siehe GANDER, *Existenzialontologie und Geschichtlichkeit*: 246 und RENTSCH, *Zur Destruktion des existenzialen Analytik*: 145. Im Wintersemester 1934/35 schlägt HEIDEGGER die „Kameradschaft der Frontsoldaten", die im Angesicht des Todes entsteht, als ein Modell der ursprünglichen Gemeinschaft vor, vgl. HEIDEGGER, *Hölderlins Hymnen „Germanien" und „Der Rhein"*: 72f. Anders als die Autoren, die einen möglichen Grund für Heideggers Engagement für den Nationalsozialismus in der fehlenden Reflexion über Ethik, Politik und Ökonomie in *Sein und Zeit* sehen (bsw. LÖWITH, *Das Individuum in der Rolle des Mitmenschen*, LÉVINAS, *Totalität und Unendlichkeit*, THEUNISSEN, *Der Andere*, oder auch RENTSCH, *Das Sein und der Tod*: 157), setzt sich Delp mit Heidegger letztendlich auf der theologischen Ebene auseinander.

[79] Vgl. DELP, *Der moderne Begriff der Weltlichkeit* (Vortrag, 28. April 1942): I,286.

[80] Vgl. ders., *Was ist der Mensch?* (in: *Chrysologus*, 1936): I,141–143, *Vertrauen zur Kirche* (Vortrag, 22. Oktober 1941): I,270, *Der kranke Held* (in: *Stimmen der Zeit*, 1939): II,216f, *Tragik im Christentum?* (Vortrag, 1940): II,307f, *Firmung* (Predigt, 1941): III,323. Siehe auch die Rezension Delps zum eigenen Buch *Tragische Existenz* (in: *Stimmen der Zeit* 1935/36): V,286–287.

Gott zugeschrieben worden sei; er erweise sich jedoch zum radikalen Vollzug dieser Autonomie als völlig unfähig.[81] Ohne eine Beziehung zur Transzendenz gelinge dem Menschen kein Selbstentwurf, eine absolute Meisterung des eigenen Lebens sei im Angesicht der harten Wirklichkeit dann immer ein unerfüllbares Postulat für ihn.

Delp spitzt seine Diagnose noch zu, indem er feststellt: wenn der Mensch nicht über sich selbst hinaus zu gehen wagt, dann bleibt auch dem innerweltlichen Heroismus keine Alternative als die Verzweiflung.[82] Sein unter den Bedingungen des Totalitarismus des Nationalsozialismus und des herrschenden Krieges formuliertes Urteil ist scharf:

> [Der] Mensch [ist] irgendwie am Ende. Das Jahrhundert oder die Jahrhunderte des stolzen autarken Menschen verdämmern in eine grausame Nacht hinein.[83]

Die menschliche Heimatlosigkeit und die Abwanderung in eine gottlose Einöde führt den Menschen diesem Verständnis nach in eine tiefe Unsicherheit, zur Angst,[84] zu einer inneren Entmächtigung des Lebens und letztendlich zur Kapitulation von jeder anderen Macht.[85]

Konkret wird die Kritik Delps an der tragischen Weltanschauung mit deren Anspruch, den Menschen zu befreien, in seiner Auseinandersetzung mit der Ideologie der Deutschen Glaubensbewegung. Hinsichtlich der Schlagworte des tragischen Heldentums stellt Delp fest: „Hier gilt nur und klingt nur der harte Schritt der Kolonne"[86]. Die Zusammenhänge mit der Philosophie Heideggers zeigen sich dabei deutlich.[87]

---

[81] Vgl. ders., *Was ist der Mensch?* (in: *Chrysologus*, 1936): I,144, *Der göttliche Grund im Menschen* (in: *Chrysologus*, 1936): I,151.

[82] Vgl. ders., *Die Welt als Lebensraum des Menschen* (Nachlass, o.J.): II,473.

[83] Ders., *Drei Fragen an die Kirche* (Predigtentwürfe, 1943): V,239.

[84] Vgl. ders., *Was ist der Mensch?* (in: *Chrysologus*, 1936): I,143, *Weltverantwortung der jungen Generation* (Soldatenbrief, Februar 1943): V,232.

[85] Vgl. ders., *Vierter Fastensonntag* (Predigt, 4. April 1943): III,191.

[86] *Der heldische Mensch* (in: *Chrysologus*, 1936): I,176.

[87] Vgl. ebd. Jaspers widerspricht der Verabsolutierung des Tragischen. Sie geschehe, wenn der Tragik ihr Gegenpol geraubt werde, nämlich die Möglichkeit der Befreiung im Tragischen. Die einseitige Tragik sei Schleier des Nichts, der Glaubenslosigkeit, sie werde benutzt in Bezug auf die Parole wie Germanentum, Sagen, „aber was dort geglaubt wurde und Wirklichkeit war, wird ungeglaubter Ersatz für das Nichts", siehe JASPERS, *Über das Tragische*: 61f.

Die „Tragik", so Delp, wende sich paradoxerweise gegen sich selbst. Der Enthusiasmus und die junge Kraft der Anfangsherrlichkeit reiche dem entwurzelten Menschen nicht lange aus,[88] die Entschlossenheit um der Entschlossenheit willen ohne materiales „Wofür" erweise sich als eine leere Formel und es sei verständlich, wenn der Mensch, „verzweifelnd an diesem Experiment mit der Freiheit", wie es etwa Christian von Krockow konstatiert, „panikartig ... zu jeder überlegenen Macht" flüchte, „die sich nur irgend als bindende, die Entscheidung abnehmende" anbiete.[89]

Letztendlich sei die Flucht in den Kollektivismus eine Maske der Angst[90], eine Probe der Überwindung der Leere der menschlichen Persönlichkeit[91] und die Suche nach Sicherheit, die der heimatlose Mensch unternehme.[92] Letztere finde er in der Masse, allerdings um den Preis seiner eigenen Freiheit.[93] Von jenen Entwicklungen also hat in den dreißiger und vierziger

---

[88] Vgl. DELP, *Die moderne Welt und die Katholische Aktion* (in: *Chrysologus*, 1935): I,71, *Allerseelen* (Predigt, 2. November 1942): III,271.

[89] V. KROCKOW, *Entscheidung*: 4.

[90] Vgl. DELP, *Vierter Fastensonntag* (Predigt, 4. April 1943): III,191f.

[91] Vgl. ders., *Vertrauen zur Kirche* (Vortrag, 22. Oktober 1941): I,270.

[92] Vgl. ders., *Der Mensch vor sich selbst* (Nachlass, o.J.): II,554.

[93] Vgl. ebd.: 547. Die diagnostizierte Flucht vor der Freiheit, die der moderne Mensch auf Grund seiner Isolierung und Angst unternimmt, ist eine Gemeinsamkeit zwischen Delp und Fromm: „Wir mussten erkennen, dass Millionen von Deutschen ebenso bereitwillig ihre Freiheit aufgaben, wie ihre Väter für sie gekämpft haben; dass sie, anstatt sich nach Freiheit zu sehnen, sich nach Möglichkeiten umsahen, ihr zu entfliehen" (FROMM, *Die Furcht vor der Freiheit*: 12). Die von Fromm skizzierte Vorgeschichte dieses Angstzustandes würde der Jesuit grundsätzlich unterschreiben: Als es nach der Epoche des Mittelalters, in dem es kein Individuum, sondern eine alles umfassende, sichere Ordnung gegeben habe (vgl. ebd.: 42–46), zum gesellschaftlichen und wirtschaftlichen Wandel gekommen sei, entstand der von den politischen und wirtschaftliche Bindungen freie Mensch, der aber gleichzeitig allein, isoliert, als ein Fremder geblieben sei, geworfen in eine grenzenlose und mittellose Welt. Die neu gewonnene Freiheit bedeute für ihn Unsicherheit (vgl. ebd.: 60f). Ambivalent seien die Früchte der Reformation, die im religiösen Bereich sowohl Unabhängigkeit, als auch Isolierung und Ohnmacht mit sich gebracht habe (vgl. ebd.: 70). Das Ergebnis sei der moderne Mensch – der unabhängiger sei, sich mehr auf sich selbst verlasse, zugleich aber ein isoliertes, einsames und stark von Angst erfülltes Wesen habe (vgl. ebd.: 94f). Die These über den Übergang von der ängstlich erlebenden, endlich untragbaren Freiheit in die sichernde Menschenmasse wird sowohl von Delp als auch von Fromm entschlossen geteilt, bei dem Psychoanalytiker kommt sie aber deutlicher zur Sprache, übrigens als das Problem, dem das gerade angesprochene separate Werk gewidmet ist. Der geistig obdachlos gewordene Mensch lenke sich zu einer Masse: „Diese

Jahren des vergangenen Jahrhunderts der Nationalsozialismus in Deutschland profitiert.[94]

Isolierung kann der Mensch nicht ertragen und er sieht sich daher vor die Alternative gestellt, entweder der Last seiner Freiheit zu entfliehen und sich aufs neue in Abhängigkeit und Unterwerfung zu begeben oder voranzuschreiten zur vollen Verwirklichung jener positiven Freiheit, die sich auf die Einzigartigkeit und Individualität des Menschen gründet" (ebd.: 10). Der gleichen Logik folgt auch Delp, aber unter der im Motto des theonomen Humanismus formulierten Bedingung, dass die Gründung der positiven Freiheit in der Menschlichkeit nach einer noch tieferen Gründung verlangt. Die Gefahr, die Delp bei der tragisch-heroischen, ziellosen Freiheit erkennt, bringt Fromm so zum Ausdruck: „Einsamkeit, Angst und innere Unruhe bleiben, und die kann der Mensch auf Dauer nicht ertragen. Er kann die Last der ‚Freiheit *von*' nicht immer weitertragen. Er muss versuchen, der Freiheit ganz zu entfliehen, wenn es ihm nicht gelingt, von der negativen zu der positiven Freiheit zu gelangen. Die bevorzugteste Möglichkeit, die uns die Gesellschaft heute als Fluchtweg anbietet, ist die Unterwerfung unter einen Führer" (ebd.: 120, vgl. auch 124f). Der Psychoanalytiker stellt als einen möglichen Fluchtmechanismus die „Flucht ins Autoritäre" dar, in der die neuen, sekundären Bindungen als Ersatz für die verlorenen primären Bindungen gesucht werden (ebd.: 126). Der Mensch beziehe sich dann absolut auf einen „magischen Helfer", in dem er seine personifizierte Zuflucht finde, vgl. ebd.: 153–155. Der Autor zitiert HITLER, *Mein Kampf*: 535f: „Die Massenversammlung ist auch schon deshalb notwendig, weil in ihr der einzelne, der sich zunächst als werdender Anhänger einer jungen Bewegung vereinsamt fühlt und leicht der Angst verfällt, allein zu sein, zum erstenmal das Bild einer größeren Gemeinschaft erhält, was bei den meisten Menschen kräftigend und ermutigend wirkt ... Wenn er aus seiner kleinen Arbeitsstätte oder aus dem großen Betriebe, in dem er sich recht klein fühlt, zum ersten Male in die Massenversammlung hineintritt und nun Tausende und Tausende von Menschen gleicher Gesinnung um sich hat ... dann unterliegt er selbst dem zauberhaften Einfluß dessen, was wir mit dem Wort Massensuggestion bezeichnen" (FROMM, *Die Furcht vor der Freiheit*: 192). An *dem* „magischen Helfer" durfte man im Dritten Reich keinesfalls Kritik üben, Fromm drückt aus, worüber Delp also schweigen musste.

[94] Carl Schmitt schreibt am Schluss seines Buches vom Romantiker: „Seine Überlegenheit über die bloß occasionell genommene Gegenwart erleidet eine höchst ironische Umkehrung: alles Romantische steht im Dienst anderer, unromantischer Energien, und die Erhabenheit über Definition und Entscheidung verwandelt sich in ein dienstbares Begleiten fremder Kraft und fremder Entscheidung", in: SCHMITT, *Politische Romantik*: 228. Dazu v. Krockow: „Muß nicht beispielsweise eine Erscheinung wie das nationalsozialistische Regime wesentlich als Flucht vor der Freiheit, von der Last der Entscheidung begriffen werden?", in: V. KROCKOW, *Entscheidung*: 4f.

c) Von der Tragik zum Kollektivismus –
das Beispiel des Obersts T. E. Lawrence

Sehr schön illustriert der Jesuit den Prozess des Abgleitens des tragischen Helden in den Kollektivismus in dem 1939 verfassten Text *Der kranke Held*, in dem er sich mit dem Lebenslauf des englischen Obersts T. E. Lawrence auseinandersetzt.[95] In dessen Lebensgeschichte spiegelt sich eine „Verkehrung der Meisterschaft in Knechtschaft und Sklaverei" wider, sie zeigt, wie es etwa auch mit der Freiheit geht, wenn es in ihr nicht die richtige Mitte gibt und deshalb alles verloren geht.[96]

Die Biographie des Engländers steht zuerst unter dem Zeichen der radikalen Verwirklichung des modernen Freiheitsideals.[97] Der Kern seiner Existenz ist der Kampf um die Freiheit, und diese will er auch den anderen bringen. In den Augen seiner Zeitgenossen wird sein Leben auch als der authentische Dienst an der Freiheit wahrgenommen.[98] Dem diesem Dienst an der Freiheit zugrunde liegenden Freiheitsverständnis stellt sich Delp jedoch ganz entschieden entgegen, weil dieses ausgehe von einer Philosophie, welche die ganze Wirklichkeit in den Bann des bloß Innerweltlichen einschließe.[99] Außerdem sei sie als die irdische Freiheit „in Zucht und eigengesetzter Bindung ... nur sich selbst verantwortlich"[100]. Delp erklärt, dass diese Freiheit allein in der eigenen Einsicht, im eigenen Entschluss bestehe;[101] mithin gehe sie davon aus, dass gerade die freie Person keinen Gottesbezug haben dürfe. Lawrence behaupte in seinem Buch *Die sieben Säulen der Wahrheit*,

---

[95] Vgl. Delp, *Der kranke Held* (in: *Stimmen der Zeit*, 1939): II,205–221.

[96] Ebd.: 213.

[97] Vgl. ebd.: 209, *Das Menschenbild der Konstitutionen der Gesellschaft Jesu* (Vorträge, 1941): V,213.

[98] Vgl. ders., *Der kranke Held* (in: *Stimmen der Zeit*, 1939): II,207. Delp zitiert dabei den Abschnitt aus dem Buch *Oberst Lawrence, geschildert von seinen Freunden* (106): sein „Sinn war (die) Botschaft an die ganze Menschheit, frei zu sein von den Ansprüchen auf Besitz; frei zu sein vom Neid auf die Leistung anderer; frei zu werden von allem Ehrgeiz, besonders von der Lust auf Macht".

[99] Vgl. Delp, *Der kranke Held* (in: *Stimmen der Zeit*, 1939): II,205,208. Siehe auch Bleistein, *Geschichte eines Zeugen*: 153.

[100] Delp, *Der kranke Held* (in: *Stimmen der Zeit*, 1939): II,209.

[101] Vgl. ebd.

dass die Idee der Offenbarung durch die Idee der Freiheit ersetzt werden müsse.[102]

Delp weist seinerseits nun darauf hin, dass Lawrence seine eigene Freiheit letztendlich als untragbar erlebe und schließlich bewusst auf sie verzichtet habe und sich selbst zu einem anonymen Teil des Kollektivs gemacht habe.[103] Er zitiert Lawrence mit folgenden Worten:

> Und ich bin zu der Überzeugung gekommen, daß heute nicht das einzelne Genie den Fortschritt bewirkt, sondern die Gemeinschaftsarbeit ... Ich ging zu den Fliegern, um der Mechanik zu dienen, nicht als Führer, sondern als Teil der Maschine. Die Maschine, das ist der Schlüssel des Geheimnisses ... Einen Vorteil hat es, Teil der Maschine zu sein: man lernt, daß es nicht auf den Einzelnen ankommt.[104]

Lawrence wurde so zum Sklaven der überdimensionalen Macht des Staates, zu einem Teil eines gewaltigen Systems.

Abschließend resümiert Delp:

> Seine [i.e. Lawrence] Idee der großen Freiheit ist [nunmehr] abgelöst durch das Gespenst der Maschine, die mechanisch abläuft, und keine Pause und keinen Eigensinn und keine Emanzipation duldet.[105]

Das Vertrauen auf die verlockende Illusion der tragischen Selbstbestimmung habe ihn dahin geführt, dass er „nun ganz und endgültig auf die eigene Mitte und die eigene Entscheidung" verzichte, um „als Nummer in der Kolonne zu stehen und der Befehle zu warten"[106].

4. Das Wesen des Kollektivismus: die „Despotie des überspannten Wir"

Delp behandelt aber nicht nur die Gründe für den hier angesprochenen Kollektivismus, sondern auch dessen konkrete Gestalt in der Epoche des Dritten

---

[102] Vgl. ebd. Siehe auch LAWRENCE, *Die sieben Säulen der Wahrheit*: 65.

[103] Vgl. DELP, *Der kranke Held* (in: *Stimmen der Zeit*, 1939): II,213.

[104] Ebd.: 216. Vgl. LAWRENCE, *Wie ich mich sehe*: 118.

[105] DELP, *Der kranke Held* (in: *Stimmen der Zeit*, 1939): II,220.

[106] Ebd.

Reiches.[107] In seiner Sicht ist der Begriff des Kollektivismus allgemein sehr erhellend für die „conditio" des Menschen der Gegenwart. Wiederholt beschwört er die kollektivistischen Tendenzen seiner Zeit. Er bemerkt, dass Gemeinschaft mehr und mehr zum „Zauberwort des Jahrhunderts"[108] werde; Deutschland sei nicht nur der Despotie eines Führers, sondern auch „der Despotie des überspannten Wir"[109] unterworfen, der Despotie des Kollektivs, das einen Anderen entweder an sich presst oder ihn vernichtet: „Wehe dem, der anders ist!"[110]

a) Die verlorene Verantwortung

Da der Grund für die Flucht in die Masse die Unfähigkeit sei, konkrete, gehaltvolle Entscheidungen zu treffen, bestehe das auffallendste Charakteristikum des kollektiven Menschen im Verzicht auf eigene Entscheidungen und folglich auch im Mangel an Verantwortungsbewusstsein.[111] Der kollektive Mensch stelle sich immerfort unter fremde Entscheidungen, wozu der Nationalsozialismus in besonderer Weise verlocke. Delp spricht von der „Versuchung des Mitlaufens, des Mitmachens", in der „man sich an eine falsch verstandene Gemeinschaft" verliere, dadurch „zur instinkt- und entscheidungslosen Masse"[112] werde. Dabei erfolge eine Entartung des menschlichen Wesens und der Freiheit; das Ergebnis seien „Mitläufer, mit denen man Kartotheken und Statistiken ausfüllen" könne. So begegne man nicht mehr Persönlichkeiten[113], sondern einem „kollektiven Menschenbrei"[114].

---

[107] Diese frühe Betrachtung Delps hat in einigen Zügen eine bemerkenswerte Ähnlichkeit zur wesentlich späteren und systematischeren Analyse von Hannah ARENDT in *Elemente und Ursprünge totaler Herrschaft. Antisemitismus, Imperialismus, Totalitarismus*, München – Zürich 2003. Vgl. vor allem die Ausführungen zur Rolle des Menschen in Arendts bekanntem Schlusskapitel „Ideologie und Terror: Eine neue Staatsform" (944–979).

[108] Ders., *Ut vitam habeant. Einkehrtag für Jugendliche* (Notizen, 1944): V,272. Vgl. ders., *Geistige Lage* (Vortragsskizze, 1943): V,260.

[109] Ders., *Der Mensch vor sich selbst* (Nachlass, o.J.): II,487.

[110] Ders., *Stephanus* (Predigt, 26. Dezember 1943): III,122, *Vater unser* (Gefängnismeditation, Januar 1945): IV,229f.

[111] Vgl. ders., *Christliche Persönlichkeit* (Predigt, 10. Oktober 1937): I,204.

[112] Ebd.: 205.

[113] Vgl. ebd.: 206.

Im Zusammenhang mit der freiwillig aufgegeben Verantwortung kommt Delp immer wieder auf den Verlust der Mitte zu sprechen. Er betont, dass die Menschen, welche ihre Eigensendung verabsolutieren und sich deshalb nicht für eine höhere Einheit und das Ganze einsetzen, sich selbst an den Rand ihrer Existenz begeben; sie lebten nicht mehr als aktive Subjekte der Geschichte, sondern würden vielmehr zu Objekten „fremder Entscheidung und Führung und Teilhaber, Mitbenutzer und Mitgenießer fremder geschichtlicher Leistung"[115]. Der kollektive Mensch sei „der Mensch des fremden Geschehens", das ihn mitnehme, er sei „der Mensch der fremden Ordnungen", die ihn fordere, „der Mensch der fremden Entscheidungen, die ihn für sich ihn Anspruch" nähmen.[116]

b) Der Schrei nach dem Befehl

Ein anderes Merkmal des kollektiven Menschen bildet, so Delp, die Fraglosigkeit. Demnach will der kollektive Mensch nicht wissen, und zwar deshalb nicht, weil er der Verantwortung ausweichen und sich in seinem Versäumnis rechtfertigen möchte. Er stellt keine Fragen, nicht nur nicht nach der äußeren Wirklichkeit, sondern auch nicht nach sich selbst. Diese Fraglosigkeit hat nach Delp die radikale Verstümmelung des Bewusstseins und der menschlichen Würde zur Folge. Der Verzicht auf das Fragen „drängt den Menschen ab von seiner Höhe, er ermöglicht die unmenschliche Erscheinung der Masse, der Herde, des getriebenen und verführten Menschen, des ewigen Objektes fremder Entscheidungen und Vergewaltigungen", so dass am Ende nur noch eine Karikatur des Menschen übrigbleibt.[117]

Mit diesem Problem musste sich Delp auch existentiell auseinandersetzen. In jener wirren Zeit, als die Liebe zum Militärischen auch ihn beherrschte,[118] schrieb er im Jahre 1933 ein Theaterstück, das „als ein nicht un-

---

[114] Ebd.: 207. Ähnlich schreibt – hinsichtlich der Delp'schen Kritik am kollektiven Menschen – MERTON: „a faceless being that was once the image of God", siehe *Introduction*: xxii.

[115] DELP, *Der Mensch und die Geschichte* (1943): II,427.

[116] Ders., *Der Mensch vor sich selbst* (Nachlass, o.J.): II,479.

[117] Ebd.: 491f.

[118] Vgl. BLEISTEIN, *Geschichte eines Zeugen*: 65–69. Vgl. in der vorliegenden Studie: 28–36.

wichtiger Zwischenakt seiner Entwicklung bezeichnet werden" kann.[119] In der Szene *Die toten Soldaten* wird die Frage nach dem Sinn des Krieges, der doch nur Unglück bringt, gestellt. Die Antwort darauf lautet dann: die Pflicht. Daran schließt sich die Frage an: Warum ist die Pflicht so? Die Antwort hierauf: Es ist nicht unsere Sache.[120] Die Pflicht wird hier zwar nicht als selbstverständlich angesehen, es wird nach ihr gefragt, aber dabei bleibt es dann.

Dem Menschen, der nicht mehr fragt, der „außer-sich" lebt, bleibt nur noch der Wunsch, Befehle zu erhalten.[121] Er ist ein „billiges Objekt, eine Nummer geworden, die jeden Tag auf neuen Befehl, auf neue Verpflichtung wartet"[122]. Er lebt nach dem von Carl Schmitt formulierten Motto: „Das Beste in der Welt ist ein Befehl."[123] Mit dem Wortschatz Heideggers schreibt Delp, dass das geistige Leben des kollektiven Menschen „erschöpft [sei] mit dem ,Man sagt', durch das Schlagwort, durch die fertig herumgereichten Urteile und Meinungen, durch die Moden"[124]. Abgesehen von dem Schreien nach einem Befehl herrscht beim Massenmenschen Totenstille.[125]

---

[119] BLEISTEIN, *Geschichte eines Zeugen*: 71.

[120] Vgl. DELP, *Der ewige Advent*: I,54.

[121] Vgl. ders., *Der Mensch vor sich selbst* (Nachlass, o.J.): II,479, *Geistige Lage* (Vortragsskizze, 1943): V,260.

[122] Ders., *Stephanus* (Predigt, 26. Dezember 1943): III,124.

[123] SCHMITT, *Legalität und Legitimität*: 13.

[124] DELP, *Der Mensch vor sich selbst* (Nachlass, o.J.): II,479. Darüber schreibt Dietrich Bonhoeffer im Text *Nach zehn Jahren*. Die Maskerade des Bösen erscheine in der Gestalt des Lichts: „Aus der verwirrenden Fülle der möglichen Entscheidungen scheint der sichere Weg der Pflicht herauszuführen. Hier wird das Befohlene als das Gewisseste ergriffen, die Verantwortung für den Befehl trägt der Befehlshaber, nicht der Ausführende". Den Menschen in Deutschland, so Bonhoeffer, fehle es an der freien Verantwortung, die aber eben auf einem Gott beruhe. „Der stärkste Feind jeder Art von Vermassung" sei die menschliche Qualität, was auch den freien Blick nach oben und nach unten bedeute, in: BONHOEFFER, *Widerstand und Ergebung*: 10–13,21.

[125] Vgl. DELP, *Der Mensch und die Geschichte* (1943): II,412, *Der Mensch vor sich selbst* (Nachlass, o.J.): II,479.

c) Der totale Einsatz in der Welt

Neben der innerlichen Dekonstruktion tritt in die Existenz des kollektiven Menschen eine äußere „totale Mobilmachung", so stellt Delp mit Berufung auf Ernst Jünger kritisch fest.[126] Er erklärt: Die Masse müsse etwas schaffen. Der totale Einsatz des Menschen in der Welt sei ein Zeichen dafür, dass er an der Peripherie des Lebens, im Bereich der Wissenschaft, der Wirtschaft oder der Politik, nicht aber in der Mitte existiere.[127] Das Engagement in der Welt, so Delp, sei zugleich ein Versuch der Rettung aus dem Irdischen,[128] aber trotz dieses gigantischen Einsatzes lasse der moderne Mensch sich von der fremden Macht beherrschen. Diese Tendenz zur absoluten Beherrschung der Welt habe ihren Ursprung nicht zuletzt in der stolzen Idee des Heldentums, die nur rein menschliche Normen und Gesetze kenne.[129]

Die Verrichtung der alltäglichen Aufgaben verfestigt nach Delp das System in seiner „harten Regelmäßigkeit", in „der undurchdringlichen Notwendigkeit", in „der quantitativen Steigerung"[130]. Der totale Einsatz in der Welt führe den Menschen endlich zu einer Kultur der „Knechtschaft unter die Dinge", zur Welt, in der der Mensch nur Gegenstand sei. Die Person werde da in der Masse eingeschmolzen, „ohne Namen, ohne Gesicht, ohne Wille und Urteil". Da verfalle der Mensch ganz und gar dem „Herdendasein"[131].

d) Die falsche Geborgenheit

Wie Delp betont, scheint das Kollektiv dem Menschen Geborgenheit zu garantieren, die sich jedoch als eine Täuschung erweist.[132] Denn der Massen-

---

[126] Vgl. ders., *Entschlossenheit* (in: *Chrysologus*, 1935): I,99. In seinem Predigtzyklus über die Katholische Aktion (1935) bezieht sich Delp direkt auf das Werk *Die totale Mobilmachung* von Ernst JÜNGER, I,94f, Anm. 1, vgl. BLEISTEIN, *Geschichte eines Zeugen*: 88.

[127] Vgl. DELP, *Die moderne Welt und die Katholische Aktion* (in: *Chrysologus*, 1935): I,75, *Bereitschaft* (in: *Chrysologus*, 1935): I,86.

[128] Vgl. ders., *Entschlossenheit* (in: *Chrysologus*, 1935): I,99.

[129] Vgl. ders., *Der heldische Mensch* (in: *Chrysologus*, 1936): I,176f.

[130] Ders., *Der Mensch vor sich selbst* (Nachlass, o.J.): II,514.

[131] Ebd.: 516–517.

[132] Vgl. ebd.: 517.

mensch beugt sich, so Delp, jeder Gewalt und jedem Befehl.[133] Sein Geist, der eigentlich in Bewegung und Unruhe leben sollte, wird müde. Delp schreibt:

> Die schlimmste Karikatur auf den Menschen ist der Massenmensch, nur noch wirklich als Teilstück eines gestaltlosen Instinktbündels, nur noch fähig der primitivsten Reaktionen und Ausbrüche, nur noch getrieben von Demagogen, tierhaften Bedürfnissen und Ansprüchen, haltlos und müde und hilflos, sobald die schlammige Flut ihn liegen läßt und er eine Einsamkeit spürt, die nicht die schöpferische, kraftvolle Stille des Ewigen ist, sondern die Leere der Ohnmacht und des Ausgeplünderten.[134]

Im Blick auf den totalitären Staat wie er ihn erlebt, beschreibt Delp den kollektiven Menschen als

> Stück der Masse, als Mittel zu einem Zweck, als Nummer einer Kolonne, einer Apparatur, als Funktion der großen Maschine, als die das Leben sich manchmal maskiert und in die es entartet,[135]

als einen, der organisierte Abfütterungen und massenhafte Feste genießt.[136] Weil es ihm an einem eigenem Standpunkt fehle, von dem aus er frei entscheiden könnte, verfalle er

> der Herrschaft der großen, unpersönlichen Mächte: der Masse, der Stimmung, der Organisation, dem Tempo, der Maschine, der Präzision, kurz, all den namenlosen Formen, in denen das harte und unmenschliche Es den Menschen sich untertan macht und ihn von sich wegreißt.[137]

In den marschierenden Kolonnen, die Delp zu seiner Zeit durch die Straßen ziehen sah, erkannte er den müden und ausgeplünderten Menschen, c„der dem Rhythmus und dem Lärm und den praktischen Tagesbedürfnissen ... bis in die letzten Kammern seines Daseins" verfallen sei.[138]

---

[133] Vgl. ders., *Vertrauen zur Kirche* (Vortrag, 22. Oktober 1941): I,270.

[134] Ders., *Der Mensch und die Geschichte* (1943): II,379.

[135] Ders., *Der Mensch vor sich selbst* (Nachlass, o.J.): II,478.

[136] Vgl. ders., *Dritter Adventssonntag* (Gefängnismeditation, Dezember 1944): IV,165.

[137] Ders., *Der Mensch vor sich selbst* (Nachlass, o.J.): II,480.

[138] Ebd.

e) Der Fatalismus

Für den Menschen, der seine Freiheit aufgegeben hat, der sein Leben als „ausgeliefert, als entmachtet, in bestimmten Ordnungen und Bereichen seiner Zuständigkeit entzogen" erfährt, wird, so Delp, das Erlebnis des Schicksals eine seiner wichtigsten Erfahrungen.[139] Delp erklärt:

> Der Mensch empfindet sich als geführt, als in Zwang und Schicksal gehaltene Wirklichkeit, die dazu noch, um den negativen Eindruck zu vertiefen, diesen Zwang, dieses Schicksal durch eine eigene Entscheidung bejahen, vollziehen, ja manchmal heraufbeschwören muß.[140]

In dem Erlebnis des Schicksals handelt es sich nach Delp nicht um die bloße Abhängigkeit von äußeren Tatsachen der alltäglichen Existenz, sondern um die Erfahrung einer unausweichlichen Notwendigkeit, weshalb der Mensch hier zu einem rein passiven Objekt wird.[141]

Delp unterscheidet im Blick auf dieses Phänomen fünf Typen.[142] Dem ersten Typ ist das Bekenntnis zu einem primitiven Schicksalsglauben eigen, das jeden persönlichen Einsatz verhindert, weshalb sein Vertreter immer in Angst lebt. Der zweite Typ bleibt der banalen Schicksalsgesinnung verhaftet, kann sich jedoch schon in der Welt der ihn bestimmenden Übermächte ein wenig orientieren und versucht deshalb, sich in irgendeiner Form zu versichern. Der dritte Typ ist der heroische Schicksalsmensch. Für ihn gibt es in der determinierten Welt keinen Platz für eine Entscheidung, die einzige Möglichkeit der Existenz besteht für ihn in dem hoffnungslosen Sich-Abfinden mit den jeweiligen Gegebenheiten. Der vierte Typ wird repräsentiert durch den Menschen, der im Bewusstsein des unantastbaren Wertes seines Ich Nein sagt zu der Gewalt und dem Unrecht des Schicksals, der alles, ja die ganze Welt, ablehnt und in tiefer Resignation endet. Der letzte Typ ist der passiv bejahende Mensch, der das Schicksal nicht als Notwendigkeit, sondern als eine rechte Ordnung wahrnimmt. Ihn vergleicht Delp mit einem Offizier, der sich ergibt, weil er verantwortungslos handeln will.

Ein besonderes Problem stellt das von Delp wiederholt analysierte Phänomen des Kollektivismus in der Kirche dar, in dem die Christen die Krise

---

[139] Vgl. ders., *Tragik im Christentum?* (Vortrag, 1940): II,306.

[140] Ebd.

[141] Vgl. ders., *Schicksal* (Vortrag, 5. Oktober 1942): III,416f.

[142] Vgl. ebd.: 418–422.

der Kultur verinnerlicht hätten.[143] Delp betont dabei, dass das „Wir-Erlebnis" eine Form sei, in der der säkulare Kollektivismus in die Kirche eingedrungen sei,[144] weshalb auch ein Glied der Kirche „dem Traum der Maschine, des Kollektivs und des religiösen Mechanismus verfallen" könne[145]. Dabei bestehe die Gefahr, dass die Gemeinschaft der Kirche zu einem Ort der Flucht vor der Wirklichkeit transformiert werde, der falsche Sicherheit und Geborgenheit gewähre.[146]

Delp bemerkt kritisch, dass nicht wenige Christen ihr Verhalten mit dem kollektiven Menschen teilen, dass sie angesichts der aktuellen Ereignisse schweigen[147] und sich gern der Despotie der Masse ergeben.

> Wie ist die Menschheit heute gelähmt durch die Macht ... Auch wir Christen sind in die Angst geraten. Unser Schweigen, unsere Tarnung, unsere Flucht in die Einsamkeit oder die Vermassung sind nur Ergebnisse der Angst ... Wir sind froh, jede Tat auf einen fremden Befehl hin tun zu dürfen. Wir sind darauf aus, für jede Entscheidung einen anderen zu suchen, der sie übernimmt.[148]

Den tiefsten Grund für diese Situation sieht Delp darin, dass das Kreuz und die Auferstehung Christi verkannt werden.[149]

---

[143] Vgl. ders., *Christliche Persönlichkeit* (Predigt, 10. Oktober 1937): I,209f, *Vertrauen zur Kirche* (Vortrag, 22. Otober 1941): I,272f, *Tragik im Christentum?* (Vortrag, 1940): II,315, *Vierter Fastensonntag* (Predigt, 4. April 1943): III,198, *Schicksal* (Vortrag, 5. Oktober 1942): III,416–420, *Das Menschenbild der Konstitutionen der Gesellschaft Jesu* (Vorträge, 1941): V,210, *Geistige Lage* (Vortragsskizze, 1943): V,261.

[144] Vgl. ders., *Geistige Lage* (Vortragsskizze, 1943): V,262.

[145] Ders., *Du bist Petrus, der Fels* (Predigt, 28. Juni 1941): III,239.

[146] Vgl. ebd.: 240.

[147] Vgl. ders., *Vertrauen zur Kirche* (Vortrag, 22. Oktober 1941): I,278f, siehe auch Anm. 80. bei V,253.

[148] Ders., *Vierter Fastensonntag* (Predigt, 4. April 1943): III,191.

[149] Vgl. ders., *Tragik im Christentum?* (Vortrag, 1940): II,315.

5. „Brot ist wichtig, die Freiheit ist wichtiger" – Delps Option gegen den Kollektivismus

In seinen Gefängnismeditationen zum *Vater unser* bringt Delp seinen Protest gegen den Verzicht auf die Freiheit in folgendem Satz zum Ausdruck: „Brot ist wichtig, die Freiheit ist wichtiger!"[150] Versteht man das Brot als eine Metapher für die Sicherheit in ihrer von Delp kritisierten Form, wird der Satz zu einer griffigen Formel für die Spannung zwischen der Sicherheit und der Freiheit, wie unser Autor sie denkt.

Mit der Feststellung, Freiheit sei wichtiger als Brot, tritt Delp in einen indirekten Dialog mit dem Roman *Die Brüder Karamasow* von Fjodor Dostojewskij, näherhin mit der bekannten Erzählung vom Großinquisitor. Dort wird die Spannung zwischen Sicherheit und Freiheit in genialer Weise abgehandelt. In seiner Auseinandersetzung mit der tragischen Freiheit Heideggers bezieht Delp sich auf Romano Guardinis Werk *Der Mensch und der Glaube. Versuche über die religiöse Existenz in Dostojewskijs großen Romanen*, in dem dieser sich mit der besagten Erzählung des Näheren befasst. Bemerkt sei hier, dass das Werk für Delp eine der wichtigsten Quellen der Kritik an der absoluten Autonomie des modernen Menschen ist.[151] Delp versteht in

---

[150] *Vater unser* (Gefängnismeditation, Januar 1945): IV,236.

[151] Vom Buch Guardinis zitiert Delp in *Tragische Existenz*: II,131,133 das Folgende. „Das Endliche wird von vornherein als Bloß-Endliches empfunden und gewollt. So zwar, daß es nach der Hingabe verlangt, gegen dieses Verlangen sich aber Einspruch erhebt: das Gebot, sich selbst zu genügen, autonom zu sein" (GUARDINI, *Der Mensch und der Glaube*: 232); „Was aber befreien soll, ist der Entschluß, die Situation zu Ende zu führen: anzuerkennen und existenziell zu vollziehen, daß das Dasein rein endlich ist und es außer dem endlichen nichts gibt ... Wer Schmerz und Angst besiegt, wird selbst Gott werden. Aber den Gott wird es dann nicht mehr geben" (ebd.: 233), „Infolge der Depotenzierung Gottes fühlte der Mensch seinen Sinn nicht mehr unmittelbar von ihm herkommen ... fühlt er erschreckend ... seine umdrohte Endlichkeit; erschreckend und zugleich gestachelt zur Gegenwehr. Der Mensch reckt sich. Er faßt in seiner Endlichkeit Stand. Er beginnt, die Attribute Gottes an sich zu ziehen. Zuerst dadurch, daß er sich absolut setzt. Das Subjekt des neuzeitlichen Philosophierens entsteht im Grunde ja dadurch, daß die abhängige Absolutheit des ideellen Geltens ... mit der Seinsunabhängigkeit und Wertheit Gottes gleichgesetzt und das endliche Subjekt nach dem Maßstab des Göttlichen gedacht wird. Damit ist die kategoriale Autonomie begründet. Zu ihr kommt dann die inhaltliche: ein Gebiet nach dem andern des menschlichen Daseins konstituiert sich wertautonom ..." (ebd.: 251).

diesem Kontext den Satz „Brot ist wichtig, die Freiheit ist wichtiger" möglicherweise als eine Antwort auf den Monolog des Greises in der Erzählung Dostojewskijs. Zwischen dem deutschen Jesuiten und dem russischen Schriftsteller besteht eine gewisse Affinität, sofern beide das Problem der Freiheit und ihrer Selbstverneinung letztendlich in religiöser Perspektive mit dem Blick auf die geistige Heimatlosigkeit des modernen Menschen angehen.

Den Kern der Erzählung bildet der Monolog des Großinquisitors von Sevilla, der im Angesicht des schweigenden Christus in einem Kerker geführt wird. Die Anklage, die der alte Kirchenrichter gegen den wiedergekommenen Messias erhebt, betrifft genau das für Delps Denkweg wichtige Problem der Freiheit, und zwar den an die Unerträglichkeit grenzenden hohe Anspruch der Freiheit, die menschliche Tendenz, die Freiheit gegen Sicherheit zu tauschen und endlich die Befreiung von der Last der Freiheit durch die Flucht in die Unterwerfung unter eine Autorität.[152]

Der Großinquisitor beschuldigt Christus, er habe der Freiheit den Vorrang vor dem Brot zuerkannt. Bei Dostojewskij heißt es:

> Du willst in die Welt gehen ... mit dem vagen Versprechen der Freiheit, das [die Menschen] in ihrer Einfalt und angeborenen Zuchtlosigkeit nicht einmal begreifen können, vor dem sie sich fürchten und das sie beängstigt – denn nichts ist jemals dem Menschen und der menschlichen Gesellschaft unerträglicher gewesen als die Freiheit! Siehst Du die Steine in dieser nackten und glühenden Wüste? Verwandele sie in Brote, und die Menschheit wird dir nachlaufen wie eine Herde, dankbar und gehorsam ... Doch du wolltest den Menschen nicht der Freiheit berauben und lehntest den Vorschlag ab, denn was wäre das für eine Freiheit, dachtest Du, wenn der Gehorsam mit Broten erkauft würde? Du entgegnest, der Mensch lebe nicht vom Brot allein ...[153]

In den folgenden Worten des Greises lassen sich Gedanken wiederfinden, die Delp im Gefängnis niederschrieb:

> Keine Wissenschaft kann ihnen Brot geben, solange sie frei bleiben, doch es wird damit enden, daß sie uns ihre Freiheit zu Füßen legen und zu uns sagen werden: „Knechtet uns lieber, aber macht uns satt!" Sie werden endlich selber einsehen,

---

152 Vgl. GUARDINI, *Der Mensch und der Glaube*: 155f.
153 DOSTOJEWSKIJ, *Die Brüder Karamasow*: 340–341, vgl. 343.

daß beides, Freiheit und genügend Brot für jeden, zusammen undenkbar sind …[154]

Letzten Endes kommt es zu dem, was Delp als die Flucht in die Masse beschreibt und was der Inquisitor wohl meint, wenn er erklärt:

> Der Mensch kennt keine qualvollere Sorge als jemanden zu finden, dem er möglichst bald jenes Geschenk der Freiheit übergeben könnte, mit dem er, dieses unglückselige Geschöpf, auf die Welt kommt[155].

Das Gemeinsame der Texte von Dostojewskij und von Delp liegt jedoch nicht nur in der Konstatierung des hier angesprochenen Problems, sondern auch in der Überzeugung, dass man die Gründe für das Nicht-ertragen-Können der menschlichen Existenz, speziell der Freiheit, im Sich-Abwenden des Menschen von Gott suchen muss. Der Großinquisitor, der der Freiheit eine reale Möglichkeit abspricht, wie de Lubac einmal feststellte, vertritt den Atheismus.[156] In der gott-losen, atheistisch konzipierten Wirklichkeit, das heißt unter den Bedingungen der uneingeschränkten Freiheit, endet der Mensch im Despotentum, in dem uns die Menschheit nur noch als Masse auf der einen Seite und als deren Führer auf der anderen Seite begegnet.[157]

Nicht anders sagt es der vom diktatorischen Regime betroffene Delp in seiner Freiheitsdiagnose, wenn er nicht einmal feststellt, der Mensch müsse sich, um die Tragik zu überwinden, auf die Suche nach der Transzendenz begeben.[158] Delps und Dostojewskijs Option gegen den Kollektivismus be-

---

[154] Ebd.: 342.

[155] Ebd.: 350.

[156] DE LUBAC, *Die Tragödie des Humanismus ohne Gott*: 262, vgl. 258.

[157] Dabei trifft Delp noch einmal Dostojewskij. In *Die Dämonen* erzählt eine Romanfigur Schigajlow über sein Buch, das dem Thema der Freiheit gewidmet sei: „Ich habe mich in meinen eigenen Beweisen verstrickt, und der Schluß steht in direktem Widerspruch mit der ursprünglichen Idee, von der ich ausgegangen bin. Ich bin von der uneingeschränkten Freiheit ausgegangen und schließe mit dem absoluten Despotismus". Schigajlow selbst ist verzweifelt: „Einen anderen Ausweg gibt es nicht". Als Lösung schlägt er also „die Teilung der Menschheit in zwei ungleiche Teile vor. Ein Zehntel erhält alle persönliche Freiheit und unbeschränktes Recht über die übrigen neun Zehntel. Diese müssen ihre Persönlichkeit aufgeben, sich in eine Art Herde verwandeln", siehe DOSTOJEWSKIJ, *Die Dämonen*: 459–461.

[158] Vgl. DELP, *Tragische Existenz*: II,143. Eine andere Komponente von Delps Freiheitsverständnis besteht im Postulat der Ausrichtung des Lebens, die, um es mit Delp zu sagen,

steht in der Erziehung des Menschen zum individuell angenommenen Glauben.

III. Delps Freiheitsverständnis:
Freiheit als Hingabe an Gott

Nachdem das von Delp festgestellte Scheitern der tragischen Freiheit beschrieben worden ist, geht es jetzt darum, einen Blick zu werfen auf sein Freiheitsverständnis und auf dessen Bemühen, den Holzweg der Ziellosigkeit zu vermeiden. In den in Delps Nachlass verstreuten Gedanken zu dem genannten Thema begegnen uns drei Elemente, die vor allem dessen Freiheitsdenken konstituieren. Er erklärt erstens, die Möglichkeit der Freiheit des Menschen sei in seinen natürlichen Fähigkeiten verankert und sie verlange im Unterschied zur tragischen Freiheit die Ausrichtung auf ein Ziel. Zweitens werde jenes Ziel in Gott gefunden, den man als das Gute und die Wahrheit begreifen müsse. Drittens vollziehe sich in der menschlichen Existenz die Freiheit näherhin in der Gestalt der Hingabe und der Anbetung.

A. Die Autonomiefähigkeit des Menschen:
Möglichkeit und Grenzen

Die Möglichkeit des Menschen, sich selbst zu bestimmen, gehört zu den natürlichen Fähigkeiten seines Geistes. Davon ist Delp zutiefst überzeugt. Dabei weiß er jedoch auch um die Grenzen dieser Selbstbestimmung, die einerseits bedingt sind durch den Menschen selbst und anderseits durch die vorgegebene Gestalt der Wirklichkeit. Wenn Delp ein Gottesverhältnis der Freiheit postuliert, will er damit die menschliche Natur keinesfalls ersetzen, sondern die Freiheit auf der Basis der natürlichen Autonomie des Menschen auf eine höhere Stufe erheben. Hinsichtlich der Fähigkeiten, die dem Menschen gegeben sind, wertet er die Freiheit ebenso sehr auf, wie es das von ihm oftmals kritisierte neuzeitliche Denken tut. Erst im Hinblick auf die Frage nach dem „Wozu" jener Selbstbestimmung scheiden sich jedoch die Geister.

1. Die transzendentalen Fähigkeiten des Menschen: Geist, Bewusstsein, Gewissen

Als das Fundament der Freiheit versteht Delp den menschlichen Geist.[1] Dabei präzisiert er diesen Begriff nicht, er beschränkt sich vielmehr auf die Beschreibung seines Vollzugs. Er erklärt, Freiheit geschehe nur dort, wo es das Humanum gebe, die Freiheit hänge in ihrer Qualität zuerst an der Qualität der Menschlichkeit des Einzelnen wie auch der Gesellschaft.[2] Der erste Schritt zur Freiheit bestehe in der Erziehung des Menschen zur Selbstständigkeit, zur Urteils- und Gewissensfähigkeit, zur geistigen Wachheit, zu persönlicher Lebendigkeit, zu sachhafter Lebenskundigkeit und zur Unermüdlichkeit.[3] Als anthropologische Größe gehe die Freiheit des Menschen seiner Freiheit im Hinblick auf Gott voraus.

Delp stellt fest, dass sich der Mensch dank seines Geistes mit seiner Vernunft, mit seinem Verstand und mit seinem Willen „über sich selbst" erhebe, dass er sich transzendiere. Sein freies Wirken innerhalb der Geschichte habe diese Selbsttranszendierung zur Voraussetzung.[4] Delp erklärt: „Knecht ist nur, wer eine Knechtseele hat".[5] Die Freiheit des Menschen steht seiner Meinung nach mit seinem Geist in einem so engen Zusammenhang,[6] dass sie zutiefst am Schicksal des Geistes teilhat und der Spannung unterliegt, die zwischen der Wirklichkeit und der Möglichkeit besteht, zwischen den Beschränkungen und den strebsamen Neigungen. Delp stellt fest, weil der „Geist … die Höhe seines Seins als seine Freiheit"[7] erlebe, bleibe auch diese Freiheit oft ungeborgen und ungesichert, könne sie zerstörerisch in die Welt eingreifen und selbst in tiefe Unordnung geraten.

---

[1] Vgl. DELP, *Die Erziehung des Menschen zu Gott* (Gefängnisreflexion, 1944/45): IV,313f.

[2] Vgl. ders., *Der Mensch und die Geschichte* (1943): II,379, *Das Rätsel der Geschichte* (Nachlass, o.J.): II,450, *Die Welt als Lebensraum des Menschen* (Nachlass, o.J.): II,470f, *Der Mensch vor sich selbst* (Nachlass, o.J.): II,507,552.

[3] Vgl. ders., *Erster Sonntag im Advent* (Predigt, 28. November 1943): III,32f, *Epiphanie* (Gefängnismeditation, Januar 1945): IV,220f, *Die Erziehung des Menschen zu Gott* (Gefängnisreflexion, 1944/45): IV,313f.

[4] Vgl. ders., *Die Welt als Lebensraum des Menschen* (Nachlass, o.J.): II,472, *Der Mensch vor sich selbst* (Nachlass, o.J.): II,509,524, *Immaculata* (Predigt, 8. Dezember 1941): III,38.

[5] Ders., *Firmung* (Predigt, 1941): III,327.

[6] Vgl. ders., *Die Welt als Lebensraum des Menschen* (Nachlass, o.J.): II,471.

[7] Ders., *Der Mensch vor sich selbst* (Nachlass, o.J.): II,511.

Der Geist bewirkt, so Delp, dass der Lauf der Dinge „nicht mehr ein einfach hinzunehmendes, mehr oder weniger geordnetes Geschehen" ist, „das
wie eine Flut des Schicksals den Menschen"[8] überkommt, dass er vielmehr
zur Geschichte wird, „in der die Freiheit des Menschen zu stehen [hat] und
zu bestehen" ist.[9] Die Selbsterfahrung des Geistes ist in diesem Kontext für
Delp ein besonders starkes Argument in der Auseinandersetzung mit der
Philosophie, die ein transzendentes Element *a priori* ausschließt. Er erklärt:

> Der Geist führt die Welt über sich selbst hinaus. Er zerschlägt alle Versuche rei-
> ner und totaler Innerweltlichkeit, er ist das offene Fenster zum Absoluten, dem
> Endgültigen.[10]

Die Rolle des Geistes für die Verwirklichung der Freiheit besteht für Delp
darin, dass er die vorgegebenen, sachlichen Gegebenheiten der Welt grundsätzlich meistern kann.[11] Dank des Geistes muss der Mensch nicht den äußeren Reizen und seinen Trieben gehorchen, vielmehr kann er sich frei entscheiden und bewusst sein Leben vollziehen. Er kann den Dingen eine letzte
Gestalt geben und den vorgegebenen Stoff der Zeit und des Raumes zu einer
Geschichte der Freiheit formen, wodurch seine Existenz indessen immer an-
spruchsvoller wird.[12] Die größte Fähigkeit des Geistes ist nämlich die des
Schöpferischen, also seine Spontaneität, die „eigenartige Fähigkeit des Entwurfs, der ursprünglichen Schau eines Neuen, die Kraft der Planung und
Gestaltung", die Fähigkeit „des explosiven Strebens und Wollens, der drän-
genden Verwirklichung"[13], wodurch der Geist die Kraft der Materie gewissermaßen überwindet und sie beherrscht.

Die Befähigung durch den Geist gipfelt laut Delp darin,

> daß der Mensch sich im Geist und als Geist als frei empfindet und weiß den Din-
> gen und Situationen gegenüber, daß er ein letztes Jawort zu vergeben hat, von
> dem ihn niemand dispensieren kann. Durch den Geist weiß sich der in der ge-
> fügten Welt eingeordnete Mensch dieser Welt doch überlegen, weiß er sich als
> freier Gestalter wohl an sie verpflichtend überwiesen und gebunden, weiß er sich

---

8   Ebd.: 506.

9   Ebd.: 507.

10   Ders., *Die Welt als Lebensraum des Menschen* (Nachlass, o.J.): II,469.

11   Vgl. ders., *Der Mensch vor sich selbst* (Nachlass, o.J.): II,538.

12   Ebd.: 508.

13   Ebd.: 504.

aber auch ihr gegenüberstehend als selbstständiger Partner, der ihrem dumpfen Gang überlegen ist und von ihr nicht niedergezwungen werden kann, außer er ergibt sich selbst.[14]

Zwar betont Delp die herrschende Spannung zwischen dem Geist und der Freiheit auf der einen und der Materie auf der anderen Seite, aber es geht ihm vor allem um ein Zusammenspiel der beiden. Der schöpferische Geist und die ihn bindende Materie müssen zusammenkommen und eine wenn auch spannungsreiche Einheit bilden, um sowohl eine vergeistigte als auch eine materialistische Weltsicht zu überwinden. Um dieses Ziel zu erreichen, muss außerdem der Geist sich selber treu bleiben und sich den Blick für das Endgültige bewahren, gegebenenfalls auf Kosten einer Konfrontation mit der einen oder anderen Hierarchie.[15]

Bei der Lektüre seiner Schriften fällt immer wieder auf, wie groß Delp über den Geist des Menschen denkt. Er erklärt: „Am Stoff kommt der Geist zu sich, an ihm entdeckt er das Ganze und das Letzte"[16] und: „Der Geist ist Tiefe und Weite, er greift das Ganze und das All, er durchbricht die Grenzen"[17]. Manche der Möglichkeiten, die Delp hier dem Geist zuschreibt, scheinen vielleicht „zu göttlich" und die Wirklichkeit des Menschen zu verkennen. Anderseits sind bei Delp aber auch sehr abgewogene Feststellungen zu finden, die uns in seine Konzeption von der Ordnung einstimmen und die Gebundenheit des menschlichen Geistes an einen gewissen Raum und an eine gewisse Zeit betonen. So bemerkt er, der Mensch gerate immer vor ein Geheimnis,[18] „der Einzelne, das Geschlecht, die Gruppe" könne „das Ganze nicht in seiner gesamten Fülle greifen, sondern nur stückweise, aus bestimmten, beschränkten Sichten"[19].

Delp lässt das Problem der Selbsttranszendenz des Menschen nicht bei den unscharfen Ideen des Geistes bewenden. Der konkrete Ausdruck des menschlichen Geistes ist für ihn das Bewusstsein, das Ich-Erlebnis, der „re-

[14] Ebd.: 505.

[15] Vgl. ebd.: 506.

[16] Ebd.: 538.

[17] Ebd.: 505. Vgl. ders., *Der Mensch der Ehre im Christentum* (in: *Chrysologus*, 1936): I,173, *Der Mensch vor sich selbst* (Nachlass, o.J.): II,510f,549.

[18] Vgl. ders., *Der Mensch und die Geschichte* (1943): II,419.

[19] Ders., *Der Mensch vor sich selbst* (Nachlass, o.J.): II,494.

flexe Selbstbesitz"[20], die „verantwortliche ... Eigenführung"[21]. Die Tatsache, dass der Mensch um sich selbst weiß und sich als ein getrenntes Wesen von der Welt, als ein Wesen mit einem eigenen Ich und mit Entscheidungskraft sieht, setzt seine Überlegenheit über die Welt voraus.[22] Zu dem Bewusstsein der Einmaligkeit gehört für Delp gleichzeitig die Erfahrung der Zugehörigkeit zu einer größeren Wirklichkeit. Der Mensch weiß um etwas Ewiges, Absolutes in sich, das neben allen geschichtlichen Beschränkungen existiert:

> Durch die Verwurzelung im Allgemeinen und die Begegnung mit ihm erfährt der Mensch sich herausgehoben über sich selbst und ... ausgeliefert jenem weiten und offenen Raum des Allgemeingültigen[23].

Er lebt als der Repräsentant eines Größeren. Zu betonen ist hier, dass Delp das „Ich-Erlebnis" des Menschen als die Logik des „Über-sich-hinaus" versteht. Die Fassung des Ich als ein auf ein anderes Sein offenes Subjekt wird für das Freiheitsverständnis Delps von entscheidender Bedeutung sein.

Eine besondere Fähigkeit des menschlichen Geistes ist, wie Delp herausstellt, dass der Mensch fragen kann. Diese Fähigkeit ist für ihn der nächste Schritt in der Konkretisierung von Geist und Bewusstsein, wenn auch nicht der letzte. Der Mensch ist notwendig ein Fragender.

> Wer die Frage wegschiebt und der Fragwürdigkeit des Daseins entgehen möchte, der beraubt sich selbst einer der köstlichsten Möglichkeiten des Lebens: des Lebens aus Echtheit und Ernst; der verzichtet auf die eigene Größe, die in der von Einsicht und Durchblick getragenen Entscheidung liegt; der verzichtet auf den kämpferischen Einsatz um sich selbst ... Wenn der Mensch der Frage ausweicht, betrügt er sich und täuscht er sich.[24]

Das Fragen ist für ihn nicht nur die Bedingung dafür, dass der Mensch seine Würde bewahrt, im Fragen bewegt sich der Mensch auch über sich selbst hinaus, weil er in ihm seine Grenze erreicht, bewegt er sich über den Rahmen der Ordnungen, erfährt er seine Freiheit. Der Verlust der Freiheit ist der Preis, den der Mensch bezahlen muss, wenn er nicht mehr fragt. So lange wie der Mensch bewusst lebt, suchend und fragend, so lange bewahrt er

---

[20] Ebd.: 504.

[21] Ebd.: 513.

[22] Vgl. ebd.: 512.

[23] Ders., *Der Mensch und die Geschichte* (1943): II,354.

[24] Ders., *Der Mensch vor sich selbst* (Nachlass, o.J.): II,490.

seine Entscheidungsfähigkeit und gewinnt immerhin seine Subjekthaftig-keit.[25]

Der höchste Ausdruck der universalen Natur des menschlichen Geistes ist für Delp das Gewissen; in ihm erkennt er die letzte Möglichkeit der Ent-scheidungsfähigkeit des Menschen. Bezogen auf das Gewissen werden seine Betrachtungen über den Geist nüchtern und gewinnen praktische Bedeu-tung. Das Gewissen macht den Menschen nach Delp zu einem Selbst, es macht ihn zu einem freien Protagonisten der Geschichte, zu einem bewuss-ten „Selbstbesitzer" und „Selbstbewegenden" des Lebens.[26] Es ist die letzte Instanz der Freiheit. Delp erklärt:

> Die Befreiung des Menschen aus den Formen untermenschlichen Daseins ge-schieht endgültig durch die Rückführung zu sich selbst im Gewissen.[27]

Der Weg der Freiheit kann nach ihm nur durch die richtige Einsicht Wirk-lichkeit werden. In diesem Zusammenhang erinnert er an die klassische ig-natianische Regel: „Der von seiner ganzen Wirklichkeit her prüfende, wer-tende und entscheidende Mensch ist bei sich selbst, er besitzt sich"[28].

Delp betont, dass im Erkennen der Wirklichkeit der Weg zur Freiheit noch keinesfalls endet. Der richtigen Einsicht muss immer eine Entschei-dung[29] und danach eine Tat folgen.[30] Die Freiheit des Menschen erweist sich als solche in den schöpferischen Entscheidungen, die aber immer durch ge-wisse Rahmen begrenzt sind,[31] die ihre Fruchtbarkeit bedingen. Hier kommt wieder das bei Delp wesentliche Thema der Ordnung der Wirklichkeit zur Sprache. Die Notwendigkeit der Ordnung ist für Delp der eine Pol der Ge-schichte, die sich in der Entscheidung vollziehende Freiheit der andere.[32] Delp konstatiert:

---

[25] Vgl. ebd.: 488–492.

[26] Vgl. ebd.: 520f.

[27] Ebd.: 521.

[28] Ebd.: 519.

[29] Vgl. ders., *Der Mensch und die Geschichte* (1943): II,357.

[30] Vgl. ebd.: 368, siehe auch ders., *Neujahr* (Predigt, 1 Januar 1943): III,147.

[31] Vgl. ders., *Der Mensch und die Geschichte* (1943): II,363f.

[32] Vgl. ebd.: 376, siehe auch ders., *Das Rätsel der Geschichte* (Nachlass, o.J.): II,449f.

Die freie Entscheidung ist der Höchstpunkt menschlicher Wirklichkeit, und die Geschichte wäre eine rein untermenschliche Angelegenheit, wenn sie nicht die Freiheit bestehen ließe und in der Freiheit geschähe.[33]

Immer wieder unterstreicht Delp die Bedeutung der Freiheit für das Bewahren der menschlichen Größe, auch da, wo er von der Entscheidung re-det. Er erklärt: Der Mensch,

> der sich Urteile … von seinsfremden und unlegitimierten Instanzen vorsagen und aufzwingen, der seine Entscheidungen vorgeben läßt, für die er nicht mit dem letzten Blutstropfen einstehen kann, und sei es um den Preis der Ruhe und der Sicherheit und der innerweltlichen Wohlgeborgenheit, der ist ein Verräter seiner selbst[34].

Weil die Entscheidungsfähigkeit zur menschlichen Natur gehört, muss nach Delp jeder in der Lage sein, eine Entscheidung zu treffen, auch wenn „alle Bücher verbrennen und alle Verantwortlichen verstummen"[35], also wenn er buchstäblich *autonom* werden muss.

Mit der freien Entscheidung tritt für Delp ein weiterer Baustein der Freiheit in das Leben des Menschen ein, die Verantwortlichkeit. Er betont nachdrücklich die Notwendigkeit der Verantwortung, die jeder auf sich nehmen muss[36] und deren Maß allein Gott ist[37]. Das Vertrauen auf die freie Gewissensentscheidung, die Warnung vor der Zerstörung der persönlichen Entscheidung unter unzähligen Vorschriften,[38] aber auch die Feststellung, dass die Berufung auf einen Befehl nicht vor der Strafe schützen kann,[39] das waren zentrale Positionen des Kreisauer Kreises.

Im Gewissen und in der Entscheidung transzendiert sich der Mensch, wie Delp hervorhebt, bewegt er sich über sich selbst hinaus, manifestiert sich seine Offenheit. Im Gewissen offenbart sich dem Menschen eine Spur des Ewigen,[40] in ihm zeigt sich die zwischen den zwei Polen gespannte „con-

---

[33] Ebd.: 450.

[34] Ders., *Der Mensch vor sich selbst* (Nachlass, o.J.): II,522.

[35] Ebd.: 554, vgl. ders., *Weihnachten* (Predigt, 25. Dezember 1941): III,84f.

[36] Vgl. ders., *Kirche* (Vortrag, 14. September 1942): III,414.

[37] Vgl. ders., *Dritter Sonntag im Advent* (Predigt, 13. Dezember 1942): III,60.

[38] Vgl. BLEISTEIN, *Dossier Kreisauer Kreis*: 166f.

[39] Vgl. V. ROON, *Neuordnung im Widerstand*: 554.

[40] Vgl. DELP, *Der Mensch vor sich selbst* (Nachlass, o.J.): II,520–522.

ditio" des Menschen, der auf der Erde lebt und in den Raum des Ewigen hineinragt, der geschichtlich ist und zugleich übergeschichtlich. Seine freien Entscheidungen wirken zugleich in der Horizontalen als auch in der Vertikalen. Delp wörtlich:

> Geschichte wird so zum Ort gültiger Entscheidungen, die über die Geschichte hinaus gelten. Mögen nun auch einmal die zwingenden und nötigenden Momente in der geschichtlichen Horizontale überstark sein, die Freiheit in der übergeschichtlichen Vertikale … die für den Christen Gehorsamsbindung an Christus bedeutet, bleibt immer bestehen, solange sein Träger sie nicht aufgibt.[41]

2. Zeit und Raum als Grenzen der Freiheit

Der Ausgangspunkt des Verständnisses der Freiheit ist für Delp die Erfahrung der Überlegenheit des menschlichen Geistes gegenüber der Welt. Damit verbindet sich aber eine weitere Erfahrung des Menschen, nämlich die der Bedingtheit seiner Existenz.[42] Menschlich leben bedeutet, wie Delp feststellt, existieren als gesetztes, geschaffenes und unterworfenes Sein, begrenzt durch das Vorgegebene und von ihm Unabhängige. Delp spricht dabei von den Ordnungen und denkt an den Zeitpunkt der Geburt des Menschen, an die unkontrollierbare Länge seiner Existenz, an seine Körperlichkeit und an die Tradition, in die er hineingeboren wird.[43] Die Bedingtheit des Menschen hebt Delp besonders im Zusammenhang mit der unbegreiflichen Tatsache des Todes hervor, in dessen Angesicht sich das Leben unerbittlich als ein unfertiges Ereignis zeige.[44]

Der erste Ordnungsfaktor des Menschen ist für Delp die Zeit. Sie ist dem Menschen „vorgegeben". Sehr oft benutzt unser Autor dieses Adjektiv und

---

[41] Ders., *Das Rätsel der Geschichte* (Nachlass, o.J.): II,450.

[42] Vgl. ders., *Der göttliche Grund im Menschen* (in: *Chrysologus*, 1936): I,154, *Tragische Existenz*: II,135, siehe auch NEUFELD, *Geschichte und Mensch*: 221.

[43] Vgl. DELP, *Der Mensch und die Geschichte* (1943): II,353,358f, *Das Rätsel der Geschichte* (Nachlass, o.J.): II,448f, *Die Welt als Lebensraum des Menschen* (Nachlass, o.J.): II,459, *Der Mensch vor sich selbst* (Nachlass, o.J.): II,492–502.

[44] Vgl. ders., *Über den Tod* (Ein Briefwechsel mit P. Bolkovac, 1940): II,231, *Erster Sonntag im Advent* (Predigt, 28. November 1943): III,32, *Vierter Sonntag im Advent* (Predigt, 21. Dezember 1941): III,68.

weist damit auf die tatsächliche Begrenztheit der Freiheit hin, auf die ungefragte „Geworfenheit" des Lebens in die Zeit. Daraus geht deutlich hervor, wie bedeutsam die Auseinandersetzung mit Heidegger für das Denken Delps gewesen ist, die sich nicht nur auf die Ablehnung von dessen Werk *Sein und Zeit* bezieht.

Was Delp in seinem Ordnungsdenken akzentuiert, konnte er früher schon bei dem Freiburger Philosophen nachlesen, sofern er die Probleme der Geworfenheit, der „Nebenordnung" von Zeit und Raum sowie die Frage der Geschichte thematisiert hat.[45] Die Zeit der Existenz hängt nicht vom Willen des Menschen ab, was er beeinflussen kann, ist nicht das „seit wann" oder das „wie lange", sondern einzig das „wie kurz". Eine der Folgen der Zeitlichkeit ist, so Delp, dass der Mensch nicht imstande ist, unabhängig von anderen das Ganze der Wirklichkeit zu begreifen. Der Einzelne kann das nur fragmentarisch, aus seiner bestimmten, durch die Zeit verkürzten Perspektive. Diese Feststellung ist für das Freiheitsverständnis Delps folgenschwer und davon ausgehend erschließt er die Bedeutung des Dialogs (in der Gegenwart) und jene der Tradition (in der Vergangenheit und in der Gegenwart), also die Bedeutung der Bindung an einen anderen, die Rolle der Relativität. Dialog heißt für ihn eine Partnerschaft im „Jetzt", eine Verweisung des Menschen über sich hinaus. Die Tradition hingegen meint die schöpferische Beziehung der Gegenwart zu den vergangenen Stunden. Ohne eine Bindung zur Tradition, so Delp, entartet die Zeit zum „Eintag", „zur Mode und damit zur Karikatur des Echten"[46]. Zusammen aber ermöglichen es der Dialog und die Tradition, der Kraft der Zeit einigermaßen überlegen zu sein.

Die zweite Gegebenheit, auf die der Mensch als ein Glied der Wirklichkeit gestellt wird, ist nach Delp der Raum, zuerst die Körperlichkeit des Menschen,[47] dann der Boden, das Klima, die Lage. Darüber hinaus sind noch weitere materielle Bindungen anzuführen, die die menschliche Freiheit gewaltig mitbestimmen.[48]

---

[45] Vgl. SZ 367–369, 372–392.

[46] DELP, *Der Mensch vor sich selbst* (Nachlass, o.J.): II,495.

[47] Zur Sprache kommt hier THOMAS von Aquin. Er stellt nämlich fest, aufgrund der Leibgebundenheit seien menschliche Entscheidungen nicht endgültig und unwiderruflich wie die der Engel, sondern fragmentarisch, sie greifen das Ganze nicht, in: S. th, I,64,2, *De veritate* 24,10, *De malo* 16,5. Vgl. OEING-HANHOFF, *Zur thomistischen Freiheitslehre*: 268–276.

[48] Vgl. DELP, *Der Mensch und die Geschichte* (1943): II,370.

Zu den Grenzen der Freiheit gehört für unseren Autor neben Zeit und Raum ein sich in ihnen entwickelnder Lauf der Ereignisse, das Geschehen. Der Mensch ist demnach zwar in der Lage, sich handelnd an dem Geschehen zu beteiligen, es in seiner Freiheit zu meistern, womit er es zur Geschichte umgestaltet, dabei lässt sich die Ambivalenz im Erleben der Geschichte selbst jedoch nicht vermeiden, denn die Geschichte entzieht sich zugleich den menschlichen Entscheidungen und beeinflusst den Menschen von außen her.[49] Delp unterscheidet zwischen den untergeistigen und geistigen Bedingungen der Geschichte, wobei zu der ersten Gruppe die schon oben genannten physischen Gegebenheiten, wie Gesundheit, Bedürfnis nach Nahrung, Klima, Armut zählen, die den Menschen „zu bestimmten Entscheidungen einfach zwingen",[50] zu der zweiten Gruppe aber die geistigen Gegebenheiten wie die Ideen, die das Recht oder die Kultur bestimmen, oder schöpferische Persönlichkeiten mit ihren „zauberhaften Herrschaft"[51], die die Menschen zu beherrschen vermögen.

In seiner Betonung der menschlichen Bedingtheit sieht Delp die moderne Philosophie mit ihrer Apostrophierung des auf den Tod hinlebenden Menschen als einen Verbündeten,[52] dabei bleibt jedoch der Hauptbezugspunkt seines Denkens die theologische Idee der Schöpfung, in der der Mensch nie als absolutes, sondern immer als relatives Sein zu denken ist.[53] Die Bedingtheit des Menschen bestimmt er dabei noch genauer, wenn er feststellt, sie bestehe nicht nur in der Einbeziehung des Menschen in den vorgegebenen Rahmen der Zeit und des Raumes, sondern auch in seiner Eingliederung in die metaphysische Ordnung der Schöpfung, das heißt: in seine Hinordnung auf Gott. Sichtbar wird dabei eines der entscheidenden Charakteristika im Denken Delps, nämlich dessen Verwurzelung in der abendländischen Tradition des *ordo*, welche in seinen Schriften durch die Betonung der Ideen des Ganzen, des Teils, des Ziels, der Mitte, der Schöpfung, des Rahmens und der Beziehungen und nicht zuletzt durch die Häufigkeit des Begriffs der Ord-

---

[49] Vgl. ebd.: 350–352.

[50] Ebd.: 369.

[51] Vgl. ebd.: 373.

[52] Vgl. ders., *Der göttliche Grund im Menschen* (in: *Chrysologus*, 1936): I,154.

[53] Vgl. ders., *Das Rätsel der Geschichte* (Nachlass, o.J.): II,443.

nung belegt ist.[54] Das ganze Universum ist für ihn letzten Endes eine auf Gott als den „ultimus finis" hinzielende Ordnung.[55]

[54] Eine dem Denken Delps entsprechende Erörterung von der Verwurzelung des mittelalterlichen Menschen in der großen, die ganze Wirklichkeit umgreifenden Architektonik des theonomen *ordo* gibt STEINBÜCHEL, *Vom Menschenbild des christlichen Mittelalters*. Auf ein anderes Werk Steinbüchels, *Die Frage nach der christlichen Existenz erläutert an Ferdinand Ebners Menschendeutung*, beruft sich Delp in seiner Auseinandersetzung mit Ebner, siehe *Ferdinand Ebner* (in: *Stimmen der Zeit*, 1937): II,158, Anm. 2.

[55] Vgl. S. th, I,2,3. Auf Grund dieser Logik setzt sich Delp von den mit Descartes begonnenen Wegen der neuzeitlichen Philosophie ab, mit denen das ontologisch bestimmte Ordnungsdenken zugunsten der neuzeitlichen Subjektivität an Bedeutung verlor, siehe dazu KUHN, *Ordnung*. Für Delp ist das Ordnungsdenken unverzichtbar, KUHN versteht das Problem ebenso: „Für den Verfall des Wortes Ordnung ist nicht das Sprechen und die Sprache verantwortlich, sondern das Denken. Deswegen ist er nichts Endgültiges. Das Wort kann durch das Denken wiederhergestellt werden. Es muß sogar wiederhergestellt werden. Denn wie kann das Denken sich selbst verstehen, ohne sich in Ordnung zu bringen?", siehe *Ordnung*: 1050. Der Begriff der Ordnung gehört zu der Erfahrung des geistigen Lebens der Jesuiten, vgl. LAMBERT, *Ignatianische Spiritualität*: 56–59. Wenn Delp die Idee der Aufhebung des bisherigen, von Aristoteles stammenden, christlichen *ordo*-Denkens folgen würde, müsste er zur Philosophie Descartes' greifen, als die mathematische Exaktheit das Ordnungsdenkens verarmt und formalisiert, doch aber nicht ganz aufgegeben wurde, da es den Ordnungsbegriff im deutschen Idealismus immer noch gibt. Selbst KANT schrieb über die „übersinnliche Ordnung" der in der Subjektivität verwurzelten „Freiheitsgesetze", siehe *Die Religion innerhalb der Grenzen der bloßen Vernunft*: 3. St. I, Abt. VII, I. Anm. (121), vgl. KUHN, *Ordnung*: 1039–1041. Am Ende würden die Spuren Delp wieder zu seinem philosophischen Opponenten Heidegger führen, der Freiburger Philosoph war es nämlich, durch der Ordnungsbegriff seinen philosophischen Status definitiv verloren habe. Dass das für Delp fundamentale Ordnungsdenken keinen Platz mehr in Heideggers Philosophie habe, führt KUHN aus, siehe *Ordnung*: 1041f: „Heidegger schließlich unternahm es in ‚Sein und Zeit', das Problem der Überwindung der Dualität, mit dem Dilthey verzweifelt gerungen hatte, durch einen Alexanderstrich zu lösen. Ohne den transzendental-idealistischen Gedanken aufzugeben, ersetzte er das ‚transzendentale Subjekt' des Kritizismus durch das ‚Dasein' als die Form der historisch-konkret gedachten, zur Eigentlichkeit gesteigerten Existenz, die Kantischen ‚Kategorien' durch ‚Existentialien'. Aber damit gab er den von Dilthey nirgends ausdrücklich desavouierten klassischen Begriff von Vernunft auf – ja, er wandte sich mit heftigen Worten gegen die ‚seit Jahrhunderten verherrlichte Vernunft' als ‚die hartnäckigste Widersacherin des Denkens' (*Holzwege*, Frankfurt 1950, 247 [GA 5, 267]). Tatsächlich hatte er längst seinen philosophischen Status eingebüßt. Das war zum guten Teil das Ergebnis des nachkantianischen absoluten Idealismus und seiner Nachwirkung, vor allem aber des zuerst untergründigen, dann immer stärker hervortretenden Fortlebens der dialektischen Logik Hegels. In Heideggers frühem Existenzialismus war nicht nur die Mystik seines späteren ‚Sprachden-

Aus der theologischen Perspektive der Schöpfung ergeben sich für Delp zwei Gesetze, die die ganze menschliche Geschichte durchwalten, das Gesetz der Kreatürlichkeit, das die Wirklichkeit als Ganzes in den Gehorsam und in den Dienst vor Gott stellt, und das Gesetz der Abbildlichkeit, dem gemäß Gott seine Spuren in der Schöpfung hinterlassen hat.[56] Dabei impliziert die Idee der Schöpfung für ihn eine ethische Bindung der menschlichen Freiheit. Gott, der den Menschen nach seinem Bild und Gleichnis geschaffen hat, habe seinen Willen in die Schöpfung hineingelegt, der die Richtung des menschlichen Handelns bestimmt. Delp erklärt:

> Es ist also der Ablauf der Geschichte nicht einer Willkür ausgeliefert, sondern er wurde gesprochen damals, als der Mensch den Auftrag erhielt, das Bild Gottes in seiner ganzen Fülle darzustellen. Und die Absicht jenes Wortes [der Schöpfung] geht als geheimer Imperativ den ganzen Gang der Schöpfung und der Menschenverwirklichung mit[57].

Jede unethische Handlung des Menschen richtet sich gegen das Geschenk der Freiheit.

Delp betont nachdrücklich, dass die Schöpfungsordnung überhöht wird durch die Erlösungsordnung. Dabei stellt er fest, dass das Mysterium der Menschwerdung Gottes den Menschen noch tiefer mit der geschichtlichen Wirklichkeit verbunden und damit seine Freiheit in höherer Weise herausgefordert hat.[58]

---

kens' vorgezeichnet, sondern auch seine Rückwendung zur hegelschen Tradition der spekulativen Geschichtsphilosophie. In diesem Prozeß entglitt der Begriff der Ordnung, der durch Platons Dialog ‚Gorgias' (506 d–e) in die Tradition des Denkens eingeführt worden war, dem philosophischen Vokabular".

[56] Vgl. DELP, *Der Mensch und die Geschichte* (1943): II,424, *Das Rätsel der Geschichte* (Nachlass, o.J.): II,453, *Weltverantwortung der jungen Generation* (Soldatenbrief, Februar 1943): V,232.

[57] Ders., *Ferdinand Ebner* (in: *Stimmen der Zeit*, 1937): II,191, vgl. ders., *Christ und Gegenwart* (in: *Stimmen der Zeit*, 1939): II,200.

[58] Vgl. ebd.: 193.

3. Die Geschichte als Ort der Freiheit

Der Rahmen von Raum und Zeit, der Lauf der geschehenden Ereignisse sowie das innere ethische Band stellen den Menschen in eine Situation, über die er, wenn er handelt, immer nur teilweise verfügen kann.[59] Im Blick darauf fragt Delp, ob die Welt überhaupt den Vollzug der Freiheit zulasse.

Als eine erste Antwort darauf prüft er zunächst die Behauptung, die Freiheit des Menschen sei angesichts der sich als eine unüberwindbare Macht erweisenden Ordnung nicht möglich.[60] Sie gründet, wie er feststellt, in der Meinung, die Ordnung der Natur sei die einzige. Der rein materiell verstandene, seines Geistes beraubte Mensch sei gänzlich der Macht des Laufes der Ereignisse ausgesetzt und die Geschichte gleiche einem „unentrinnbare[n] Schicksal"[61], womit die menschliche Freiheitsfähigkeit verkannt wird, wie Delp betont. Das Erlebnis der Übermacht der Ordnung steht für ihn in einem engen Zusammenhang mit der Erstarrung der Persönlichkeit,[62] das Erlebnis der Übermacht der Ordnung und die Erstarrung der Persönlichkeit bedingen sich seiner Meinung nach gegenseitig.

Mit dem Hinweis auf das Geistige im Menschen weist Delp einen Determinismus als wirklichkeitsfremd zurück. Wie bereits angeklungen ist für Delp der Mensch der Höhepunkt der Wirklichkeit, und der Höhepunkt des weltlichen Seins ist für ihn der Geist, zu dem Einsicht und Entscheidung gehörten, Erkenntnis und Freiheit.[63] Das Irdische bedeute keine alternativlose Versklavung des Menschen, vielmehr bilde es von dem schöpferischen Geist des Menschen gestaltetes Material und den Ausgangspunkt für die Verwirklichung der Bestimmung des Menschen, die ihn über die Welt und die Geschichte hinaus führe.[64]

Eine andere Antwort auf die Frage nach der Möglichkeit des Freiheitsvollzugs in der Welt besteht nach Delp in dem beabsichtigten Ignorieren der

---

[59] Vgl. ders., *Veni Sancte Spiritus* (Gefängnismeditation, Januar 1945): IV,291, *Der Mensch vor sich selbst* (Nachlass, o.J.): II,493f. Vgl. auch BLEISTEIN, *Geschichte eines Zeugen*: 224.

[60] Vgl. DELP, *Der Mensch und die Geschichte* (1943): II,350.

[61] Ders., *Die Welt als Lebensraum des Menschen* (Nachlass, o.J.): II,465.

[62] Vgl. ders., *Firmung* (Predigt, 1941): III,318–321.

[63] Vgl. ders., *Das Rätsel der Geschichte* (Nachlass, o.J.): II,448, *Die Welt als Lebensraum des Menschen* (Nachlass, o.J.): II,468.

[64] Vgl. NEUFELD, *Geschichte und Mensch*: 224, siehe DELP, *Der Mensch und die Geschichte* (1943): II,365,369, *Immaculata* (Predigt, 8. Dezember 1941): III,41.

Wirklichkeit.[65] Jedes Übersehen der Ordnungen verurteilt Delp indessen als eine Form des Eskapismus, der zur Verkümmerung der menschlichen Entscheidungen und deren Dauerhaftigkeit führt.[66] Wo der Mensch sich gottgleich mache – nach Delp gehört das bewusste sich über die Ordnung der Welt Stellen zum göttlichen Sein – und die vorethische wie auch die ethische Ordnung ignoriere, da entstehe

> keine Geschichte, sondern Episode, vielleicht hilflos lächerlich, vielleicht blutig ernst und grausam, aber eben nur Episode, vorüberrauschend wie ein verführerischer Traum, wie ein Sturm, wie ein zerstörerischer Orkan.[67]

Eine Entscheidung, die nur auf die Freiheit des Einzelnen und nicht auf die vorgegebene Ordnung gestellt werde, sei „ein Bruch im Aufbau des Kosmos"[68] und erweise sich schlussendlich als illusorisch.

Jene, die eine absolute Freiheit verkünden, bezeichnet Delp nachdrücklich als „Saboteure allen heutigen Lebens", als „Unterwühler aller heutigen Ansätze", als „Lügner"[69]. Weil der Mensch endlich und bedingt sei, weil er die Ordnung der Zeit oder des Raums nicht verlassen könne,[70] weil er durch die ethische Bindung und schließlich durch die vorethische, sachliche Natur der Dinge gebunden sei,[71] bleibe auch seine Freiheit endlich und bedingt,[72] habe sie nichts mit einer „Piratenfahrt" und einem „Freibeuterzug" zu tun.[73] Die Geschichte stelle sich von daher nicht als ein Konglomerat von „freischwebende[n] Taten und Ereignissen", sondern als ein „Gesamtzusammenhang des Lebens" dar.[74]

Die Freiheit müsse sich innerhalb der vorgegebenen Ordnungen vollziehen. Alles andere ist für Delp aufgrund der „conditio humana" unmöglich, ist doch der Mensch für ihn das „Wesen starrer Ordnungen und Gesetzlich-

---

[65] Vgl. DELP, *Der Mensch und die Geschichte* (1943): II,350.

[66] Vgl. ebd.: 383.

[67] Ebd.: 385.

[68] Ebd.: 376, siehe auch ders., *Das Rätsel der Geschichte* (Nachlass, o.J.): II,448

[69] Ders., *Der göttliche Grund im Menschen* (in: *Chrysologus*, 1936): I,154f.

[70] Vgl. ders., *Der Mensch vor sich selbst* (Nachlass, o.J.): II,494.

[71] Vgl. ders., *Weltgeschichte und Heilsgeschichte* (in: *Stimmen der Zeit*, 1941): II,328–333.

[72] Vgl. ders., *Der Mensch und die Geschichte* (1943): II,368, *Das Rätsel der Geschichte* (Nachlass, o.J.): II,453.

[73] Ders., *Die Welt als Lebensraum des Menschen* (Nachlass, o.J.): II,473.

[74] Ders., *Der Mensch und die Geschichte* (1943): II,374.

keiten",[75] das in der Ordnung der Natur leben muss,[76] hängt es doch nicht von seiner persönlichen Entscheidung ab, ob er in dieser Ordnung existieren will oder nicht.[77] Erst im Tod verlässt er diesen Rahmen.[78] Die Geschichte ist demnach nicht nur „kein Hindernis" für die Freiheit, sondern geradezu ihr Spielplatz. Für Delp steht fest: wer der Geschichte entgehen will, der entzieht sich der Möglichkeit, „in ihr als tätiges Subjekt zu stehen", und wird infolge dessen „reines Objekt der Vorgänge und der fremden Entscheidungen", verliert also seine Freiheit.[79]

Die Bedeutung jeder die Freiheit bestimmenden Entscheidung sei auf ihre Verwurzelung in der Wirklichkeit angewiesen, darauf, inwiefern der Mensch auf dem Boden der Geschichte bleibe.[80] Es sei das Bewusstsein der eigenen Beschränkung, der Zusammenstoß mit der „Wucht der Sachen", wodurch der menschliche Geist zu den Entscheidungen geführt werde[81] und wodurch ihm gleichzeitig die Gelegenheit gegeben werde, er selbst zu werden.[82] Auch das endgültige Heil erreiche der Mensch durch die Geschichte.[83]

Zwischen der Freiheit und der Geschichte besteht nach Delp eine Wechselbeziehung, denn wie die Geschichte der Ort des Freiheitsvollzugs ist, so ist es die Freiheit, die das bloße Geschehen zur Geschichte macht.[84] Von daher versteht sich die Feststellung Delps, die Geschichte werde „auf Freiheit gestellt", die menschliche Freiheit sei „eines ihrer großen Geheimnisse"[85] und die Geschichte sei der Ort der Entscheidung[86], der persönlichen Verantwortung, als „Anruf an die Einsicht und Entscheidung des Menschen"[87].

---

[75] Ders., *Der Mensch vor sich selbst* (Nachlass, o.J.): II,501.

[76] Vgl. ebd.: 535.

[77] Vgl. ders., *Christ und Gegenwart* (in: *Stimmen der Zeit*, 1939): II,193.

[78] Vgl. ders., *Der Mensch vor sich selbst* (Nachlass, o.J.): II,546.

[79] Ders., *Der Mensch und die Geschichte* (1943): II,375. Vgl. ders., *Christ und Gegenwart* (in: *Stimmen der Zeit*, 1939): II,186, *Der Mensch und die Geschichte* (1943): II,358f,365,379f,449, siehe auch *Brief an K. Thieme* (15. August 1935): III,482.

[80] Vgl. NEUFELD, *Geschichte und Mensch*: 226.

[81] Vgl. DELP, *Der Mensch vor sich selbst* (Nachlass, o.J.): II,484–486.

[82] Vgl. ders., *Weltgeschichte und Heilsgeschichte* (in: *Stimmen der Zeit*, 1941): II,337.

[83] Vgl. ebd.: 335, siehe auch ders., *Der Mensch und die Geschichte* (1943): II,380.

[84] Vgl. ders., *Der Mensch und die Geschichte* (1943): II,350.

[85] Ebd.: 385.

[86] Vgl. ders., *Weltgeschichte und Heilsgeschichte* (in: *Stimmen der Zeit*, 1941): II,326,346f.

[87] Ebd.: 327. Vgl. ders., *Der Mensch und die Geschichte* (1943): II,416.

Zwar versteht Delp das Verhältnis der Freiheit zur Welt der vorgegebenen Ordnung nicht als einen Widerspruch,[88] mit Nachdruck betont er jedoch, dass hier eine Spannung bestehe. Er erklärt, die Existenz des Menschen vollziehe sich in der „eigentümliche[n] Kombination von Bindung und Freiheit",[89] im „Widerspiel von Freiheit und Zwang"[90], im Zusammenspiel der freien Entscheidungen und der „naturhaften Entwicklungen", der „physisch existenten Tatsachen"[91]. Der Lauf der Ereignisse könne zwar einem Sturm gleichen, der den Einzelnen einfach mit fortreiße, oder dem stürzenden Berg, der den einsamen Wanderer verschütte und erschlage, ja, er sei

[88] Hier kommt wieder Delps Geist des antik-mittelalterlichen Traditionsdenkens zum Vorschein, das über das Verhältnis zwischen dem Menschen und der Natur nicht antagonistisch redet, vgl. dazu die ausführliche Darstellung von SCHOCKENHOFF, *Theologie der Freiheit*: 24–85. Vgl. auch HENGSTENBERG, der Struktur und Freiheit als „die beiden Brennpunkte einer Ellipse" denkt, siehe *Struktur und Freiheit*: 127. Dass aber in der modernen Mentalität eine Ordnung oft als ein freiheitsfeindliches Band gesehen wird, zeigt das Denken von SARTRE. In einem seiner bedeutendsten Werke, dem 1943 geschriebenen Drama *Die Fliegen*, setzte sich er mit dem Problem auseinander, wobei die Ordnung als der die Freiheit ausschließende Faktor verstanden wird, siehe *Die Fliegen*, besonders 54–56 (im 2. Akt, 2. Bild – 5. Szene).

[89] NEUFELD, *Geschichte und Mensch*: 189 und vgl. ebd.: 201–210.

[90] DELP, *Der Mensch vor sich selbst* (Nachlass, o.J.): II,486. Vgl. ders., *Weltgeschichte und Heilsgeschichte* (in: *Stimmen der Zeit*, 1941): II,323f, *Das Rätsel der Geschichte* (Nachlass, o.J.): II,446f.

[91] Ders., *Der Mensch und die Geschichte* (1943): II,390. Hierzu ist auch KRINGS mit seiner Analyse zum Thema Struktur und Freiheit zu vergleichen, siehe *System und Freiheit*. Er erinnert zuerst an Schelling, der sich gegen die These über die Unverträglichkeit der Freiheit mit einem System wendet. Krings betont, dass das praktische System als die durch freie Vernunftwesen organisierte Wirklichkeit der Natur und der Geschichte den Sinn habe, die Freiheit zu ermöglichen, nicht dadurch, dass das System Nischen oder Freiräume zulässt, sondern gerade als System, als Wohnsitz: „System und Freiheit schließen sich nach dem transzendentalen Ansatz nicht aus, sondern stehen zueinander im Verhältnis von Setzendem und Gesetztem" (23). Das Verhältnis zwischen den beiden sei aber ambivalent: Freiheit setzt ein System und widerspricht diesem zugleich, es handele sich um eine dialektische Struktur, der Widerspruch von Freiheit und System spiele dabei die Rolle eines strukturellen Garanten realer Freiheit. Letzten Endes sei es Aporie: „Der Widerspruch, in den sich die Freiheit *begeben* muß, um existent sein zu können, ist praktisch nicht vermeidbar, nur indirekt aufklärbar und nicht auflösbar. Das heißt, es kann nicht angegeben werden, wie der Widerspruch eliminiert und zugleich Freiheit real werden kann. Vermeidbar aber ist die Uneinsichtkeit. Es ist einsehbar, daß der Widerspruch zugelassen werden muß, wenn Freiheit real sein soll. Diese Einsicht legitimiert es indirekt, die Aporie als eine conditio humana anzunehmen" (32).

so etwas wie ein Kampf, in den jeder einbezogen sei, den man aber gewinnen könne, wenn man das Letzte wage und einsetze.[92] Obwohl der Mensch die Ereignisse an das Vorgegebene und an fremde Entscheidungen gebunden erfahre, wisse er zugleich um seine eigene Frei-heit und Entscheidungskraft, die er in die Tat umsetzen könne.[93] Die hier erkennbar werdende Ambivalenz ist typisch für das Freiheitsverständnis Delps. Stets betrachtet er die Freiheit zum einen an sich und zum anderen in ihrer Zuordnung zur Notwendigkeit. Die Existenz des Menschen hat für ihn zwei Aspekte, die sich jedoch keinesfalls als Widersprüche darstellen.[94]

Was bei Delp im Blick auf die Freiheit des Menschen und auf die Geschichte deutlich zur Sprache kommt, das ist die Möglichkeit des Menschen, sich der Geschichte zu widersetzen. Er erklärt, der Mensch sei kein Demiurg, der nur das Vorgegebene umgestalte, sondern er wirke „schöpferisch".[95] Als berufener Gestalter der Geschichte bringe er durchaus Neues hervor und lasse es nicht unbedingt bei den vorgefundenden Umständen bewenden.[96] Dank seines prüfenden Geistes sei er in der Lage, sich in seinen freien Entscheidungen gegen den Lauf der Geschichte zu stellen.[97] Dazu entscheide er sich aber nur dann, wenn er dadurch das Ziel der Freiheit, seine Selbstverwirklichung, erreichen könne, also ein Ziel, das außerhalb der von

---

[92] Vgl. DELP, *Der Mensch und die Geschichte* (1943): II,357.

[93] Vgl. ebd.: 379. Zur Frage nach der Möglichkeit der Freiheit in einer determinierten Wirklichkeit siehe CASPER, *Die Determination der Freiheit*: „Es handelt sich um eine doppelte Determination meines Daseins: die Determination durch den Naturgrund, in welchem ich als leiblich endlicher Mensch bestehe, und zugleich die Determination durch den Anspruch der Sittlichkeit, der mich in meiner Menschlichkeit ausmacht" (17), „Die Verwirklichung der daseinsmäßig tatsächlich gelebten Freiheit steht also nicht im Widerspruch zu der durch Kausalgesetze bestimmten materiell-leibhaftigen Wirklichkeit. Vielmehr benutzt sie diese kausalanalytisch strukturierte Wirklichkeit. Sie verwirklicht sich selbst mittels ihrer" (15).

[94] Vgl. NEUFELD, *Geschichte und Mensch*: 215f,243.

[95] Vgl. DELP, *Der Mensch und die Geschichte* (1943): II,376–385.

[96] Vgl. ders., *Weltgeschichte und Heilsgeschichte* (in: *Stimmen der Zeit*, 1941): II,331,346f. KUHN formuliert ähnliche Überlegungen. Er unterscheidet zwischen dem pflegend-bewahrenden und dem konstruktiv-herstellenden Umgang mit der Ordnung und betont die Analogie zwischen homo artifex und deus creator: „Der Mensch erscheint hier nicht mehr als Diener und Gehilfe, sondern als Schöpfer", siehe *Ordnung*, 1045f.

[97] Vgl. DELP, *Weltgeschichte und Heilsgeschichte* (in: *Stimmen der Zeit*, 1941): II,331f,338, *Die Welt als Lebensraum des Menschen* (Nachlass, o.J.): II,471,

ihm in dieser Entscheidung verabschiedeten Geschichte liege. Bedeutsam ist in diesem Zusammenhang Delps Überzeugung, dass die Welt immer Freiheit zulasse. Immer bleibe der „Raum der transzendenten Freiheit … offen"[98], unter jeder Bedingung sei es dem Menschen möglich, das Jawort zu seinem letzten Ziel zu sprechen.

Wenn Delp in den Tagen seiner Gefangenschaft schreibt, das „äußere Schicksal ist nur noch Gelegenheit zu Bewährung und Treue"[99], ist das keine plötzliche Eingebung, sondern die schon über lange Zeit hinweg reflektierte Antwort auf die Frage nach der Bedingung der Freiheit in der Geschichte. Diese Feststellung über die die Freiheit zulassende Welt ist jedoch nur dann denkbar, wenn die Freiheit als die auf ein gewisses Ziel ausgerichtete Bewegung verstanden wird.

4. Die Offenheit der Freiheit und ihr Verlangen nach einem Ziel

Aus den zwei zusammengehörigen Aspekten von Delps Freiheitsverständnis – der Mensch kann sich selbst bestimmen, sein Leben schöpferisch gestalten, gleichzeit ist die menschliche Freiheit in die Ordnung der Geschichte verortet und darin eingebunden – ergibt sich eine weitere Bestimmung der Freiheit. Delp geht davon aus, dass die rein formal zu verstehende Selbstbestimmung als Möglichkeit ein materiales „Wozu" verlangt, damit sie überhaupt zum Zuge kommen kann. Dieses „Wozu" der Freiheit kann nicht beliebig sein, weil dann die Selbstbestimmung dem Zufall unterliegen würde.[100] Das würde jedoch eine Entartung der Freiheit bedeuten. Die Zielge-

---

[98] Ders., *Der Mensch und die Geschichte* (1943): II,399.

[99] Ders., *Gefängnisbrief an M. Hapig/M. Pünder* (10. Dezember): IV,42.

[100] In diesem Punkt findet das Denken Delps eine Entsprechung bei HENGSTENBERG, *Freiheit und Seinsordnung*: Ohne Notwendigkeit gebe es keine Seinsfreiheit. Hengstenberg stellt die Folgen der Zerstörung der Notwendigkeit dar: „Unsere Verhaltensganzheit zerrinnt ins Nichts, unsere ‚Befindlichkeit' löst sich auf in zufällige ‚Geworfenheit' durch das Spiel von Vorstellung und Emotionen – und die Freiheit ist dem Zufall gewichen. Freiheit stützt sich auf Notwendigkeit" (384). „Einander ausschließende Gegensätze sind nicht Freiheit und Notwendigkeit, sondern Freiheit und Zwang einerseits, Notwendigkeit und Zufälligkeit anderseits" (385). Vgl. dazu KUHN: „Eine ordnungslose Wirklichkeit ist undenkbar, es sei denn unter der Form von Grenzbegriffen wie Chaos oder Tohuwabohu", in *Ordnung*: 1037. Identisch denkt HAECKER in seinem Buch *Was ist der Mensch?*, das von

richtetheit ist daher für Delp ein Wesensmoment der Freiheit.[101] Die Freiheit, die bei ihrer ursprünglichen Offenheit stehen bleibt, ist eine noch im Werden begriffene, sie ist noch nicht vollständig. In diesem Stadium hält sie der Begegnung mit der Geschichte nicht stand, sie verfällt, fällt in sich zusammen, wie Delp es für die sich im Kollektivismus verneinende tragische Freiheit konstatiert. Die Freiheit muss deshalb mehr sein als Wahlfreiheit. Nach Delp ist sie ein gezieltes, vernünftiges, das ganze Leben gestaltendes Streben der Person zu eigener Selbstverwirklichung.

Mit der als Selbstverwirklichung verstandenen Zielsetzung der Freiheit verbinden sich nach Delp zwei Möglichkeiten, sofern der Mensch mit ihr entweder in der Immanenz verbleibt oder die Immanenz transzendiert.

Die erste Möglichkeit wird von Delp in der Auseinandersetzung mit dem Freiheitsverständnis der Moderne abgelehnt. Das bedeutet für ihn allerdings nicht, dass die Freiheit in der immanenten Wirklichkeit irreal bleibt. Für ihn gibt es Freiheit, auch ohne dass der Mensch ein Verhältnis zum transzendenten, unbedingten Sein hat. Delp spricht deshalb von dem „Unerzwingbare[n] der menschlichen Freiheit", die sich Gott entgegenstellen kann.[102] Die „Möglichkeit der Opposition und Rebellion" gegen den Schöpfer gehört nach ihm zur Natur der Freiheit des Menschen.[103] Sie ist von Gott mitbedacht, wenn er dem Menschen die Freiheit mit all ihren Konsequenzen gibt. Im brutalen, totalen Krieg sieht Delp die äußersten Früchte dieser radikal autonomen Freiheit, die ihrerseits „der Beweis dafür" sind, „wie ernst von

---

Delp sehr positiv bewertet wird (siehe DELP, *Rezension zu Th. Haecker „Was ist der Mensch?"*: V,280–281): „Das Chaos dieser Zeit beginnt mit einer Verkennung dessen, was echte Freiheit ist. Diese Zeit meint, daß Freiheit um so vollkommener sei oder werde, als sie der Anarchie sich nähern oder sie das Böse tun könne, ob nun als Einzelindividuum oder als Volk und Nation und Staat – das gerade, das ist für sie der Gipfel der Freiheit. Das ist Grundfalsch. Frei sein ist: Herr sein. Gewiß, aber Herr ist man nur durch den ordo und in ihm. Der in einem vollkommenen transzendenten Sinne Freie ist Gott, der Herr, der Böses nicht tun kann seinem Wesen nach. Freiheit ist Herrschaft. Aber Freiheit des Menschen hat einen intellektuellen Untergrund, nämlich Erkenntnis der Wahrheit oder näher gesagt: der wahren Ordnung", TH. HAECKER, *Was ist der Mensch?*: 46f. Das Chaos der Zeit ist für Haecker eine Perversion des ordo (51). Dem Denken Delps entspricht ebenfalls die Feststellung Haeckers, mit der Zerstörung der Ordnung wachse die Problematik des Menschen ins Unerträgliche (126).

[101] Vgl. DELP, *Warum sie sich ärgern an uns* (in: *Kirchen-Anzeiger St. Michael*, 1938): I,240.

[102] Ders., *Der Mensch und die Geschichte* (1943): II,421.

[103] Ebd.: 409.

Gott her diese Freiheit gemeint ist", so ernst, „daß er das eigentlich Denk-unmögliche zuläßt und ermöglicht: die Entscheidung der Kreatur gegen ihn selbst"[104]. Weil Gott ein Gott der freien Angebote ist, zeigt er sich deshalb als „ohnmächtig"[105], als der auf eine persönliche Entscheidung des Menschen Wartende, als der Gott, der seinem Schöpfungswerk treu bleibt, der den Entscheidungscharakter des Daseins nicht aufhebt[106] und dadurch die Frei-heit antastet[107].

Es gibt ja die Freiheit ohne den Bezug zu Gott, diese radikal autonome Selbstbestimmung bringt aber die letzte Möglichkeit der Freiheit, das heißt die Selbstverwirklichung der Person, nicht zustande. Diese kann nämlich nur im Jenseits liegen. Das bestätigt das Ethos vom tragischen Heldentum indirekt, wenn es nach der Proklamation des Todes Gottes auf die Hinord-nung der menschlichen Freiheit auf ihr Ziel verzichtet. Kann aber eine Frei-heit, die die Selbstverwirklichung des Menschlichen innerhalb der Ge-schichte verortet, sich derselben Geschichte widersetzen, wenn sie etwa nichts unversucht lässt, um diese Geschichte um der eigenen Selbstverwirk-lichung willen entsprechend zu gestalten? Wenn sie es tut, verliert sie ihren Sinn, verliert sie sich selbst. Das Ziel der sich in der Geschichte vollziehen-den Freiheit muss außerhalb der Geschichte liegen, dann aber kann sich der Mensch um der eigenen Selbstverwirklichung willen mit aller Vehemenz dem Lauf der Geschichte widersetzen und die Wirklichkeit seiner Freiheit bekunden. Diese Auffassung bildet den Schwerpunkt im Freiheitsverständ-nis unseres Autors. Das bringt er in dieser Feststellung kurz und bündig zum Ausdruck: „Die Geburtsstunde der menschlichen Freiheit ist die Stun-de der Begegnung mit Gott".[108]

[104] Ebd.: 408.

[105] Ders., *Weihnachten* (Predigt, 25. Dezember 1943): III,102.

[106] Vgl. ders., *Weltgeschichte und Heilsgeschichte* (in: *Stimmen der Zeit*, 1941): II,334–336, *Vierter Fastensonntag* (Predigt, 4. April 1943): III,196.

[107] Vgl. ders., *Unschuldige Kinder* (Predigt, o.J.): III,133.

[108] Ders., *Epiphanie* (Gefängnismeditation, Januar 1945): IV,217.

B. Die auf Gott hin ausgerichtete Freiheit

1. Die Vollendung des Daseins in Gott als Ziel der Freiheit

Delp erklärt, Gott sei das Ziel, nach dem die Freiheit verlange, auf ihn sei die menschliche Selbstbestimmung hingeordnet, Gott und die Freiheit des Menschen müssten daher immer zusammen gedacht werden. Erst eine solchermaßen gedachte und eine überlegene, gottentstammte Freiheit bezeichnet er als *die* Freiheit.[1]

Das Freiheitsdenken Delps artikuliert sich jedoch nicht allein in der einfachen Behauptung, „daß Gott zu uns kommt und uns frei macht", wie er es in einem in seiner Jugendzeit geschriebenen Theaterstück ausdrückt.[2] Es bildet vielmehr ein zusammenhängendes Konzept, wenngleich es keine systematische Endgestalt gefunden hat und deshalb der Ergänzungen bedarf. Delps Denken ist noch nicht in der Vorstellungswelt gewachsen, die die Freiheit zu dem „philosophischen Prinzip der theologischen Hermeneutik" machte.[3] Daher ist es zur Einordnung an dieser Stelle anbegracht, dass wir das geistige Fundament ans Licht bringen, in dem diese Freiheitsvision wurzelt.

Die Freiheit, die Delp nicht nur als formale Selbstbestimmung, sondern auch als die Selbstverwirklichung der Person versteht, kann nicht als ein isolierter Wert gesehen werden. Sie muss vielmehr in ihrer Beziehung zum Guten und zu der Wahrheit verstanden werden. Den Gedanken der Bindung der Freiheit an das Gute und an die Wahrheit deutet Delp in seinen Schriften zunächst nur im Vorübergehen an. Explizit thematisiert er ihn in seinen

---

[1] Vgl. DELP, *Gestalten der Weihnacht* (Gefängnismeditation, Dezember 1944): IV,210, *Warum sie sich ärgern an uns* (in: *Kirchen-Anzeiger St. Michael*, 1938): I,240, *Gefängnisbrief an F. v. Tattenbach* (1. Dezember 1944): IV,33, *Gefängnisbrief an F. v. Tattenbach* (5. Januar 1945): IV,89, *Dritter Adventssonntag* (Gefängnismeditation, Dezember 1944): IV,162f, *Veni Sancte Spiritus* (Gefängnismeditation, Januar 1945): IV,273,297, *Neuordnung* (Texte zu den Beratungen des Kreisauer Kreises) IV,389f, *Rezension zu K. Adam „Jesus Christus und der Geist unserer Zeit"* (in: *Chrysologus*, 1935): V,285. Vgl. FUCHS, *Bürgerliche Gesellschaft*: 136, siehe auch SCHALLER, *Anthropologie von Delp*: 306,380–385.

[2] DELP, *Der ewige Advent*: I,68.

[3] Vgl. PRÖPPER, *Freiheit als Prinzip*, 15.

Gefängnisschriften. Er knüpft dabei an die Worte Christi an: „die Wahrheit wird euch frei machen" (Joh 8,32).[4]

Deutlicher klingt dagegen die Wahrheitsthematik auch dort an, wo er fordert, dass man den Blick immer auf das Ganze richten muss, weil dem Menschen nur dann die Wahrheit zugänglich ist. Die Wirklichkeit Gottes, die Wirklichkeit der Welt und der menschlichen Person, die seine bedingte Natur, seine Ungeborgenheit, aber auch seine transzendentalen Fähigkeiten einschließt – das alles darf nicht übersehen werden. Unser Autor erklärt: „Jeder Versuch, von anderen Voraussetzungen her zu leben, ist lügenhaft".[5] Lügenhaft bleibt daher auch die Freiheit, wenn sie diese Tatsachen ignoriert, denn allein die Wahrheitsperspektive verleiht ihr eine wirklich befreiende Orientierung.[6]

Wenn Delp die Freiheit als Selbstverwirklichung des Menschen und als Ausrichtung auf das Gute und die Wahrheit denkt, kommt darin der eigentliche Hintergrund seines Freiheitsverständnisses zur Sprache. Uns begegnet darin die christliche Denktradition, die das antike Gedankengut aufgenommen und fortgeführt hat,[7] indem sie die Frage der Orientierung der Freiheit

---

[4] Vgl. DELP, *Erster Adventssonntag* (Gefängnismeditation, Dezember 1944): IV,157, *Dritter Adventssonntag* (Gefängnismeditation, Dezember 1944): IV,168, *Gestalten der Weihnacht* (Gefängnismeditation, Dezember 1944): IV,205.

[5] Ders., *Erster Adventssonntag* (Gefängnismeditation, Dezember 1944): IV,157. Vgl. ders., *Vater unser* (Gefängnismeditation, Januar 1945): IV,233, *Veni Sancte Spiritus* (Gefängnismeditation, Januar 1945): IV, 276,282.

[6] Delps ganzes Denken, in dem die Ontologie immer eine wichtige Rolle spielt, könnte eine Bestätigung in der Aussage Guardinis finden, der nicht nur den kognitiven, sondern auch ontologischen Charakter der Wahrheit betont: „Freiheit ist Wahrheit. Ein Mensch ist frei, wenn er ganz das ist, was er seinem Wesen nach sein soll", GUARDINI, *Auf dem Wege*: 20.

[7] Plato versteht die Freiheit als erfülltes Selbstsein und stellt fest, sie solle nicht isoliert bleiben, sondern im Zusammenhang mit dem Guten konzipiert werden, vgl. KRÄMER, *Die Grundlegung des Freiheitsbegriffs in der Antike*. Bei Aristoteles ist die Idee der Freiheitsaufrichtung ganz fundamental, er formuliert nämlich ein Paradox: Die Freiheit sei eine Bindung, nämlich die vernünftige Verfolgung des Wahren und des Guten, vgl. ARISTOTELES, *Metaphysik*: 1075a 19. Bei diesem Philosophen könnte Delp eine Warnung vor der tragischen Freiheit finden, Aristoteles schreibt nämlich, die Hinordnung auf ein höchstes Gut als das letzte Ziel sei notwendig, sonst sei das menschliche Streben leer und sinnlos, siehe *Nikomachische Ethik*: I,1–1094 a 21. THOMAS unterscheidet die verschiedenen Stufen der Freiheit, wobei die Wahlfreiheit als Selbstbestimmung nicht die letzte sei. Aus der Interpretation von *De malo* 16,5 ergibt sich, dass die Freiheit für Thomas nicht nur das bloße

nicht bei dem Problem des Guten und des Wahren bewenden lässt, sondern vielmehr einen weiteren Schritt fordert: die Hinordnung der Freiheit auf Gott, da es weder das Gute noch die Wahrheit geben kann, wenn es nicht den Absoluten gibt. Darauf stützt sich die oben zitierte Überzeugung Delps, dass „[d]ie Geburtsstunde der menschlichen Freiheit ... die Stunde der Begegnung mit Gott" ist.[8]

Der bisher kaum signalisierte aristotelisch-thomasische Hintergrund des Denkens unseres Autors verdient an dieser Stelle eine genauere Darstellung, damit die Grundzüge seines Freiheitsverständnisses deutlicher hervortreten. Zwar bezieht sich Delp in seinen Schriften nicht explizit auf Thomas von Aquin, aber sachlich ist das thomanische Denken immer präsent. Den eigentlichen Schwerpunkt seines Freiheitsverständnisses bildet nämlich nicht der Autonomiebegriff, der die Möglichkeit der Selbstbestimmung hervorhebt, sondern, wie bereits des Öfteren erwähnt, der Selbstverwirklichungsgedanke, der die Freiheit als die Seinserfüllung des Menschen begreift. Wie für Thomas ist auch für Delp das Ziel das ent-scheidende Element der Freiheit. Nach Thomas ist die menschliche Handlung in ihrer jeweiligen Wahl unmittelbar oder mittelbar auf das Erreichen eines letzten Zieles gerichtet,[9] das als das Gute verstanden wird. Dazu bewegt die Vernunft den Willen.[10] Genau das ist die Grundbewegung der Freiheit.[11] Thomas betont, dass der Mensch frei ist, wenn er vernünftig handelt, dass er aber vernünftig handelt, wenn er das Gute will.[12] Dass der Wille zum Guten strebt, schließt in seinem Verständnis die Selbst-mächtigkeit des Willens nicht aus, in den konkreten Willensakten ist der Mensch nämlich keinesfalls determiniert.[13]

Thomas' Feststellung, die Wahlfreiheit sei als Selbstbestimmung nur eine Stufe der Freiheit, die ergänzt werden müsse durch ein Ziel, entspricht ge-

---

Herrschen über die eigene Wahl bedeutet, sondern auch die Selbstbestimmung zum Erlangen der Selbstverwirklichung, vgl. OEING-HANHOFF, *Zur thomistischen Freiheitslehre*: 273–278.

[8] DELP, *Epiphanie* (Gefängnismeditation, Januar 1945): IV,217.

[9] Vgl. S. th, I–II, 6–18. Vgl. zudem KLUXEN, *Philosophische Ethik bei Thomas von Aquin*: 206f. Siehe auch SCHOCKENHOFF, *Theologie der Freiheit*: 122–127,295–303.

[10] Vgl. S. th, I,2,prol, I–II,9,1, 31,1, 19,3, 19,5, 19,10, *Summa contra gentiles*, I,72. Vgl. SCHOCKENHOFF, *Zum Ursprung des moralischen Sollens*: 106–109.

[11] Vgl. M. MÜLLER, *Existenz und Geschichte*: 300–310.

[12] Vgl. S. th, I,59,3, vgl. *De malo* 16,5.

[13] Vgl. *De veritate* 24,7, *De malo* 6, ad 20.

nau dem Freiheitsverständnis unseres Autors. Wenn sich die menschliche Freiheit nach Thomas als die „Selbstbestimmung zur Erlangung des Zieles" definiert, und wenn er erklärt, dieses Ziel bestehe in einem „verantwortliche[n] Sich-Verwirklichen zu eigentlichem Selbstsein",[14] bietet er Delp damit den Hintergrund für dessen Kritik am Freiheitsverständnis der Moderne. Delp will damit nicht die Wahlfreiheit aus dem Felde schlagen, er akzeptiert sie, ebenso wie Thomas, als

> die entscheidende Mitte im Aufbau menschlicher Freiheit, [die] aber in ihrer Gleichgültigkeit gegenüber Ziel und Gegenstand des Wollens noch nicht zur vollen Erfassung ihres Wesens [genügt]. Unter Berücksichtigung vor allem des Zieles ergab sich dann als Wesensfreiheit die Freiheit zur aufgegebenen Selbstverwirklichung.[15]

2. Das Gottesbild

Die Feststellung Delps, die menschliche Freiheit müsse auf Gott gerichtet werden, provoziert die Frage, ob sie dann nicht ihr eigentliches Wesen verlieren würde. Muss der Mensch seine Autonomie aufgeben, um sich ganz auf das Absolute ausrichten zu können? Gewinnt er nur an Sicherheit, wenn er seine Freiheit preisgibt? Müsste er, um die eigene Größe und Würde zu bewahren, dann nicht sich geradezu heroisch für die Immanenz entscheiden, sich mithin der Tragik des stolzen Seins zum Tode aussetzen? Mit diesen Fragen setzt sich Delp intensiv auseinander. Immerhin gehören zu seinem Freiheitsverständnis unverzichtbar sowohl die positive Antwort auf die Gottesfrage dazu als auch die Überzeugung, dass sich die menschliche Freiheit auf Gott bezieht und nur so sie selber bleibt, dass sie also nicht durch Gott ihr Wesen verliert. Dieses Freiheitsverständnis hält jenen Fragen aber durchaus stand, weil ihm ein bestimmtes Gottesbild zugrunde liegt. Was für

---

[14] Siehe Oeing-Hanhoffs Ausführungen in Bezug auf *Quaestiones disputatae de malo*, Questio 16,5 in *Zur thomistischen Freiheitslehre*: 271–274. Vgl. 275: „Die wesentliche Freiheit wurde vom Ziel her als Sich-Verwirklichen zu eigentlichem Selbstsein und als Freiheit zum ursprünglich gewollten Guten bestimmt". Die Freiheit wird als ein „Ins-Ziel-Gelangen-Können" definiert, siehe SCHOCKENHOFF, *Theologie der Freiheit*: 284f.

[15] OEING-HANHOFF, *Zur thomistischen Freiheitslehre*: 278.

ein Gott ist es also, auf die sich die menschliche Freiheit ausrichtet, ohne ihre Souveränität aufzugeben?

a) Kritik an überkommenen Gottesvorstellungen

Delp hält eine Läuterung des Gottesbildes in unserer Zeit für notwendig, denn das Antlitz des christlichen Gottes habe sich mit den Entwicklungen der Jahrhunderte verändert und sei in ein menschliches Maß gezwängt worden. Er erklärt: „[Wir] haben ... den Herrgott in die Grenzen und Schranken unserer Nützlichkeit ... eingesperrt und eingeengt".[16] Gott sei aufgelöst worden „in psychologisches Verständnis, subjektive Lebensbedingungen und Lebensbedürfnisse singulärer und kollektiver Art", hier liege „einer der zentralsten Krankheitsherde im Gefüge des gegenwärtigen Lebens".[17] Es sei eine „*Verflüchtigung* [Gottes] aus plastischer Nähe zu ideologischer Blässe und Ferne" erfolgt, Gott sei „als Idee, als Postulat, als unbeteiligter Zuschauer" gesehen worden und schließlich hätten sich das Gottesbild und das Gottesbewusstsein „in das *Nichts* der atheistischen Negation oder der naturalistisch-pantheistischen Verweltlichung" aufgelöst.[18]

Im Einzelnen kritisiert Delp einen „biedermännischen" Gott „Opa", bei dem der Ernst des Göttlichen verloren gehe, es gehe verloren, dass Gott der freie, von keinem Schicksal bestimmte Herr der Welt sei.[19] Nicht weniger falsch sei auch die dem göttlichen „Opa" entgegengesetzte Vorstellung Gottes nach dem Modell eines „Kaisers". In diesem Zusammenhang erklärt er: Es

---

[16] DELP, *Gestalten der Weihnacht* (Gefängnismeditation, Dezember 1944): IV,200. Wieder ist zu betonen, was für Delp immer gilt, und zwar dass er kein Denksystem entwickelt. Deshalb weist er nicht auf das für das Freiheitsverständnis entscheidende Problem des Gottesbilds im Nominalismus hin, das auf die thomanische Idee vom Miteinander der Autonomie und Theonomie ruinierend wirkte. Der sich im späten Mittelalter durchgesetzte Voluntarismus überspanne „den christlichen Theonomiegedanken ins Unerträgliche ... Gott könne, wenn er nur wolle, dem Menschen auch Unwahres, Ungerechtes und Unsittliches befehlen, das der Mensch dennoch in reinem Gehorsam zu tun gehalten sei", siehe KASPER, *Autonomie und Theonomie*: 23f.

[17] DELP, *Gestalten der Weihnacht* (Gefängnismeditation, Dezember 1944): IV,207.

[18] Ders., *Herz Jesu* (Gefängnismeditation, Januar 1945): IV,245.

[19] Vgl. ders., *Schicksal* (Vortrag, 5. Oktober 1942): III,423.

gibt keine größere Parodie und kein größeres Zerrbild des Religiösen, als eine Religion auf Angst aufbauen zu wollen; und es gibt auch kein größeres Unrecht Gott, dem Herrn, gegenüber, als vor ihm knechtisch und hündisch und rechnerisch zu zittern.[20]

Weder Angst noch knechtische Feigheit seien hier angenommen, es gehe hier vielmehr um die Anerkennung Gottes als des Schöpfers und Herrn. Er verweist dabei auf das Gottesbild Martin Luthers, das geprägt gewesen sei von seiner geheimen Angst vor der erschlagenden Wucht Gottes.[21]

Scharf kritisiert Delp das Gottesbild der Deutschen Glaubensbewegung und die ihm zugrundeliegenden „neuheidnischen Bestrebungen".[22] Aus seiner Sicht ist dieser Gott identisch mit dem Willen des Volkes im Sinne der Ideologie des Nationalsozialismus. Da beuge sich der Mensch nicht dem persönlichen, freien Gott, sondern einem „unbestimmten Etwas", der dunklen Macht des „religiöse[n] Urwille[ns]".[23]

Delp erachtet allerdings nicht nur eine Erneuerung des Gottesbildes für notwendig, auch das Christusbild muss seiner Meinung nach von lang überlagerten Vorstellungen freigelegt werden. Kritisch sieht Delp dabei vor allem „die Verflüchtigung des ganzen Christus in den Biedermann des guten Beispiels und der frommen Ermahnung". Gerade in diesem Christusbild will er eine Mitursache erkennen für die „Ohnmächtigkeit, die heute die Gottesidee im abendländischen Raum in Fesseln geschlagen hat"[24].

b) Korrektur

Die Grundposition des Freiheitsverständnisses unseres Autors ist die, dass die Freiheit des Menschen ihr Ziel allein in Gott findet, der zwar in den Kategorien des Guten und der Wahrheit zu denken ist, der aber nicht in diesen Kategorien aufgeht, sondern als eine Person erkannt wird, die den Menschen anspricht und die von ihm angesprochen werden will. Wie wir schon wissen, entwickelt Delp keine systematische Gotteslehre. Vielmehr spricht er

---

[20] Ders., *Vierter Sonntag im Advent* (Predigt, 21. Dezember 1941): III,68.

[21] Vgl. ders., *Vierter Fastensonntag* (Predigt, 4. April 1943): III,193.

[22] Delps Einführung zu *Predigtskizzen zur Auseinandersetzung zwischen der katholischen Religion und den neuheidnischen Bestrebung im deutschen Volk* (in: *Chrysologus*, 1935): I,111.

[23] Ders., *Offenbarung* (in: *Chrysologus*, 1936): I,129f.

[24] Ders., *Vigil von Weihnachten* (Gefängnismeditation, Dezember 1944): IV,190.

von Gott angesichts der konkreten geschichtlichen Bedingungen, angesichts der konkreten Situation der Menschen und angesichts seines persönlichen Schicksals. Dennoch kann man sagen, dass sein Gottesbild zunächst philosophisch geprägt ist: er beschreibt Gott als ein transzendentes, freies Du im Gegenüber zum menschlichen Ich. Was die theologischen Implikationen seines Gottesbildes angehen, so macht er vor allem die Offenbarungsidee sowie die Menschwerdung Gottes fruchtbar. Wenn Delp dabei von dem souveränen, aber in der Geschichte zuweilen schweigenden Gott spricht, dürften sich darin seine Kriegs- und Gefängniserfahrungen niedergeschlagen haben.

Delp geht von der durch die natürliche Vernunft des Menschen erkennbaren und in der jüdisch-christlichen Offenbarung erläuterten Existenz Gottes aus. Das ist für ihn *die* Bedingung, die entscheidende Voraussetzung für das Verhältnis des Menschen zu Gott. In seiner antiidealistischen Haltung ist er sich über die Differenz zwischen dem Sein und dem Bewusstsein im Klaren. Für ihn gilt: Weil es Gott gibt, ist der Mensch auf ihn verwiesen, aber nicht: Weil der Mensch auf Gott verwiesen ist, gibt es ihn. Er unterscheidet klar zwischen Bewusstsein und Sein, Hinweis und Beweis, Postulat und Erfüllung, obwohl er keine Argumentation dafür entwickelt.

(1) Gott als transzendentes Du

Delp betont mit Nachdruck die transzendentale Kondition des Menschen, der dank seines Geistes über sich selbst hinaus strebt.[25] Der Mensch ist für ihn von seiner Natur her ein offenes Wesen,[26] „ein Begegnungsort zwischen dem Innerweltlich-Geschichtlichen und dem Überweltlich-Ungeschichtlichen",[27] „ausgespannt in äußerste Transzendenz zum Letzten und eingebannt in innerste Immanenz zur Erde",[28] ein

---

[25] Vgl. ders., *Die Welt als Lebensraum des Menschen* (Nachlass, o.J.): II,469, *Der Mensch vor sich selbst* (Nachlass, o.J.): II,512.

[26] Vgl. ders., *Herz Jesu* (Gefängnismeditation, Januar 1945): IV,254, *Veni Sancte Spiritus* (Gefängnismeditation, Januar 1945): 265f.

[27] Ders., *Christ und Gegenwart* (in: *Stimmen der Zeit*, 1939): II,190, vgl. ebd.: 186,196,203. Siehe auch ders., *Der Mensch vor sich selbst* (Nachlass, o.J.): II,544.

[28] Ebd.: 540.

Schnittpunkt zwischen persönlicher Wirklichkeit und allgemeiner Ordnung, allgemeinem Plan, Ansatz und Auftrag, der dieses einzelne über sich selbst hinaus verweist.[29]

In der Auseinandersetzung mit Heidegger übernimmt Delp teilweise die Argumente des Philosophen. Er lenkt dabei die Aufmerksamkeit auf zwei Momente im phänomenologischen Befund, die über die Endlichkeit hinausweisen und das Nichts im Dasein überwinden. Erstens stellt er fest, dass das Selbstverständnis des Daseins in sich und aus sich heraus keine Beschränkung auf ein Einzelobjekt bedeute und dass an dem Seinsverständnis die Hinordnung des Verstehenden auf das Sein als solches über alle „endliche Transzendenz" sichtbar werde. Zweitens betont er, dass die Phänomene, die Heidegger „Geworfenheit", „Verwiesenheit" oder „Überantwortung" nannte, über die vorliegende Endlichkeit des Daseins hinaus weisen würden. Delp erklärt, wenn die Endlichkeit, die Bedingtheit des Menschen jene Sache sei, der man treu bleiben müsse, bedeute das nicht die Entschlossenheit oder Heroizität des Nichts – an diesem Punkt scheiden sich die Wege von Heidegger und Delp –, sondern die Anerkennung, dass ein endliches Wesen auf ein Anderes hinweise, dass die Endlichkeit letztendlich eine Berufung nach oben bedeute.[30] Indem Heidegger und die Existentialphilosophie das sterbliche Dasein selbst als das Ziel der Verweisung auf das Transzendente anzeigen, verfälschen sie jenes Indiz, dadurch werden die Existenz und die Philosophie unmenschlich.[31]

Was Delp bei Heidegger vermisst, findet er im personalistischen Denken Ferdinand Ebners, nämlich das Sich-Beziehen des Daseins auf ein anderes Du um der eigenen Verwirklichung willen.[32] Mit Bezug auf diesen Autor konkretisiert er, das menschliche Ich müsse in einen Dialog der Freundschaft und der Liebe mit einem Du eintreten, damit es bewusst und wirklich

---

[29] Ders., *Christ und Gegenwart* (in: *Stimmen der Zeit*, 1939): II,189.

[30] Vgl. ders., *Tragische Existenz*: II,137,140–143.

[31] Vgl. ebd.: 138.

[32] Vgl. ders., *Ferdinand Ebner* (in: *Stimmen der Zeit*, 1937): II,158. In dem genannten Artikel beruft sich Delp auf die folgenden Bücher Ebners: *Das Wort und die geistigen Realitäten* sowie *Wort und Liebe*. Delp weist auch auf die folgenden Aufsätze Ebners von der in Innsbruck publizierten Zeitschrift *Der Brenner* hin: *Das Kreuz und die Glaubensforderung*, *Das Wort und die geistigen Realitäten*, *Das Wissen um Gott und Glaube*, *Die Christusfrage*, *Die Wirklichkeit Christi*, *Zum Problem der Sprache und des Wortes*, *Fragmente aus dem Jahr 1916*, mit dem Nachwort von 1931.

existieren könne, weshalb das Wort „Du" also zu den fundamentalen Begriffen des Menschseins gehöre.[33]

Mit der nicht zu bestreitenden Offenheit des Menschen steht Delp vor drei Möglichkeiten der Deutung: Entweder findet sie nämlich ihre Erfüllung im Menschen selbst oder in Gott oder im Nichts, was dann freilich ein Ausdruck der Absurdität des Daseins wäre.[34] Will der Mensch sich vor dem Nichts retten, bleibt ihm angesichts der Fragwürdigkeit einer Option für die Immanenz[35] nur die große Auseinandersetzung mit der Alternative, sich auf ein transzendentes Du Gottes auszurichten.[36] Dafür plädiert nun Delp.

Die Offenheit des zwischen Endlichkeit und Unendlichkeit eingespannten Menschen kann im Grunde nur, wenn überhaupt, beantwortet werden von einer neuen Wirklichkeit, die von gänzlich anderer Art ist als die uns umgebende Wirklichkeit. Für Delp liegt die Antwort für diese Offenheit in der unendlichen Transzendenz, die aber personal als ein Du verstanden werden muss. Es wäre zu wenig, wenn die Jenseitigkeit nur eine Idee oder ein Ideal bliebe.[37] Die Auffassung, dass nur das unendliche Du Gottes das wahre und eigentliche Du des endlichen Ichs des Menschen ist und dass sich der Mensch erst in Bezogenheit auf Gott versteht, begegnet uns immer wieder bei Delp. Er schreibt:

> Der Mensch ist nur echt als gottmenschlicher Typ. Wo dieses geheimnisvolle Bündnis nicht geschehen ist, da fehlt nicht nur irgendein Schmuck, eine Zugabe, da fehlt die Klammer, die das Ganze trägt, und die inner Kraft, die das Ganze zusammenhält. Wo der Mensch nicht über sich hinauskommt in die Gottesnähe, um die göttliche gnadenhafte Wirklichkeit in sich einströmen zu lassen, da wird der Mensch ‚bescheiden' und weniger als er selbst[38],

---

[33] Vgl. DELP, *Ferdinand Ebner* (in: *Stimmen der Zeit*, 1937): II,160,162–164,177,180. Siehe auch ders., *Der Mensch und die Geschichte* (1943): II,360f.

[34] Das von Delp in groben Zügen betrachtete Problem des Woraufhin der menschlichen Transzendenz und die drei möglichen Antworten werden von Krings systematisiert, siehe KRINGS, *Gott*: 615f.

[35] Vgl. DELP, *Tragik im Christentum?* (Vortrag, 1940): II,316f, *Stephanus* (Predigt, 26. Dezember 1943): III,126.

[36] Vgl. ders., *Altarsakrament* (Predigt, 1941): III,371.

[37] Vgl. ders., *Vater unser* (Gefängnismeditation, Januar 1945): IV,228f.

[38] Ders., *Gebetstunde im Advent* (Meditation, 1942): III,65f. Vgl. ders., *Weihnachten* (Predigt, 25. Dezember 1941): III,86, *Weihnachten* (Predigt, vor dem 24. Dezember 1943): III,98.

und:

> Die Welt hat nur eine Möglichkeit, zur Vernunft zu kommen und zu sich selbst
> zu kommen: in diesen gottmenschlichen Raum sich hineinzubegeben.[39]

Delp verknüpft seine Vorstellung immer wieder mit dem Denken seiner
Zeit, zum einen in der Annahme des Heidegger'schen Gedankens von der
Sterblichkeit des Daseins und in der Begegnung mit dem personalistischen
Denken Ferdinand Ebners, zum anderen in der Auseinandersetzung mit
dem tragischen Heldentum und dessen Verschweigen Gottes. Bedeutend
erweist sich dabei für Delp die Konfrontation mit dem Gottesbild der Deutschen Glaubensbewegung, gerade durch sie schärft sich sein christliches
Denken. In Abgrenzung zu deren Idee, Gott sei ein Werk des Volkswillens,
betont er nachdrücklich das „Anders-Sein" Gottes und seine Personalität,
beschreibt er Gott als ein persönliches Du.[40] Im Blick auf die nebulöse Got-
tesvorstellung der neuen Religion der Deutschen Glaubensbewegung erklärt
er, sie fordere den Gehorsam gegenüber einem „unbestimmten Etwas".[41] In
der Christenheit gewinne jedoch dieses „unbestimmte Etwas" konkrete Züge in der Offenbarung Gottes, in der Gott den ganzen Menschen in die
Pflicht nehme.

Bei der Lektüre der Schriften Delps fällt auf, dass dieser in der Darstellung Gottes nicht gern metaphysische Begriffe verwendet. Lieber bedient er
sich dabei personalisierter Kategorien, lieber sagt er: „Gott, du bist" als
„Gott ist".[42] Dennoch dürfen wir Delp nicht als einen antimetaphysischen
Personalisten bezeichnen. Die metaphysische und die personalistische Got-

---

[39] Ders., *Stephanus* (Predigt, 26. Dezember 1942): III,119. Vgl. ders., *Ferdinand Ebner* (in:
Stimmen der Zeit, 1937): II,167, *Der Mensch und die Geschichte* (1943): II,382, *Der Mensch vor
sich selbst* (Nachlass, o.J.): II,530, *Dritter Sonntag im Advent* (Predigt, 14. Dezember 1941):
III,55.

[40] Vgl. ders., *Religion* (in: *Chrysologus*, 1936): I,121.

[41] Ders., *Offenbarung* (in: *Chrysologus*, 1936): I,130.

[42] Vgl. ders., *Ferdinand Ebner* (in: *Stimmen der Zeit*, 1937): II,163. Ebner schreibt, dass
„Gott ist" zu sagen ebenso sinnlos sei wie der Satz „Ich oder Du ist", statt: „Ich bin, Du
bist", vgl. EBNER, *Zu einer Pneumatologie des Wortes*: 256. Delp bezieht sich oft auf die Autoren, die als Personalisten bezeichnet werden, wie SCHELER (in: DELP, *Tragische Existenz*:
II,68, *Sein als Existenz?*, II,569), GUARDINI (ebd.: 131 und 133), E. BRUNNER (ebd.: 124) und
bedient sich gern der Begriffe des Personalismus, vgl. P. MÜLLER, *Sozialethik*: 44.

tesrede sind für ihn zwei legitime Wege zu Gott, die jedoch auf ein Fundament zurückgeführt werden können.[43]

(2) Der Gott der Offenbarung

Die Begründung dafür, dass Gott nicht eine bloße Projektion ist, findet Delp im Faktum des Weltvorhandenseins und in der Offenbarung. Die natürliche Gotteserkenntnis ist zwar für ihn selbstverständlich, er schenkt ihr aber weniger Beachtung als der Erkenntnis Gottes aus der Offenbarung. Damit steht er in der vom Idealismus geprägten Epoche des geschwächten Vertrauens in die Erkenntnisfähigkeit des Menschen nicht allein.[44]

Delp erklärt, auch in der Offenbarung – gemeint ist die jüdisch-christliche Offenbarung – werde die Geheimnishaftigkeit Gottes nicht aufgelöst, in ihr bleibe das Antlitz Gottes verhüllt, daher gleiche der menschliche Zugang zu Gott immer einem „dunkle[n] Weg".[45] Auch in der Offenbarung gebe sich Gott nicht unmittelbar zu erkennen, sondern nur mittelbar, durch die mate-

[43] Der Gebrauch der Ursache-Kategorie stört Delp keinesfalls. Zu demselben Problem schreibt OGIERMANN, der sich auf den für Delp wichtigen Denker Guardini beruft: „Erstursächlichkeit läßt sich auch auf die Ausdrücke ‚das Haltgebende, Tragende, Bergende' abbilden, und R. Guardini hat sicherlich recht, wenn er schreibt, was die religiöse Erfahrung als ‚das Eigentliche, Ganz-Erfüllende, Endgültige und Heilgebende' auffaßt, sei letztlich dasselbe, was das Denken als die ‚erste Ursache, das in sich selbst Gründende – mit einem Wort, als das Absolute versteht'", siehe OGIERMANN, *Es ist ein Gott: zur religionsphilosophischen Grundfrage*: 71. Vgl. GUARDINI, *Religion und Offenbarung*: 157. Dagegen wendet sich aber KRINGS: „Wenn Freiheit, Personalität und Interpersonalität der Ausgangspunkt für eine begriffliche Artikulierung der Gotteserfahrung sein sollen, so kann zunächst damit der Versuch gemeint sein, Gott nicht gegenständlich als das höchste Seiende, sondern personal als Subjekt zu denken. Gott ist nicht Substanz, sondern Person; nicht Ursache, sondern Partner", siehe *Gott*: 630.

[44] Vgl. DELP, *Ferdinand Ebner* (in: *Stimmen der Zeit*, 1937): II,175,180, wobei Delp wieder zum Gedanken Ebners greift, dass die Offenbarungsidee der Religion neue Kraft gebe, vgl. auch ders., *Brief an E. Mühlbauer* (11. Februar 1938): V,99f. Dass der Offenbarungsbegriff der Grundbegriff der Christenheit sei, ist für die heutige Theologie viel deutlicher als es in der Zeit Delps war. Das damalige Verständnis der Offenbarung als eine gläubig anzunehmende Instruktion, das sich erst später wandelt zu dem Gedanken der personalen und dialogischen Selbstoffenbarung Gottes, erklärt teilweise Delps schweren Zugang zu der Idee des Zusammenhangs von Offenbarung und Freiheit, vgl. SCHMITZ, *Das Christentum als Offenbarungsreligion*: 4–7.

[45] DELP, *Der Mensch vor sich selbst* (Nachlass, o.J.): II,540.

rielle Wirklichkeit hindurch, er lasse sich immer nur finden, sofern er auf die Welt bezogen sei.[46] Doch selbst wenn der Gott der Offenbarung in der Dunkelheit seiner Geheimnishaftigkeit verbleibe, so vermittle uns die Offenbarung dennoch nicht wenige Erkenntnisse, wodurch das Geheimnis Gottes gelichtet werde. Delp denkt hier vor allem an die Schöpfung der Welt und an die Menschwerdung Gottes.[47]

Angesichts des sich in der Offenbarung dem Menschen mitteilenden Gottes wird der Mensch, um mit Delp die Worte Ebners zu wiederholen, zum „Bedenker des Wortes", verzichtet er „grundsätzlich auf jede Eigenmächtigkeit und Autarkie des menschlichen Denkens",[48] lässt sich in seiner Freiheit gänzlich bestimmen vom „Bedenken des Wortes" und findet schließlich seine letzte Erfüllung in Gott.

Weil Delp seine Position vor allem in der Auseinandersetzung mit den geistigen Strömungen seiner Zeit entfaltet, überspitzt er in Abgrenzung zu den Positionen seiner Kontrahenten einzelne Züge in seinem Gottesbild. So gibt es etwa Textstellen in seinem Werk, die den Eindruck erwecken, er wolle sagen, dass sich Gott und die menschliche Freiheit gegenseitig ausschließen.[49] In der Auseinandersetzung mit der Deutschen Glaubensbewegung, die Gott mit dem Willen des deutschen Volkes gleichsetzt, stellt er den jüdisch-christlichen Gott akzentuiert dar als einen Gott, der die absolute Unterwerfung fordert.[50] Mit dieser Akzentuierung scheint Delp zugleich auch die Christenheit zu einer von den Parolen von Unterwerfung, Führerschaft und Herrschaft begeisterten Organisation zu machen: Gott wird als Verpflichtung dargestellt, Offenbarung als verpflichtendes Ereignis, die Christenheit ist charakterisiert durch die Hinordnung aller Menschen zu Gott, die Botschaft Christi ist das verpflichtende Wort Gottes.[51]

---

[46] Vgl. ebd.: 534.

[47] Vgl. ders., *Skizze zu einem jesuitischen Menschenbild* (1938): I,229f, *Gelübde* (in: *Kirchen-Anzeiger St. Michael*, 1938): I,238, *Tagebuch der großen Exerzitien* (1938): I,259f, *Altarsakrament* (Predigt, 1941): III,373.

[48] Ders., *Ferdinand Ebner* (in: *Stimmen der Zeit*, 1937): II,178.

[49] Vgl. FUCHS, *Bürgerliche Gesellschaft*: 137, vgl. ebd.: 142.

[50] Vgl. DELP, *Offenbarung* (in: *Chrysologus*, 1936): I,126, *Der historische Christus* (in: *Chrysologus*, 1936): I,135, *Der göttliche Grund im Menschen* (in: *Chrysologus*, 1936): I,157.

[51] Vgl. ders., *Der historische Christus* (in: *Chrysologus*, 1936): I,133, *Warum sie sich ärgern an uns* (in: *Kirchen-Anzeiger St. Michael*, 1938): I,239.

Jedoch wird der Gedanke der Unterwerfung des Menschen abgemildert, wenn Delp von dem gegenseitigen, freien und liebevollen Aufeinander-Zugehen Gottes und des Menschen spricht und die Kategorie der Liebe als wesentliches Element der jüdisch-christlichen Offenbarung hervorhebt, die ihren letzten Höhepunkt im Geheimnis der Menschwerdung Gottes und im Erlösertod Christi erfährt.[52] In der Ordnung der Liebe, so Delp, geht es nicht mehr um die Unterwerfung, sondern um die Hingabe des Menschen an Gott. In diesem Zusammenhang charakterisiert Delp die Offenbarung als „Durchbruch der strömenden Liebe Gottes".[53] Nicht der fordernde, sondern der den Menschen selbstlos suchende Gott steht für ihn im Zentrum des christlichen Glaubens.[54] Für Delp gilt: Nicht nur der Mensch ist auf der Suche nach Gott,[55] auch Gott ist auf der Suche nach dem Menschen.[56] Er spricht über „den Drang Gottes in die Welt hinein, das Weggehen Gottes von sich selber, um uns zu suchen".[57] Die Suche Gottes nach dem Menschen bedeutet für ihn eine Bejahung der Menschlichkeit und der Freiheit.[58]

Der Gott der jüdisch-christlichen Offenbarung ruft den Menschen bei seinem Namen, der Mensch ist ein Du für Gott und nie der Teil eines Kollektivs. Eine solche Formulierung liest sich als Kontrapunkt zu jener politischen Macht, die die Würde des Menschen zertrat und ihn zu einer namenlosen Nummer machte. Die persönliche Anrede des Menschen durch Gott ist für Delp eine Garantie seiner Freiheit. Die Freiheit und der von Gott gerufene Mensch bilden für ihn eine Einheit.[59]

---

[52] Vgl. ders., *Der Mensch der Ehre im Christentum* (in: *Chrysologus*, 1936): I,170f.

[53] Ders., *Tagebuch der großen Exerzitien* (1938): I,255.

[54] Vgl. ders., *Weihnachten* (Predigt, 25. Dezember 1943): III,100, *Stephanus* (Predigt, 26. Dezember 1941): III,114, *Stephanus* (Predigt, 26. Dezember 1942): III,118, *Pfingstmontag* (Predigt, 29. Mai 1944): III,225, vgl. FUCHS, *Bürgerliche Gesellschaft*: 137.

[55] Vgl. DELP, *Die moderne Welt und die Katholische Aktion* (in: *Chrysologus*, 1935): I,75, *Advent 1935* (in: *Chrysologus*, 1936): I,115.

[56] Vgl. ders., *Epiphanie* (Gefängnismeditation, Januar 1945): IV,222.

[57] DELP, *Maria Lichtmess* (Predigt, 2. Februar 1941): III,174.

[58] Vgl. ders., *Weihnachten* (Predigt, vor dem 24. Dezember 1943): III,99.

[59] Vgl. ders., *Immaculata* (Predigt, 8. Dezember 1941): III,41.

(3) Der freie Schöpfer der menschlichen Freiheit

Die natürliche Vernunft und die göttliche Offenbarung lassen uns nach Delp erkennen, dass Gott der freie Schöpfer der Freiheit ist. Die Freiheit Gottes ist das entscheidende Element seines Freiheitsverständnisses, wenngleich er sich nicht sehr ausführlich dazu äußert. Besonders deutlich tritt dieser Gedanke in den Gefängnisschriften des Autors hervor, was vermuten lässt, dass sein Denken sich in diese Richtung hätte weiter entwickeln können.

Die durch die natürliche Vernunft erkennbare Wahrheit, dass Gott der Schöpfer aller Dinge ist,[60] wird in Bezug auf die Freiheit konkretisiert durch die Offenbarung. Delp versteht Gott als den freien Schöpfer der Freiheit und bezeichnet ihn als den souveränen Herr der Welt, als allerletzte, endgültige Instanz.[61] Delp betont, dass Gott sowohl im Akt der Schöpfung als auch in seiner beständigen Hinwendung zu den Menschen die freie Persönlichkeit bleibe.[62] Den als Ebenbild Gottes geschaffenen Menschen zeichnet primär seine Freiheit aus.[63] Dieses klassische Freiheitsverständnis des Christentums, das den Grund der Freiheit in der jedem Menschen zukommenden Gottebenbildlichkeit sieht, stellt Delp der politisch-gesellschaftlichen Auslegung der Freiheit entgegen, nach welcher die Freiheit kein natürliches Recht jedes Menschen war. Für ihn ist der Mensch der „Repräsentant des schöpferischen Gottes"[64], wenngleich die Unähnlichkeit, die zwischen der Freiheit Gottes und der des Menschen besteht, unendlich größer ist als die Ähnlichkeit, weil

---

[60] Ihren deutlichsten Ausdruck findet die Lehre über die natürliche Erkenntnis Gottes in den von THOMAS formulierten fünf Wegen, aus der Bewegung, Verursachung, Kontingenz, Vollkommenheit und der Ordnung der Dinge, S. th, I,2,3. „[D]aß Gott, der Ursprung und das Ziel aller Dinge, mit dem natürlichen Licht der menschlichen Vernunft gewiß erkannt werden kann", bestätigt das I. Vaticanum in der „Dogmatischen Konstitution über den katholischen Glauben" (DH 3004), was für Delps Denken prägend war.

[61] Vgl. DELP, Maria Lichtmess (Predigt, 2. Februar 1941): III,172. Vgl. BLEISTEIN, Geschichte eines Zeugen: 12.

[62] Vgl. ders., Der Mensch vor sich selbst (Nachlass, o.J.): II,542, Gebetsstunde im Advent (Meditation, 1942): III,63f, Weihnachten (Predigt, vor dem 24. Dezember 1943): III,96, Pfingstsonntag (Predigt, 28. Mai 1944): III,220.

[63] Vgl. ders., Gebetsstunde im Advent (Meditation, 1942): III,65, Unschuldige Kinder (Predigt, o.J.): III,133.

[64] Ders., Der Mensch und die Geschichte (1943): II,417.

im Unterschied zu Gott ein geschaffenes Wesen nicht Träger absoluter Freiheit sein kann.[65]

Weil Gott der freie Schöpfer der Freiheit des Menschen ist, so betont Delp, bedeutet die Bindung des Menschen an ihn nicht Fremdbestimmung, sondern „Bindung an seine Freiheit und seine geheimnistiefe Größe".[66] Gott ist weder Gegner noch Belangloser, vielmehr ein Garant der menschlichen Freiheit.[67] Außerhalb der alles tragenden und vollendenden Kraft Gottes kann es nichts geben, auch nicht die Freiheit des Menschen – Gott ist die Mitte der menschlichen Freiheitsgeschichte.[68]

---

[65] Vgl. ders., *Tragische Existenz*: II,135. Die Verankerung der menschlichen Freiheit in der Schöpfung lässt wieder den thomanischen Zug des Denkens Delps erkennen. Thomas versteht nämlich die Freiheit vom naturhaften Streben des Menschen, vom Wesen des Seins her, was aber in der Neuzeit, die den Substanzbegriff auflöst, nicht mehr akzeptiert wird, weshalb beispielsweise von Hegel bis Heidegger die absolute Geschichtlichkeit des Seins behauptet wird, vgl. OEING-HANHOFF, *Zur thomistischen Freiheitslehre*: 263f.

[66] DELP, *Vater unser* (Gefängnismeditation, Januar 1945): IV,233.

[67] Den Gedanken Delps, das menschliche Verhältnis zu Gott sei die Bindung an seine Freiheit, kann man mit dem Denken von KRINGS fortführen. Krings geht davon aus, die Freiheit habe primär den Charakter des Sich-Öffnens, was sich in der Bejahung einer anderen Freiheit ausdrücke, siehe *Freiheit. Ein Versuch Gott zu denken*: 176. Diese zuerst transzendental begriffene Freiheit, die darin bestehe, dass der Wille sich selbst einen Inhalt gebe, brauche nun einen Inhalt, der nicht beliebig sei: „Welcher Inhalt erfüllt die Form der Freiheit? … Der erfüllende Inhalt der Freiheit kann, sofern er ihr der Form und Dignität nach nicht nachstehen soll, kein anderer sein als Freiheit … Freiheit gibt sich letztlich und erstlich dadurch einen Inhalt, dass sie andere Freiheit bejaht. Nur im Ent-Schluss zu anderer Freiheit setzt sich Freiheit selbst ihrer vollen Form nach", siehe ebd.: 174, vgl. ders., *Freiheit*: 507. Als jene die menschliche Freiheit erfüllende Freiheit wird Gott postuliert, siehe ders., *Gott*: 629–641. In der Theologie nimmt Thomas Pröpper jenen Gedanken auf und weist auf das Sinnvolle der Idee Gottes, auf „die Ansprechbarkeit der menschlichen Freiheit für einen Gott", hin, siehe PRÖPPER, *Erlösungsglaube und Freiheitsgeschichte*: 104. Delp nimmt eine Kantische Freiheitsbegründung nicht an, da die Freiheit für ihn der Schöpfung, für Kant aber der Vernunft des Subjekts zu verdanken ist, als „die Eigenschaft des Willens, sich selbst ein Gesetz zu sein", KANT, *Grundlegung zur Metaphysik der Sitten*: 447. Von Seiten Delps wäre eher die Kritik zu erwarten, in der neuzeitlichen Metaphysik spiele Gott die instrumentale Rolle eines die Freiheit ermöglichenden Grundes und würde somit zur Hilfskonstruktion des nach Autonomie strebenden Menschen.

[68] Vgl. DELP, *Christliche Antwort an das Welterlebnis* (Vortrag, 23. Oktober 1942): I,295, *Neujahr* (Predigt, 1. Januar 1943): III,148, *Christi Himmelfahrt* (Predigt, 3. Juni 1943): III,210.

202

(4) Das rechte Gottesverhältnis des Menschen in der Sohnschaft

Zum Freiheitsverständnis unseres Autors gehört wesentlich auch eine christologische Dimension. Nach Delps Auffassung wird den Menschen durch Christus ein neues Verhältnis zu Gott eröffnet, an dem sich die Freiheit orientieren kann und in dem sie ihre Vollendung findet. Die Lebens- und Leidensgeschichte Christi erdet den Gottesglauben, so dass die Christen „nicht Projektionen irgendwelcher psychologischer Kurzschlüsse [feiern], nicht den Hunger eines Menschen nach endgültigen Dingen"[69], sondern die Tatsache in der Geschichte. Delp erklärt, in der Menschwerdung Gottes habe sich die Gottesunmittelbarkeit, die Existenz Gottes in der Welt selbst ereignet,[70] in ihr habe sich die Suche Gottes nach seiner Schöpfung vollendet, sofern er sich gerade in das hineinbegeben habe, „was das Irdische ist und was das Menschliche ist"[71].

Die Menschwerdung Gottes in Jesus Christus eröffnet dem Menschen den Weg einer sinnvollen, nicht mehr von der Tragik determinierten Bewegung über sich selbst hinaus. Für Delp bedeutet die Menschwerdung Gottes den Zusammenbruch eines totalen, absolut immanenten Humanismus.[72] Sie ermöglicht eine innere Symbiose Gottes mit dem Menschen,[73] eine „Verbrüderung Gottes mit dem Menschen"[74] und lehrt den Menschen, Gott seinen „Vater" zu nennen. Demzufolge mahnt unser Autor:

> Tun wir endlich das langbärtige Onkelgesicht weg und lassen wir diesen glanzvoll majestätischen Gott als Vater in unser Bewusstsein kommen und in unserem Herzen siegen[75].

Die Vaterschaft Gottes erhebt, so Delp, das dem Schöpfer unterworfene Geschöpf auf die neue Ebene der Sohnschaft.[76] In diesem Zusammenhang

---

[69] Ders., *Ostern* (Predigt, 25. April 1943?): III,203.

[70] Vgl. ders., *Namen-Jesu-Fest* (Predigt, o.J.): III,157.

[71] Ders., *Unschuldige Kinder* (Predigt, o.J.): III,132.

[72] Vgl. ders., *Skizze zu einem jesuitischen Menschenbild* (1938): I,230.

[73] Vgl. ders., *Pfingstmontag* (Predigt, 29. Mai 1944): III,225.

[74] Ders., *Weihnachten* (Predigt, vor dem 24. Dezember 1943): III,98.

[75] Ders., *Vierter Fastensonntag* (Predigt, 4. April 1943): III,197.

[76] Vgl. ders., *Was ist der Mensch?* (in: *Chrysologus*, 1936): I,147, *Vater unser* (Gefängnismeditation, Januar 1945): IV,225f, *Veni Sancte Spiritus* (Gefängnismeditation, Januar 1945): IV,305.

spricht er von der Partnerschaft Gottes mit dem Menschen und bringt damit einen Gedanken ins Spiel, gegenüber dem er im Allgemeinen zurückhaltend ist. Mit Nachdruck betont Delp, dass die Beziehung des Sohnes zum Vater die Freiheit des Sohnes mitnichten verletzen kann.[77]

Die Partnerschaft Gottes mit dem Menschen bedeutet, wie Delp feststellt, für den Menschen wesenhaft Hingabe und Anbetung. In einem seiner Texte – wiederum in der Auseinandersetzung mit der Deutschen Glaubensbewegung – zitiert er dennoch die Worte Christi aus dem Johannes-Evangelium: „non jam dico vos servos, sed amicos"[78], was zunächst überrascht, weil Delps Texte sonst das Verhältnis des Menschen zu Gott durch das Bild vom Knecht beschreiben. Immer wieder jedoch charakterisiert Delp das Verhältnis Gottes zum Menschen und des Menschen zu Gott auch als Liebe.[79] Einen Ausdruck dieser Liebe sieht er im Streben des Willens zum Guten und zur Wahrheit.

Delp ist der Meinung, die in der Natur grundgelegte Verpflichtung des Menschen zur Selbstverwirklichung könne nur in den von den Begriffen „Ebenbild Gottes" und „Kind Gottes" abgesteckten Grenzen recht erfüllt werden.[80] Diese Selbstverwirklichung erfolge in der Hingabe an den Willen des Vaters. Er beruft sich dabei auf das Gebet Christi vom Ölberg: „Vater, nicht mein Wille, [sondern] dein Wille geschehe".[81] In Freiheit bestimmt sich Christus selbst dazu, stets bereit zu sein, den Willen des Vaters zu tun. Für Delp ist es diese Bereitschaft, die das Leben Christi kennzeichnet und die Christus damals wie heute auch von seinen Anhängern fordert.[82] Er wiederholt diesen Gedanken sowohl in der Auseinandersetzung mit der Deutschen

---

[77] Vgl. ders., *Veni Sancte Spiritus* (Gefängnismeditation, Januar 1945): IV,290.

[78] Ders., *Der göttliche Grund im Menschen* (in: *Chrysologus*, 1936): I,158. Siehe Joh 15,15.

[79] Vgl. ders., *Ferdinand Ebner* (in: *Stimmen der Zeit*, 1937): II,163–167,181, *Das Menschenbild der Konstitutionen der Gesellschaft Jesu* (Vorträge, 1941): V,216, *Drei Fragen an die Kirche* (Predigtentwürfe, 1943): V,245.

[80] Ders., *Der Mensch der Ehre im Christentum* (in: *Chrysologus*, 1936): I,170f.

[81] Vgl. ders., *Die moderne Welt und die Katholische Aktion* (in: *Chrysologus*, 1935): I,77, *Was ist der Mensch?* (in: *Chrysologus*, 1936): I,147f.

[82] Vgl. ders., *Bereitschaft* (in: *Chrysologus*, 1935): I,90f. Einen festen Stützpunkt für sein Freiheitsverständnis kann Delp in der Theologie des Paulus finden, wo die Gotteskindschaft im Gegensatz zur Knechtschaft des Gesetzes steht und Freiheit und Mündigkeit bedeutet, vgl. OEPKE, *Gotteskindschaft*.

Glaubensbewegung als auch im Angesicht seines eigenen Todes.[83] Das freie Sich-Öffnen Christi für den Willen des Vaters umfasst alle Elemente, die Delp in seinem Freiheitsverständnis für relevant hält: die Bewegung über sich selbst hinaus, die Rückkehr zur Mitte, die freie Hingabe und das „Wofür" der Freiheit. Indem er eindeutig Bezug auf seine Kritik an der modernen Philosophie nimmt, die den Menschen aus der Mitte heraus- und ins Nichts hineingeführt und dadurch zutiefst erschüttert habe, verweist Delp auf Christus in seiner Ölbergangst und in seinem Ölberggebet als „den sicheren Menschen"[84], der unabhängig von der eigenen Angst und von der Macht des Anderen das Gute verwirklicht, weil er nicht aufhört, sein Leben aus der Mitte heraus zu führen.[85]

Neben der Tatsache der Menschwerdung Gottes und der Grundhaltung Jesu in seinem Leben nimmt auch die Auferstehung als das entscheindende christologische Ereignis eine besondere Rolle für das Freiheitsverständnis Delps ein. Sie bedeutet, wie er feststellt, die grundsätzliche Überwindung der Welt, sie beendet endgültig den heroischen, aber im Grunde genommen tragischen Marsch des Menschen zum Tod.[86] Er erklärt:

> Christus hat den Gang der Geschichte nicht aufgehoben, er hat ihn in sich aufgenommen und den Menschen aus seiner absoluten Angewiesenheit auf die Geschichte dadurch befreit, daß diese Geschichte selbst durch ihn zu etwas Zweitrangigem wurde und nun jedem an seinem Ort und in seiner Stunde die Aufgabe gegeben wurde, sich für oder gegen Christus zu entscheiden[87],

dann fährt er fort:

---

[83] Vgl. DELP, *Vater unser* (Gefängnismeditation, Januar 1945): IV,233f.

[84] Ders., *Die moderne Welt und die Katholische Aktion* (in: *Chrysologus*, 1935): I,76. Vgl. ebd.: 77.

[85] Vgl. ebd. Delps Freiheitsverständnis zeigt wieder biblische Züge: In der Theologie des Paulus wird der Gehorsam Christi zur Ursache der menschlichen Freiheit, vgl. SCHLIER, *Der Begriff der Freiheit im NT*.

[86] Vgl. DELP, *Ostern* (Predigt, 25. April 1943?): III,206–209, *Tragik im Christentum?* (Vortrag, 1940): II,317. Vgl. auch BLEISTEIN, *Geschichte eines Zeugen*: 153.

[87] Ders., *Christ und Gegenwart* (in: *Stimmen der Zeit*, 1939): II,195.

Christus hat den Christen erlöst aus dem Schwergewicht einer rein in sich ver-
fangenen und damit abgründigen und schuldigen Geschichte, aber er hat ihn
nicht gelöst aus der Wirklichkeit und den Gesetzen der Geschichte.[88]

4. Der freie Mensch und der freie Gott

Nach der Darstellung des Menschen- und Gottesbildes unter dem besonderen Aspekt der Freiheit stellt sich nun die Frage nach der Beziehung, die
zwischen der Freiheit Gottes und der Freiheit des Menschen besteht. Wie
sich diese Frage für Scharen von Theologen und Philosophen als eine spezi-
fische Herausforderung zeigt, so stellte sie sich auch für Delp als solche. Er
ist bemüht, die zwei Größen miteinander zu versöhnen, ohne ihnen Gewalt
anzutun. Zuerst sucht er hier eine Lösung auf der Ebene der Theologie, existenziell kommt sie zur Sprache in seinen Gefängnisschriften, wenn er da
von dem Miteinander Gottes mit dem Menschen spricht und von der Spannung, die zwischen der geschaffenen Freiheit des Menschen und der unge-
schaffenen Freiheit des absoluten Gottes besteht.[89]

a) Der mögliche Widerspruch des Menschen gegen Gott

Die Frage nach dem Miteinander der menschlichen Freiheit und der Freiheit
Gottes bereitet Delp ernste Schwierigkeiten. Aus seinem Briefwechsel mit
Karl Thieme (1935/36) gewinnt man den Eindruck, dass er die menschliche
Freiheit opfert, um die Allmacht Gottes zu retten.[90] Die Weltgeschichte sieht
er da als eine statische Größe, auf die angeblich kein Mensch einen wirkli-
chen Einfluss ausüben kann. In diesem Zusammenhang erklärt er, die

---

[88] Ders., *Das Rätsel der Geschichte* (Nachlass, o.J.): II,452 mit Anm. 18.

[89] Vgl. ders., *Gefängnisbrief an F. v. Tattenbach* (9. Dezember 1944): IV,40, *Gefängnisbrief an
M. Hapig/M. Pünder* (5. Januar 1945): IV,87, *Gefängnisbrief an F. v. Tattenbach* (10. Januar
1945): IV,97.

[90] NEUFELD betont: Der „Briefwechsel bietet alles andere als eine nüchtern distanzierte,
theoretisch wissenschaftliche Erörterung eines allgemeinen Problems", *Geschichte und
Mensch*: 122.

menschliche Freiheit sei zwar eine nicht zu bezweifelnde Tatsache,[91] aber die universale Geschichte sei nicht den Entscheidungen der Menschen unterworfen, weil die Freiheit des Menschen zweifach beschränkt sei – einerseits durch die vorgegebenen Ordnungen,[92] anderseits durch die Entscheidungen Gottes. Die Geschichte sei „eine fortgesetzte Entfaltung der Schöpfung; fortschreitende Entwicklung der imago Dei",[93] sie geschehe „nach Plan und Fügung" und der Gang der Welt erfolge nach dem Plan Gottes, er überlasse ihn nicht „einfach dem blinden Trieb der Menschen".[94]

Der Gedanke, dass die universale Geschichte nach einem Plan, nach dem Plan Gottes, verläuft, ungeachtet der menschlichen Entscheidungen, weckt eine Frage, deren Tragweite Delp erst in den Jahren des Krieges bewusst wird. Im Briefwechsel mit Thieme tendiert er noch dahin, die Geschichte in zwei Einflussbereiche aufzuteilen und die persönliche Geschichte den menschlichen und die universale Geschichte den göttlichen Entscheidungen zuzuordnen.[95] Anstatt die menschliche und göttliche Freiheit zu versöhnen, verursacht diese Position noch größere Schwierigkeiten. In einer als ein geschlossenes System verstandenen Geschichte, in der das von dem Menschen verursachte Neue und Unberechenbare keinen Platz findet, wird der Mensch zu einem Objekt, tritt an die Stelle von Freiheit und Verantwortung der Schicksalsglaube. Im Endergebnis kann das zu jener Haltung führen, mit der sich Delp programmatisch auseinandersetzt. Es fragt sich: Wenn die Geschichte ausschließlich von Gott bestimmt wäre, wäre dann nicht jene Haltung die edelste, in der der Mensch stolz gegen den Strom der Geschichte kämpft und dadurch eigene Freiheit beweisen würde? Das wäre dann zwar ein Kampf ohne die geringste Chance auf einen Sieg – ein tragisches Vorgehen, aber die Freiheit, die Würde und die Größe des Menschen wären gerettet.

Nach der scharfen Ablehnung dieser Position durch Thieme[96] gibt Delp nach, wenn er etwa erklärt:

---

[91] Vgl. DELP, *Brief an K. Thieme* (7. April 1935): III,461.

[92] Vgl. ders., *Brief an K. Thieme* (15. August 1935): III,482f.

[93] Ders., *Brief an K. Thieme* (7. April 1935): III,461.

[94] Ders., *Brief an K. Thieme* (15. August 1935): III,482.

[95] Hier scheint der scholastische Hintergrund von Delps Denken zur Sprache zu kommen. Es ist THOMAS, der die These aufstellt, die äußeren Ereignisse in der Welt seien Gott zu unterstellen, der menschliche Wille aber nicht, vgl. *Summa contra gentiles*, III,90.

[96] Vgl. THIEME, *Brief an Alfred Delp* (17. September 1935): III,483–485.

Ich denke nicht daran, behaupten zu wollen, der Mensch habe keinen Einfluß auf das Weltgeschehen, es gehe einfach über ihn hinweg. Ebensowenig darf aber behauptet werden, der Mensch stehe seiner jeweiligen Situation unbedingt gegenüber[97].

Es gelingt ihm indessen nicht, eine neue Antwort ausführlich zu formulieren, er plädiert aber für die menschliche Freiheit und für die Allmacht des Schöpfers.

Dennoch bieten ihm die folgenden Jahre die Gelegenheit, seine Meinung noch ein wenig zu klären. Während er den wesentlichen Linien seines Denkens treu bleibt, gibt er die Vereinfachungen auf, wenn er etwa schreibt, die Geschichte enthülle die Ordnung, die von Gott gefügt sei, gleichzeitig aber sei sie offen gegenüber der menschlichen Freiheit.[98] Der Mensch sei in seiner Freiheit die einzige, jedoch gewollte Ohnmacht des Allmächtigen, niemals werde seine Natur durch eine Setzung von oben vergewaltigt.[99] Der Vorbehalt, dass die Freiheit auf Grund des vorgegebenen Rahmens eine relative, nicht eine absolute sei, bleibt hier aktuell. Delp erklärt, weil Gott den Menschen nicht zwinge, auch nicht zum Heil, könne der Mensch den Weg der Verweltlichung des Lebens wählen und gegen den Segen Gottes in der Welt wirken, was für ihn jedoch immer eine Rebellion darstellt. Sie habe ihre Wurzeln in der Erbsünde, vor allem aber sei sie alles andere als ein Schritt zur Freiheit.[100]

Die Erfahrungen des Krieges und der Gewaltherrschaft sind für Delp die Beweise für die menschliche Freiheit, in ihnen erkennt er, dass Gott mit seiner Kreatur nicht spielt.[101] Er bemerkt, Gott sei nicht dazu da, seine Entscheidungen dem Menschen in einem harten und brutalen Leben zu ersparen: „Gottes Segen nimmt dem Menschen nicht die Lust und nicht die Last der Freiheit".[102] Im Unterschied zu weltlichen Imperien wachse das Reich Gottes

---

[97] DELP, *Brief an K. Thieme* (18. September 1935): III,487.

[98] Vgl. ders., *Christliche Antwort an das Welterlebnis* (Vortrag, 23. Oktober 1942): I,294, *Christ und Gegenwart* (in: *Stimmen der Zeit*, 1939): II,184.

[99] Vgl. ders., *Christ und Gegenwart* (in: *Stimmen der Zeit*, 1939): II,194.

[100] Vgl. ebd.: 191f.

[101] Vgl. ders., *Neujahr* (Predigt, 1. Januar 1944): III,152.

[102] Ders., *Zweiter Adventssonntag* (Gefängnismeditation, Dezember 1944): IV,159, vgl. ders., *Der Mensch und die Geschichte* (1943): II,397.

dank der freien Entscheidungen des Menschen.[103] Mit dem zuletzt formulierten Gedanken spielt Delp wohl auf das nationalsozialistische Deutschland an.

b) Gott in der Geschichte – der Schweigende?

Sicher ist, dass die Auffassung Delps über das Verhältnis der Freiheit Gottes zu der des Menschen in mancher Hinsicht von den Erfahrungen des Krieges, seiner Gefangenschaft und letztendlich der Verurteilung zum Tode geprägt ist; so wohl auch seine Überzeugung, dass Gott der Erste und der Letzte in der menschlichen Geschichte ist, wenngleich er schweigt mittlerweile. Zwar ist Gott nach diesem Verständnis nicht mehr der unmittelbare Lenker der universalen Geschichte, er hält sich zurück, aber immer mit der Möglichkeit einer souveränen Mitwirkung. Dadurch bleibt der Lauf der Geschichte offen, sowohl für den Menschen als auch für Gott. Damit enthebt Delp Gott eindeutig der Haupverantwortung für den Lauf der aktuellen Geschichte, was im Gegensatz zu den damaligen Aussagen mancher Bischöfe in Deutschland steht, die nicht selten – Hitler nicht unähnlich – den Krieg in der Kategorie der Vorsehung bzw. nach der Kriegswende als Zulassung Gottes zu interpretieren suchten.[104]

Delp legt dar, Gott sei als Schöpfer der Erste in der Geschichte, er stehe an ihrem Anfang,[105] in Christus zeige er seine Präsenz in der Mitte dieser Geschichte[106] und als der Letzte stehe er souverän an ihrem Ende.[107] Gott hat

---

[103] Vgl. ders., *Fest der Erscheinung* (Predigt, 6 Januar 1942): III,164.

[104] In Bezug auf die damaligen Ereignisse schreibt der Breslauer Kardinal Bertram zwischen 1939 und 1945 in seinen Hirtenworten immer wieder über die Vorsehung Gottes, siehe BERTRAM, *Hirtenbriefe*: 745, Nr. 202 (15. Oktober 1939), 759, Nr. 207 (10. Januar 1940), 782, Nr. 212 (10. November 1940), 859, Nr. 233 (11. Februar 1944). Der Münchner Kardinal v. FAULHABER greift ein Gebet aus dem 19. Jahrhundert auf: „Lenker der Schlachten, ich rufe dich: Vater, Du führe mich", siehe *Akten Faulhabers*: 783, Nr. 823 (12. August 1941). Zu dem „Lenker der Schlachten" betet auch V. GALEN, siehe ders.: *Akten*, 907, Nr. 348 (14. September 1941).

[105] Vgl. DELP, *Der Mensch und die Geschichte* (1943): II,423. Vgl. auch NEUFELD, *Geschichte und Mensch*: 227–237.

[106] Vgl. DELP, *Christliche Antwort an das Welterlebnis* (Vortrag, 23. Oktober 1942): I,295.

[107] Vgl. ders., *Der Mensch und die Geschichte* (1943): II,400,410,429, *Allerseelen* (Predigt, 2. November 1942): III,277.

nach Delps Überzeugung auch einen Plan für die Geschichte.[108] Vielleicht ist es in einer Hinsicht richtiger, statt von einem einmal und für immer beschlossenem göttlichen Plan der Geschichte, eher von einem göttlichen Willen zur Geschichte zu sprechen. So kann die Geschichte durchaus als das Ergebnis des Zusammenspiels der menschlichen und der göttlichen Freiheit verstanden werden, ohne dem Denken Delps Gewalt anzutun. Dieser Gedanke war Delp nämlich durchaus nicht fremd. Das wird deutlich, wenn er 1943 in einem Weihnachtsbrief an einen jungen Soldaten schreibt, alles in der Welt, auch das, was gegenwärtig geschehe, geschehe „innerhalb des unwiderrufenen Heilswillens des Herrn zum Menschengeschlecht"[109], es geschehe nicht, weil Gott dafür verantwortlich wäre, sondern weil Gott auf die Welt nicht verzichte und innerhalb der Geschichte den Menschen mittelbar anspreche, wie er es auch in seinem Sohn getan habe. In seiner Gefängnismeditation zur Herz-Jesu-Theologie schreibt Delp:

> Der Gottmensch Jesus Christus [ist] als personal existierender *Heilswille* Gottes zu den Menschen [gekommen], als erlösender *Heilswille* Gottes, als den *persönlichen Menschen* rufender und suchender *Heilswille* Gottes[110].

Dieser Wille ist offen für das Neue und Unberechenbare, sofern Gott den Menschen in seiner Freiheit ernst nimmt, er tritt in den Dialog mit ihm ein, hört ihn an und antwortet ihm. Gott lässt als freie Person Raum in der Geschichte für die Freiheit des Menschen. Da ist dann Raum für eine sich in der Mitwirkung des Menschen und Gottes „geschehenden Geschichte", wie Martin Buber es ausdrückt.[111]

Delp erklärt, Gott habe sich in seiner Freiheit begrenzt, als er den freien Menschen geschaffen habe, dadurch habe er sich „der unmittelbaren, physischen Kausalität der Geschichte gegenüber begeben"[112]. Die menschliche Freiheit begründet nach Delp die „Mittelbarkeit" des Wirkens Gottes in der Geschichte und in der Welt.[113] Die indirekte Beziehung Gottes zur Geschichte und zur Welt besteht für ihn darin, dass Gott dem Menschen, den er

---

[108] Vgl. ders., *Christliche Antwort an das Welterlebnis* (Vortrag, 23. Oktober 1942): I,294.

[109] Ders., *Weihnachtsbrief* (1943): V,267.

[110] Ders., *Herz Jesu* (Gefängnismeditation, Januar 1945): IV,243.

[111] Vgl. BUBER, *Schriften zur Bibel*: 1031–1036.

[112] DELP, *Der Mensch und die Geschichte* (1943): II,392.

[113] Vgl. ebd.: 389.

nach seinem Bild und Gleichnis geschaffen hat, große Möglichkeit der Gestaltung gegeben, aber damit auch die entsprechende Verantwortung übertragen hat.[114] Das bedingt, dass die Geschichte des Menschen mit vielen Unvollkommenheiten belastet ist, dass sie alles andere ist als eine direkte Offenbarung Gottes und ein gerader Weg zu ihm.[115]

Am Ende seines Lebensweges zeichnet Delp ein eindrucksvolles Bild von dem in der menschlichen Geschichte präsenten Gott. Dabei akzentuiert er die Vornehmheit dieses Gottes gegenüber dem freien Menschen, der seine Geschichte in weitem Umfang gestalten kann,[116] während Gott schweigend durch die Zeit hindurchgeht.[117] Dieser Gott ist kein gewalttätiger Gott, demütig wartet er an den Toren der menschlichen Freiheit. Sein Wirken im Menschen hängt von diesem selbst ab,[118] so entspricht es der hier obwaltenden Beziehung der Freundschaft.[119]

Die Mittelbarkeit des Wirkens Gottes in der Geschichte, wie Delp sie versteht, würde missverstanden werden, wenn man daraus ableiten würde, dass die Geschichte „ein gottfreier Wirklichkeitsbereich" sei.[120] Delp betont, Gott habe den Menschen angesprochen und sich ihm offenbart. Das Schweigen Gottes ist für Delp relativ, es dient für die Beschreibung einer subjektiven Geschichte eines Menschen seiner Epoche, es ist kein Fehlen Gottes, denn der zuweilen schweigende Gott bleibt in der Geschichte, in ihr gibt es nie eine gottlose Zeit[121] und jede Stunde ist eine „Gelegenheit für das Reich Gottes"[122]. Mit solchen Gedanken antwortet Delp nicht nur auf die Frage nach der existentiellen Erfahrung der Gottverlassenheit durch den moder-

---

[114] Vgl. ebd.: 391–394.

[115] Vgl. ebd.: 387f.

[116] Vgl. ders., *Zweiter Adventssonntag* (Gefängnismeditation, Dezember 1944): IV,159, *Gestalten der Weihnacht* (Gefängnismeditation, Dezember 1944): IV,197, *Veni Sancte Spiritus* (Gefängnismeditation, Januar 1945): IV,299.

[117] Vgl. ders., *Der Mensch und die Geschichte* (1943): II,400,410.

[118] Vgl. ders., *Dritter Adventssonntag* (Gefängnismeditation, Dezember 1944): IV,171f, *Epiphanie* (Gefängnismeditation, Januar 1945): IV,221, *Vater unser* (Gefängnismeditation, Januar 1945): IV,232, *Herz Jesu* (Gefängnismeditation, Januar 1945): IV,252.

[119] Vgl. ders., *Der Mensch und die Geschichte* (1943): II,393.

[120] Ebd.: 391.

[121] Ders., *Christliche Antwort an das Welterlebnis* (Vortrag, 23. Oktober 1942): I,294.

[122] Delp zitiert hier (*Christ und Gegenwart*, in: *Stimmen der Zeit*, 1939, II,195) einen Satz von BERNHART/OBERMAIER, *Sinn der Geschichte: eine Geschichtstheologie*: 3.

nen Menschen, mit ihnen nimmt er auch die Antwort auf die Frage vorweg, wie man nach den Katastrophen des Humanen in seinem Jahrhundert noch über Gott reden kann.[123]

Neben der Vorstellung des die menschliche Freiheit bis zum Äußersten respektierenden, „schweigenden" Gottes steht bei unserem Autor die Vorstellung von Gott, der auch über die Freiheit des Menschen in die Geschichte eingreifen kann. Auch sie ist prägend für sein Denken. Daran hält er fest, auch im Angesicht des Todes, wenn er im Stillen auf ein Wunder hofft, darauf, dass Gott sein Schweigen bricht. Das bezeugt sein Brief an Helmut James von Moltke vom Neujahrstag des Jahres 1945, wenn er schreibt:

> Der Herrgott kann jedes logische, kausale Netz souverän zerreissen. Und er kann ebenso durch kleinste Imponderabilien dem ganzen kausalen Gang eine andere Richtung geben[124].

Delp ist sich dessen bewusst, dass das Zusammenspiel der menschlichen Freiheit mit dem freien Wirken Gottes letztlich nicht zu fassen, nicht festzumachen ist. Er skizziert nur mögliche Szenarien:

> Ob Gott nun einen Menschen aus sich herauszwingt durch die Übermacht von Not und Leid, ob er ihn aus sich herauslockt durch die Bilder der Schönheit und Wahrheit, ob er ihn aus sich selbst herausquält durch die unendliche Sehnsucht, durch den Hunger und Durst nach Gerechtigkeit, das ist ja eigentlich gleichgültig[125].

Sein vielmals im Gefängnis wiederholtes Bekenntnis: „Ich glaube an den Herrgott als den Herrn des Schicksals"[126] drückt nicht nur seine Hoffnung auf ein Wunder aus, sondern zugleich auch ein „Ja" zum Lauf der Geschichte mit ihrer menschlichen, von Gott gewollten Freiheit. Dabei weiß er:

---

[123] Aus der gleichen Erfahrung heraus wie Delp schreibt der gefangene Bonhoeffer: „Gott läßt sich aus der Welt herausdrängen ans Kreuz, Gott ist ohnmächtig und schwach in der Welt und gerade und nur so ist er bei uns und hilft uns … Die Bibel weist den Menschen an die Ohnmacht und das Leiden Gottes; nur der leidende Gott kann helfen." Siehe BONHOEFFER, *Widerstand und Ergebung*: 191f.

[124] DELP, *Gefängnisbrief an H. J. v. Moltke* (Neujahr 1945): V,179.

[125] Ders., *Epiphanie* (Gefängnismeditation, Januar 1945): IV,217.

[126] Ders., *Gefängnisbrief an F. Valjavec* (November 1944): IV,33. Vgl. ders., *Gefängnisbrief an M. Hapig/M. Pünder* (22. November 1944): IV,29f, *Gefängnisbrief an L. Oestreicher* (22. Dezember 1944): IV,64, *Gefängnisbrief an Familie Kreuser* (11. Januar 1944): IV,99f.

Unbeschadet der Freiheit Gottes entfaltet sich in der Geschichte die Freiheit des Menschen, weshalb für ihn „nicht die Auswanderung aus der Geschichte als die große Befreiung" gilt, „sondern das Bündnis mit Gott in der Geschichte für die Erfüllung der Geschichte"[127].

c) Eine humane Theonomie

Wenn die zwischen der Immanenz und der Transzendenz, der Diesseitigkeit und der Jenseitigkeit, dem Natürlichen und dem Übernatürlichen, der Freiheit des Menschen und der Freiheit Gottes vorhandene Polarität nicht bewahrt wird, ist das für den Menschen verhängnisvoll.[128] Lehnt der Mensch Gott ab, wird er zum tragischen Helden, lehnt er die eigene Freiheit ab, wird er zum Sklaven.

Die Frage, wie das Menschliche und das Göttliche zusammenspielen, welche theologisch auch brisant wird für die Verhältnisbestimmung von Natur und Gnade, ist für Delps Freiheitsdenken von entscheidender Bedeutung, in diesem Kontext postuliert er nämlich das Sich-Beziehen der menschlichen Freiheit auf Gott.[129] Von sich selbst her, so Delp, ist der Mensch nicht in der Lage, die Forderungen seiner Natur, sein Wesen zu verwirklichen und geltend zu machen, er braucht dazu die Kräfte aus der Übernatur.[130] Der echte Mensch sei nur derjenige, der die Kraft aus der Höhe annehme,[131] der Mensch müsse nämlich über sich selbst hinausgehen, wenn er überhaupt Mensch bleiben wolle[132]. Das gelte mutatis mutandis auch für die Gesellschaft. Nur wenn Gott wieder da sei, so sagt er wohl im Blick auf die Naziherrschaft, habe das Volk wieder „eine rechte Ordnung und eine

---

[127] Ders., *Vierter Adventssonntag* (Gefängnismeditation, Dezember 1944): IV,183. Vgl. ebd.: 179.

[128] Vgl. ders., *Herz Jesu* (Gefängnismeditation, Januar 1945): IV,255,258.

[129] Vgl. ders., *Christliche Antwort an das Welterlebnis* (Vortrag, 23. Oktober 1942): I,294.

[130] Vgl. ders., *Kirchlicher und völkischer Mensch* (in: *Chrysologus*, 1935): I,105, *Der Mensch vor sich selbst* (Nachlass, o.J.): II,527, *Dritter Adventssonntag* (Gefängnismeditation, Dezember 1944): IV,173, *Epiphanie* (Gefängnismeditation, Januar 1945): IV,216,218,222, *Vater unser* (Gefängnismeditation, Januar 1945): IV,227.

[131] Vgl. ders., *Kirchlicher und völkischer Mensch* (in: *Chrysologus*, 1935): I,107. Vgl. hierzu THOMAS, der das Gottesverhältnis als den höchsten Grad der menschlichen Würde denkt, in: *Super epistolam ad Romanos*, II,3 (Nr. 217).

[132] Vgl. DELP, *Theonomer Humanismus* (Gefängnisreflexion, 1944/45): IV,311.

echte Ruhe und einen echten Frieden".[133] Dagegen sinke jedes „Nur-Menschliche, das in übermenschlicher Überheblichkeit" auf Gott verzichte, „ab zum Untermenschentum".[134] Dessen Manifestation sieht Delp auch in der von der Tragik geprägten modernen Philosophie, die den Menschen nicht finde, weil sie Gott nicht suche, und die Gott nicht suche, weil sie keine Menschen habe.[135]

Delp konstatiert, die Natur aus sich selbst heraus habe nicht die Kraft, die Vollendung des menschlichen Wesens zu erreichen. Die Kräfte und Mächte, deren der Mensch bedürfe, „um er selbst zu sein und in die Freiheit zu gelangen"[136], existierten nur jenseits seiner. Die Natur behalte dabei den Status eines notwendigen Anknüpfungspunktes für die Gnade, die erst durch eine freie Entscheidung der Person zur Wirksamkeit komme.[137] Damit Gott mit der Natur mitwirken könne, sei „ein Minimum von gesunder Menschlichkeit, echter Menschwürde und gebildeter Menschensubstanz" notwendig[138]. Was das Miteinander des Wirkens Gottes und des Menschen angeht, steht Delp ganz in der Tradition des Thomas von Aquin,[139] was das Zusammenspiel von Freiheit und Gnade angeht, steht er ganz in der molinistischen Tradition seines Ordens. Für Ignatius von Loyola gilt die Maxime: „vertraue so auf Gott, als ob der Fortgang der Dinge ganz von dir und nichts von Gott abhinge; wende jedoch alle Mühe auf, als ob du nichts und Gott allein alles bewirken werde".[140]

---

[133] Ders., *17. Sonntag nach Pfingsten* (Predigt, 9. November 1943): III,261.

[134] Ders., *Christus, Herr der neuen Zeit* (in: *Chrysologus*, 1936): I,189.

[135] Vgl. ders., *Tragische Existenz*: II,143. Vgl. dazu de Lubacs Diagnose: „Es ist nicht wahr, dass der Mensch, wie man zuweilen sagen hört, die Erde nicht ohne Gott organisieren kann. Wahr ist, dass er die ohne Gott nur g e g e n den Menschen organisieren kann. Der selbstherrliche Humanismus ist ein unmenschlicher Humanismus", DE LUBAC, *Die Tragödie des Humanismus ohne Gott*: 15.

[136] DELP, *Vierter Adventssonntag* (Gefängnismeditation, Dezember 1944): IV,181. Vgl. ders., *Kirchlicher und völkischer Mensch* (in: *Chrysologus*, 1935): I,105f.

[137] Vgl. ders., *Vierter Adventssonntag* (Gefängnismeditation, Dezember 1944): IV,178,181–183.

[138] Ders., *Gestalten der Weihnacht* (Gefängnismeditation, Dezember 1944): IV,213.

[139] THOMAS stellt fest, die Willensentscheidungen werden ganz von Gott und ganz vom Menschen vollzogen, vgl. *De malo* 6, vgl. auch RIESENHUBER, *Die Transzendenz der Freiheit zum Guten*: 163f.

[140] HEVENESI, *Scientillae ignatianae*: 2, zit. nach H. RAHNER, *Ignatius von Loyola*: 230f. Vgl. auch SCHOCKENHOFF, *Theologie der Freiheit*: 324.

Den Gedanken, dass der Mensch nur in der Beziehung zu Gott zu sich selbst kommen kann, fasst Delp in den Gefängnisschriften unter den Begriff des „theonomen Humanismus".[141] Wenn wir diesen Begriff umstellen, kann man ihn als Zusammenfassung seines Freiheitsverständnisses lesen: eine „humane Theonomie", das Sich-Selbst-Bestimmen des Menschen zur Bestimmung von Gott. Der Gedanke der humanen Theonomie begegnet uns immer wieder im Nachlass Delps. Mit ihm stellt er sich gegen die Form der Autonomie, die er als den entscheidenden Ausdruck der neuzeitlichen Rebellion des Menschen gegen Gott versteht und die er als rein formale Selbstbestimmung zurückweist. Damit lehnt er die Autonomie des Menschen nicht in jeder Form ab. Immerhin ist er der Meinung, jeder Mensch müsse in der Lage sein, eine Entscheidung auch dann zu treffen, „wenn alle Bücher verbrennen und alle Verantwortlichen verstummen".[142] Allein die neuzeitliche Autonomie bedeutet für den Jesuiten einen Abfall von der Theonomie, die nach seiner Auffassung unbedingt wiederhergestellt werden muss. Somit schafft Delp es nicht, über ein restauratives Modell zur Bewältigung des Autonomieproblems hinauszugehen.[143] Infolgedessen scheint die Theonomie

---

[141] Siehe DELP, *Theonomer Humanismus* (Gefängnisreflexion, 1944/45): IV,309–311. Im Kontext der geistigen Quellen des Kreisauer Kreises weist van Roon Gedanken Paul Tillichs auf, der einen religiösen Sozialismus postuliert, dessen Ziel in einer „theonomen Gesellschaft" besteht. Die autonomen Formen der menschlichen Kultur sollen hier mit religiöser Substanz erfüllt werden, so dass der Mensch dieser Gesellschaft über sich hinausgehe und auf ein letztes Sinnziel hinweise, siehe V. ROON, *Neuordnung im Widerstand*: 37. Ein Bezug zwischen Tillich und Delp ist aber fraglich, vgl. P. MÜLLER, *Sozialethik*: 65.

[142] DELP, *Der Mensch vor sich selbst* (Nachlass, o.J.): II,554. Vgl. ders., *Weihnachten* (Predigt, 25. Dezember 1941): III,84f.

[143] Vgl. KASPER, *Autonomie und Theonomie*: 31f. Als Beispiel des restaurativen Denkmodells führt Kasper das Buch des für Delp wichtigen Religionsphilosophen GUARDINI, *Das Ende der Neuzeit*, an, in dem der Verfasser von dem „Empörungsglaube[n] des Autonomismus" spricht (91). Ein anderes, progressives Modell der theologischen Bewältigung der Autonomieproblematik, ist vor allem Karl Rahner zu verdanken, der die Autonomie als Verwirklichung der Theonomie denkt. Kasper selbst plädiert für ein Modell der Korrelation und der Analogie, wobei die Autonomie als Gleichnis der Theonomie gedacht wird: „Die Theonomie setzt menschliche Autonomie voraus, weil Gottes Gottsein vom Menschen in verantworteter Freiheit anerkannt werden soll, weil Gott seine Ehre und Verherrlichung durch ein freies Geschöpf will. Umgekehrt kommt aber die menschliche Freiheit nur durch die Theonomie, durch die Anerkennung Gottes und durch die Gemeinschaft mit Gott zur Vollendung und Erfüllung", siehe *Autonomie und Theonomie*: 37f.

in den Bereich einer Heteronomie, einer Fremdbestimmung zu rücken. Der Mensch existiert nicht aufgrund seiner freien Entscheidung nach der Ordnung Gottes, sondern er ist immer schon daran gebunden.[144] Hier wird wieder das Unsystematische des Freiheitsverständnisses Delps offenkundig, der die Idee des theonomen Humanismus lediglich signalisiert und die Autonomiefrage kaum behandelt. Allerdings lässt sich aus seinen Schriften, in denen wir die starke Betonung der freien Entscheidung des Menschen und auch das Bild des bei der Tür der menschlichen Freiheit wartenden Gottes finden, belegen, dass sein Denken zumindest anschlussfähig ist für die Idee einer Autonomie und dass die Theonomie in seiner Perspektive nicht als eine Fremdbestimmung zu verstehen ist.

Dass Delp die Theonomie mit der Autonomie, in der er Willkür fürchtet, nicht zusammendenken konnte, bildet die Schwäche seines Freiheitsdenkens. Die aus der neuscholastischen Theologie übernommene und dann in der Gott- und deshalb gesetzlosen Wirklichkeit des Nationalsozialismus verstärkte Abneigung Delps gegen die Autonomie muss aber nicht als unbedingt gelten. Die Autonomie schließt nicht aus, dass der Mensch sich von einem anderen Grund, von Gott, zu bestimmen wählt, wie es Bernhard Welte betont:

Der mich bestimmende Grund oder das Geflecht der Gründe wird mich bestimmen, indem *ich* diesen Grund oder diese Gründe wähle und wählend bestimme.

Zum Problem der Kompatibilität bzw. der Opposition zwischen der Autonomie und der Theonomie siehe auch FEIL, *Theonomie* und POHLMANN, *Autonomie*.

[144] Delps Freund und der erste Herausgeber seiner Schriften, P. Bolkovac, lehnt die Autonomie entschieden ab und stellt fest, dass der Seins-Unterschied zwischen Gott und dem Menschen eine Heteronomie rechtfertigt und fordert, so dass „die Freiheit des Menschen ... an die Ordnung und das Gebot Gottes" gebunden wird. Eine Autonomie dagegen, „die in der Sittlichkeit nicht nur einen jeder menschlichen Willkür entrückten, sondern den letzten Wert überhaupt sieht, vergißt die Kreatürlichkeit des Menschen u[nd] den Herrschaftsanspruch Gottes", siehe BOLKOVAC, *Autonomie*: 29. Für die Abgrenzung „einer echten Souveränität" sowohl von der Heteronomie als auch der Autonomie plädierte HENGSTENBERG, ¹*Grundlegung der Ethik*: 9, vgl. auch 132. In der zweiten, vollständig neu bearbeiteten Auflage stellt Hengstenberg fest, entgegen seiner in der ersten Auflage vertreten Auffassung gebe es im sittlichen Bereich eine echte Autonomie, vgl. HENGSTENBERG, ²*Grundlegung der Ethik*: 9, vgl. auch 133–135.

Meine bestimmende Wahl schaltet den Grund oder die Gründe nicht aus, sondern gerade ein.[145]

Die Autonomie ist als formale Selbstbestimmung zu verstehen,[146] deren materialer Aspekt die Theonomie bildet. Wenn sich der Mensch in seinem Handeln von dem bestimmen lässt, was ihn „als das Gute unbedingt angeht, und es als mündiger Mensch" ergreift, dann

> kommt die zunächst nur in der Formalität von Autonomie verstandene Freiheit zu ihrer tatsächlichen, in einem sterblichen, geschichtlich gelebten menschlichen Dasein vollzogenen Erfüllung.[147]

Demnach ist die Theonomie recht verstanden keine Heteronomie, sie hat vielmehr die Selbstbestimmung des Menschen zur Voraussetzung.[148]

---

[145] WELTE, *Determination und Freiheit*: 71. In diesem Punkt könnten wir sogar eine Parallele zur Autonomielehre Kants sehen – ohne die unterschiedlichen Prämissen der beiden zu vergessen, denn der Jesuit führt die menschliche Freiheit auf die Schöpfung zurück, Kant dagegen verankert sie in dem menschlichen Subjekt, wie wir gezeigt haben. Wie bereits mehrfach angeklungen übt Delp eigentlich keine Kritik an Kant an sich, sondern vielmehr an seiner Nachwirkung, die der Jesuit überwiegend negativ beurteilt. Die Frage, in welcher Relation die Autonomie und Delps Sich-Beziehen-auf-Gott stehen, lässt sich in Bezug auf Kants Denken beantworten: „Die Gebote, denen der Mensch autonom entsprechen soll, sind die Gebote, denen auch Gott autonom entspricht – ja schärfer: Als die alles begründende Wirklichkeit, die Gott ist, ist er zugleich als der Ursprung der Gebote zu denken, denen der Mensch in eigener Autonomie entsprechen soll", siehe STRIET, *Kants Religionsphilosophie*: 183f. Siehe auch F. Böckle, der in der Auseinandersetzung mit der neuscholastischen Idee des Naturrechts für eine theonome Autonomie plädiert, BÖCKLE, *Theonome Autonomie*: 17–46.

[146] Vgl. dazu die Konstatierung Rohrmosers: „Humanität soll nur dort anerkannt werden, wo sie mit Autonomie vereinbart werden kann. Der Mensch ist nur dort Mensch, wo er autonom ist. Der in der Übereinstimmung mit einem Gesetz stehende Mensch, das er sich selbst gegeben hat, ist der autonome, der humane Mensch. Autonomie bedeutet dann in der Tat formale Selbstbestimmung", siehe ROHRMOSER, *Autonomie*: 156.

[147] CASPER, *Das Erkennen der Gabe im Danken*: 394. Casper betont dabei, was für Delp in seiner Auseinandersetzung mit Heidegger entscheidend war, nämlich das Gegebensein des Daseins, das in *Tragische Existenz* als die Frage nach einem „Werfer" ausgedrückt ist: „Zugleich mit dieser Einsicht in die Nicht-Widersprüchlichkeit von Autonomie der Freiheit und ihrem gleichzeitigen Bestimmtsein von der Herausforderung durch das unbedingt und unendlich Gute in dem Vorgeladensein durch den anderen Menschen wird dem sterblich sich zeitigenden Dasein ... deutlich, dass es sich in letzter Hinsicht nicht sich selbst verdankt, sondern sich *gegeben* ist. Es kann sich selbst nur als die unbedingte Gabe verstehen", siehe 338.

Delp muss die Autonomie des Menschen keineswegs zugunsten der Ausrichtung auf Gott in Frage stellen. Er kann sich dabei auf Thomas von Aquin berufen, der in der Theonomie und der Autonomie keinen Widerspruch sieht. Die Polarität verbindet hier komplementäre und nicht konträre Gegensätze. Für Thomas ist der Mensch ein freier und eigenverantwortlicher Partner Gottes. Gerade darin besteht nach ihm die Autonomie des Menschen, dass die Person nicht einem fremden Gesetz untersteht, sondern dank seiner natürlichen Vernunft das Gesetz Gottes erkennt und in Freiheit bejaht.[149] Für Thomas bildet die Autonomie des Menschen daher die Voraussetzung für die Theonomie. In der Neuzeit wird die Autonomie nicht mehr theonom, sondern – in wachsendem Maß – emanzipatorisch verstanden, was Delp kritisch wahrnimmt.[150] Mit seinem „Theonomen Humanismus" beabsichtigt er eine „heilsame Heimholung" des neuzeitlichen Humanismus.[151]

Wenn unser Autor von der „Heimholung" des Humanismus spricht, will er damit sagen, dass das in der Neuzeit neu entdeckte Humane erst dann recht verstanden wird, wenn es die göttliche Dimension einbezieht.[152] Für

---

[148] „Theonomie ist *nicht* Heteronomie, Fremdgesetzlichkeit. Gott gewährt dem Menschen sein – des Menschen – ureigenes Gesetz und bewährt darin, d.h. will, daß er – der Mensch – sich darin erhalte und entfalte. Die Bindung an Gott macht frei, wie alle wirkliche personale Beziehung; sie befreit die Freiheit des Menschen (vgl. Gal 5,1). Denn ist Gott die entscheidende Begründungsinstanz wie der Menschenrechte, so des Menschen überhaupt, seiner Vernunft (!), seines Gewissens, seiner Freiheit, dann ist am entschiedensten einer voreiligen, d.h. der notwendigen Gewissens*bildung* vorauseilenden, subjektivistischen Absolutsetzung des Gewissens des Einzelnen gewehrt, die inhuman wäre; dann wird sich im Menschen nicht so leicht die fundamentale Fehlmeisterung durchsetzen, er sei ‚die urteilende Macht ... nur aus sich zu bestimmen, was gut ist'", KERN, *Der Beitrag des Christentum zu einer menschlichen Welt*: 246f.

[149] Vgl. SCHOCKENHOFF, *Zum Ursprung des moralischen Sollens*: 102.

[150] Bei Kant schließt die autonome Selbstbegründung der Moral eine theonome Begründung aus. Nach Nietzsche verliere Gott auch seine Funktion der Sinnvollendung der menschlichen Autonomie, die er noch bei Kant hat, so KASPER, *Autonomie und Theonomie*: 28–31.

[151] DELP, *Theonomer Humanismus* (Gefängnisreflexion, 1944/45): IV,309.

[152] Siehe ders., *Der Mensch vor sich selbst* (Nachlass, o.J.): II,552: „Die Rückkehr zu sich selbst führt den Menschen in der einzig legitimen Weise von sich weg", vgl. *Trümmer* (Vortrag, 15. März 1943): III,436. Die Intuition Delps lässt sich mit den Worten Rahners ausdrücken, der menschliche Werte in der Christenheit beheimatet: Ist „das scheinbar säkularisierte Ethos der heutigen Zeit, das von Freiheit, Würde des Menschen, Verantwor-

ihn gleicht der neuzeitliche Mensch einem „verlorenen Sohn", der sein Vermögen durchbrachte, um dann innerlich zerstört, aber zugleich bewusster heimkehrt. Man würde die Idee der „Heimholung des Humanismus" missverstehen, würde man sie als triumphalistisch und paternalistisch verstehen, zugrunde liegt ihr das Wissen um die Größe und die Nöte des Menschen, wobei die Größe des Menschen nicht mit der Größe Gottes konkurriert.

Delps Kritik an den Prinzipien und noch deutlicher an den Folgen des neuzeitlichen Denkens soll nicht überdecken, wo er dem philosophischen Vermächtnis der letzten Jahrhunderte beipflichtet.[153] Anerkennende Worte findet Delp für das moderne Freiheitsbewusstsein,[154] und auch er hofft ausdrücklich auf ein neues, mündiges Verhältnis des Menschen zu Gott.[155] Dezidiert protestiert Delp gegen die im Namen einer vermeintlichen Frömmigkeit geführten totalen Diskreditierung des Erbes der letzten Jahrhunderte. Ihm ist bewusst, dass die Menschen der Neuzeit nicht mehr die naive Sicherheit jener Frömmigkeit haben, wie sie ihre Vorfahren haben konnten, weshalb seiner Meinung nach die alten Fragen und Antworten neu durchdacht werden müssen.[156] Dabei muss, so betont er, das neuzeitliche Streben nach der Autonomie eine besondere Würdigung erfahren.[157]

Dieses Anliegen begegnet uns schon in der Auseinandersetzung Delps mit der Philosophie Heideggers, wenn er konstatiert, das Denken des Freiburger Philosophen solle keinesfalls nur als destruktiv angesehen werden. Sofern es wieder nach dem Ganzen und nach dem Sinn des Seins frage und von der Maxime „zu den Sachen selbst" ausgehe, sei es ein wirklicher Fort-

---

tung, Liebe des Nächsten spricht (und hoffentlich nicht nur redet), Ergebnis des Christentums oder nicht? Es ist sein legitimer Sohn. Auch wenn es oft ein entlaufener [oder vertriebener] Sohn ist, der sein Vermögen fern vom Vaterhaus verpraßt", siehe RAHNER, *Gnade der Freiheit*: 153.

[153] Vgl. DELP, *Erster Fastensonntag* (Predigt, 14. März 1943): III,184.

[154] Vgl. FUCHS, *Bürgerliche Gesellschaft*: 122f. Siehe auch DELP, *Brief an K. Thieme* (7. April 1935): III,461.

[155] Vgl. DELP, *Theonomer Humanismus* (Gefängnisreflexion, 1944/45): IV,309.

[156] DELP, *Namen-Jesu-Fest* (Predigt, o.J.): III,155. Vgl. ders., *Die moderne Welt und die Katholische Aktion* (in: *Chrysologus*, 1935): I,75, *Theonomer Humanismus* (Gefängnisreflexion, 1944/45): IV,309. Keinesfalls kann man Delp das Propagieren einer klerikalen Heteronomie vorwerfen, vor der Bonhoeffer warnt. Mit dem Gedanken, dass der Weg zum Mittelalter nur ein Weg zur Kindheit wäre, stimmen beide überein, siehe BONHOEFFER, *Widerstand und Ergebung*: 188–192.

[157] Vgl. FUCHS, *Bürgerliche Gesellschaft*: 122f.

schritt. Heidegger wolle damit den stolzen Menschen der Neuzeit vor die Wirklichkeit seiner Geworfenheit und vor die Tatsache des Todes stellen und ihn mitten im Leben zur Freiheit rufen. Das Scheitern des tragischen Heldentums, das Delp im Blick auf die Vermassungstendenz seiner Zeit artikuliert, soll den Menschen in seinem Streben nach der Freiheit nicht entmutigen, sondern zur Prüfung jener anderen Möglichkeit herausfordern, die in die Beziehung des Menschen zur Transzendenz gelegt ist.

In der Philosophie Heideggers findet Delp eine inspirierende Grundlage für jedes Denken. Er meint:

> So bliebe jetzt nur noch übrig, eine neue „Analytik des Daseins" zu unternehmen, eine Analytik des gesund endlichen Daseins und dann auch eine Analytik des gläubigen Daseins. All die Phänomene, die Heidegger gesichtet hat, tauchen dann wieder auf: Schuld und Verfall, Geworfenheit und Einsamkeit und Angst, aber daneben Sicherung und Erhebung und Aufnahme in das Absolute und Ewige.[158]

Delp möchte ein Programm jenes neuen „Sich-Durcharbeitens" des modernen Menschen zu der „alten" Mitte, zum transzendenten Du Gottes entwerfen,[159] das für alle Bereiche des Lebens, vor allem auch für die Freiheit des Menschen und ihre Verwirklichung von ausschlaggebender Bedeutung ist. Er erklärt:

> Nur wenn der Mensch vor dem Absoluten gestanden ist und dort sich entschieden hat, nur dann kann er sauber und rein in die Welt zurückgehen und der Welt ehrlich und ernsthaft sich ergeben.[160]

Er ist sich darüber im Klaren, dass die Hin-Bewegung der Freiheit zu Gott für den modernen Menschen eine große Leistung erfordert. Dennoch muss der Mensch, wenn er sich von „kurzfristigen Humanitätsideologien" frei machen will, die Hoheit und die Souveränität Gottes anerkennen.[161]

---

[158] DELP, *Tragische Existenz*: II,143. Vgl. BLEISTEIN, *Geschichte eines Zeugen*: 159.

[159] Vgl. DELP, *Tragische Existenz*: II,147, ders., *Der Mensch vor sich selbst* (Nachlass, o.J.): II,484.

[160] Ders., *17. Sonntag nach Pfingsten* (Predigt, 9. November 1943): III,259.

[161] Vgl. ders., *Der Mensch und die Geschichte* (1943): II,400. Dass eine korrekte Philosophie schon vor der Tür des menschlichen Bewusstseins stehe, hoffte Delp eine gewisse Zeit. Im Jahr 1935, als er noch ein gegenüber der politischen Wende positiv eingestelltes Buch, *Der Aufbau*, plante (vgl. I,195), stellte er die durch die spätere Geschichte nicht bestätigte

5. Die Befreiung der Freiheit von der Tragik

Verstehen wir die Theonomie korrelativ mit der Autonomie, dann vollzieht sich darin gewissermaßen die Befreiung der Freiheit von der Ziellosigkeit der Tragik. Dass eine solche Befreiung notwendig ist, wird Delp in seinen philosophischen Überlegungen klar, aber auch in seiner konkreten Begegnung mit dem Nationalsozialismus. Das Verstehen und das Einüben der Freiheit bereiten dem Menschen nach Delp ernste Schwierigkeiten, so dass die Freiheit sich als fragwürdig erweist.[162] Nach seiner Auffassung hängt die moderne Freiheit in der Luft, weil sie als rein formale Selbstbestimmung weder Grund noch Ziel hat. Daher kritisiert er auch die Ziellosigkeit einer Freiheit, die bestimmt ist von dem „ewige[n] Unterwegs des Menschen", von dem „Vorwärts- und Weitermüssen und endlos Weitermüssen", ohne je an ein Ende und zu einem Ergebnis zu kommen.[163]

Delp ist der Meinung, dass die Freiheit nur als „ein Ergebnis einer zähen und harten Befreiung" zu sich selbst kommen kann,[164] ist sie doch nicht eine bloß gegebene, sondern eine ursprünglich noch nicht fertige, eine *aufgege*bene Größe. Ihre Befreiung muss sich in zwei Schritten vollziehen. Erstens muss die Freiheit erkennen, dass ihr Fundament in Gott ist, dem freien Schöpfer der Freiheit, ohne den es keine Freiheitsmöglichkeit in der Welt gibt. Gott ist, so Delp, „der Grund des Gesamten" und „die letzte Ermöglichung aller Existenz", er ist „freier Geist und freie ... Person", wäre es nicht so, könnte er niemals „freie Geister und ... Persönlichkeiten ermöglichen, tragen und binden".[165] Zweitens muss der Mensch das Ziel der Freiheit neu

---

Prognose auf, der Mensch habe schon das Ende seines Abstiegs erreicht, jetzt habe er „den Blick wieder ganz frei für die Notwendigkeit des Aufstieges in eine andere Welt" (I,75), es sei die Zeit des Umbruchs und der voraussichtlichen Rückkehr zum korrekten philosophischen Gottes-, Welt- und Menschenverständnis gekommen (I,85). Die nächsten Jahre zerstörten brutal jene Hoffnung.

[162] Vgl. DELP, *Der Mensch vor sich selbst* (Nachlass, o.J.): II,542–549.

[163] Ders., *Altarsakrament* (Predigt, 1941): III,365–370.

[164] Ders., *Epiphanie* (Gefängnismeditation, Januar 1945): IV,220. Es ist das Bild des Paulus, dass die dem Menschen in der Schöpfung geschenkte Freiheit nach der Sünde in einem „Missverständnis" lebe, in der Erlösung aber wiedergeschenkt werde, was der Apostel knapp formuliert: „zur Freiheit hat uns Christus befreit" (Gal 5,1). Vgl. SCHLIER, *Zur Freiheit gerufen*: 219.

[165] DELP, *Der Mensch vor sich selbst* (Nachlass, o.J.): II,524. Der Gedanke, Gott sei der Grund der Freiheit, wird von Theologen weitergeführt. In Bezug auf das Denken von

entdecken, damit er von der Tragik der leeren Selbst-bestimmung befreit wird und sich in der Verwirklichung seines Mensch-seins am Guten und an der Wahrheit orientiert. Wer derart die Aufgabe der geschenkten Freiheit annimmt, verbindet sich mit Christus, dem Sohn Gottes, und erfüllt so die Worte des Apostels Paulus: „Zur Freiheit hat uns Christus befreit"[166].

Kant, dem späteren Fichte, Schelling und Hegel konstatiert KASPER: „die Freiheit des Menschen ist nach ihnen nur dann möglich, wenn in der Wirklichkeit letztendlich insgesamt Freiheit waltet. Nur wenn die zunächst ,tote' Natur und die dem Menschen undurchdringliche und unbegreifliche Wirklichkeit insgesamt von Freiheit bestimmt, ein Raum und eine Welt der Freiheit ist, kann die menschliche Freiheit im letzten sinnvoll sein und kann das Menschsein glücken. Diese alles bestimmende Freiheit kann aber nicht die endliche Freiheit des Menschen sein. Es muß sich hier um eine unendliche Freiheit handeln, die über die Bedingungen der Wirklichkeit verfügt, die sich dem Menschen dauernd entziehen. Das heißt aber: nur wenn Gott als absolute schöpferische Freiheit ist, ist die Welt ein möglicher Raum der Freiheit für den Menschen ... *Die Freiheit Gottes erweist sich also – anders als der atheistische Humanismus meint – nicht als Grenze der menschlichen Freiheit, sondern als deren letzter Grund"*, siehe KASPER, *Jesus der Christus*: 65f. Dabei betont Kasper die Notwendigkeit der Aufklärung der Aufklärung mit ihrem Subjektivitätsprinzip, bei dem „der Mensch sich selbst als Ausgangspunkt und Maß für das Verständnis der gesamten Wirklichkeit setzt" (46). Das führe aber letztendlich zu einem Verständnis, in dem die Welt als eine verwaltete Wirklichkeit begriffen werde: „Damit verfängt sich die Freiheit in den Maschen des von ihr selbst entworfenen Systems" (54f).
[166] Gal 5,1.

C. Der Vollzug der Freiheit

Anstelle einer Systematik begegnet uns bei Alfred Delp eine Hermeneutik, eine Auslegung des Freiheitsgeschehens. Er denkt über die Freiheit nach, indem er mit ihr umgeht, indem er nach ihrem „Wozu" und nach ihrem „Wie" fragt und auf ihre Wirkung in der Geschichte schaut. Diese Art der Herangehensweise entspricht nicht nur der Natur der Freiheit,[1] sie bezeugt auch das Anliegen Delps, die Freiheit und mit ihr das Christentum als solches als eine Wirklichkeit darzustellen, die in der alltäglichen Existenz tatsächlich vollzogen werden kann. Jedes leere Wort, jeden Begriff, der sich der Kritik versagt, jede Kluft zwischen der christlichen Lehre und dem Leben der Christen will Delp vermeiden. Darum ermuntert er nachdrücklich auch zur Entscheidung und zur Tat.[2] Seine Überzeugung, dass das Christentum der Weg der konkreten Existenz ist, wird getragen von seinem Glauben an Gott den Schöpfer und den menschgewordenen Sohn. Gott sei „der Schöpfer der Tatsachen"[3] und die Welt eine von ihm um des Menschen willen gewollte Wirklichkeit.[4] Christus verbünde sich mit dem Schicksal der Menschen, indem er sich in die Mitte dieser Wirklichkeit begebe. So hält Delp fest: „Auch vor dem Herrn stand das übermächtige Leben und die übermächtige Gewalt; auch der Herr ging durch die Schluchten der Angst".[5]

Aus dem Bestreben, die Freiheit als eine Realität in der Geschichte zu sehen, ergibt sich die Begrifflichkeit des Autors, wenn er von Entscheidung, Tat, Hingabe und Anbetung als Formen des Freiheitsvollzugs spricht. Den vom neuzeitlichen Denken erarbeiteten formalen Rahmen der als Selbstbestimmung verstandenen Freiheit will Delp inhaltlich füllen mit konkreten

---

[1] WELTE fasst es knapp zusammen: „Nur die Freiheit gebrauchend kann ich der Freiheit gewiß werden", siehe *Determination und Freiheit*: 73. Vgl. STRIET, *Kants Religionsphilosophie*: 169.

[2] Vgl. DELP, *Die moderne Welt und die Katholische Aktion* (in: *Chrysologus*, 1935): I,81, *Advent 1935* (in: *Chrysologus*, 1936): I,119, *Der heldische Mensch* (in: *Chrysologus*, 1936): I,181, *Christliche Persönlichkeit* (Predigt, 10. Oktober 1937): I,211, *Über den Tod* (Ein Briefwechsel mit P. Bolkovac, 1940): II,236.

[3] Ders., *Pfingstmontag* (Predigt, 29. Mai 1944): III,226.

[4] Vgl. ebd.

[5] Ders., *Vierter Fastensonntag* (Predigt, 4. April 1943): III,198. Vgl. ders., *Christ und Gegenwart* (in: *Stimmen der Zeit*, 1939): II,201, *Heilig Blut* (Predigt, 1. Juli 1943): III,249.

Formen des Freiheitsvollzugs. Zentral ist dabei der Gedanke, dass das Sich-Selbst-Bestimmen im freien Sich-Selbst-Hingeben an Gott sich vollzieht.

1. Ausrichtung, Hingabe, Anbetung
als Schlüsselbegriffe des Freiheitsverständnisses

Ausrichtung, Hingabe und Anbetung – diese drei Begriffe bilden zusammen den eigentlichen Schwerpunkt der Delp'schen Erklärung, wie sich die dem Verhältnis zwischen dem Menschen und Gott entspringende Freiheit vollzieht. Mit den Begriffen der Hingabe und Anbetung beschreibt Delp die Freiheit als solche, den Begriff der Ausrichtung entwickelt Delp vornehmlich aus seiner Kritik an der tragischen Ziellosigkeit der Freiheit. Indem der Mensch in seiner Freiheit das für seine Seinsvollendung notwendige Gute und Wahre in Gott erkennt, wird ihm eine Bewegungsrichtung zuteil, ein Wissen um das Ziel seiner Freiheit. Sie überschreitet das Niveau des bloßen Wissens, sofern der Mensch in ihr eine schon getroffene Entscheidung in die Tat umsetzt und sich an dieses Ziel hingibt. Dieses bezeichnet Delp als Anbetung und versteht es als die Vollendung der Freiheit.[6]

Auf den ersten Blick mag es ungewöhnlich sein, wie Delp die Freiheit aufs Engste mit den Begriffen der Hingabe oder der Anbetung verbindet, seine Freiheitshermeneutik fußt jedoch auf den Fundamenten seines Denkens. Delp versteht den Gebrauch der Freiheit als liebenden Vollzug des Menschen Gott gegenüber, als das Ergebnis eines dialogischen Vorgangs, der sich zwischen dem Menschen und Gott abspielt.[7] Die beiden Termini

---

[6] Darin spiegelt sich das Denken der Freiheit als Selbstursächlichkeit wider. Zu den Wesenszügen der Freiheit gehöre die Freiheit als Selbstursächlichkeit, unter anderem die Freiheit von Zwang, die Freiheit der Spontaneität und die Freiheit des Urteils, die in der Erkenntnis der Ziele, der Wege bestehe. Ein Urteil verlange eine weitgehende Kenntnis der entsprechenden Wirklichkeit und eine dauernde Wachsamkeit im Handlungsvollzug, siehe SIEWERTH: 325f. Im ignatianischen Modell des Suchens nach dem Willen Gottes gibt es drei etwa ähnliche Grundschritte: „Hören – Unterscheiden – Handeln", was der Methode der katholischen Soziallehre „Sehen – Urteilen – Handeln" entspricht, vgl. LAMBERT, *Ignatianische Spiritualität*: 158f.

[7] Im thomistischen Verständnis, das die Freiheit als einen Vollzug des eigentlichen Selbstseins denkt, wird sie letztendlich in Kategorien der Liebe gesehen: „An [der] göttlichen Freiheit nehmen die geistigen Geschöpfe in der übernatürlichen Vollendung teil und

Hingabe und Anbetung tauchen aber auch bei Delps Deutung seines besonderen Schicksals immer wieder auf, vor allem in der letzten Phase seines Lebens. Und schließlich sind sie wichtiger Bestandteil der jesuitischen Spiritualität, die das gesamte Denken Delps durchdringt.

Ohne seine Zugehörigkeit zur „Societas Iesu" hätte Delp die Hingabe im
Kontext der Freiheit wohl kaum so stark hervorgehoben. Die absolute und
vorbehaltlose Hingabe an Gott ist ein zentraler Punkt in der Regel des Ignatius von Loyola.[8] In einer seiner Betrachtungen über die Ordensgelübde erklärt Delp, das Wesen des jesuitischen Menschenbildes sei die Wiederho-
lung der Hingabe Christi, Jesuit sein bedeute, sich unter den jeweiligen Bedingungen der konkreten Geschichte frei und unbedingt für Gott verfügbar
zu machen.[9] Diese Haltung bringt das ignatianische Gebet der Hingabe treffend zum Ausdruck, wenn es darin heißt:

> Nimm hin, o Herr, meine ganze Freiheit. Nimm meinen Verstand, mein Ge-
> dächtnis, meinen ganzen Willen. Was ich bin und was ich habe, habe ich von Dir
> und ich gebe es Dir voll und ganz zurück. Deine Gnade gib mir und deine Liebe
> und ich habe genug und ich will nie nach etwas anderem begehren.[10]

Aufschlussreich ist es, wenn Delp bezeugt, im Gefängnis habe er lange vor
seinem Tabernakel gesessen und immer nur das „Suscipe" gebetet.[11]

Eine ganz besondere Bedeutung erhielt für ihn auch der Begriff der Anbetung wiederum in der Zeit, in der er im Gefängnis war, was freilich ver-

---

erlangen damit ihr eigentliches Selbstsein, das als liebender Mitvollzug des dreifaltigen
göttlichen Lebens in endgültiger Ständigkeit und Seligkeit höchste Vollendung ihrer Freiheit ist", OEING-HANHOFF, *Zur thomistischen Freiheitslehre*: 278.

[8]   Vgl. DELP, *Brief an K. Thieme* (16. April 1935): III,467, *Brief an M. Delp* (Pfingsten 1928):
V,25. Dass Hingabe zu den Grundbegriffen der Ordensspiritualität gehört, führt LAM-
BERT, *Ignatianische Spiritualität*: 140–142 aus. Vgl. SCHALLER, *Anthropologie von Delp*: 371–
380.

[9]   Vgl. DELP, *Skizze zu einem jesuitischen Menschenbild* (1938): I,222,232, *Brief an K. Thieme*
(15. August 1935): III,479.

[10]   Ders., *Gelübde* (in: *Kirchen-Anzeiger St. Michael*, 1938): I,238.

[11]   Vgl. ders., *Gefängnisbrief an F. v. Tattenbach* (9. Dezember 1944): IV,41, *Vigil von Weihnachten* (Gefängnismeditation, Dezember 1944): IV,187. Neben „Suscipe" ist für den gefangenen Delp noch ein ähnliches Gebet bedeutsam, das von Nikolaus von der Flue:
„Mein Herr und mein Gott, nimm alles von mir, was mich hindert zu dir. Mein Herr und
mein Gott, gib alles mir, was mich fördert zu dir. Mein Herr und mein Gott, nimm mich
mir und gib mich ganz zu eigen Dir", vgl. *Gefängnisbrief an M.* (31. Dezember 1944): IV,77.

ständlich ist. Hervorgegangen aus dem persönlichen Gebet, aber auch aus der Auseinandersetzung mit Gott, wurde die Anbetung mehr und mehr zur Grundhaltung seiner Existenz. Die Anbetung zusammen mit der Hingabe, sie sollten sein Leben prägen.[12] Die entscheidende Maxime seines Lebens lautet: „Adoro et suscipe" zusammen.[13] „Das war der Sinn, den ich meinem Leben setzte, besser, der ihm gesetzt wurde", so erklärt er,

> die Rühmung und Anbetung Gottes vermehren; helfen, daß die Menschen nach Gottes Ordnung und in Gottes Freiheit leben und Menschen sein können.[14]

2. Ausrichtung als Entscheidung der Freiheit

Die wie ein Refrain wiederkehrende Feststellung Delps, dass die Freiheit nach einer Orientierung verlangt,[15] verweist uns auf den ersten Schritt zur Verwirklichung der Freiheit. Zuerst muss der Mensch um das Ziel seiner Selbstbestimmung wissen, das heißt: er muss wissen, was das Gute und was die Wahrheit ist. Er muss wissen, wie er sich selbst verwirklichen kann. Der Inbegriff des Guten und der Wahrheit aber ist Gott. Es geht hier um die Frage nach dem Sinn der Freiheit. Im Kontext seiner Betrachtungen zur Geschichte erklärt Delp, der Sinn sei

> eine vernünftig fassbare und aussagbare, in eine Ganzheit einfügbare oder sich zur Ganzheit schließende Bewegungsrichtung.[16]

---

[12] Vgl. ders., *Gefängnisbrief an M. Hapig/M. Pünder* (1. Dezember 1944): IV,34, *Gefängnisbrief an M.* (1. Januar 1945): IV,84, *Gefängnisbrief an L. Oestreicher* (11. Januar 1945): IV,100, *Gefängnisbrief an A. S. Keßler* (23. Januar 1945): IV,140f, *Zweiter Adventssonntag* (Gefängnismeditation, Dezember 1944): IV,160, *Gestalten der Weihnacht* (Gefängnismeditation, Dezember 1944): IV,200, *Herz Jesu* (Gefängnismeditation, Januar 1945): IV,262.

[13] Vgl. ders., *Gefängnisbrief an L. Oestreicher* (11. Januar 1945): IV,100.

[14] Ders., *Gefängnisbrief an A. S. Keßler* (23. Januar 1945): IV,140.

[15] Vgl. ders., *Der heldische Mensch* (in: *Chrysologus*, 1936): I,176–180, *Warum sie sich ärgern an uns* (in: *Kirchen-Anzeiger St. Michael*, 1938): I,240, *Das Rätsel der Geschichte* (Nachlass, o.J.): II,451, *Allerseelen* (Predigt, 2. November 1942): III,273.

[16] Ders., *Der Mensch und die Geschichte* (1943): II,423. Vgl. ebd.: 427.

Ihre vernünftige Bewegungsrichtung findet die Freiheit nach Delp in der Begegnung mit dem freien Gott. In ihr findet der Mensch als Ebenbild Gottes die eigene Selbstverwirklichung.[17] Paradigmatisch ist für Delp in diesem Kontext das Gebet Jesu in der Ölbergnacht: „Vater, nicht mein, sondern dein Wille geschehe".[18] Delp erinnert in diesem Zusammenhang auch an Paulus, der am Ende seines Lebens bekennt: „Ich weiß, wem ich glaube" (2 Tim 1,12), und dank dieses Bewusstseins „unabhängig, unantastbar [und] unbeirrbar" geworden ist.[19]

Jedoch das Wissen um das Ziel ist noch nicht der Vollzug der Freiheit. Aus dem Wissen muss die Entscheidung hervorgehen, darüber reflektiert Delp in seinen Schriften weniger, dennoch erfahren wir darüber einiges in seiner Auseinandersetzung mit der von Heidegger geprägten Philosophie. Die Entscheidung, um die es Delp hier geht, ist etwas anderes als die bloße Wahlmöglichkeit zwischen verschiedenen Alternativen, sie bedeutet vielmehr die Selbstbestimmung des *ganzen* Daseins in dem, was es selbst ist.[20] In dem „Ja" zu Gott verwirklicht der Mensch sein Wesen.

3. Hingabe als Tat der Freiheit

Für den Vollzug der Freiheit gilt für Delp das, was auch für den Vollzug des Glaubens gilt: die Annahme der Wahrheit muss zur persönlichen Tat führen.[21] Wer sein Gottesverhältnisses auf den Bereich des Bewusstseins beschränke und Jesus Christi ausschließlich als ein Beispiel des Lebens in innerer Freiheit begreife, der verkenne das Wesen des Christentums, so ist Delp überzeugt. Deshalb müsse auf das „Ich entscheide mich dafür" immer das „Ich tue es" folgen. Setzt der Mensch seine Entscheidung für Gott in die Tat

---

[17] Vgl. ders., *Weltgeschichte und Heilsgeschichte* (in: *Stimmen der Zeit*, 1941): II,333, *Der Mensch und die Geschichte* (1943): II,396f, *Die Welt als Lebensraum des Menschen* (Nachlass, o.J.): II,474, *Die Erziehung des Menschen zu Gott* (Gefängnisreflexion, 1944/45): IV,314.

[18] Vgl. ders., *Vater unser* (Gefängnismeditation, Januar 1945): IV,233.

[19] Ders., *Bekehrung des heiligen Paulus* (Predigt, 25. Januar 1942): III,168.

[20] Auf den Unterschied zwischen der Entscheidung und der bloßen Wahl zwischen verschiedenen Möglichkeiten weist ROMBACH, *Entscheidung*: 362 hin.

[21] Vgl. DELP, *Veni Sancte Spiritus* (Gefängnismeditation, Januar 1945): IV,303.

um, so kann man auch von Hingabe sprechen; sie bildet den zweiten Schritt im Vollzug der Freiheit.

a) Das allgemeine Phänomen der Hingabe

Delp bemerkt, dass sich der Begriff der Hingabe nicht nur im Wortschatz der Prediger und der Betenden findet, sondern dass gleichsam alle über die Hingabe sprechen. Er sieht sie als eine natürliche Idee im Alltag und als das Gesetz des Daseins und stellt fest, dass sie auch dem modernen Menschen nicht fremd sei.[22] In seiner Schrift *Tragische Existenz* schreibt er, der Hingabebegriff nehme bei manchen Denkern geradezu eine Schlüsselstellung ein: In der Philosophie Bergsons werde der Mensch als „homo faber" in täglicher Hingabe an die Dinge gezeigt,[23] im Denken Schelers werde die restlose Hingabe an das Leben apostrophiert,[24] auch Heidegger spreche von der „besorgenden Hingabe".[25] Für seine eigene Zeit stellt Delp außerdem fest, im nationalsozialistischen Deutschland habe eine gigantische „restlose Welthingabe" geherrscht,[26] indem die Menschen sich vor allem an die Industrie und an den Krieg hingegeben haben.[27]

Die letztgenannten Beispiele gehören zum Phänomen des Kollektivismus und zeigen, dass die Hingabe durchaus auch als Widerspruch zur Freiheit verstanden werden kann, als Sich-Hingeben an etwas, das dem Menschen die als Last empfundene Freiheit abnimmt. Dieses Verständnis der Hingabe hat Delp möglicherweise so nicht wahrgenommen. Für ihn kann die Hin-

---

[22] Vgl. ders., *Bereitschaft* (in: *Chrysologus*, 1935): I,89, *Der Mensch vor sich selbst* (Nachlass, o.J.): II,536, *Der neue Glaube* (Vortrag, 8. Februar 1943): III,428, ebd.: 430.

[23] Vgl. ders., *Tragische Existenz*: II,89.

[24] Vgl. ebd.: 67–69.

[25] Vgl. ebd.: 119.

[26] Ders., *Ut vitam habeant. Einkehrtag für Jugendliche* (Notizen, 1944): V,271.

[27] Vgl. ders., *Der moderne Begriff der Weltlichkeit* (Vortrag, 28. April 1942): I,286. Die Hingabe des Einzelnen an das Volk wurde vom Führer gefordert, der schreibt: „In der Hingabe des eigenen Lebens für die Existenz der Gemeinschaft liegt die Krönung alles Opfersinnes", und weiter: „Idealismus. Wir verstehen darunter nur die Aufopferungsfähigkeit des einzelnen für die Gesamtheit, für seine Mitmenschen", in: HITLER, *Mein Kampf*: 327. Siehe dazu die Bemerkung JÜNGERS: „Das tiefste Glück des Menschen besteht darin, daß er geopfert wird, und die höchste Befehlskunst, Ziele zu zeigen, die des Opfers würdig sind", in dem Delp bekannten Buch *Arbeiter*: 71.

gabe keinesfalls an die Stelle der Freiheit treten. Er versteht sie als eine genuine Tat der Freiheit.[28] In der Hingabe übergibt sich der Mensch dem Schöpfer, bindet sich der Mensch nicht an eine fremd bestimmende Übermacht, sondern an den Urgrund seiner Freiheit, der ihn auch in seiner Freiheit trägt.[29]

b) Die Wechselbeziehung der Liebe

Da sich die Hingabe als Opfer darstellt, ist man auf den ersten Blick geneigt, sie negativ zu werten. Im Opfer verliert der Mensch etwas, leistet er einen Verzicht. Deshalb stellt sich Delp die Frage, ob das Opfer nicht als eine Deprivation des Lebens, als etwas Dekadentes verstanden werden muss. Seine Antwort darauf lautet: Weil das Opfer aus Liebe dargebracht wird, erhebt es den Opfernden, der darin sein Dasein verwirklicht, und wird fruchtbar auf einer höheren Ebene. Delp erinnert hier an das Jesus-Wort: „Wer ... sein Leben um meinetwillen verliert, wird es gewinnen".[30]

Delp interpretiert die Hingabe als Tat der Liebe, als das uneingeschränkte Ja des Menschen zu Gott, als vollkommenen Einsatz für Gott und seine Wirklichkeit.[31] Von ihrem Wesen her ist die Hingabe nicht eine einsame Tat des Menschen, Delp versteht sie vielmehr als eine Wechselbeziehung zwischen Mensch und Gott. Sie ist „ein persönliches Hin und Her zwischen ihm und uns", weil auch Gott sich dem Menschen hingibt,[32] wie das in der „kenosis" Jesu Christi, der Hingabe des Gottessohns in seiner Menschwerdung und seinem Kreuzestod, geschehen ist.[33] Delp betont, die Hingabe an den Vater und an die Menschen sei die alles bestimmende Formel des Lebens Jesu gewesen, dieser Jesus aber sei exemplarisch für die menschliche

---

[28] Vgl. DELP, *Der Mensch vor sich selbst* (Nachlass, o.J.): II,547.

[29] Vgl. ders., *Vater unser* (Gefängnismeditation, Januar 1945): IV,233.

[30] Vgl. ders., *Der Mensch der Ehre im Christentum* (in: *Chrysologus*, 1936): I,171, *Tragische Existenz*: II,147. Siehe Mt 16,25b.

[31] Vgl. DELP, *Tagebuch der großen Exerzitien* (1938): I,253, *Das Menschenbild der Konstitutionen der Gesellschaft Jesu* (Vorträge, 1941): V,212,215f.

[32] Ders., *Neujahr* (Predigt, 1. Januar 1943): III,146. Vgl. ders., *Zweiter Sonntag im Advent* (Predigt, 6. Dezember 1942): III,51, *Gefängnisbrief an M. Hapig/M. Pünder* (10. Dezember 1944): IV,42.

[33] Vgl. ders., *Stephanus* (Predigt, 26. Dezember 1941): III,111.

Existenz.[34] Das Christentum bedeute in seinem Kern Schicksalsgemein-schaft[35] und von daher Kreuzesgemeinschaft mit Christus.[36]

c) Die befreiende Selbstbestimmung

Die Hingabe ist für Delp der Weg des Freiheitsvollzugs schlechthin.[37] Das Eintreten in die Schicksalsgemeinschaft mit Christus ist für ihn die höchste Verwirklichung der Freiheit. Er erklärt:

> Wer das begriffen hat, daß die letzte Wirklichkeit ist, einzutreten in den Opfertod des Herrn und die Kraft des Opfertodes zu bejahen, wird ungeheuer frei, wird sich nicht verknechten lassen.[38]

Er ist der Meinung, dass die freie Hingabe an Gott gerade in der geschichtli-chen Situation der dreißiger und vierziger Jahre des 20. Jahrhunderts die einzige Chance ist, die Stunde der Gewalt, der Macht, der Angst, der Dämonie zu bestehen.[39]

In seinen Betrachtungen zum Thema der Ordensgelübde stellt Delp fest, diese beinhalteten von ihrem Wesen her die „volle Auslieferung des Menschen an … Gott" und dadurch eine „Großleistung der menschlichen Freiheit".[40] Wenn er noch im Gefängnis die letzten Gelübde ablegt, erfährt er diesen Akt der Hingabe als eine beispiellose Befreiung. Im Blick auf diese Erkenntnis schreibt er:

> Ich habe endgültig mein Leben weggesagt. Nun haben die äußeren Fesseln gar nichts mehr zu bedeuten, da mich der Herr der vincula amoris gewürdigt hat.[41]

---

[34] Vgl. ders., *Bereitschaft* (in: *Chrysologus*, 1935): I,90f, *Was ist der Mensch?* (in: *Chrysologus*, 1936): I,147f, *Der Mensch der Ehre im Christentum* (in: *Chrysologus*, 1936): I,173.

[35] Vgl. ders., *Stephanus* (Predigt, 26. Dezember 1941): III,113, *Das Menschenbild der Konsti-tutionen der Gesellschaft Jesu* (Vorträge, 1941): V,212.

[36] Vgl. *Brief an G. Kern* (4. Mai 1942): V,135.

[37] Vgl. ders., *Der Mensch vor sich selbst* (Nachlass, o.J.): II,555f.

[38] Ders., *Allerseelen* (Predigt, 2. November 1942): III,276.

[39] Vgl. ders., *Vater unser* (Gefängnismeditation, Januar 1945): IV,239, *Veni Sancte Spiritus* (Gefängnismeditation, Januar 1945): IV,287.

[40] Ders., *Gelübde* (in: *Kirchen-Anzeiger St. Michael*, 1938): I,237.

[41] Ders., *Gefängnisbrief an F. v. Tattenbach* (9. Dezember 1944): IV,39.

Das Weggehen von sich selbst zu Gott hin versteht er als einzigartigen Weg hin zur Freiheit. Er erklärt: Durch die Gelübde hat

> der Herrgott … mir einen festen Punkt in seinem Universum geschenkt, auf den ich lange gewartet habe. Alles andere ist ja nur sekundär.[42]

Diese Hingabe an Gott setzt als solche die Selbstbestimmung voraus und füllt sie inhaltlich mit der radikalen Existenz aus Gott, sofern er das „summum verum" und „summum bonum" ist. Konkret besteht die freie Hingabe für ihn darin, dass er sich nicht mehr durch die Dinge, durch die Welt oder durch das Schicksal bestimmen lässt, sondern durch die Gemeinschaft mit Christus und dem Vatergott, um aus dieser Symbiose heraus das Leben zu meistern.[43] In diesem Kontext versteht er die Vaterunser-Bitte „Dein Wille geschehe" als die „Bitte des Menschen um seine Freiheit".[44]

Delps Deutung der Hingabe würde missverstanden, wenn man sie als bloße Reaktion auf das Denken seiner weltanschaulichen Antagonisten verstehen würde. Die Hingabe ist für ihn eine Grundkategorie des Christentums. In der Auseinandersetzung mit dem Zeitgeist bemüht er sich, mit ihr das Ethos des tragischen Heldentums zu entkräften. Als die über sich selbst hinausgehende, auf das transzendente „Du" Gottes hin ausgerichtete Dynamik bildet die Hingabe für ihn die Alternative zu der Ziellosigkeit der von Heidegger vorgeschlagenen tragischen Haltung.

Am Ende seiner Schrift *Tragische Existenz* greift er diesen Gedanken auf, wenn er konstatiert:

> Dann mag es wieder geschehen, dass wir uns durcharbeiten zu der Mitte und uns dort wieder ansiedeln, wo alle Untergänge und Ängste und Mühsale und Entschlossenheit einen neuen Sinn finden. Wo die Existenz aus aller Tragik entbunden wird, weil dort, wer sein Leben verliert, es übervoll wiederfindet[45].

An die Stelle der tragischen Existenz des Menschen, der eine Entscheidung um der Entscheidung willen trifft, tritt hier der Mensch, der sich zur Hin-

---

[42] Ders., *Gefängnisbrief an M. Hapig/M. Pünder* (31. Dezember): IV,73. Vgl. ders., *Gefängnisbrief an L. Oestreicher* (vor 7. Januar 1945): IV,94.

[43] Vgl. ders., *Skizze zu einem jesuitischen Menschenbild* (1938): I,223,234f, *Der Mensch und die Geschichte* (1943): II,389, *Gebetsstunde im Advent* (Meditation, 1942): III,66.

[44] Ders., *Vater unser* (Gefängnismeditation, Januar 1945): IV,233.

[45] Ders., *Tragische Existenz*: II,147. Vgl. ders., *Das Menschenbild der Konstitutionen der Gesellschaft Jesu* (Vorträge, 1941): V,213, *Lage und Seelsorge* (Vortragsentwurf, 1943): V,251.

gabe an das transzendente „Du" des freien Schöpfers der Freiheit entscheidet. Darin erkennt Delp die höchste Steigerung der Freiheit des Menschen. Die tragische Existenz geht dagegen aus der Resignation im Hinblick auf die Sinnhaftigkeit der Welt hervor.

4. Anbetung als Entschiedenheit der Freiheit

Als drittes Element im Vollzug der Freiheit neben der Ausrichtung und der Hingabe sieht Delp das beständige und die gesamte Existenz umgreifende Gottesverhältnis. Der Autor kennzeichnet dieses durch den Begriff der Anbetung. Immer wieder weist er in seinen Schriften auf den Zusammenhang der Freiheit und der Anbetung hin. Er erklärt, nur der Anbetende, der Liebende, der nach Gottes Ordnung lebende Mensch sei frei und lebensfähig,[46] durch die Anbetung überwinde er den ausganglosen Kerker der Geschichte[47] und in seinem Inneren könne er dann über den Dingen und über den Menschen stehen, sei er gewissermaßen unanfechtbar geworden.[48]

Ein Vorbild für die Anbetung und die daraus entspringende Freiheit geben seiner Ansicht nach jene, die den neugeborenen Jesus in der Krippe im Stall von Betlehem besuchen. Ihre Worte „adoro et suscipe" bezeichnet er als die Urworte und deren gebeugten Knie und die hingehaltenen leeren Hände als die Urgebärden des freien Menschen.[49] Dagegen sei die der Anbetung entgegengesetzte Haltung der Selbstverabsolutierung ein Ausdruck der Unfreiheit.[50]

Die Anbetung ist dem modernen Menschen weithin fremd geworden. Delp ist sich darüber im Klaren, dass viele Menschen heute nicht einmal

---

[46] Ders., *Gefängnisbrief an A. S. Keßler* (23. Januar 1945): IV,140.

[47] Vgl. ders., *Vierter Adventssonntag* (Gefängnismeditation, Dezember 1944): IV,184.

[48] Vgl. ders., *Warum sie sich ärgern an uns* (in: *Kirchen-Anzeiger St. Michael*, 1938): I,240, *Gebetsstunde im Advent* (Meditation, 1942): III,65, *Hölderlin* (Vortrag, 7. Juni 1943): III,442, *Das Menschenbild der Konstitutionen der Gesellschaft Jesu* (Vorträge, 1941): V,220.

[49] Vgl. ders., *Epiphanie* (Gefängnismeditation, Januar 1945): IV,218, *Vater unser* (Gefängnismeditation, Januar 1945): IV,230,241.

[50] Vgl. ders., *Vierter Sonntag im Advent* (Predigt, 21. Dezember 1941): III,69, *Heiliger Joseph* (Predigt, 19. März 1943): III,200, *Letzte Ölung* (Predigt, 1941): III,400.

mehr fähig sind zur Anbetung.[51] Dabei stellt er fest, dass die Anbetung nicht die Haltung der Mächtigen sei, deren Macht auf dem Schwert und auf der Angst beruht, dass sie auch nicht die Haltung der Besitzenden sei, die von ihrem Eigentum gleichsam besessen werden. Fremd sei die Anbetung außerdem jener Wissenschaft, die in ihren eigenen Konstruktionen der Wirklichkeit gefangen sei, fremd sei sie aber auch jenen Vertretern der amtlichen Kirche, die es sich im Bequemen einrichteten.[52]

Delp weiß, dass der Zugang zur Anbetung an sich dem modernen Menschen schon die größten Schwierigkeiten bereitet, dass es aber noch viel schwieriger ist, ihm die Rolle der Anbetung im Vollzug der Freiheit verständlich zu machen und nahezubringen. De facto versteht man die Freiheit und die Anbetung weithin als kontradiktorische Gegensätze.[53]

a) Vertiefung des Gottesverhältnisses

Das Verständnis der Anbetung ist bei Alfred Delp stark geprägt von der Erfahrung der Gefangenschaft. Deshalb versteht er die Anbetung nicht nur als einen Akt des Gebets. Sie ist zwar auch Gebet[54] für ihn, vor allem auch Gehorsam[55] und ehrfürchtige Verneigung vor Gott und seiner Herrlichkeit[56].

---

[51] Vgl. ders., *Heiliger Joseph* (Predigt, 19. März 1943): III,200, *Veni Sancte Spiritus* (Gefängnismeditation, Januar 1945): IV,271,295.

[52] Vgl. ders., *Gestalten der Weihnacht* (Gefängnismeditation, Dezember 1944): IV,208–212.

[53] Die zweifelnde Frage nach dem Zusammenhang zwischen der Anbetung und der Freiheit kommt in Dostojewskijs Legende über den Großen Inquisitor im Roman *Die Brüder Karamasow* zur Sprache, worauf schon hinsichtlich des Problems von der Spannung zwischen der Sicherheit und der Freiheit aufmerksam gemacht wurde. In Dostojewskijs Text erklärt der Inquisitor die Anbetung gegenüber Gott als eine Form der Flucht vor der Freiheit, als eine von dem freiheitsmüden Menschen vollzogene Übergabe der Freiheit an jemand anderen, die Anbetung bedeute letztendlich eine Selbstverneinung der Freiheit. Er sagt: „,Wen sollen wir anbeten?' Es gibt für den Menschen, wenn er frei bleibt, keine hartnäckigere und qualvollere Sorge als die, möglichst schnell jemanden zu finden, den er anbeten kann", siehe DOSTOJEWSKIJ, *Die Brüder Karamasow*: 342, vgl. auch ebd.: 343: „Der Mensch kennt keine qualvollere Sorge, als jemanden zu finden, dem er möglichst bald jenes Geschenk der Freiheit übergeben könnte, mit dem er, dieses unglückselige Geschöpf, auf die Welt kommt".

[54] Vgl. DELP, *Erster Sonntag im Advent* (Predigt, 30.November 1941): III,26.

[55] Vgl. ders., *Der Mensch vor sich selbst* (Nachlass, o.J.): II,508.

Als Anbetung bezeichnet er aber nicht einzelne Tätigkeiten des glaubenden Menschen, vielmehr versteht er sie als eine Haltung, die sich auf das ganze Leben bezieht.[57] Die Anbetung ist im Verständnis Delps demnach nicht „ein privater und isolierter Frömmigkeitsakt"[58], sie ist nicht eine kultische Aktion, „sondern realgeschichtliche Einübung der Anerkennung Gottes zugunsten gelingenden Menschseins".[59] Die Anbetung ist von daher ein beständiges Sich-Beziehen des Menschen auf Gott, das Eintreten in seine Gegenwart und das Bleiben in ihr, womit sie unverkennbar über die Einmaligkeit einer einzigen Tat hinausgeht. Der Schwerpunkt liegt dabei auf der Beständigkeit.[60]

In diesem Verständnis bringt die Anbetung die Tiefe des menschlichen Gottesverhältnisses zum Ausdruck, den von einer vertrauensvollen Intimität bestimmten Dialog des Menschen mit dem persönlichen Du Gottes, so die Überzeugung Delps. Erkennt der Mensch seine Relation zu Gott und richtet sein Leben danach aus, so findet er zu sich selbst.[61] Die Anbetung ist für Delp intime Begegnung mit Gott, der entscheidende Weg des Menschen zu sich selbst,[62] sie ermöglicht ihm das wahre Leben des Geistes, sie löst alle Verkrampfungen und alle Blockaden in ihm[63] und durch sie wird die Freiheit immer wieder aufs Neue in ihm geboren.[64] Wie in der Hingabe so tritt

---

[56] Vgl. ders., *Gefängnisbrief an A. S. Keßler* (23. Januar 1945): IV,141, *Weltverantwortung der jungen Generation* (Soldatenbrief, Februar 1943): V,233.

[57] Vgl. ders., *Bereitschaft* (in: *Chrysologus*, 1935): I,88, *Erster Fastensonntag* (Predigt, 14. März 1943): III,187, *Vierter Fastensonntag* (Predigt, 4. April 1943): III,196, *Heiliger Joseph* (Predigt, 19. März 1943): III,200, *Pfingstsonntag* (Predigt, 28. Mai 1944): III,222, *Heiliges Petrus und Paulus* (Predigt, o.J.): III,244, *Elisabeth* (Predigt, 16. November 1941): III,290, *Priesterweihe* (Predigt, 1941): III,354.

[58] FUCHS, *Bürgerliche Gesellschaft*: 137.

[59] Ebd. Vgl. DELP, *Dritter Adventssonntag* (Gefängnismeditation, Dezember 1944): IV,174f, *Gestalten der Weihnacht* (Gefängnismeditation, Dezember 1944): IV,203,211.

[60] Vgl. ders., *Gefängnisbrief an M. Hapig/M. Pünder* (1. Dezember 1944): IV,34.

[61] Vgl. ders., *Vater unser* (Gefängnismeditation, Januar 1945): IV,228, *Herz Jesu* (Gefängnismeditation, Januar 1945): IV,252, *Veni Sancte Spiritus* (Gefängnismeditation, Januar 1945): IV,279f,296,305.

[62] Vgl. ders., *Vater unser* (Gefängnismeditation, Januar 1945): IV,228,233.

[63] Vgl. ders., *Gestalten der Weihnacht* (Gefängnismeditation, Dezember 1944): IV,201.

[64] Vgl. ders., *Dritter Adventssonntag* (Gefängnismeditation, Dezember 1944): IV,170, *Epiphanie* (Gefängnismeditation, Januar 1945): IV,217. Der Zusammenhang, der zwischen Freiheit und Anbetung besteht, kann auch biblisch illustriert werden, denn man kann in

auch in der Anbetung die Liebe in den Vordergrund, die in der Versklavung des Menschen und in seinem bloß äußeren Gehorsam keinen Ort hat.[65]

Delp denkt die Freiheit nicht „dinglich" und im Sinne der Wahlfreiheit, sondern immer in den Kategorien der persönlichen Begegnung. Er betont, dass Gott die Anbetung durch den Menschen nicht wie von einem Sklaven fordert, sondern wie von einem Freien, und dass die Anbetung auf die Liebe zurückgeführt werden muss, die ihrerseits nur in Freiheit geschenkt werden kann. Von daher erklärt Delp, die Freiheit des Menschen sei wichtiger als sein Streben nach existenzieller Sicherheit, am wichtigsten sei aber „die ungebrochene Treue und die unverratene Anbetung" gegenüber Gott.[66]

Der alles umgreifende Horizont des als Liebe verstandenen Gottesverhältnisses hebt nach Delp die Freiheit keineswegs auf, denn ohne die Freiheit gibt es auch keine Liebe für ihn. In seinem Verständnis umgreift die Liebe die Freiheit, weshalb sich die menschliche Selbstbestimmung im Raum der liebenden Anbetung abspielt.

den Berichten über den Auszug Israels aus Ägypten zwei unterschiedliche Motive für die Auswanderung ausmachen. Das eine ist das Streben nach Freiheit, die das Volk im verheißenen Land zu finden hofft. Zunächst aber wird von Mose ein anderes Motiv genannt: Er wolle in der Wüste mit dem ganzen Volk Gott verehren (Ex 5,1–3, 8,21–25). Für das Volk Israel wird die Anbetung zum Anlass der Befreiung. In dieser biblischen Geschichte kommt auch die Last der Freiheit zum Ausdruck, die die Israeliten zugunsten der Sicherheit ablegen wollen, wenn sich nach der Sklaverei sehnen, in der sie aber keinen Hunger haben müssen (Ex 16,3).

[65] Diesen Gedanken finden wir bei Delp zumindest indirekt, vgl. DELP, *Der Mensch der Ehre im Christentum* (in: *Chrysologus*, 1936): I,171, *Gefängnisbrief an L. Oestreicher* (16. Dezember 1944): IV,49, *Gefängnisbrief an Familie Kreuser* (21. Januar 1944): IV,138, *Dritter Adventssonntag* (Gefängnismeditation, Dezember 1944): IV,166, *Theonomer Humanismus* (Gefängnisreflexion, 1944/45): IV,311.

[66] Vgl. ders., *Vater unser* (Gefängnismeditation, Januar 1945): IV,236. Damit erinnert Delp nochmals daran, dass die Freiheit kein Ziel an sich selbst, sondern ein Mittel auf dem Weg zum Ziel der Selbstverwirklichung des Menschen im Verhältnis zu Gott ist, vgl. NEUFELD, *Geschichte und Mensch*: 224. Hinsichtlich des Zusammenhangs der Anbetung und der Freiheit können wir den Jesuiten wiederum als den indirekten Gesprächspartner des Großen Inquisitors aus Dostojewskijs Legende sehen. Der Inquisitor ist sich der anspruchsvollen Herausforderung des Gottesverhältnisses bewusst, darum sagt er zu Jesus: „Du lechztest nach Liebe in Freiheit und nicht nach der knechtischen Begeisterung eines Sklaven angesichts einer Macht, die ihm ein für allemal Schrecken eingeflößt hat. Aber auch darin hattest Du eine zu hohe Meinung von den Menschen, denn sie sind selbstverständlich Sklaven", siehe DOSTOJEWSKIJ, *Die Brüder Karamasow*: 345.

b) Die Freiheit als die Konstante in der Geschichte

Aus dem Gedanken der Beständigkeit des menschlichen Gottesverhältnisses folgert Delp, dass die Freiheit eine Konstante in der Geschichte bildet, die sich jedoch innerhalb der vorgegebenen Ordnungen immer wieder durchsetzen und immer neu gewonnen werden muss. Von daher sieht er die Einübung in den Gebrauch der Freiheit als einen lebenslangen Prozess an, der sich von Stunde zu Stunde neu vollzieht.[67] In der Auseinandersetzung mit dem Menschenbild des autarken und tragischen, letztendlich aber gescheiterten Helden erklärt er:

> Die große Freiheit gibt sich nicht dem räuberischen Zugriff. Sie ist Begegnung, nicht Trotz und Auflehnung und Anmaßung. Die Feuer des Prometheus sind Märchenfeuer.[68]

Damit will er sagen, dass der freie Mensch ein Anbetender ist, der nicht mühelos in die Gegenwart Gottes einzutreten vermag.

Die Freiheit ist für Delp vor allem deshalb eine Konstante in der Geschichte, weil er der festen Überzeugung ist, dass der Mensch seine Freiheit immer, in jeder Situation, ausüben kann, dass der Mensch in allen Situationen sein Verhältnis zu Gott leben kann. In der vorgegebenen und sich in der Geschichte entfaltenden Schöpfungsordnung steht dem Menschen die verti-

---

[67] Vgl. DELP, *Pfingstmontag* (Predigt, 29. Mai 1944): III,226.

[68] Ders., *Dritter Adventssonntag* (Gefängnismeditation, Dezember 1944): IV,170. Dass sich Delp, der für das Problem des tragischen Heldentums aufmerksame Denker, auf den Prometheusmythos bezieht, verwundert nicht. Prometheus bedeutet, wie es Hans-Georg Gadamer feststellt, immer noch mehr als nur eine bloße Literaturgestalt, vielmehr sei er der tragische Held der Kultur, „ein Schicksalsmythos des Abendlandes", ein „Mythos, dessen stummer Sprache wir uns nicht zu entziehen vermögen", GADAMER, *Prometheus und die Tragödie der Kultur*: 64f. Mit seiner Bewertung des Kampfes Prometheus' gegen die Götter, der ein Bezugspunkt für jedes Freiheitsverständnis darstellt, das die Spannung zwischen Mensch und Gott berücksichtigt, schreibt sich Delp in die alte christliche Denktradition ein. In dem theologischen Denken wird nicht der Kampf des Titanen, sondern die Hingabe des Sohnes als ein Symbol der Befreiung gedacht. Dem Prometheusthema musste sich der Jesuit bei der Lektüre des Werkes V. BALTHASARS, *Apokalypse der deutschen Seele*. Der erste Band, *Der deutsche Idealismus*, erschien übrigens 1947 in Heidelberg in der 2. unveränderten Auflage bezeichnenderweise unter dem Titel *Prometheus*. In der Zeitschrift *Scholastik* schreibt Delp 1941 eine positive Rezension zu Balthasars Buch, vgl. V,342–348.

kale Ausrichtung, die Möglichkeit sich an Gott zu binden, immer offen.[69] Delp bemerkt, die Geschichte gehöre dem Menschen unverzichtbar, aber sofern sie den Menschen bestimmt, sei sie zweitrangig und nicht mehr endgültig. In keinem Fall sei der Mensch ihr gegenüber machtlos, immer habe er die Möglichkeit, sein Leben bewusst auszurichten und über die eigene Existenz gemäß dem Willen Gottes frei zu verfügen. Von daher ist es irreführend, die Geschichte als Gefängnis, als unüberwindbares Gesetz der Gefangenschaft und der Unfreiheit darzustellen.[70] Das Entscheidende, so heißt es bei Delp, ist nicht die Übermacht des Schicksals, sondern die Anbetung, das heißt, in erster Linie geht es darum, dass „wir nahe genug bei Gott" sind.[71]

Delp spricht über zwei Richtungen, in die sich das Leben des Menschen entfaltet, zum einen innerhalb der Geschichte und zum anderen auf Gott hin. Er ist der Meinung, dass der Mensch in der Geschichte normalerweise sein Leben gemäß dem Willen Gottes gestalten kann, dass es jedoch Epochen gibt, in denen vorgegebene Ordnungen ihm das unmöglich zu machen scheinen. Wörtlich sagt er:

> Wenn die Geschichte oder einer ihrer Wirklichkeitsmomente entartet, dann ist die Stunde gekommen, in der der Mensch die Geschichte nicht verraten, in der er ihr aber auch die Freiheit und Gottesunmittelbarkeit seines Wesens nicht opfern darf. Wenn die beiden Richtungsanzeiger seines Lebens nicht mehr übereinstimmen, sondern sich über Kreuz legen, muß der Mensch sie eben beide übernehmen als sein – Kreuz.[72]

Die Freiheit verpflichtet den Menschen sowohl zur Treue gegenüber der konkreten Geschichte als auch gegenüber seiner Beziehung mit Gott,

> sollte aber der geschichtliche Raum für eine Stunde zur Zwangsjacke entarten, dann überschneiden sich beide Linien und die Kreuzförmigkeit ihrer Symbole

---

[69] Vgl. DELP, *Christ und Gegenwart* (in: *Stimmen der Zeit*, 1939): II,203.

[70] Vgl. ders., *Christliche Antwort an das Welterlebnis* (Vortrag, 23. Oktober 1942): I,294, *Der Mensch und die Geschichte* (1943): II,363, *Erster Sonntag im Advent* (Predigt, 28. November 1943): III,31.

[71] Ders., *Veni Sancte Spiritus* (Gefängnismeditation, Januar 1945): IV,264. Vgl. ders., *23. Sonntag nach Pfingsten* (Predigt, 9. November 1941): III,280, *Herz Jesu* (Gefängnismeditation, Januar 1945): IV,260,268,273f.

[72] Ders., *Der Mensch und die Geschichte* (1943): II,380–381.

wird zum wirklichen Kreuz, an das der Freie lieber sich als denn seine Freiheit nageln läßt.[73]

Der Hintergrund dieser Feststellung ist die existenzielle Erfahrung des Lebens im nationalsozialistischen Deutschland. Delp wird immer deutlicher, dass die Einübung der Freiheit ihn vor eine radikale Entscheidung stellt, dass es unmöglich ist, Gott treu zu bleiben und zugleich die damalige geschichtliche Situation zu akzeptieren. Am Ende wusste er sich selbst vor die Entscheidung gestellt, entweder die „Zwangsjacke" der Geschichte oder das Kreuz der Freiheit zu wählen.

5. Die Kirche als Sakrament der Freiheit

Im Freiheitsverständnis Delps klingt unüberhörbar die ekklesiologische Dimension der Freiheit an, wenn er der Kirche eine wichtige Rolle im Hinblick auf die Einübung der Freiheit zuerkennt. Er erklärt, es sei eine bedeutende Aufgabe der Kirche, dem Menschen Orientierung zu geben, in welche Richtung die Betätigung der Freiheit gehen müsse, und ihm die Entscheidung nach dem Modell der Hingabe Christi nahezubringen.[74] Darüber hinaus müsse sie ihm Raum geben für die persönliche Beziehung mit Gott, den Weg zur Anbetung zeigen.[75] In der Geschichte der Freiheit müsse die Kirche eine Vorreiterrolle übernehmen und immer wieder wagen, für einen Neuanfang aus herrschenden versklavenden Verhältnissen auszuwandern.[76] Dabei ist Delp überzeugt, dass ihr Einsatz für die Freiheit für die Kirche eine ungeheure Chance darstelle, sich dem menschlichen Gedächtnis, das den

---

[73] Ders., *Das Rätsel der Geschichte* (Nachlass, o.J.): II,450. Vgl. ders., *Der Mensch und die Geschichte*: II,381, *Der Mensch vor sich selbst* (Nachlass, o.J.): II,525, *23. Sonntag nach Pfingsten* (Predigt, 9. November 1941): III,282.

[74] Vgl. ders., *Die moderne Welt und die Katholische Aktion* (in: *Chrysologus*, 1935): I,78.

[75] Vgl. ders., *Vertrauen zur Kirche* (Vortrag, 22. Oktober 1941): I,282, *Ferdinand Ebner* (in: *Stimmen der Zeit*, 1937): II,167–170, *Vater unser* (Gefängnismeditation, Januar 1945): IV,230, *Die Erziehung des Menschen zu Gott* (Gefängnisreflexion, 1944/45): IV,317.

[76] Vgl. ders., *Entschlossenheit* (in: *Chrysologus*, 1935): I,95, *Brief an K. Thieme* (7. April 1935): III,462. Vgl. FUCHS, *Bürgerliche Gesellschaft*: 134.

238

christlichen Werten gegenüber blind geworden sei, nachhaltig einzuprä-
gen.[77]

Von dem Geheimnis der Menschwerdung Christi ausgehend versteht
Delp die Kirche als eine von Gott gewollte Institution[78] und als ein über sich
hinaus auf die göttliche Wirklichkeit hinweisendes Sakrament.[79] Ihre aktu-
elle Situation sieht er jedoch nicht besonders positiv, wenn er erklärt:

> „Wir sind trotz aller Richtigkeit und Rechtgläubigkeit an einem toten Punkt. Die
> christliche Idee ist keine der führenden und gestaltenden Ideen dieses Jahrhun-
> derts.[80]

Deshalb haben auch die Christen es nicht geschafft, der Krise der modernen
Welt zu entgehen. Die Gründe für die beklagenswerte Situation der Kirche
bestehen seiner Meinung nach darin, dass die Kirche sich einerseits von der
modernen Religiosität habe beeinflussen lassen, die gänzlich der Reflexion
verfallen und zu keiner existenziellen Entscheidung fähig sei, dass sie sich
andererseits jedoch auf das rein Affektive beschränkt habe.[81] und sich die
Ideale des bürokratischen und des satten, bürgerlichen Menschen zu Eigen
gemacht habe: Besitz, Macht, gepflegtes Dasein und gesicherte Lebensweise.
Von der Vertretern der Kirche sagt er: Sie „glauben an alles, an jede Zere-
monie und jeden Brauch, nur nicht an den lebendigen Gott", sie leben nicht
im Namen Gottes, sondern im Namen der Ruhe und des Bequemen.[82]

Er wirft der Kirche vor, sie wirke an der Kollektivierung des Menschen
mit, auch sie mache den Menschen zu einer Nummer, zu einem namenlosen
Objekt, sie mache sich mitschuldig an der Entstehung und Ausbreitung des

---

[77] Vgl. DELP, *Vertrauen zur Kirche* (Vortrag, 22. Oktober 1941): I,270,282.

[78] Vgl. ders., *Kirche in Menschenhänden* (in: *Chrysologus*, 1936): I,183,186f.

[79] Vgl. ders., *Das Schicksal der Kirchen* (Gefängnisreflexion, 1944/45): IV,322. In Bezug auf
die sieben Sakramente repräsentiert Delp zwar die scholastische Sakramentenlehre („Das
Sakrament ist ein Zeichen einer heiligen Wirklichkeit, insofern es der Heiligung des Menschen dient", THOMAS, S. th., III,60,2), bemerkenswert ist aber, dass ihm die Theologie, die
ihren Ausdruck dann in der Aussage der Konstitution des 2. Vatikanischen Konzils *Lumen
Gentium* fand, nicht fremd ist: „Die Kirche ist ja in Christus gleichsam das Sakrament, das
heißt Zeichen und Werkzeug für die innigste Vereinigung mit Gott und für die Einheit
des ganzen Menschengeschlechtes" (DH 4101).

[80] DELP, *Das Schicksal der Kirchen* (Gefängnisreflexion, 1944/45): IV,321.

[81] Vgl. ders., *Herz Jesu* (Gefängnismeditation, Januar 1945): IV,248.

[82] Vgl. ders., *Gestalten der Weihnacht* (Gefängnismeditation, Dezember 1944): IV,212.

Massenmenschentums und somit auch an der Entstehung der Diktaturen. Die kommenden Generationen würden darüber richten.[83] In diesem Zusammenhang erklärt er, der europäische Mensch werde in den nächsten hundert Jahren keine Bündnisse zwischen Thron und Altar ertragen.[84]

Die Priorität der zukünftigen Arbeit der Kirche kommt seiner Meinung nach der Bildung freier Persönlichkeit zu, die sich der Kollektivierung widersetze.[85] Das aber muss vor allem durch die „Erziehung zum Menschenbewußtsein und zum Gewissen, zur echten Personalität" geschehen, durch die „Schaffung eines geistigen Milieus – Erziehung zur Gesellschaft, die nicht von Konvention lebt, sondern von echten geistigen und christlichen Gehalten"[86].

a) Erziehung zur solidarischen Freiheit

Delp konstatiert, auf allen drei Stufen des Freiheitsvollzugs habe die Kirche die Möglichkeit, zum Gelingen der Freiheit beizutragen, auf der Stufe der Entscheidung, auf der Stufe der Hingabe und auf der Stufe der Anbetung.[87] Als Raum des Dialogs mit Gott, der zugleich in der Gemeinschaft mit den anderen Menschen vollzogen werden muss, sei die Kirche der Ort, an dem sich die Freiheit in der Solidarität entfalten könne. Unter diesem Aspekt verweisen seine ekklesiologischen Betrachtungen zugleich auch auf eine neue Dimension seines Freiheitsverständnisses.

Bereits in der Auseinandersetzung mit dem Denken Ferdinand Ebners betont der Jesuit mit Nachdruck, dass die Relation zwischen Mensch und Gott nicht in dem Verhältnis von Ich und Du aufgeht,[88] dass der Mensch in einem „Kosmos der Menschheit" lebt, der keinesfalls die bloße Summe ein-

---

[83] Vgl. ders., *Veni Sancte Spiritus* (Gefängnismeditation, Januar 1945): IV,300f, *Das Schicksal der Kirchen* (Gefängnisreflexion, 1944/45): IV,319.

[84] Vgl. ders., *Die Erziehung des Menschen zu Gott* (Gefängnisreflexion, 1944/45): IV,317, *Kirchlicher und völkischer Mensch* (in: *Chrysologus*, 1935): I,103, *Christus, Herr der neuen Zeit* (in: *Chrysologus*, 1936): I,191.

[85] Vgl. ders., *Geistige Lage* (Vortragsskizze, 1943): V,264.

[86] Ders., *Lage und Seelsorge* (Vortragsentwurf, 1943): V,250.

[87] Vgl. ders., *Entschlossenheit* (in: *Chrysologus*, 1935): I,100, *Warum sie sich ärgern an uns* (in: *Kirchen-Anzeiger St. Michael*, 1938): I,240, *Erster Sonntag im Advent* (Predigt, 30. November 1941): III,26f.

[88] Vgl. ders., *Ferdinand Ebner* (in: *Stimmen der Zeit*, 1937): II,169–174.

zelner Wesen ist.[89] Für Delp verwirklicht der Mensch die Freiheit nie im Gegenüber zu seinen Artgenossen, sondern immer in der Solidarität mit ihnen. Der Hintergrund solcher Überlegungen ist die Konfrontation mit der totalitären Ideologie des Nationalsozialismus, welche die Freiheit des Einzelnen bekämpfte, um eine fügsame Menschenmasse zu schaffen. Das geschah unter dem Motto: Kein Kollektiv mit individueller Freiheit. Dagegen hält Delp gleichsam die Devise: Keine individuelle Freiheit ohne Solidarität.[90]

Dabei verkennt er nicht, dass die Freiheit in der Praxis oft einsam gelebt wird. Davon spricht er schon in seiner Kritik am Kollektivismus, mit letzter Deutlichkeit jedoch in den Gefängnisschriften. Tatsächlich vollzieht sich die Freiheit mit all ihren Implikationen – mit der Treue gegenüber dem Gewissen, mit ihren Fragen, mit ihrer Auswanderung aus dem Gewöhnlichen und mit ihrer Distanz gegenüber dem Alltäglichen – letzten Endes im Inneren des je Einzelnen. Delp weiß auch, dass die Fähigkeit, allein der Welt gegenüber zu stehen, nicht nur das Schicksal des freien Menschen ist, sondern auch die Bedingung für die rechte Betätigung der Freiheit. Demgemäß erklärt er: Der „Mensch muss seine Einsamkeit aushalten, sonst verliert er die innerste Mitte".[91] Ja, er sieht klar, dass die Freiheit das Einsamkeitserlebnis noch mehr steigert.

Auch in diesem Punkt stellt sich Delp gegen die nationalsozialistischen Machthaber seiner Zeit, die dem Einzelnen in jeder Hinsicht feindlich gesinnt waren. Ihr Ziel war eine absolute Gemeinschaft, in der, so Delp, der Einzelne nicht mehr galt.[92] Das Ideal, nach dessen Verwirklichung sie strebten, war eine willenlose Menschenmasse. Nicht zuletzt deshalb war Delp bemüht, die Einsamkeit in ein besonders helles Licht zu rücken.[93] Zudem verdeutlicht er, dass diese Einsamkeit von anderer Art sei als jene, die der englische Oberst T. E. Lawrence erfahre. Dessen Einsamkeit sei das von

---

[89] Ebd.: 172.

[90] Dass die „Idee der Freiheit ihres ganzheitlichen Sinngehaltes beraubt wird, wenn man die Freiheit nur individualistisch versteht", konstatiert Oeing-Hanhoff in seiner Auseinandersetzung mit der individualistischen und der kollektivistischen Freiheitslehre von Liberalismus bzw. Sozialismus, vgl. OEING-HANHOFF, *Freiheit und Solidarität*: 336.

[91] DELP, *Das Menschenbild der Konstitutionen der Gesellschaft Jesu* (Vorträge, 1941): V,210. Vgl. ders., *Der Laie und die Philosophie* (für *Stimmen der Zeit*, 1941): V,198.

[92] Vgl. ders., *Ut vitam habeant. Einkehrtag für Jugendliche* (Notizen, 1944): V,272.

[93] Vgl. ders., *Christ und Gegenwart* (in: *Stimmen der Zeit*, 1939): II,203.

vornherein konzipierte Programm, mit niemandem das Leben zu teilen.[94] Demgegenüber ist die Einsamkeit, die Delp denkt, nicht Ziel an sich, sondern die Voraussetzung für die Entwicklung des Denkens sowie für verantwortungsbewusste Entscheidungen und Taten, die andere nicht teilen oder vor denen sich andere fürchten. Er spricht von der Kunst der Einsamkeit. Sie zu leben ist für ihn eine bedeutende Aufgabe des Christen, der in einer Welt leben müsse, in der das Verantwortungsbewusstsein nicht sehr entwickelt sei.[95] In diesem Zusammenhang weist er darauf hin, dass die Zugehörigkeit zur Kirche Christi oft das Schwimmen gegen den Strom bedeute, ein „Versinken in Einsamkeit" und ein Sich-Distanzieren von der Masse.[96]

Bei all dem übersieht Delp nicht die spezifischen Gefahren, die die Einsamkeit birgt. Sie kann durchaus, wie er feststellt, auch ausarten, nämlich dann, wenn die Persönlichkeit übermäßig kultiviert wird. Dann kommt es tatsächlich zur Verkümmerung des Menschen und zu seiner Entfremdung von der Welt.[97] Nach Delp muss die Einsamkeit als Fähigkeit, allein der Welt gegenüber zu stehen, letztlich in der Gemeinschaft mit Gott und durch sie gemeistert werden.[98]

b) Die Freiheitsdimension der Sakramente

Delp ist der Meinung, dass die Kirche nicht zuletzt durch ihren in den Sakramenten ausgeübten Dienst zum Gelingen der Freiheit im Alltag beiträgt.[99] Einige der sieben Sakramente versteht er als genuine Antwort Gottes auf menschliche Nöte, die durch verschiedene Formen der Unfreiheit bedingt sind.

So sei beispielsweise der Erfahrung der Übermacht der Geschichte das Sakrament der Firmung zugeordnet. Im Gegensatz zu dem vorherrschenden

---

[94] Vgl. ders., *Der kranke Held* (in: *Stimmen der Zeit*, 1939): II,209f.

[95] Vgl. ders., *Christ und Gegenwart* (in: *Stimmen der Zeit*, 1939): II,203.

[96] Ders., *Du bist Petrus, der Fels* (Predigt, 28. Juni 1941): III,243.

[97] Vgl. ders., *Das Menschenbild der Konstitutionen der Gesellschaft Jesu* (Vorträge, 1941): V,214.

[98] Ebd.: 209f.

[99] Vgl. ders., *Vierter Fastensonntag* (Predigt, 4. April 1943): III,198, *Firmung* (Predigt, 1941): III,324,327.

Gefühl, das Leben sei nichts als ein endlicher Absturz ins Nichts,[100] sei das Sakrament der Firmung im Kontext der Freiheit als eine Steigerung und Stärkung der Persönlichkeit zu verstehen, sofern sie den Gefirmten befähige und ihn darauf hinordne, selbstständig zu sein und sich für eigene Konzepte, Urteile und Wertungen auch angesichts entgegenstehender Mächte zu entscheiden und nicht zu unterliegen.[101] Der Mensch, der zur Persönlichkeit herangereift sei, werde seine Freiheit behaupten und alles Knechtische ablegen.[102] Es gehe hier um die innere Freiheit, die durch keine Gewalt besiegt werden könne. Delp ist überzeugt:

> Der Mensch wird körperlich versiechen, aber geistig nie verstumpfen und versumpfen, auch wenn er an den einsamsten Felsen der Gewalt angebunden wäre. Diesen Menschen schreckt kein schwankender Grund des Daseins, weil er weiß, er ist durch die Berührung vom Geist her in der Mitte seines Daseins hineingebunden in Gott[103].

Wurzelt der Mensch so tief in seiner Freiheit, ist er immun gegenüber der Gravitation des Kollektivs.[104]

Mit dem Bußsakrament verbindet Delp die notwendige Befreiung des Menschen von der inneren Unfreiheit der Sünde. Er versteht die Sünde als die Unterdrückung der Freiheit im Innern des Menschen. Für ihn gilt: So lange die Sünde innerlich nicht verarbeitet ist, so lange wird sie als ein unbesiegbares Schicksal empfunden. Sie muss überwunden werden im Hinblick auf Gott.[105] Die sakramentale Formel der Lossprechung „ego te absolvo" interpretiert er mit den Worten „du bist frei".[106]

Zu der Erfahrung der Unfreiheit gehört die Erfahrung der Enge und des Angebundenseins. Der Mensch weiß um seine condition humana, gleichzeitig aber vermag er, so betont Delp, über die Enge seiner Grenzen und Bedingtheiten hinaus zu blicken und sich an verheißungsvolle Aussichten zu orientieren. In dem „ewigen Unterwegs" der Existenz wird der Mensch aber letztlich oft genug enttäuscht von der Monotonie und Langweiligkeit seines

---

[100] Vgl. ders., *Firmung* (Predigt, 1941): III,323.

[101] Vgl. ebd.: 326–327.

[102] Vgl. ebd.: 327.

[103] Ebd.

[104] Vgl. ebd.

[105] Vgl. ders., *Bußsakrament* (Predigt, 1941): III,333–343.

[106] Ebd.: 342.

konkreten Lebens. Gibt er sich dieser Enttäuschung hin, dann wird er sein Leben klein halten und zur bourgeoisen Form machen.[107] Befreit aber wird er aus der Enge durch die freie Hinwendung zur Transzendenz und durch „imitatio" der Hingabe Christi an den Vater, wie sie sakramental in der Eucharistie gefeiert und vergegenwärtigt wird.[108]

Auch im Kontext des Sakramentes der „letzten Ölung" reflektiert Delp über die Unfreiheit des menschlichen Daseins. Er erklärt, es sei die unvermeidbare Tatsache des Todes, angesichts der sich die Freiheit selbst in Frage stelle.[109] Wenn der Mensch nicht über die immanente Wirklichkeit hinaus blicke, unterliege er bleibend dem Gesetz des Todes. Der Mensch könne seine Existenz ohne transzendenten Horizont führen, er sei in der Lage, bewusst das Sein zum Tod anzuerkennen, das erfülle ihn jedoch mit Angst und dränge ihn, nach Sicherheit zu suchen. Auch könne sich der Mensch für ein Leben nach dem Vorbild des tragischen Helden entscheiden.[110] Erst die Entscheidung für die Transzendenz lasse ihn jedoch entschlossen dem eigenen Tod entgegen sehen, ohne tragische und stolze Resignation.[111] Für Delp gilt, dass nicht ein einziger Augenblick im Leben des Menschen schicksalhaft ist, erst recht nicht der allerletzte. Deshalb erklärt er: „Das Schicksal ist Nebensache".[112]

---

[107] Vgl. ders., *Altarsakrament* (Predigt, 1941): III,364f.

[108] Vgl. ebd.: 372–377.

[109] Vgl. ders., *Letzte Ölung* (Predigt, 1941): III,394.

[110] Vgl. ebd.: 395.

[111] Vgl. ebd.: 401.

[112] Ebd.: 407.

Zusammenfassung der Ergebnisse

In der vorliegenden Studie ging es uns darum, das Freiheitsverständnis des deutschen Jesuiten Alfred Delp herauszuarbeiten. Zunächst rekonstruierten wir seine Kritik am Freiheitsbegriff der Moderne, die er sowohl im Kontext der Auseinandersetzung mit dem Denken Martin Heideggers als auch im Blick auf die soziale und politische Situation der Zeit des Nationalsozialismus vorbringt. Danach brachten wir sein eigenes Freiheitsverständnis zur Darstellung.

Aus dem Nachlass Delps, vor allem den philosophischen Schriften und den Gefängnisaufzeichnungen, leitet sich ein Freiheitsdenken ab, das durch die Gegenüberstellung von zwei Modellen, nämlich einem theonomen und dem radikal autonomen der Moderne, geprägt ist.

I.

Im *ersten Kapitel* der Studie hoben wir in Delps Biographie besonders jene Ereignisse hervor, die sein aus seiner Gegenwartsdiagnose erwachsenes Freiheitsdenken beeinflussten.

Als der 1907 in Mannheim geborene, in einer konfessionell gemischten Familie aufgewachsene Alfred Delp im Jahr 1926 im Jesuitenorden seine Ausbildung begann, befand sich die katholische Theologie an der Schwelle zwischen der Neuscholastik und der Moderne. Diese Situation spiegelt sich in seiner Auseinandersetzung mit Martin Heideggers *Sein und Zeit* wider, die 1935 unter dem Titel *Tragische Existenz* im Druck erschienen ist. Ebenso engagiert griff er 1935/36 die pseudoreligiöse Ideologie der Deutschen Glaubensbewegung mit ihrer nebulösen, als Wille des Volkes begriffenen Gottheit an.

Während Delp im Bereich des Religiösen mit einer deutlichen Kritik an nationalsozialistisch geprägten Meinungen auftrat, hoffte er zuerst noch auf den Nationalsozialismus als politische Größe. Allmählich nahm jedoch seine Kritik zu. Besonders fiel ihm die Vermassung der Gesellschaft auf, deren Grund er auf bestimmte philosophische Prämissen zurückführte. 1942 wurde er zur Mitarbeit im Kreisauer Kreis, einer um Helmuth James Graf von Moltke versammelten Widerstandsgruppe, eingeladen. Der Kreis plante eine Neuordnung Deutschlands im Fall des Untergangs des nationalsozialistischen Regimes, wobei Delp für die sozialen Fragen mitverantwortlich war.

Am 28. Juli 1944, nach dem Attentat Stauffenbergs an Hitler, wurde er verhaftet. Mit dem Anschlag selbst hatte Delp nichts zu tun, sein Name wurde aber in den Notizen eines anderen, zum Kreisauer Kreis gehörenden Verschwörers entdeckt. Die Gefangenschaft, die letzte, kürzeste Etappe seines Lebens, erlebte er zuerst in der starken Überzeugung, dass sein Leben und sein Glauben richtig waren, bevor er sich dann mit zweifelnden Fragen konfrontierte. Am Ende fand er aber wieder Vertrauen zu Gott und das Bewusstsein einer sinnvoll gelebten Existenz. Er beurteilte die Wirklichkeit scharf und nüchtern, worüber seine nach draußen geschmuggelten Notizen Zeugnis geben. Das Thema der Freiheit rückte ins Zentrum seiner Reflexionen.

Als Delp, sein Leben lang eher ein aufwieglerisches Mitglied des Jesuitenordens, das Angebot bekam freigelassen zu werden, wenn er aus dem Orden austreten würde, schlug er dieses Angebot aus. Den Prozess vor dem Volksgericht beschrieb er als eine Farce, die eigentlich gegen das Christentum gerichtet war. Am 2. Februar 1945 wurde Delp ermordet.

II.

Im *zweiten Kapitel* der Untersuchung rekonstruierten wir Delps Problematisierung eines vom Verlust des Gottesbezuges geprägten Freiheitsverständnisses.

Weil der Ausgangspunkt dieser umfassenden Kritik Delps Auseinandersetzung mit Heideggers *Sein und Zeit* bildet, stellten wir zuerst die Position von Heidegger dar. Da Delp nur *Sein und Zeit* vorliegen hatte, formuliert er ein Urteil, das aus der Perspektive der heutigen Heidegger-Forschung nicht zu halten ist, das aber eine niveauvolle Auseinandersetzung mit Heideggers Denken darstellt, soweit es der Öffentlichkeit damals bekannt war.

Delp liest *Sein und Zeit* als eine Anthropologie tragischen Heldentums, demgemäß der Mensch seine nach dem Tode Gottes zum Untergang verurteilte Existenz zwar ohne jede Hoffnung, aber kämpferisch meistern solle. Was Delp in seiner Lesart für eine Anthropologie hält, ist jedoch in Wirklichkeit eine Ontologie. Heidegger fragt zwar aus der Perspektive der Daseinsanalytik, aber er fragt nach dem Sein und nicht nach dem menschlichen Dasein. Diese Distinktion wird jedoch nicht konsequent durchgehalten, so dass sich durchaus bei ihm eine anthropologische Perspektive abzeichnet. Delp bekommt in dem bestimmten geistesgeschichtlichen Kontext der Auseinandersetzung, die er als einen Streit um den Menschen versteht, allein diese Perspektive in den Blick.

Erklärungsbedürftig ist der Status der für Delp entscheidenden Gottesfrage in *Sein und Zeit*. Weil Delp Heidegger im Blick auf den neuzeitlichen Atheismus deutet, kommt er zu dem Schluss, Heidegger sei ein praktischer Atheist. *Sein und Zeit* setzt freilich stillschweigend eine Methode voraus, die Heidegger lediglich in der 1927 in Tübingen gehaltenen Vorlesung *Phänomenologie und Theologie* erklärt. Wenn sein Umgang mit der Gottesfrage als „Atheismus" bezeichnet werden soll, dann kann man gerechtfertigt nur von einem „methodischen", nicht jedoch von einem „praktischen" Atheismus sprechen. *Sein und Zeit* beschäftigt sich nämlich mit der Seinsfrage, nicht mit der Gottesfrage.

Den Kerngedanken von Heideggers Philosophie sieht Delp in der Konzeption der Entschlossenheit, von der aus seine Diagnose vom tragischen Heldentum ihren Ausgang nimmt. Der Mensch müsse sich, so Delps Lesart, nach Heidegger bloß um der Entscheidung willen entscheiden, wobei der Inhalt der Entscheidung ohne jede Bedeutung sei. Heideggers Absicht war jedoch nicht, die Entschlossenheit als konkreten Wil-lensentschluss darzulegen, wobei sich dann die Frage nach einem „Wozu" der Entscheidung stellen würde, sondern es war ihm daran gelegen, das Existenziale, Ontologische, zur Struktur des Daseins Gehörende her-auszustellen. Weil aber Heidegger selbst jene Unterscheidung zwischen dem Existenzialen und dem Existenziellen, das heißt dem das je konkrete Dasein Betreffenden, nicht immer zu beachten scheint (wie z.B. im Fall seiner Analyse des Man), wird er nicht nur von Delp unter den Verdacht gestellt, er rufe zu einem Dezisionismus, zu einer ziellosen, rein formalen Entscheidung auf, die jeglicher normativer Inhaltlichkeit entbehrt.

Angesichts der Unklarheiten des unvollendeten Werks *Sein und Zeit*, dessen angekündigter zweiter Teil nie erscheint, findet Delp einen er-gänzenden Kommentar zum einen darin, wie die Philosophie Heideggers rezipiert wird und sich in eine bestimmte Alltagshaltung umwandelt. Die Jugend, so Delps Beobachtung, liest nämlich aus Heidegger den Ruf zu einem entschlossenen, aber gottlosen Leben heraus. Zweitens sieht Delp in der öffentlichen Tätigkeit Heideggers einen Kommentar zu seiner Schrift. Delps Urteil liest sich wie eine Antwort auf die Rede, die Heidegger 1933 in anlässlich seiner Übernahme des Rektorats der Freiburger Universität hält und in der er programmatisch zu einer neuen, post-religiösen Gründung der Existenz aufgeruft.

Tragische Existenz erweist sich somit als stark zeitbedingt. Die Schrift ist nicht nur eine Auseinandersetzung mit *Sein und Zeit*, sondern auch eine Stimme im Weltanschauungsstreit, der im damaligen Deutschland um die Frage nach dem Menschen entbrannt war. Delps Interpretation ist angesichts der damaligen Editionslage nachvollziehbar und schlüssig. Seine Meinung, dass *Sein und Zeit* nicht nur das Fundamentale im Dasein betrachte, sondern es auch existenziell bewerte, bleibt folgerichtig. Als einer der ersten, die den neuen Wegen Heideggers nachfolgten, nahm er auch am Suchen und Irren seines philosophischen Gesprächspartners teil.

Im Blick auf die Situation der Menschen seiner Zeit formuliert Delp ein Urteil auch über die ganze Neuzeit und ihr Freiheitsverständnis, das er letztendlich im Heidegger'schen Denken vollendet sieht. Sein in groben Zügen skizziertes Entwicklungspanorama der neuzeitlichen Philosophie ist nicht einseitig negativ, denn er versucht durchaus die Errungenschaften der Epoche, besonders das Freiheitsbewusstsein, zu würdigen. Insgesamt dominiert jedoch die scharfe Ablehnung. Diese Beurteilung wird durch die Katastrophe der Totalitarismus- und Kriegszeit radikalisiert, sie entspringt jedoch der prinzipiellen Kritik an den ursprünglichen Ansätzen der neuzeitlichen Philosophie, die nach Delp notwendigerweise zum Verhängnis führen mussten. Allerdings bleibt diese Problematik bei Delp nicht durchgängig profiliert.

Delp stellt fest: Während die Weltanschauung des Mittelalters vom Begriff des *ordo* geprägt war, in dem das Freiheitsstreben des Menschen ganz auf Gott als Mitte des Wirklichkeitsganzen ausgerichtet war, wird die Neuzeit mehr und mehr durch das menschliche Bestreben dominiert, sich von Gott zu emanzipieren. Der Mensch verliert den Transzendenzbezug, was ihn schlussendlich in den Nihilismus führt. Delp beurteilt die Reduktion des Ganzen zur rein immanenten Weltwirklichkeit als eine subjektive Entscheidung, weil sich für ihn die Spur einer transzendenten Wirklichkeit kraft der natürlichen Vernunft in der Welt erkennen lässt. Die entscheidenden Treiber dieser philosophischen Entwicklung sieht er in Martin Luther und Immanuel Kant, deren Denken zur Auflösung des mittelalterlichen *ordo* und zum Anbruch des Subjektivismus beigetragen habe, was letztendlich in den Verlust des Gottesbezuges gemündet sei.

An sein Ende komme das neuzeitliche Denken in der existentialistischen Philosophie von Søren Kierkegaard, Friedrich Nietzsche und schließlich von Martin Heidegger, in dessen *Sein und Zeit* sich die negativen Tendenzen der vorangegangenen Epoche vollenden würden. Weil Heidegger, so Delps

Vorwurf, die Wirklichkeit nur fragmentarisch berücksichtige, finde er keinen Zugang zum Transzendenten und entwickle eine atheistische Weltanschauung des tragischen Heldentums. In dieses Menschenbild schreibe sich der Freiheitsbegriff der Moderne ein, in der sich der Mensch als radikal autonom, d.h. als nur sich selbst und seinen eigenen Grundsätzen verpflichtet, ansehe. Weil nun mit dem Verlust des Gottesbezugs auch die Perspektive der Vollendung der Existenz verloren gehe, erweise sich jene Freiheit als Ziel an sich und damit im Grunde als ein zielloses Streben.

In der unterschiedlichen Kritik, die Delps Deutung von *Sein und Zeit* zuteil geworden ist, spiegelt sich das Verhältnis der katholischen Theologie zu Heidegger wider. Delps Lesart, die Heideggers Werk als Anthropologie versteht, ist repräsentativ für die ersten Reaktionen katholischer Theologen. Im neuen geistigen Klima und auf neuen Grundlage, als die Editionslage der Werken Heideggers sich änderte, kann jedoch die sogenannte „katholische Heideggerschule" um den Philosophen Max Müller, die mit Heideggers Philosophie die Gottesfrage zu denken versucht und *Sein und Zeit* als eine Ontologie deutet, ihre Ablehnung von Delps Grundthese der tragischen Existenz begründen.

Richard Schaeffler differenziert dieses Bild, indem er einerseits zugibt, dass die anthropologische Lesart Delps der Grundabsicht Heideggers nicht gerecht wird, dabei jedoch erklärt, *Sein und Zeit* sei für verschiedene Interpretationsmöglichkeiten offen. Das zeige schon die sogenannte ,Kehre' in Heideggers Denken, die sein früheres philosophisches Werk, vor allem *Sein und Zeit*, nachträglich in ein ganz neues Licht stelle, womit die ersten Deutungen seines Werks, auch diejenige Delps, hinfällig werden mussten. Daran knüpft Karl H. Neufeld an und stellt heraus, dass Delp in der damaligen Situation kaum zu einem anderen Urteil hat kommen können.

Während das sich auf die Anthropologie-Ontologie-Problematik erstreckende Urteil über Delps Lesart umstritten ist, stimmen ihm seine Kritiker gleichwohl darin zu, dass sich in *Sein und Zeit* ein Aufruf zum tragischen Heldentum findet.

Das Charakteristikum der Gegenwart erkennt Delp im Phänomen der Selbstverneinung der Freiheit durch die Flucht des Menschen in den Kollektivismus. Die Gründe hierfür sieht Delp einerseits in der Verfassung der Gesellschaft, anderseits im je einzelnen Menschen. Die verbürgerlichte Gesellschaft, so Delp, wird durch die Suche nach Sicherheit geleitet, die sie auf Kosten der Freiheit wählt. Auch die dem technischen Zeitalter entspringende Weltwahrnehmung spielt eine Rolle. Der Mensch projiziert nämlich das technische Denken auf die ganze Wirklichkeit und versteht sich selbst als Rad innerhalb einer Maschinerie. Zur Entstehung des kollektiven Menschen trägt zudem die politische Macht erheblich bei, wobei Delp auf das pseudo-religiöse Regime des Nationalsozialismus anspielt. Er sieht aber in der politischen Macht nur einen Demiurgen, der schon vorhandene Vermassungstendenzen auf ein Maximum intensiviert, sie jedoch nicht geschaffen hat.

Der eigentliche Grund für die Selbstverneinung der Freiheit liegt im Menschen selbst. Delp kehrt dabei zu seiner Auseinandersetzung mit Heidegger zurück. Das angesichts des Fehlens Gottes konstruierte Ethos des tragischen Helden, das eigentlich gegen die Entstehung des kollektiven Menschen wirken und den Menschen befreien sollte, erweist sich letztendlich als völlig untragbar und scheitert, weil der Mensch das Sinnvakuum nicht auszuhalten vermag und die zur ziellosen Selbstbestimmung beschnittene Freiheit als radikale Überforderung erfährt.

Die Flucht in die Masse befreit ihn vom Ballast der tragisch gelebten Freiheit. Deutlich ist dabei, dass es sich nicht um einen aufgezwungenen, sondern um den freiwilligen Verzicht auf die Freiheit handelt. Der kollektive Mensch braucht keine Entscheidung zu treffen und keine Verantwortung zu übernehmen. Er gibt das eigene Fragen und Denken auf und wartet auf Befehle. Zwar glaubt er, in der Masse Sicherheit zu finden. Dies erweist sich jedoch als Täuschung und als Kapitulation gegenüber dem Lauf der als übermächtig erfahrenen Geschichte.

III.

Im *dritten Kapitel* erarbeiteten wir eine systematische Darstellung von Delps Freiheitsverständnis. Von ihm selbst ist es nicht systematisch konzipiert worden. Auch wenn manche Aspekte kaum thematisiert werden, finden sich einige Elemente eines Freiheitskonzepts zerstreut in den verschiedenen Schriften. Das sich aus ihnen ergebende Bild lässt sich teilweise ausgehend von seinem scholastischen Hintergrund, teilweise ex negativo von seiner Kritik am Freiheitsbegriff der Moderne her ergänzen.

Den Ausgangspunkt für Delps Freiheitsverständnis bildet die menschliche Natur. Die Fähigkeit, sich selbst zu bestimmen, wird im menschlichen Geist mit seinem Ich-Bewusstsein, der Entscheidungskraft und dem Gewissensurteil verankert. Zugleich lenkt Delp die Aufmerksamkeit auf die von Anfang an gegebenen Einschränkungen der Freiheit durch den Raum, die

Zeit und durch den Lauf der Geschichte. Eine absolute Freiheit ist dadurch ausgeschlossen. Trotz dieser Beschränkungen versteht Delp die Welt als den Ort der Freiheit, den der Mensch nicht fliehen und dessen Ordnungen er nicht ignorieren soll. Vielmehr soll er sich innerhalb der vorgegebenen Ordnungen entscheiden. Die Freiheit ist *immer* möglich, weil der Mensch sich immer selbst bestimmen kann.

Im Kern von Delps Freiheitsverständnis steht das der aristotelisch-thomanischen Tradition entstammende und durch die Auseinandersetzung mit dem tragischen Heroismus verstärkte Plädoyer für die Ausrichtung der Freiheit auf ein entsprechendes Ziel. Von daher lässt sich die Freiheit bestimmen als die Fähigkeit, sich auf das Gute und die Wahrheit, also letztlich auf Gott auszurichten, um so zur Selbstverwirklichung der Person zu gelangen.

Damit die Gottesbeziehung des Menschen zum Weg der Freiheit werden kann, muss aber das Gottesbild korrigiert werden, das durch Jahrhunderte hindurch mit Fehldeutungen belastet wurde. So ist Gott wesenhaft der als das transzendente Du des Menschen begriffene Gott der Offenbarung, der mit dem Menschen im Dialog bleibt. Delp lässt hier das personalistische Denken Ferdinand Ebners einfließen. Durch dieses Du ist dem Menschen eine Relation ermöglicht, in der er sich selbst finden kann. Als dem freien Schöpfer der Freiheit ist Gott schon seinem Wesen nach jede Zwangsherrschaft fremd. Das Verhältnis des Menschen zu ihm ist dank der Menschwerdung Jesu Christi in der Kategorie der Sohnschaft zu verstehen.

Mit der Frage, wie die Freiheit des Menschen und die Freiheit Gottes voneinander abzugrenzen sind, setzt sich Delp oft, auch existenziell, auseinander. Angesichts der Kriegsereignisse kommt er letzten Endes zu dem Gedanken, dass Gott in der Geschichte nur mittelbar präsent ist. Er ist der bei der Tür der menschlichen Freiheit wartende, in der Geschichte zuweilen schweigende Gott.

Delp konzipiert sein Freiheitsverständnis als Theonomie. Es geht darum, dass der Mensch sich für das Leben nach der „Ordnung Gottes" entscheidet. Die eigentliche Schwäche seines Freiheitsverständnisses besteht darin, dass er die Theonomie als Antithese zur Autonomie denkt. Sie bleibt für Delp der Inbegriff der neuzeitlichen Rebellion gegen Gott.

Unseres Erachtens steht die Theonomie aber nicht der Autonomie, sondern nur der Heteronomie entgegen. Die beiden Größen sind korrelativ zu denken. Der Mensch gibt sich selbst das Gesetz, indem er sich frei für das Gesetz Gottes entscheidet. Die Autonomie ist als eine formale Selbstbestimmung des Menschen zu verstehen, dessen materialen Aspekt die Theonomie bildet.

Delps Urteil über die Neuzeit bleibt jedoch ambivalent. Er würdigt durchaus ihr Freiheitsbewusstsein und formuliert die Idee einer „Heimholung des Humanismus", nach der das Vermächtnis der Neuzeit mit dem Christentum in Einklang gebracht werden und daraus ein „theonomer Humanismus" entspringen soll.

Delps Anliegen, dass das Christentum zur Tat werden muss, zeigt sich auch in Bezug auf die Freiheit, deren Vollzug, wie sich aus seinen Schriften ergibt, für ihn in drei Stufen erfolgt. Sie vollzieht sich in der *Entscheidung*, setzt sich um in die *Tat* und bildet dabei eine beständige *Haltung* aus. Delp bringt die drei Stufen mit den Termini *Ausrichtung*, *Hingabe* und *Anbetung* zum Ausdruck. Diese Begriffe gründen einerseits in seiner jesuitischen Spiritualität, anderseits sind sie den Erfahrungen der Gefangenschaft entsprungen.

Der erste Schritt im Vollzug der Freiheit besteht in der Erkenntnis, was menschliche Selbstverwirklichung ist und dann in der Entscheidung dafür. Der zweite Schritt lässt sich mit dem Wort ‚Hingabe' als eine konkrete Umsetzung der schon vorgenommenen Entscheidung in die Tat beschreiben. Der Begriff der Hingabe wird häufig im Umfeld Delps benutzt, nicht nur im Theologischen, sondern auch im Philosophischen sowie im Politischen. Delp bezieht ihn auf das Gottesverhältnis des Menschen, das er als Nachfolge Jesu expliziert. Die Hingabe als ein Akt der Liebe zu Gott ist zugleich eine Antwort auf seine Hingabe an den Menschen. Der dritte Schritt besteht in der Anbetung. In ihr kommt die Entschiedenheit der Freiheit zum Vorschein. Anbetung bedeutet für Delp eine Haltung des ganzen Lebens. Sie drückt die Beständigkeit und die Tiefe des Verhältnisses zu Gott aus. In ihr geht der Freiheitsvollzug über die Einmaligkeit einer Aktion hinaus und das Freiheitsstreben wird zur konstanten Dimension der Existenz. Auf dieser Grundlage betont Delp, dass die Verwirklichung der Freiheit immer möglich ist. Der Mensch kann sich immer für sein Ziel der Selbstverwirklichung in der Gottesbeziehung entscheiden, auch unter widrigen Bedingungen, wie sie die Geschichte nicht selten für ihn bereithält.

Den Freiheitsvollzug situiert Delp in einem ekklesiologischen Kontext: Weil der Mensch das Ziel des Freiheitsstrebens niemals allein, sondern immer nur mit den Anderen zusammen erreicht, soll die Kirche zu einer solidarischen Freiheit erziehen und die menschlichen Bemühungen vor allem mit den Sakramenten unterstützen.

Alfred Delp war der Überzeugung, aus der Katastrophe seiner Zeit solle eine neue Freiheit entstehen. Andernfalls würde die Menschheit eine große Chance versäumen. Das sich aus seinen Schriften ergebende Gesamtbild des Freiheitsverständnisses stellt zwar eher einen Denkweg als ein geschlossenes, konsistentes Denksystem dar. Dieser Weg kann aber zu dem Ziel führen, die herausfordernde Last der Freiheit sinnvoll anzunehmen und zu tragen, anstatt sie als eine Überforderung abzulehnen.

Streszczenie wyników pracy

W niniejszym studium podjęliśmy próbę opracowania rozumienia wolności w myśli niemieckiego jezuity Alfreda Delpa (1907-1945). Pierwszym krokiem była rekonstrukcja dokonanej przez Delpa krytyki panującego współcześnie pojęcia wolności, której kontekst tworzył jego spór z filozofią Marcina Heideggera oraz ocena społecznej i politycznej sytuacji w Niemczech epoki narodowego socjalizmu. Krok drugi polegał na ukazaniu tego, jak ów problem pojmował sam Delp.

Ze spuścizny Delpa, przede wszystkim z jego pism filozoficznych oraz zapisków więziennych, wyłania się idea wolności naznaczonej przez zderzenie dwóch przeciwstawnych jej modeli, a mianowicie teonomicznego i radykalnie autonomicznego. Jednym z zamiarów niniejszego opracowania była próba takiego określenia wolności, w którym *teo-* i *auto*nomia wzajemnie się uzupełniają.

I.

W *pierwszej części* naszego studium zaakcentowaliśmy te wydarzenie z życia Delpa, które ukształtowały jego rozumienie wolności.

Gdy urodzony w 1907 r. w Mannheim, w protestancko-katolickiej rodzinie Alfred Delp rozpoczął w 1926 r. studia w zakonie jezuitów, katolicka teologia naznaczona była nadal przez neoscholastykę, która jednak wyraźnie traciła swą dominująca pozycję. Ta sytuacja przełomu odzwierciedla się w fakcie podjęcia przez Delpa sporu z filozofią Marcina Heideggera, który zaowocował opublikowaną w 1935 r. książką pt. *Tragiczna egzystencja*. Innym polem zaangażowania Delpa w owym czasie był spór z pseudoreligijną ideologią zorientowanego nazistowsko Niemieckiego Ruchu Wiary (Deutsche Glaubensbewegung) z jego mglistym, pojmowanym jako wola narodu bóstwem.

W kwestiach religijnych występując przeciw narodowo-socjalistycznym poglądom, Delp przez długi czas widział w ruchu Hitlera pozytywną siłę polityki. Na wrogie tej ideologii pozycje przechodził stopniowo, jej destrukcyjny wpływ dostrzegając zwłaszcza w zjawisku przemiany społeczeństwa w bezwolną masę. W 1942 r. został zaproszony do współpracy w Kręgu z Krzyżowej, zgromadzonej wokół Helmutha Jamesa von Moltke grupy przeciwników ustalonego porządku, planującej zbudowanie nowej państwowości w Niemczech w razie załamania się narodowo-socjalistycznej władzy.

28. lipca 1944 r., po nieudanym zamachu Stauffenberga na Hitlera, Delp został aresztowany. Choć z zamachem nie miał nic do czynienia, jego nazwisko odkryto jednak w notatkach jednego ze spiskowców, należącego także do Kręgu z Krzyżowej. Uwięzienie, najkrótszy etap swego życia, przeżył najpierw z silnym przekonaniem, że jego życia i wiara były właściwą drogą, potem stanął w obliczu mogących prowadzić do zwątpienia pytań, w końcu znalazł na nowo zaufanie do Boga i świadomość sensownie przeżytej egzystencji. Rzeczywistość ocenia ostro i trzeźwo, o czym świadczą przemycane za mury więzienia notatki. Wtedy właśnie temat wolności zajął centralne miejsce jego refleksji.

Kiedy Delp, przez całe swe życie raczej niepokorny członek zgromadzenia jezuitów, otrzymał propozycję darowania życia w zamian za wystąpienie z zakonnej wspólnoty, odrzucił ją natychmiast. Proces, który zakończył się ogłoszeniem wyroku śmierci, określił jako skierowaną przeciw chrześcijaństwu farsę. 2 lutego 1945 r. został zamordowany.

II.

W *drugim rozdziale* pracy zrekonstruowaliśmy krytykowane przez Delpa współczesne rozumienie wolności, naznaczonej przez utratę relacji do Boga.

Ponieważ punktem wyjścia jego rozległej krytyki stanowił spór z dziełem Heideggera *Bycie i czas*, przedstawiliśmy najpierw pozycję samego Heideggera. Delpowi w okresie sporu z tym filozofem dostępne było, prócz kilku innych jego prac, tylko *Bycie i czas*, sformułował on zatem sąd, który z dzisiejszej perspektywy badań jest nie do utrzymania, ale który na miarę ówczesnej sytuacji okazuje się kompetentną rozprawą.

Delp odczytał *Bycie i czas* jako antropologię tragicznego heroizmu, zgodnie z którą dumnie pogodzony ze „śmiercią Boga" człowiek podejmuje pozbawioną nadziei walkę o godność swej skazanej na zagładę egzystencji. Spojrzenie Heideggera w rzeczywistości jednak pozostaje ontologią, zadaje on bowiem pytanie o bycie samo w sobie, choć z perspektywy analizy bytu ludzkiego. W samej rzeczy owa metoda stosowane jest przez Heideggera nie bez braku konsekwencji, wskutek czego zaznacza się u niego pewna antropologiczna perspektywa, którą Delp, w szczególnym kontekście epoki, pojmowanej jako wielki spór o rozumienie człowieka, uznał za decydującą.

Innym zajmującym Delpa zagadnieniem jest status pytania o Boga w *Bycie i czas*. Delp doszedł do nieuzasadnionego wniosku, że myśl Heideggera zasługuje na miano praktycznego ateizmu. *Bycie i czas* zakłada jednak milcząco pewną nieznaną Delpowi metodę, którą Heidegger wyjaśnił w swym wygłoszonym w 1927 r. w Tybindze wykładzie *Fenomenologia i teologia*, gdzie podkreśla, że problem Boga leży poza zakresem pytań stawianych przez filozofa-fenomenologa. Jeśli zatem system myślowy Heideggera może być określony jako „ateizm", to usprawiedliwione jest tylko mówienie o „metodologicznym", lecz nie „praktycznym" ateizmie.

Najbardziej brzemienną w skutki myśl Heideggera Delp widzi w akcentowaniu przez niego ludzkiej zdolności dokonywania wyborów. Tu kryje się dla Delpa podstawa idei tragicznego heroizmu, według którego człowiek musi podejmować decyzję jakąkolwiek, decyzję dla samej decyzji, przy czym jej treść nie ma żadnego znaczenia. Lecz i tym przypadku zamiar Heideggera był inny, niż rozumiał to Delp, celem filozofa nie było przedstawienie poszczególnych aktów ludzkich wyborów, co by od razu prowokowało pytanie o treść danej decyzji, lecz ukazanie aktu podejmowania wyboru jako ontologicznego elementu bycia człowiekiem, należącego do struktury ludzkiego bytu. Na usprawiedliwienie Delpa można dodać, że i sam Heidegger nie zawsze zdaje się respektować rozróżnienie między należącym do ludzkiego bytowania w ogóle, a tym, co dotyczy konkretnego, danego ludzkiego bytu (przykładem jest jego analiza „Się"). Stąd Heidegger nie tylko przez Delpa podejrzewany był o wzywanie do postawy decyzjonizmu, do pustego, czysto formalnego podejmowania decyzji, która byłaby pozbawiona jakiejkolwiek normatywnej treści.

W obliczu niejasności nigdy zresztą niedokończonego dzieła *Bycie i czas*, którego zapowiadana druga część nigdy się nie ukazała, Delp w swej interpretacji odwoływał się z jednej strony do tego, jak filozofia Heideggera była ówcześnie odbierana, stając się zwłaszcza dla młodzieży prowokacją do dumnego, choć pustego uporu, a przy tym bez-bożnego życia. Z drugiej strony komentarz do pism Heideggera mógł Delp odkryć także w publicznej działalności tego filozofa. Zawarty w *Tragicznej egzystencji* osąd daje się odczytać jako odpowiedź na słynną mowę, którą Heidegger wygłosił w 1933 r. przy okazji objęcia urzędu rektora Uniwersytetu we Freiburgu, kiedy to postulował program nowego, po-religijnego ugruntowania ludzkiej egzystencji. Myśl Delpa jest więc głosem w nie tylko akademickim, ale światopoglądowym sporze o rozumienie człowieka.

W obliczu ówczesnej, ograniczonej edycji pism Heideggera interpretacja Delpa jest zrozumiała i uzasadniona. Jego zdanie, że *Bycie i czas* analizuje nie tylko to, co w człowieku fundamentalne, lecz i to, co staje się częścią jego egzystencji, należy ocenić jako poprawne. Jako jeden z pierwszych, którzy poszli w ślad za myślą Heideggera, Delp brał udział w poszukiwaniach swego filozoficznego adwersarza, zachowując przez to szczególne prawo do błądzenia.

Cała filozofia Heideggera jawiła się Delpowi jako wypełnienie ducha myśli nowożytnej, której panoramę rozwoju w wielkim skrócie naszkicował. Choć Delp próbował nieraz docenić osiągnięcia epoki, zwłaszcza rozbudzenie świadomości wolności, to jego ocena nowożytności zdominowana została przez ostrą krytykę. Jej źródłem było odrzucenie samych już założeń nowożytnej filozofii, która w sposób konieczny miała prowadzić do katastrofy.

Delp stwierdza: podczas gdy światopogląd średniowiecza naznaczony był przez pojęcie *ordo*, w którym wolnościowe dążenie człowieka nakierowane było całkiem na Boga jako na ośrodek całej rzeczywistości, to nowożytność została zdominowana przez dążenie emancypacji w stosunku do Boga. Człowiek stopniowo stracił relację do transcendentnego Boga, co doprowadziło go w konsekwencji do nihilizmu. Nowożytną epistemologię cechowała tendencja redukowania całej rzeczywistości do jedynie immanentnego jej wymiaru, co Delp od razu ocenił jako subiektywne rozstrzygnięcie, gdyż ludzki rozum jest w stanie rozpoznać w świecie ślad Boga. Kluczowymi postaciami filozoficznego rozwoju nowożytności byli według Delpa Marcin Luter oraz Immanuel Kant, którzy doprowadzili do rozbicia średniowiecznego *ordo* i przyczynili się do rozwoju subiektywizmu, powodującego w ostateczności utratę więzi z Bogiem.

W ten obraz człowieka wpisało się współczesne pojęcie wolności, w którym ludzka osoba pojmowała siebie w sposób radykalnie autonomiczny, jako istotę zobowiązaną tylko wobec siebie i własnych zasad. Ponieważ wraz z utratą relacji do Boga utracona została także perspektywa ostatecznego dopełnienia życia, wolność poczęła się jawić jako cel sam w sobie, a poprzez to w gruncie rzeczy jako bezcelowe dążenie.

W różnorakiej krytyce, jakiej poddany spór Delpa z Heideggerem, odzwierciedlił się stosunek teologii katolickiej do tego filozofa. Interpretacja Delpa, który czytał *Bycie i czas* jako szczególną antropologię, reprezentuje pierwsze reakcje katolickich teologów. Odrzucenie tezy o tragicznej egzystencji dokonało się później, w nowym duchowym klimacie i wraz z edycją kolejnych pism Heideggera, kiedy zgromadzona wokół Maxa Müllera tzw. „katolicka szkoła Heideggera" usiłowała rozpatrzyć pytanie o Boga za pomocą tejże filozofii i określała *Bycie i czas* jednoznacznie jako ontologię.

Także ten obraz został z czasem zróżnicowany, kiedy Richard Schaeffler z jednej strony zgodził się, że antropologiczna interpretacja Delpa nie odpowiada podstawowemu zamiarowi Heideggera, z drugiej strony jednak wyjaśnił, że *Bycie i czas* otwarte jest na różnorakie interpretacje. Ów problem widoczny jest zawłaszcza w kontekście „zwrotu" w myśli Heideggera, który cały jego wcześniejszy dorobek myślowy, przede wszystkim *Bycie i czas*, postawił w zupełnie nowym świetle, przez co pierwsze interpretacje tego dzieła musiały okazać się bezprzedmiotowe. Do tego problemu nawiązuje Karl H. Neufeld, stwierdzając, że Delp w ówczesnej sytuacji nie miał możliwości sformułowania innych wniosków. Podczas gdy dotyczący problemu antropologia-ontologia osąd Delpa pozostaje dyskusyjny, to nawet jego krytycy przyznają mu rację, gdy zauważa, iż *Bycie i czas* zawiera w sobie wezwanie do postawy tragicznego heroizmu.

Po ukazaniu złożoności sporu Delpa z Heideggerem poświęciliśmy uwagę temu, jak Delp ocenia współczesną mu duchową kondycję człowieka. Główną cechę charakteryzującą współczesność dostrzegał on w zjawisku samozaprzeczenia wolności poprzez ucieczkę człowieka w kolektyw. Przyczyny tego odnajdywał w kondycji z jednej strony społeczeństwa, z drugiej zaś konkretnego człowieka. Mieszczańskie społeczeństwo kieruje się poszukiwaniem bezpieczeństwa, które wybiera często kosztem wolności. Wszechobecna technika dyktuje pewien sposób widzenia świata, który człowiek przejmuje i projektuje na całą rzeczywistość, a wtedy i samego siebie zaczyna rozumieć jako bezwolną część wielkiej maszynerii. Wydatną rolę w utworzeniu kolektywnego człowieka odgrywa także polityczna władza, przy czym Delp miał na myśli konkretnie pseudoreligijny reżim narodowych socjalistów. We władzy widział on jednak tylko rodzaj demiurga, który już istniejące tendencje maksymalnie intensyfikuje, ich jednak nie stwarza.

Właściwy grunt dla samozaprzeczenia wolności leży w samym człowieku. Delp na nowo podjął w ten sposób swój spór z Heideggerem. Skonstruowany w obliczu braku Boga etos tragicznego heroizmu, który w swym założeniu miał przeciwdziałać powstaniu kolektywnego człowieka i wyzwolić ludzi do wolności, okazał się ostatecznie ciężarem nie do uniesienia, ludzka istota bowiem nie jest w stanie znieść pustki bezcelowości, a ograniczona do takiego bezcelowego samookreślania się wolność przeżywana jest jako jarzmo. Ucieczka jednostki w ludzką masę wyzwala ją z jarzma tragicznie przeżywanej wolności. Wyraźne jest przy tym, iż dokonuje się tu nie wymuszona, lecz dobrowolna rezygnacja człowieka z wolności. Człowiek kolektywu nie musi już podejmować decyzji i ponosić odpowiedzialności. Wypierając się własnych pytań i samodzielnego myślenia, czeka tylko na rozkazy. Upragnione bezpieczeństwo ludzkiej masy okazuje się ostatecznie iluzją i w gruncie rzeczy kapitulacją wobec doświadczanej jako przemożna siła historii.

III.

W *trzecim rozdziale* usystematyzowaliśmy pojęcie wolności u Delpa. Choć nie stworzył on spójnej teorii, a niektóre aspekty refleksji nad wolnością pominął, to jednak w jego pismach zawarte są elementy pozwalające na jej rekonstrukcję. Stworzony w ten sposób obraz da się uzupełnić częściowo przez rozpatrzenie neoscholastycznego tła jego myślenia, przez wzięcie pod uwagę jego zainteresowania personalizmem, częściowo zaś ex negativo z analizy jego krytyki nowożytnego pojęcia wolności.

Punktem wyjścia dla rozumienia wolności u Delpa jest natura człowieka. Zdolność określania samego siebie zakorzeniona jest w ludzkim duchu, charakteryzującym się świadomością „ja", siłą decydowania i osądami sumienia. Równocześnie Delp zwraca uwagę na istniejące niezależnie od człowieka ograniczenia jego wolności przez przestrzeń, czas i bieg historii. Mimo tych ram świat jest miejsce wolności, z którego człowiek nie powinien uciekać ani go ignorować. Winien on swą wolność realizować wewnątrz tych już istniejących struktur.

U centrum pojęcia wolności Delpa stoi wywodząca się z arystotelesowsko-tomaszowej tradycji i wzmocniona przez spór z etosem tragicznego heroizmu obrona wolności będącej zdolnością osiągnięcia odpowiedniego celu. Stąd wolność da się określić jako zdolność nakierowania swej egzystencji na Dobro i Prawdę, w ostateczności zatem na Boga, aby przez to osiągnąć samorealizację własnej osoby.

Relacja do Boga ma stać się ludzką drogą wolności, przy tym jednak i obraz Boga musi zostać poddany korekcie. Bóg jest w swej istocie transcendentnym Ty człowieka, pozostającym z Nim w dialogu Bogiem Objawienia – Delp pozostaje tu pod wpływem personalistycznego myślenia Ferdynanda Ebnera. Przez owo boskie Ty możliwa jest dla człowieka relacja, w której odnajduje on samego siebie. Jako wolny Stwórca wolności Bóg pozostaje w swej istocie daleki od każdej formy przymusu, zaś dzięki Wcieleniu Jezusa Chrystusa relacja człowieka do Boga pojmowana jest w kategorii synostwa. Rodzące się pytanie, w jaki sposób wolność człowieka i wolność Boga dają się pogodzić, Delp próbuje odpowiedzieć także z perspektywy uważnego świadka historii. W obliczu katastrofy wojny dochodzi do wniosku, że Bóg w historii człowieka zechciał być obecny tylko pośrednio, jest On Bogiem czekającym na progu ludzkiej wolności, w niektórych momentach historii staje się nawet Bogiem milczącym.

Delp rozumie wolność jako teonomię, chce, by człowiek określał swe życie według „Bożego porządku". Zasadnicza słabość pojęcia wolności u Delpa polega na tym, iż teonomię rozumie on jako antytezę autonomii, będącej dla niego podsumowaniem całej nowożytnej rebelii przeciw Bogu. Stwierdziliśmy jednak, że teonomia jest przeciwieństwem nie autonomii, lecz heteronomii. Obydwie postawy powinny być rozpatrywane jako wielkości nie wykluczające się, lecz korelacyjne. Człowiek bowiem sam nadaje sobie prawo postępowania według prawa Bożego. Autonomia więc to formalne samookreślanie się człowieka, którego materialnym aspektem jest teonomia. W tym kontekście Delp postuluje przy tym zgranie dziedzictwa nowożytności z chrześcijaństwem, z czego miałby się zrodzić teonomiczny humanizm.

Intencja Delpa, aby chrześcijaństwo stało się nie tylko słownym wyznaniem, lecz czynem, nabiera mocy właśnie na tle jego rozumienia wolności, której realizacja, jak wynika to z jego pism, dokonuje się w trzech etapach. Wolność jest najpierw podjęciem pewnego *wyboru*, potem staje się *czynem*, tworząc następnie trwałą *postawę*. Delp posługuje się w określeniu tych trzech etapów pojęciami *ukierunkowania, daru z siebie* i *adoracji*. Owe terminy mają korzenie z jednej strony w jego jezuickiej duchowości, z drugiej zaś w doświadczeniach długich miesięcy więzienia.

Pierwszy krok do wolności polega na poznaniu, na czym w gruncie rzeczy polega ludzkie spełnienie i na zdecydowanie się, na jego wyborze. Drugi krok, określany przez Delpa jako dar z siebie, jest przekuciem już podjętej decyzji w czyn. Pojęcie daru z siebie w świecie Delpa było często używane, nie tylko w języku teologów, lecz także w filozofów i polityków. Delp odnosi je do relacji człowieka z Bogiem i ostatecznie określa jako naśladowanie Chrystusa. Trzeci krok w realizacji wolności polega na adoracji. Jest ona czymś więcej niż pojedynczym aktem modlitwy, w niej objawia się trwałość podjętego wyboru. Oznacza ona postawę całego życia, wyraża stanowczość i głębię więzi z Bogiem. W niej wolność okazuje się więcej niż tylko jednorazowym aktem, jest bowiem stałym wymiarem ludzkiej egzystencji. Na tej podstawie Delp podkreśla, że realizacja wolności możliwa jest *zawsze*. Człowiek może zawsze podjąć wybór realizacji samego siebie w więzi z Bogiem, nawet we wrogich okolicznościach, które historia dla niego gotuje.

Ową drogę realizacji wolności Delp umiejscawia w kontekście eklezjologicznym. Ponieważ człowiek celu wolnościowego dążenia nigdy nie osiągnie sam, lecz zawsze z innymi, Kościół powinien wychowywać do solidarnej wolności i wspierać ludzkie wysiłki mocą sakramentów.

Alfred Delp był przekonany, że z katastrofy jego epoki zrodzi się nowe spojrzenie na wolność, w przeciwnym razie ludzkość zmarnowałaby wielką możliwość. Wynikające z jego pism rozumienie wolności prezentuje się raczej jako droga niż jako dopracowany system myślowy. Ta droga może jednak doprowadzić do celu: by człowiek podjął wymagania wolności, zamiast doświadczać jej jako przekraczającego ludzkie siły ciężaru.

Literaturverzeichnis

1. Primärliteratur

A. Schrifttum Alfred Delps

–, *Im Angesicht des Todes,* hg. von P.BOLKOVAC, Frankfurt a.M. 1947.

–, *Der mächtige Gott,* hg. von P.BOLKOVAC, Frankfurt a.M. 1949.

–, *Zur Erde entschlossen,* hg. von P.BOLKOVAC, Frankfurt a.M. 1949.

–, *Gesammelte Schriften,* Bd. 1–5, hg. von R.BLEISTEIN, Frankfurt a.M. 1985-1988.

B. Weitere Primärliteratur

ARISTOTELES, *Nikomachische Ethik,* in: *Philosophische Schriften* Bd. 3, nach der Übersetzung von E.ROLFES, bearb. von G.BIEN, Darmstadt 1995.

–, *Metaphysik,* in: *Philosophische Schriften,* Bd. 5, nach der Übersetzung von H.BONITZ, bearb. von H.SEIDL, Darmstadt 1995.

BALTHASAR, HANS URS VON, *Apokalypse der deutschen Seele. Studien zu einer Lehre von letzten Haltungen,* Bd. 1, *Der deutsche Idealismus,* Leipzig 1937.

–, *Heideggers Philosophie vom Standpunkt des Katholizismus,* in: *Stimmen der Zeit* 137 (1940), 1–8.

BERNHART, JOSEPH/OBERMAIER, HUGO, *Sinn der Geschichte. Eine Geschichtstheologie,* Freiburg 1931.

BERTRAM ADOLF, *Hirtenbriefe und Hirtenworte.* Bearbeitet von W.MARSCHALL (Forschungen und Quellen zur Kirchen- und Kulturgeschichte Ostdeutschlands 30), Köln – Weimer – Wien 2000.

BLEISTEIN, ROMAN (Hg.), *Dossier Kreisauer Kreis. Dokumente aus dem Widerstand gegen den Nationalsozialismus. Aus dem Nachlaß von Lothar König,* Frankfurt a.M. 1987.

BOELCKE, WILLI A. (Hg.), *Wollt Ihr den totalen Krieg? Die geheimen Goebbels-Konferenzen 1939–1943,* München 1969.

BOLLNOW, OTTO F., *Existenzphilosophie,* in: N.HARTMANN (Hg.), *Systematische Philosophie,* Stuttgart – Berlin 1942, 316–430.

BONHOEFFER, DIETRICH, *Widerstand und Ergebung,* Gütersloh 1997.

BRUNNER, EMIL, *Theologie und Ontologie – oder die Theologie am Scheidewege*, in: *Zeitschrift für Theologie und Kirche* 1 (1931), Tübingen, 111–122.

–, *Gerechtigkeit. Eine Lehre von den Grundgesetzen der Gesellschaftsordnung*, Zürich 1943.

BUBER, MARTIN, *Das Problem des Menschen*, Gütersloh 2007.

BULTMANN, RUDOLF, *Der Begriff der Offenbarung im Neuen Testament*, in: ders., *Glauben und Verstehen*, Bd. 3, Tübingen 1965, 1–34.

DOMARUS, MAX, *Hitler, Reden und Proklamationen 1932 – 1945. Kommentiert von einem deutschen Zeitgenossen*, Bd. II/2 1941-1945, München 1965.

DOSTOJEWSKIJ, FJODOR, *Die Dämonen*, München 1990.

–, *Die Brüder Karamasow*, München 1993.

EBNER, FERDINAND, *Das Kreuz und die Glaubensforderung*, in: *Der Brenner* VI, 3 (Februar 1920), Innsbruck, 200–215.

–, *Das Wort und die geistigen Realitäten*, in: *Der Brenner* VI, 4 (April 1920), Innsbruck, 241–251.

–, *Das Wissen um Gott und Glaube*, in: *Der Brenner* VI, 10 (Juni 1921), Innsbruck, 797–811.

–, *Die Christusfrage*, in: *Der Brenner* VII, 2 (Spätherbst 1922), Innsbruck, 3–62.

–, *Die Wirklichkeit Christi*, in: *Der Brenner* X (Herbst 1926), Innsbruck, 3–53.

–, *Zum Problem der Sprache und des Wortes*, in: *Brenner* XII (Ostern 1928) Innsbruck, 3–50.

–, *Fragmente aus dem Jahr 1916, mit dem Nachwort von 1931*, in: *Der Brenner* XIII (Herbst 1932) Innsbruck, 34–58.

–, *Wort und Liebe*, Regensburg 1935.

–, *Schriften* Bd. 1, *Fragmente, Aufsätze, Aphorismen. Zu einer Pneumatologie des Wortes*, München 1963.

FAULHABER, MICHAEL VON, *Akten Kardinal Michael von Faulhabers 1917–1945. II 1935–1946*. Bearbeitet von L.VOLK (Veröffentlichung der Kommission für Zeitgeschichte A 26), Mainz 1978.

FLÜGEL, G., *Rezension zu ‚Sein und Zeit‘*, in: *Philosophisches Jahrbuch* 42 (1929), 104–109.

GALEN, CLEMENS AUGUST GRAF VON, *Akten, Briefe und Predigten 1933–1946*. Bearbeitet von P.LÖFFLER (Veröffentlichung der Kommission für Zeit-geschichte A 42), Paderborn – München – Wien – Zürich 1996.

GRUBER, HUBERT (Hg.), *Katholische Kirche und Nationalsozialismus 1930–1945. Ein Bericht in Quellen*, Paderborn 2006.

GUARDINI, ROMANO, *Auf dem Wege*, Mainz 1923.

–, *Der Mensch und der Glaube. Versuche über die religiöse Existenz in Dostojew-skijs großen Romanen*, Leipzig 1932.

HAECKER, THEODOR, *Was ist der Mensch? Der Christ und die Geschichte. Schöp-fer und Schöpfung*, München 1965.

HARDER, RICHARD, *Rezension der Rektoratsrede*, in: *Heidegger-Jahrbuch*, Bd. 4, hg. von A.DENKER/H.ZABOROWSKI, München 2009, 140–142.

HEIDEGGER, MARTIN, *Kant und das Problem der Metaphysik*, GA 3, hg. von F.-W. VON HERRMANN, Frankfurt a.M. 1991.

–, *Erläuterungen zu Hölderlins Dichtung*, GA 4, hg. von F.-W. VON HERRMANN, Frankfurt a.M. 1981.

–, *Nietzsches Wort „Gott ist tot"*, in: ders., *Holzwege*, GA 5, hg. von F.-W. VON HERRMANN, Frankfurt a.M. 1977, 209–267.

–, *Nietzsche*, GA 6.1, hg. von B.SCHILLBACH, Frankfurt a.M. 1996.

–, *Phänomenologie und Theologie*, in: ders., *Wegmarken*, GA 9, hg. von F.-W. VON HERRMANN, Frankfurt a.M. 1978, 45–78.

–, *Aus der letzten Marburger Vorlesung*, in: ders., *Wegmarken*, GA 9, hg. von F.-W. VON HERRMANN, Frankfurt a.M. 1978, 79–101.

–, *Was ist Metaphysik?* in: ders., *Wegmarken*, GA 9, hg. von F.-W. VON HERR-MANN, Frankfurt a.M. 1978, 103–122.

–, *Vom Wesen des Grundes*, in: ders., *Wegmarken*, GA 9, hg. von F.-W. VON HERRMANN, Frankfurt a.M. 1978, 123–175.

–, *Über den Humanismus*, in: ders., *Wegmarken*, GA 9, hg. von F.-W. VON HERRMANN, Frankfurt a.M. 1978, 313–364.

–, *Die onto-theo-logische Verfassung der Metaphysik*, in: ders., *Identität und Diffe-renz*, GA 11, hg. von F.-W. VON HERRMANN, Frankfurt a.M. 2006, 51–79.

–, *Unterwegs zur Sprache*, GA 12, hg. von F.-W. VON HERRMANN, Frankfurt a.M. 1985.

–, *Zeit und Sein*, in: *Zur Sache des Denkens*, GA 14, hg. von F.-W. VON HERR-MANN, Frankfurt a.M. 2007, 3–30.

–, *Die Selbstbehauptung der deutschen Universität*, in: ders., *Reden und andere Zeugnisse eines Lebensweges*, GA 16, hg. von H.HEIDEGGER, Frankfurt a.M. 2000, S.107–117.

–, *Zum Semesterbeginn*, in: ders., *Reden und andere Zeugnisse eines Lebensweges*, GA 16, hg. von H.HEIDEGGER, Frankfurt a.M. 2000, 184–185.

–, *Aufruf zur Wahl*, in: ders., *Reden und andere Zeugnisse eines Lebensweges*, GA 16, hg. von H.HEIDEGGER, Frankfurt a.M. 2000, 188–189.

–, *Ansprache am 11. November 1933 in Leipzig,* in: ders., *Reden und andere Zeugnisse eines Lebensweges,* GA 16, hg. von H.HEIDEGGER, Frankfurt a.M. 2000, 190–193.

–, *Der deutsche Student als Arbeiter. Rede bei der feierlichen Immatrikulation,* in: ders., *Reden und andere Zeugnisse eines Lebensweges,* GA 16, hg. von H.HEIDEGGER, Frankfurt a. M 2000, 198–208.

–, *Das Rektorat 1933/34. Tatsachen und Gedanken,* in: ders., *Reden und andere Zeugnisse eines Lebensweges,* GA 16, hg. von H.HEIDEGGER, Frankfurt a.M. 2000, 372–394.

–, *Prolegomena zur Geschichte des Zeitbegriffs,* GA 20, hg. von P.JAEGER, Frankfurt a.M. 1994.

–, *Metaphysische Anfangsgründe der Logik im Ausgang von Leibniz,* GA 26, hg. von K.HELD, Frankfurt a.M. 1990.

–, *Vom Wesen der menschlichen Freiheit. Einleitung in die Philosophie,* GA 31, hg. von H.TIETJEN, Frankfurt a.M. 1994

–, *Logik als die Frage nach dem Wesen der Sprache,* GA 38, hg. von G.SEUBOLD, Frankfurt a.M. 1998.

–, *Hölderlins Hymnen „Germanien" und „Der Rhein",* GA 39, hg. von S.ZIEGLER, Frankfurt a.M. 1989.

–, *Einführung in die Metaphysik,* GA 40, hg. von P.JAEGER, Frankfurt a.M. 1983.

–, *Die Metaphysik des Deutschen Idealismus. Zur erneuten Auslegung von Schelling: Philosophische Untersuchungen über das Wesen der menschlichen Freiheit und die damit zusammenhängenden Gegenstände (1809),* GA 49, hg. von G.SEUBOLD, Frankfurt a.M. 1991.

–, *Phänomenologie des religiösen Lebens,* GA 60, hg. von C.STRUBE, Frankfurt a.M. 1995.

–, *Phänomenologische Interpretation zu Aristoteles. Einführung in die phänomenologische Forschung,* GA 61, hg. von W.BRÖCKER/K.BRÖCKER-OLTMANNS, Frankfurt a.M. 1994.

–, *Beiträge zur Philosophie: (vom Ereignis),* GA 65, hg. von F.-W. VON HERRMANN, Frankfurt a.M. 1994.

–, *Besinnung,* GA 66, hg. von F.-W. VON HERRMANN, Frankfurt a.M. 1997.

–, /BLOCHMANN, ELISABETH, *Briefwechsel 1918–1969,* hg. von J.W.STORCK, Marbach am Neckar 1989.

–, /JASPERS KARL, *Briefwechsel 1920–1963,* hg. von W.BIEMEL/H.SANER, Frankfurt a.M. – München 1990.

–, *Die Grundbegriffe der Metaphysik. Welt – Endlichkeit – Einsamkeit (Unbenutzte Vorarbeiten zur Vorlesung vom Wintersemester 1929/30),* in: *Heideggerstudien* (7) 1991, hg. von P.EMAD/F.-W. VON HERRMANN/K.MALY/F.FÉDIER, 5–12.

–, *Ein Brief des Rektors der Albert-Ludwigs-Universität Martin Heidegger an den Führer der Deutschen Studentenschaft und Reichsführer des NSDStB Dr. Oskar Stäbel M.d. R.,* hg. von H.OTT, Sonderdruck aus dem Freiburger Diözesan-Archiv, Bd. 117, 1997, 229–240.

–, *Briefe an Max Müller und andere Dokumente,* hg. von H.ZABOROWSKI, Freiburg – München 2003.

–, *Sein und Zeit,* Tübingen 2006.

HEVENESI Gabriel, *Scientillae ignatianae,* Wien 1705.

HITLER, ADOLF, *Mein Kampf,* München 1933.

HUDAL, ALOIS, *Die Grundlagen des Nationalsozialismus. Eine ideengeschichtliche Untersuchung von Katholischer Warte,* Leipzig 1937.

HUME, DAVID, *A Treatise of Human Nature,* hg. von L. A. SELBY-BIGGE, Oxford 1987.

HUSSERL, EDMUND, *Nachwort zu meinen „Ideen zu einer reinen Phänomenologie und phänomenologischen Philosophie",* in: *Jahrbuch für Philosophie und phänomenologische Forschung,* XI (1930), Halle, hg. von ders., 549–570.

JANSEN, BERNHARD, *Wege der Weisheit,* Freiburg 1924.

–, *Der Kritizismus Kants,* München 1925.

–, *Die Religionsphilosophie Kants. Geschichtlich dargestellt und kritisch-systematisch gewürdigt,* Berlin 1929.

–, *Aufstiege zur Metaphysik. Heute und ehedem,* Freiburg 1933.

–, *Die Geschichte der Erkenntnislehre in der neueren Philosophie bis Kant,* Paderborn 1940.

JÜNGER, ERNST, *Der Kampf als inneres Erlebnis,* in: ders., *Sämtliche Werke,* Bd. 7, hg. von , Stuttgart 1980, 11–103.

–, *Die totale Mobilmachung* in: ders., *Sämtliche Werke,* Bd. 7, Stuttgart 1980, 119–141.

–, *Der Arbeiter,* in: ders., *Sämtliche Werke,* Bd. 8, Stuttgart 1981, 9–317.

KANT, IMMANUEL, *Grundlegung zur Metaphysik der Sitten,* in: ders., *Kants gesammelte Schriften,* Bd. IV, hg. von der Königlich Preußischen Akademie der Wissenschaften, Berlin 1911, 385–463.

–, *Kritik der praktischen Vernunft,* in: ders., *Kants gesammelte Schriften,* Bd. V, hg. von der Königlich Preußischen Akademie der Wissenschaften, Berlin 1913, 1–163.

–, *Die Religion innerhalb der Grenzen der bloßen Vernunft*, in: ders., *Kants gesammelte Schriften*, Bd. VI, hg. von der Königlich Preußischen Akademie der Wissenschaften, Berlin 1914, 1–202.

–, *Beantwortung der Frage: Was ist Aufklärung?* in: ders., *Kants gesammelte Schriften*, Bd. VIII, hg. von der Königlich Preußischen Akademie der Wissenschaften, Berlin und Leipzig 1923, 33–42.

KIERKEGAARD, SØREN, *Entweder – Oder*, II. Teil, Düsseldorf – Köln 1957.

KRÜGER GERHARD, *Sein und Zeit. Zu M. Heideggers gleichnamigen Buch*, in: *Theologische Blätter* 3 (1929), 57–64.

LAWRENCE, ARNOLD W., *Oberst Lawrence, geschildert von seinen Freunden*, Leipzig 1938.

LAWRENCE, THOMAS E, *Wie ich mich sehe*, in: *Die neue Rundschau* 46, Bd. 2, (1935) Berlin – Leipzig, 115–118.

–, *Die sieben Säulen der Wahrheit*, Leipzig 1936.

LOTZ, JOHANNES B., *Immanenz und Transzendenz. Zum geschichtlichen Werden heutiger Problematik*, in: *Scholastik* 13 (1938), 1–21.

–, *Immanenz und Transzendenz heute. Zur inneren Struktur der Problematik unserer Tage*, in: *Scholastik* 13 (1938), 161–172.

MOLTKE, FREYA VON, *Erinnerungen an Kreisau*, München 2003.

MOLTKE, HELMUTH JAMES VON, *Letzte Briefe aus dem Gefängnis Tegel*, Berlin 1959.

–, *Briefe an Freya 1939–1945*, hg. von B. R. VON OPPEN, München 1991.

–, *Im Land der Gottlosen. Tagebuch und Briefe aus der Haft 1944/45*, hg. von G.BRAKELMANN, München 2009.

NAUMANN, HANS, *Germanischer Schicksalsglaube*, Jena 1934.

NIETZSCHE, FRIEDRICH, *Die Geburt der Tragödie*, in: G.COLLI/M.MONTINARI (Hg.), *Sämtliche Werke, Kritische Studienausgabe*, Bd. 1, München – Berlin – New York 1988, 7–156.

–, *Die fröhliche Wissenschaft*, in: G.COLLI/M.MONTINARI (Hg.), *Sämtliche Werke, Kritische Studienausgabe*, Bd. 3, München – Berlin – New York 1988, 343–651.

–, *Genealogie der Moral*, in: G.COLLI/M.MONTINARI (Hg.), *Sämtliche Werke, Kritische Studienausgabe*, Bd. 5, München – Berlin – New York 1988, 245–412.

–, *Der Fall Wagner. Ein Musikanten-Problem*, in: G.COLLI/M.MONTINARI (Hg.), *Sämtliche Werke, Kritische Studienausgabe*, Bd. 6, München – Berlin – New York 1988, 9–54.

–, *Götzen-Dämmerung*, in: G.COLLI/M.MONTINARI (Hg.), *Sämtliche Werke, Kritische Studienausgabe*, Bd. 6, München – Berlin – New York 1988, 55–160.

PIEPER, JOSEF, *Über das christliche Menschenbild*, in: B.WALD (Hg.), *Werke in acht Bänden*, Bd. 7, *Religionsphilosophische Schriften*, Hamburg 2000, 94–114.

PFISTER, OSKAR, *Die Angst und das Christentum*, Zürich 1944.

PRZYWARA, ERICH, *Drei Richtungen der Phänomenologie*, in: *Stimmen der Zeit* 115 (1928), 252–264.

–, *Wende zum Menschen*, in: *Stimmen der Zeit* 119 (1930), 1–10.

–, *Analogia entis*, Bd. 1, *Prinzip*, München 1932.

SCHMITT, CARL, *Politische Theologie*, München – Leipzig 1922.

–, *Politische Romantik*, München – Leipzig 1925.

–, *Legalität und Legitimität*, München – Leipzig 1932.

–, *Der Begriff des Politischen*, Hamburg 1933.

SCHÖLL, FRIEDRICH, *Nordische Lebensbejahung oder christlicher Erlösungsglaube*, Röth 1935.

SIMMEL, GEORG, *Schopenhauer und Nietzsche. Ein Vortragzyklus*, München – Leipzig 1920.

STEINBÜCHEL, THEODOR, *Der Umbruch des Denkens. Die Frage nach der christlichen Existenz erläutert an Ferdinand Ebners Menschendeutung*, Regensburg 1936.

THOMAS VON AQUIN, *Summa theologiae*, in: *Opera omnia iussu impensaque Leonis XIII P. M. edita*, Bd. 4–11, Rom 1888-1903.

–, *Summa contra gentiles*, in: *Opera omnia iussu impensaque Leonis XIII P.M. edita*, Bd. 13–15, Rom 1918-1930.

–, *Super epistolam ad Romanos lectura*, in: *Super epistolas S. Pauli*, Bd. 1, hg. von R. CAI, Turin – Rom 1953.

–, *Quaestiones disputatae de veritate*, in: *Opera omnia iussu impensaque Leonis XIII P. M. edita*, Bd. 22, Rom 1973.

–, *Quaestiones disputatae de malo*, in: *Opera omnia iussu impensaque Leonis XIII P. M. edita*, Bd. 23, Rom – Paris 1982.

VETTER, AUGUST, *Nietzsche*, München 1926.

WAELHENS, ALPHONSE DE, *La philosophie de Martin Heidegger*, Louvain 1942.

VRIES, JOSEF DE, *Rezension zu „Kant und das Problem der Metaphysik"*, in: *Scholastik* 5 (1930), 422–425.

2. Sekundärliteratur

ADLER, HANS GÜNTER, *Der Führer ins Nichts. Eine Diagnose Adolf Hitlers*, in: G.BUCHHEIT (Hg.), *Hitler als Persönlichkeit*, Rastatt 1960, 71–85.

ALTHAUS, PAUL, *Die deutsche Stunde der Kirche*, Göttingen 1933.

ARENDT, HANNAH, *Elemente und Ursprünge totaler Herrschaft. Antisemitismus, Imperialismus, Totalitarismus*, München – Zürich 2003.

AUER, ALFONS, *Autonome Moral und christlicher Glaube.* 2. Auflage, mit einem Nachtrag zur Rezeption der Autonomievorstellung in der katholisch-theologischen Ethik, Düsseldorf 1984.

BAKKER, LEO A., *Freiheit und Erfahrung. Redaktionsgeschichtliche Untersuchungen über die Unterscheidung der Geister bei Ignatius von Loyola*, Würzburg, 1970.

BALLMER, KARL *Aber Herr Heidegger! Zur Freiburger Rektoratsrede Martin Heideggers*, in: *Heidegger-Jahrbuch*, Bd. 4, hg. von A.DENKER/H.ZABOROWSKI, München 2009, 155–178.

BERTSCH, LUDWIG., *Alfred Delp – „Nach Gottes Ordnung und in Gottes Freiheit"*, in: G.FUCHS (Hg.), *Glaube als Widerstandskraft. Edith Stein, Alfred Delp, Dietrich Bonhoeffer*, Frankfurt a.M. 1986, 92–119.

BLEISTEIN, ROMAN, *Jesuiten im Kreisauer Kreis*, in: *Stimmen der Zeit* 200 (1982), 595–606.

–, *Alfred Delp als zeitkritischer Autor. Editionspläne 1940/1941 zwischen Reichsschrifttumskammer und Widerstand*, in: *Stimmen der Zeit* 205 (1987), 609–619.

–, *Alfred Delp und der 20. Juli 1944. Ergebnisse aus neueren Forschungen*, in: *Zeitschrift für Kirchengeschichte* 97 (1986), 66–78.

–, *Alfred Delp. Geschichte eines Zeugen*, Frankfurt a.M. 1989.

–, *Augustinus Rösch. Leben im Widerstand. Biographie und Dokumente*, Frankfurt a.M. 1998.

–, *Begegnung mit Alfred Delp*, Frankfurt a. M 1994.

–, *Die Jesuiten im Kreisauer Kreis. Ihre Bedeutung für den Gesamtwiderstand gegen den Nationalsozialismus*, Passau 1990.

–, *Lebensbild Alfred Delps*, in: A. DELP, *Gesammelten Schriften*, Bd. 1, *Geistliche Schriften*, hg. von R.BLEISTEIN, Frankfurt a.M. 1985, 11–42.

–, *Vorwort*, in: A.DELP, *Gesammelten Schriften*, Bd. 1, *Geistliche Schriften*, hg. von R.BLEISTEIN, Frankfurt a.M. 1985, 7–10.

BLUST, FRANZ-KARL, *Selbstheit und Zeitlichkeit. Heideggers neuer Denkansatz zur Seinsbestimmung des Ich*, Würzburg 1987.

BOBERACH, HEINZ, *Propaganda – Überwachung – Unterdrückung. Die Instrumente des NS-Staates im Kampf gegen die Kirchen*, in: G.FUCHS (Hg.), *Glaube als Widerstandskraft. Edith Stein, Alfred Delp, Dietrich Bonhoeffer*, Frankfurt a.M. 1986, 45–69.

BÖCKLE, FRANZ, *Theonome Autonomie. Zur Aufgabenstellung einer fundamentalen Moraltheologie*, in: J.GRÜNDEL/F.RAUH/V.EID (Hg.), *Humanum. Moraltheologie im Dienst des Menschen. Festschrift für Richard Egenter*, Düsseldorf 1972, 17–46.

BOLKOVAC, PAUL, Art. *Autonomie*, in: *Philosophisches Wörterbuch*, hg. von W.BRUGGER, Freiburg – Basel – Wien 1965, 28–29.

BRAKELMANN, GÜNTER, *Der Kreisauer Kreis. Chronologie, Kurzbiographien und Texte aus dem Widerstand*, Berlin 2004.

–, *Helmuth James von Moltke und Alfred Delp*, in: *Alfred-Delp-Jahrbuch* 2 (2008), 91–114.

–, *Helmuth James von Moltke. Zeitgenosse für ein anderes Deutschland*, Berlin 2009.

BRUGGER, WALTER (Hg.), *Philosophisches Wörterbuch*, Freiburg – Basel – Wien 1965.

BUBER, MARTIN, *Schriften zur Bibel*, in: ders., *Werkausgabe*, Bd. 2, München – Heidelberg 1964.

BUCHHEIT, GERT, *Richter in roter Robe. Freisler, Präsident des Volksgerichtshofes*, München 1968.

CASPER, BERNHARD, *Martin Heidegger und die theologische Fakultät Freiburg 1909–1923*, in: R.BÄUMER/K.SUSO FRANK/H.OTT (Hg.), *Kirche am Oberrhein. Festschrift für Wolfgang Müller*, Freiburger Diözesan Archiv 100 (1980), 534–541.

–, *Die Determination der Freiheit*, in: *Forum. Zeitschrift für die Katholischen Freien Schulen der Erzdiözese Freiburg i. Br.*, 49 (2008), 7–17.

–, *Das Erkennen der Gabe im Danken. Überlegungen im Ausgang Emmanuel Lévinas und Meister Eckhart*, in: S.GOTTLÖBER/R.KAUFMANN, (Hg.), *Gabe, Schuld, Vergebung. Festschrift für Hanna-Barbara Gerl-Falkovitz*, Dresden 2011, 385–400.

DEMMERLING, CHRISTOPH, *Hermeneutik der Alltäglichkeit und In-der-Welt-sein (§§ 25–38)*, in: TH.RENTSCH (Hg.), *Klassiker Auslegen. Martin Heidegger. Sein und Zeit*, Berlin 2001, 89–115.

DENZLER, GEORG, *Widerstand ist nicht das richtige Wort. Katholische Priester, Bischöfe und Theologen im Dritten Reich*, Zürich 2003.

DIRKS, WALTER: *Alfred Delp*, in: H.GRAML (Hg.), *Widerstand im Dritten Reich. Probleme, Ereignisse, Gestalten*. Frankfurt a.M. 1984, 201–203.

ECKERT, JOST, Art. *Freiheit. II. Biblisch*, in: ³*Lexikon für Theologie und Kirche*, hg. von W.KASPER, Freiburg 2006, 99–100.

ENDRAß, ELKE, *Gemeinsame gegen Hitler. Pater Alfred Delp und Helmuth James Graf von Moltke*, Stuttgart 2007.

FEHÉR, ISTVÁN M., *Heidegger's Understanding of the Atheism of Philosophy. Philosophy, Theology and Religion in his Early Lecture up to Being and Time*, in: *American Catholic Philosophical Quarterly*, Bd. LXIX, no. 2, Frühjahr 1995, 189–228.

–, *Der göttliche Gott. Hermeneutik, Theologie und Philosophie im Denken Heideggers*, in: D. BARBIĆ (Hg.), *Das Spätwerk Heideggers. Ereignis – Sage – Geviert*, Würzburg 2007, 163–190.

FEIL, ERNST, Art. *Theonomie*, in: *Historisches Wörterbuch der Philosophie*, hg. von J.RITTER/K.GRÜNDER, Bd. 10, Darmstadt 1998, 1113–1116.

FELDMANN, CHRISTIAN, *Alfred Delp. Leben gegen den Strom*, Freiburg – Basel – Wien 2006.

FEST, JOACHIM, *Das tragische Vermächtnis. Der 20. Juli 1944*, Heidelberg 1994.

FIGAL, GÜNTER, *Selbstverstehen in instabiler Freiheit. Die hermeneutische Position Martin Heideggers*, in: H.BIRUS (Hg.), *Hermeneutische Positionen. Schleiermacher – Dilthey – Heidegger – Gadamer*, Göttingen 1982, 89–119.

–, *Martin Heidegger. Phänomenologie der Freiheit*, Frankfurt a.M. 1988.

–, *Martin Heidegger zur Einführung*, Hamburg 2007.

FRANZEN, WINFRIED, *Die Sehnsucht nach Härte und Schwere. Über ein zum NS-Engagement disponierendes Motiv in Heideggers Vorlesung ‚Die Grundbegriffe der Metaphysik' von 1929/1930*, in: A.GETHMANN-SIEFERT/O.PÖGGELER (Hg.), *Heidegger und die praktische Philosophie*, Frankfurt a.M. 1988, 78–92.

FROMM, ERICH, *Die Furcht vor der Freiheit*, Frankfurt a.M. – Berlin – Wien 1983.

FUCHS, GOTTHARD, *Missionsland Deutschland – zur theologischen Ambivalenz der bürgerlichen Gesellschaft*, in: ders. (Hg.), *Glaube als Widerstandskraft. Edith Stein, Alfred Delp, Dietrich Bonhoeffer*, Frankfurt a.M. 1986, 120–143.

–, *„In allem will Gott Begegnung feiern". Alfred Delps Impulse zur Lebens-gestaltung heute*, in: F.B.SCHULTE (Hg.), *Alfred Delp. Programm und Leitbild für heute*, Berlin – Münster 2007, 253–276.

–, *„Una sancta in vinculis". Dietrich Bonhoeffer und Alfred Delp: Prophetische Brüder getrennter Kirchen*, in: *Alfred-Delp-Jahrbuch* 1 (2007), 93–106.

GADAMER, HANS-GEORG, *Prometheus und die Tragödie der Kultur*, in: ders., *Kleine Schriften II. Interpretationen*, Tübingen 1967.

–, *Die Lektion des Jahrhunderts. Ein philosophischer Dialog mit Ricardo Dottori*, Münster – Hamburg – London 2002.

GANDER, HEINZ-HELMUTH, *Existenzialontologie und Geschichtlichkeit (§§72–83)*, in: TH.RENTSCH (Hg.), *Klassiker Auslegen. Martin Heidegger. Sein und Zeit*, Berlin 2001, 229–251.

GERSTENMAIER, EUGEN, *Streit und Frieden hat seine Zeit. Ein Lebensbericht*, Frankfurt a.M. – Berlin – Wien 1981.

GODMAN, PETER, *Der Vatikan und Hitler. Die geheimen Archive*, München 2004.

GRONDIN, JEAN, *Das junghegelianische und ethische Motiv in Heideggers Hermenutik der Faktizität*, in: I.M.FEHÉR (Hg.), *Wege und Irrwege des neuen Umgangs mit Heideggers Werk*, Berlin 1991, 141–150.

–, *Die Wiedererweckung der Seinsfrage auf dem Weg einer phänomenologisch-hermeneutischen Destruktion (§ 1–8)*, in: TH.RENTSCH (Hg.), *Klassiker Auslegen. Martin Heidegger. Sein und Zeit*, Berlin 2001, 1–27.

GUARDINI, ROMANO, *Das Ende der Neuzeit. Ein Versuch der Orientierung*, Würzburg 1950.

–, *Religion und Offenbarung*, Mainz 1990.

HAUB, RITA/SCHREIBER, FRIEDRICH, *Alfred Delp. Held gegen Hitler*, Würzburg 2005.

HAUB, RITA, *Alfred Delp. Beten und Glauben*, Kevelaer 2007.

HEINZ, MARION, *Das eigentliche Ganzseinkönnen des Daseins und die Zeitlichkeit als der ontologische Sinn der Sorge (§§61–66)*, in: TH.RENTSCH (Hg.), *Klassiker Auslegen. Martin Heidegger. Sein und Zeit*, Berlin 2001, 169–197.

HENGSTENBERG, HANS-EDUARD, ¹*Grundlegung der Ethik*, Stuttgart 1969.

–, *Struktur und Freiheit. Ansatz einer Selbstdarstellung*, in: L.PONGRATZ (Hg.), *Philosophie in Selbstdarstellungen*, Bd. 1, Hamburg 1975, 120–193.

–, ²*Grundlegung der Ethik*, zweite, vollständig neu bearbeitete Auflage, Würzburg 1989.

–, *Freiheit und Seinsordnung*, Dettelbach 1998.

HERRMANN, FRIEDRICH-WILHELM VON, *Wege ins Ereignis. Zu Heideggers 'Beiträgen zur Philosophie'*, Frankfurt a.M. 1994.

–, *Stationen der Gottesfrage im frühen und späten Denken Heideggers*, in: R.LANGTHALER/W.TREITLER (Hg.), *Die Gottesfrage in der europäischen Philosophie und Literatur des 20. Jahrhunderts*, Wien – Köln – Weimar 2007, 19–31.

–, *Hermeneutische Phänomenologie des Daseins. Ein Kommentar zu „Sein und Zeit", Bd. 3, „Erster Abschnitt: die vorbereitende Fundamentalanalyse des Daseins", § 28 – § 44*, Frankfurt a.M. 2008.

–, *Hermeneutische Phänomenologie des Daseins und christliche Theologie*, in: M.BECHT/P.WALTER (Hg.), *Zusammenklang. Festschrift für Albert Raffelt*, Freiburg 2009. 296–307.

HESEMANN, MICHAEL, *Hitlers Religion. Die fatale Heilslehre des Nationalsozialismus*, München 2004.

JASPERS, KARL, *Über das Tragische*, München 1952.

JONAS, HANS, *Gnosis, Existentialismus und Nihilismus*, in: ders., *Zwischen Nichts und Ewigkeit. Drei Aufsätze zur Lehre vom Menschen*, Göttingen 1963, 5–25.

JUNG, Matthias, *Fundamentalontologie und Glaubenswissenschaft. Schwierigkeiten einer theologischen Heideggerrezeption*, in: H.-J.HÖHN (Hg.), *Theologie, die an der Zeit ist*, Paderborn 1992, 81–111.

KASPER, WALTER, *Jesus der Christus*, Mainz 1977.

–, *Autonomie und Theonomie. Zur Ortbestimmung des Christentums in der modernen Welt*, in: H.WEBER/D.MIETH (Hg.), *Anspruch der Wirklichkeit und christlicher Glaube. Probleme und Wege theologischer Ethik heute*, Düsseldorf 1980, 17–41.

KEMPNER, BENEDICTA M., *Priester vor Hitlers Tribunalen*, Gütersloh 1966.

KERN, WALTER, *Der Beitrag des Christentum zu einer menschlichen Welt*, in: W.KERN/H.J.POTTMEYER/M.SECKLER (Hg.), *Handbuch der Fundamentaltheologie*, Bd. 2, Tübingen – Basel 2000, 221–250.

KEßLER, ERNST, *Jenseits von Kapitalismus und Marxismus*, in: P.BOLKOVAC (Hg.), *Entscheidungen. Neue Ordnung und innere Wandlung*, Frankfurt 1947, 39–89.

KISIEL, THEODORE, *Das Versagen von ,Sein und Zeit': 1927–1930*, in: TH.RENTSCH (Hg.), *Klassiker Auslegen. Martin Heidegger. Sein und Zeit*, Berlin 2001, 253–279.

KLEIN, THOMAS, *Kolleg St Blasien. Eine katholische Schule 1933–1939*, München 1987.

KLEMPERER, KLEMENS VON, *Deutscher Widerstand gegen Hitler – Gedanken eines Historikers und Zeitzeugen*, Berlin 2002.

KLUXEN, WOLFGANG, *Philosophische Ethik bei Thomas von Aquin*, Hamburg 1998.

KÖSTERS, CHRISTIAN/RUFT MARK EDWARD (Hg.), *Die katholische Kirche im Dritten Reich. Eine Einführung*, Freiburg 2011.

KRÄMER, HANS, *Die Grundlegung des Freiheitsbegriffs in der Antike*, in: J.SIMON (Hg.), *Freiheit. Theoretische und praktische Aspekte des Problems*, Freiburg – München 1977, 239–270.

KRINGS, HERMANN, Art. *Freiheit*, in: H.KRINGS/H.M.BAUMGARTNER/CH.WILD (Hg.), *Handbuch philosophischer Grundbegriffe*, Bd. 2, München 1973, 493–510.

–, Art. *Gott*, in: H.KRINGS/H.M.BAUMGARTNER/CH.WILD (Hg.), *Handbuch philosophischer Grundbegriffe*, Bd. 3, München 1973, 614–641.

–, *System und Freiheit*, in: ders., *System und Freiheit. Gesammelte Aufsätze*, Freiburg – München 1980, 15–32.

–, *Freiheit. Ein Versuch Gott zu denken*, in: ders., *System und Freiheit. Gesammelte Aufsätze*, Freiburg – München 1980, 161–184.

–, *Ordo. Philosophisch-historische Grundlegung einer abendländischen Idee*, Hamburg 1982.

KROCKOW, CHRISTIAN VON, *Die Entscheidung. Eine Untersuchung über Ernst Jünger, Carl Schmitt, Martin Heidegger*, Frankfurt am M. – New York, 1990.

KUHN, HELMUT, *Ordnung*, in: H.KRINGS/H.M.BAUMGARTNER/CH.WILD (Hg.), *Handbuch philosophischer Grundbegriffe*, Bd. 2, München 1973, Bd. 4, 1037–1050.

LAMBERT, WILLI, *Aus Liebe zur Wirklichkeit. Grundworte ignatianischer Spiritualität*, Mainz 1991.

LE BON, GUSTAVE, *Psychologie der Massen*, Stuttgart 1957.

LEHMANN, KARL/KISSENER MICHAEL, *Das letzte Wort haben die Zeugen. Alfred Delp (1907–1945)*, Mainz 2007.

LÉVINAS, EMMANUEL, *Die Zeit und der Andere*, Hamburg 1984.

–, *Totalität und Unendlichkeit. Versuch über die Exteriorität*, Freiburg 1987.

–, *Carnets de captivité. Écrits sur la captivité. Notes philosophiques diverses*, Paris 2009.

LOHSE, BERNHARD, *Martin Luther. Eine Einführung in sein Leben und sein Werk*, München 1981.

LOSURDO, DOMENICO, *Die Gemeinschaft, der Tod, das Abendland. Heidegger und die Kriegsideologie*, Stuttgart – Weimar 1995.

LOTZ, JOHANNES B., *Sein und Existenz*, Freiburg 1965.

LÖWITH, KARL, *Das Individuum in der Rolle des Mitmenschen*, in: ders., *Mensch und Menschenwelt. Beiträge zur Anthropologie. Sämtliche Schriften*, Bd. 1, Stuttgart 1981, 9–197.

LUBAC, HENRI DE, *Die Tragödie des Humanismus ohne Gott*, Salzburg 1950.

LÜCK, HELMUT, *Alfred Delp S. J.*, Berlin 1984.

LUCKNER, ANDREAS, *Wie es ist, selbst zu sein. Zum Begriff der Eigentlichkeit (§§ 54–60)*, in: TH.RENTSCH (Hg.), *Klassiker Auslegen. Martin Heidegger. Sein und Zeit*, Berlin 2001, 149–168.

MAIER, HANS, *Alfred Delps Vermächtnis*, in: *Stimmen der Zeit* 225 (2007), 795–808.

MARION, JEAN-LUC, *Réduction et donation. Recherches sur Husserl, Heidegger et la phénoménologie*, Paris 1989.

MATZKER, ALFONS, *Begegnung und Erfahrung mit Alfred Delp*, in: F.B.SCHULTE (Hg.), *Alfred Delp. Programm und Leitbild für heute*, Berlin – Münster 2007, 7–23.

MERTON, THOMAS, *Introduction*, in: A. DELP, *Prison Meditations*, New York 2004, xxi–xlii.

MISSALLA, HEINRICH, *Christsein und Widerstand*, in: G.FUCHS (Hg.), *Glaube als Widerstandskraft. Edith Stein, Alfred Delp, Dietrich Bonhoeffer*, Frankfurt a.M. 1986, 144–168.

MOLTKE, FREYA VON, *Erinnerungen an Kreisau 1930 - 1945*, München 2003.

MÜLLER, MAX, ²*Existenzphilosophie im geistigen Leben der Gegenwart*, Heidelberg 1949.

–, ³*Existenzphilosophie im geistigen Leben der Gegenwart*, 3., wesentl. erw. u. verb. Aufl., Heidelberg 1964.

–, *Existenz und Geschichte*, Freiburg – München 1971.

MÜLLER, PETRO, *Sozialethik für ein neues Deutschland. Die „Dritte Idee" Alfred Delps – ethische Impulse zur Reform der Gesellschaft*, Münster – Hamburg 1994.

NEUFELD, KARL H., *Geschichte und Mensch. A. Delps Idee der Geschichte. Ihr Werden und ihre Grundzüge*, Rom 1983.

–, *Einleitung zu den Texten*, in: A. DELP, *Gesammelte Schriften*, Bd. 2, *Philosophische Schriften*, hg. von R.BLEISTEIN, Frankfurt a.M. 1985, 11–35.

–, *Katholik und Widerstand. Alfred Delp S. J. (1907–1945). Vortrag bei einer Tagung der Katholischen Akademie Augsburg*, Augsburg 1985.

OEING-HANHOFF, LUDGER, *Zur thomistischen Freiheitslehre*, in: ders., *Metaphysik und Freiheit. Ausgewählte Abhandlungen*, hg. von T.KOBUSCH/W.JAESCHKE, München 1988, 262–283.

–, *Freiheit und Solidarität. Zur Kritik des liberalistischen und sozialistischen Freiheitsverständnisses*, in: ders., *Metaphysik und Freiheit. Ausgewählte Abhandlungen*, hg. von T.KOBUSCH/W.JAESCHKE, München 1988, 323–338.

OELMÜLLER, WILLI, Art. *Aufklärung*, in: H.KRINGS/H.M.BAUMGARTNER/CH. WILD (Hg.), *Handbuch philosophischer Grundbegriffe*, Bd. 1, München 1973, 141–154.

OEPKE, ALBRECHT, Art. *Gotteskindschaft*, in: G. FRIEDRICH (Hg.), *Theologisches Wörterbuch zum Neuen Testament*, Bd. 5, Stuttgart 1954, 650–653.

OGIERMANN, Helmut, *Es ist ein Gott. Zur religionsphilosophischen Grundfrage*, München 1981.

OTT, HUGO, *Martin Heidegger. Unterwegs zu seiner Biographie*, Frankfurt – New York 1992.

PESCH, OTTO H., Art. *Freiheit. III*, in: *Historisches Wörterbuch der Philosophie*, hg. von J.RITTER, Bd. 2, Darmstadt 1972, 1083–1088.

PIEPMEIER, RAINER, Art. *Modern, die Moderne*, in: *Historisches Wörterbuch der Philosophie*, hg. von J.RITTER/K.GRÜNDER, Bd. 6, Darmstadt 1984, 54–62.

PÖGGELER, OTTO, *Heidegger und die politische Philosophie*, in: D.PAPEN-FUSS/O.PÖGGELER (Hg.), *Zur philosophischen Aktualität Martin Heideggers*, Frankfurt a.M. 1991, 328–350.

POHLMANN, ROSEMARIE, Art. *Autonomie*, in: *Historisches Wörterbuch der Philosophie*, hg. von J.RITTER/K.GRÜNDER, Bd. 1, Darmstadt 1971, 701–719.

POPE, MICHAEL, *Alfred Delps S.J. im Kreisauer Kreis. Die rechts- und sozialphilosophischen Grundlagen in seinen Konzeption für eine Neuordnung Deutschlands* (Veröffentlichungen der Kommission für Zeitgeschichte, Forschungen Bd. 63), Mainz 1994.

–, *Der Beitrag P. Alfred Delps für den Kreisauer Kreis*, in: *Alfred-Delp-Jahrbuch* 4 (2010), 60–77.

POTTMEYER, HERMANN J., *Der Glaube von dem Anspruch der Wissenschaft. Die Konstitution über den katholischen Glauben „Dei Filius" des Ersten Vatikanischen Konzils*, Freiburg 1968.

PRÖPPER, THOMAS, *Erlösungsglaube und Freiheitsgeschichte. Eine Skizze zur Soteriologie*, München 1985.

–, *Freiheit als philosophisches Prinzip der theologischen Hermeneutik*, in: ders., *Evangelium und freie Vernunft. Konturen einer theologischen Hermeneutik*, Freiburg – Basel – Wien 2001, 5–22.

–, Art. *Freiheit. III. Historisch-theologisch*, in: [3]*Lexikon für Theologie und Kirche*, hg. von W.KASPER, Freiburg 2006, 100–103.

–, Art. *Freiheit. IV. Systematisch-theologisch*, in: [3]*Lexikon für Theologie und Kirche*, hg. von W.KASPER, Freiburg 2006, 103–105.

PUNTEL, LORENZ B., *Sein und Gott. Ein systematischer Ansatz in der Auseinandersetzung mit M. Heidegger, É. Lévinas und J.-L. Marion*, Tübingen 2010.

RAHNER, HUGO, *Ignatius von Loyola als Mensch und Theologe*, Freiburg 1964.

RAHNER, KARL, *Gnade der Freiheit*, Freiburg 1968.

–, *Tradition im Wandel. 50 Jahre Hochschule für Philosophie*, in: *Hochschule für Philosophie München – Jahresbericht 1975/76*, 3–10.

–, *Einleitung zu den Texten*, in: A.DELP, *Gesammelten Schriften*, Bd. 1, *Geistliche Schriften*, hg. von R.BLEISTEIN, Frankfurt a.M. 1985, 43–50.

–, *Erneuerung des Ordenslebens: Zeugnis für Kirche und Welt*, Bearbeitet von A.R.BATTLOG, *Sämtliche Werke*, Bd. 25, Freiburg 2008.

RENTSCH, THOMAS, *Interexistenzialität. Zur Destruktion des existenzialen Analytik*, in: R.MARGREITER/K.LEIDLMAIR (Hg.), *Heidegger. Technik-Ethik-Politik*, Würzburg 1991, 143–152.

–, *Martin Heidegger. Das Sein und der Tod. Eine kritische Einführung*, München – Zürich 1989.

–, *Zeitlichkeit und Alltäglichkeit (§§67–71)*, in: ders. (Hg.), *Klassiker Auslegen. Martin Heidegger. Sein und Zeit*, Berlin 2001, 199–228.

RIESENHUBER, KLAUS, *Die Transzendenz der Freiheit zum Guten. Der Wille in der Anthropologie und Metaphysik des Thomas von Aquin*, München 1971.

RINTELN, FRITZ JOACHIM, *Philosophie der Endlichkeit als Spiegel der Gegenwart*, Meisenheim 1951.

ROHRMOSER, GÜNTER, Art. *Autonomie*, in: H.KRINGS/H.M.BAUMGARTNER/CH. WILD (Hg.), *Handbuch philosophischer Grundbegriffe*, Bd. 1, München 1973, 155–170.

ROMBACH, HEINRICH, Art. *Entscheidung*, in: H.KRINGS/H.M.BAUMGARTNER/ CH.WILD (Hg.), *Handbuch philosophischer Grundbegriffe*, Bd. 2, München 1973, 361–373.

ROON, GER VAN, *Neuordnung im Widerstand. Der Kreisauer Kreis innerhalb der deutschen Widerstandbewegung*, München 1967.

–, *Widerstand und Krieg*, in J.SCHMÄDEKE/P.STEINBACH (Hg.), *Der Widerstand gegen Nationalsozialismus. Die deutsche Gesellschaft und der Widerstand gegen Hitler*, München 1985, 50–69.

RÖSCH, AUGUSTINUS, *Bemerkungen zu einem Buch über P. Delp*, in: R.BLEISTEIN, *Augustinus Rösch. Leben im Widerstand. Biographie und Dokumente*, Frankfurt a.M. 1998, 309–314.

SALTIN, GÜNTHER, *Durchkreuztes Leben. Alfred Delp. Weg-Kampf-Opfer*, Mannheim 2004.

–, *Biographische Ergänzungen und Forschungsdesiderata zu Alfred Delp*, in: *Alfred-Delp-Jahrbuch* 1 (2007), 107–115.

SARTRE, JEAN-PAUL, *Die Fliegen. Die schmutzigen Hände. Zwei Dramen*, Reinbek bei Hamburg 1988.

–, *Das Sein und das Nichts. Versuch einer phänomenologischen Ontologie*, Reinbek bei Hamburg 2009.

SCHAEFFLER, RICHARD, *Frömmigkeit des Denkens? Martin Heidegger und die katholische Theologie*, Darmstadt 1978.

SCHALLER, ANDREAS, *Lass dich los zu deinem Gott. Eine theologische Studie zur Anthropologie von Alfred Delp SJ*, Freiburg – Basel – Wien 2012.

SCHAPP, WILHELM, *Erinnerungen an Edmund Husserl*, Wiesbaden 1976.

SCHLIER, HEINRICH, *Der Begriff der Freiheit im NT*, in: G.FRIEDRICH (Hg.), *Theologisches Wörterbuch zum Neuen Testament*, Bd. 5, Stuttgart 1935, 492–500.

–, *Zur Freiheit gerufen*, in: ders., *Das Ende der Zeit. Exegetische Aufsätze und Vorträge*, Bd. 3, Freiburg 1971, 216–233.

SCHMITZ, JOSEF, *Das Christentum als Offenbarungsreligion im kirchlichen Bekenntnis*, in: W.KERN/H.J.POTTMEYER/M.SECKLER (Hg.), *Handbuch der Fundamentaltheologie*, Bd. 2, *Traktat Offenbarung*, Tübingen 2000, 1–12.

SCHOCKENHOFF, EBERHARD, *Wozu gut sein? Eine historisch-systematisch Studie zum Ursprung des moralischen Sollens. I. Thomas und Kant*, in: *Studia Moralia* 33 (1995), 87–120.

–, *Theologie der Freiheit*, Freiburg – Basel – Wien 2007.

SCHULZ, WALTER, *Über den philosophiegeschichtlichen Ort Martin Heideggers*, in: O.PÖGGELER (Hg.), *Heidegger. Perspektiven zur Deutung seines Werkes*, Köln 1969, 95–139.

SECKLER, MAX, *Fundamentaltheologie. Aufgaben und Aufbau, Begriff und Namen*, in: *Handbuch der Fundamentaltheologie*, Bd. 4, *Traktat Theologische Erkenntnislehre mit Schlußteil. Reflexion auf Fundamentaltheologie*, hg. von W.KERN/ H.J.POTTMEYER/M.SECKLER, Tübingen 2000, 331–402.

SIEWERTH, GUSTAV, Art. *Freiheit. I. Philosophisch*, in: ²*Lexikon für Theologie und Kirche*, hg. von J.HÖFER/K.RAHNER, Freiburg 1960, Bd. 4, 325–328.

SPAEMANN, ROBERT, Art. *Freiheit. IV*, in: *Historisches Wörterbuch der Philosophie*, hg. von J.RITTER, Bd. 2, Darmstadt 1972, 1088–1098.

STEINBÜCHEL, THEODOR, *Vom Menschenbild des christlichen Mittelalters*, Darmstadt 1959.

STRIET, MAGNUS, *Erkenntnis aller Pflichten als göttlicher Gebote. Bleibende Relevanz und Grenzen von Kants Religionsphilosophie*, in: G.ESSEN/M.STRIET (Hg.), *Kant und Theologie*, Darmstadt 2005, 162–186.

TATTENBACH, FRANZ VON, *Das entscheidende Gespräch*, in: *Stimmen der Zeit* 155 (1954/1955), 321–329.

THEUNISSEN, MICHAEL, *Der Andere. Studien zur Sozialontologie der Gegenwart*, Berlin 1977.

THOMÄ, DIETER, *‚Sein und Zeit' im Rückblick. Heideggers Selbstkritik*, in: TH.RENTSCH (Hg.), *Klassiker Auslegen. Martin Heidegger. Sein und Zeit*, Berlin 2001, 281–298.

TUGENDHAT, ERNST, *Der Wahrheitsbegriff bei Husserl und Heidegger*, Berlin 1970.

–, *Selbstbewußtsein und Selbstbestimmung. Sprachanalytische Interpretationen*, Frankfurt a.M. 1979.

VOLPI, FRANCO, *Der Status der existenzialen Analytik (§9–13)*, in: TH.RENTSCH (Hg.), *Klassiker Auslegen. Martin Heidegger. Sein und Zeit*, Berlin 2001, 29–50.

VOSS, RÜDIGER VON, *Bilanz des Staatsstreiches vom 20. Juli 1944. Geistige und politische Dimensionen des Widerstandes*, in: *Alfred-Delp-Jahrbuch* 4 (2010), 13–33.

WARNACH, WALTER, Art. *Freiheit. I*, in: *Historisches Wörterbuch der Philosophie*, hg. von J.RITTER, Bd. 2, Darmstadt 1972, 1064–1074.

–, Art. *Freiheit. II*, in: *Historisches Wörterbuch der Philosophie*, hg. von J.RITTER, Bd. 2, Darmstadt 1972, 1074–1083.

WELTE, BERNHARD, *Determination und Freiheit*, in: ders., *Gesammelte Schriften*, Bd. I/1, *Person*, hg. von B.CASPER, Freiburg 2006. 17–95.

Namensregister